경북 봉화 지역의 언어와 생활

경북 봉화 지역의 언어와 생활

초판 인쇄 2019년 2월 5일
초판 발행 2019년 2월 14일

지 은 이 김무식

펴 낸 이 이대현
펴 낸 곳 도서출판 역락

주   소 서울시 서초구 동광로46길 6-6(반포4동 577-25) 문창빌딩 2층
등   록 1999년 4월 19일 제303-2002-000014호
전   화 02-3409-2058, 2060
팩   스 02-3409-2059
홈페이지 www.youkrackbooks.com
이 메 일 youkrack@hanmail.net

ISBN 979-11-6244-366-8 94710
      979-11-5686-694-7 (세트)

경북 봉화 지역의 언어와 생활

김무식

역락

■ 책을 내면서

어릴 적 시골에서 자란 필자는 취학하기 전까지는 '옥수수·지렁이'라는 낱말은 몰랐고 오직 '강냉이·거깨~이'라는 낱말만 알았다. 초등학교에 입학하면서 취학 전에 내가 알고 있던 낱말에 대응되는 다른 낱말이 있음을 그때서야 비로소 알았고 이것이 아마도 방언에 대해 가졌던 나의 소박한 첫 인식이었을 것이다. 시간이 흘러 내가 국어학 전공을 하게 되었고 이를 통해 국어와 방언에 대해 일반인보다는 더 많은 관심을 가지고 살아왔다. 다른 곳으로의 여행이나 방언조사를 통해 느끼는 것이지만 시간이 다르게 지역 방언의 차이는 많이 줄어들고 있고 어휘의 변화도 많음을 몸으로 느끼곤 한다. 더욱이 요즘 젊은 세대에서는 각 지역별 어휘를 잘 모르는 경우가 많을 뿐만 아니라 문화적 단절까지 일어나는 경우를 보곤 한다.

교통 및 통신의 발달로 역사상 그 어느 때보다 지리적 차이에 따른 말의 차이가 현저히 줄어들고 있는 이 시기에 이 저술은 우리네 주위의 언어생활과 그에 반영된 문화를 엿볼 수 있는 자료이다. 이 구술발화 총서는 국립국어원에서 매년 실시하고 있는 지역어 조사 사업의 하나로 수행된 것이며 경상북도 봉화 지역의 조사는 2011년에 실시되었고 이에 따른 조사보고서도 같은 해에 출간되었다. 이 저술에 실린 구술 발화 자료도 조사 보고서에 포함된 것이다. 기존의 보고서에 포함된 구술 발화는 시간에 쫓겨 그 내용이 잘못된 부분이 많았을 뿐만 아니라 이를 고쳐야 할 필요성이 있었고 조사보고서의 수량도 제한되어 이용의 제약이 있었다. 이런 이유로 조사보고서의 구술 발화 부분을 따로 떼어 단행본 형태로 펴

낸 것이 이 책이며 이 과정에서 전사의 오류와 잘못된 표준어 대역을 수정하고 주석과 색인을 붙여 이용자에게 편의를 제공하고자 노력했다.

이 책은 경상북도 봉화군 봉화읍 해저리 김호관 님(2011년 조사 당시 만 81세, 1930년생)과 부인이신 정원락 님(조사 당시 만 76세, 1935년생)의 일상생활에 대해 녹취하고 이를 전사한 것이다. 본 자료집에 실린 1.1., 1.2., 1.3.절은 모두 주제보자인 김호관 님이 구술한 자료이다. 이 책은 주제보자인 김호관 님이 약 4시간 동안 말한 구술 자료를 담고 있는데 여기에는 이 분이 살고 있는 지방의 기본적인 삶과 풍습, 민속 등과 같은 문화가 고스란히 녹아 있을 뿐만 아니라 이 분야의 다양한 토박이 어휘들이 그대로 드러나 있다. 또한, 봉화지역어의 해저리는 이미 많이 알려져 있다시피, 봉화읍에 있는 의성김씨의 집성촌이며, 이전의 경북지역어와 달리 집성촌의 구술발화를 자료로 했다는 점이 다른 지역어와 차별성을 갖는 부분이다. 이에 필자는 표준어로의 대역과 주석 그리고 색인 작업을 통해 이들 어휘에 대해 가능한 한 상세한 정보를 제공하려고 노력했다. 이 구술 발화 자료는 경북 봉화 지역의 어휘를 비롯한 음운, 문법체계의 이해에 도움을 줄 뿐만 아니라 이 지역 토박이 화자의 담화 연구에도 유용할 것으로 판단된다.

이 자료집의 발간은 무엇보다 국립국어원의 관심과 도서출판 역락사의 도움이 있었기에 가능했다. 기존의 보고서로 발간된 자료를 전사부터 표준어 대역에 이르기까지 다시 점검하면서 그 세부 내용을 고치고 여기에 주로 국어학적 관점에서의 설명인 주석과 색인을 덧붙이는 작업은 생각했던 이상으로 많은 시간과 노력을 필요로 했다. 특히, 보고서에는 성조표시를 하지 않아도 되는 조건이었지만 불완전하나마 성조를 표시하고자 시도한 것이 더욱 필자로 하여금 힘들게 했다. 시간과 여러 제약으로 인해 성조의 전사를 망설였지만 이 지역어의 중요한 특징이자 음운정보인 성조표시를 무시할 수가 없었다. 이에 필자는 성조를 비롯한 이 자료의 전사가 다음 기회에 더욱 정밀하게 전사가 되고 수정될 수 있기를 기대한다. 이처럼 힘들고 많은 시간을 필요로 하는 작업이지만 이를 가능케 한 것은 전임 국립국어원의 원장이신 이상규, 권재일 선생님과 지역어 조사 사업을 뒤에서 꼼꼼히 챙겨 주셨던 박민규, 김덕호 선생님의 헌신적인 도움이 있었기에 가능했던 것으로 판단된다. 또, 조사 과정이나 전사 과정에서 여러 가지로 도움 말씀을 주시고 힘들 때마다 격려를 아끼지 않은 지역어 조사위원들이 있었기에 이 단행본이 이렇게나마 모양을 갖출 수 있었다.

이 책의 초벌 전사는 주로 경북대학교 대학원에 재학 중인 김인규 선생이 맡았고 일부는 필자가 직접 했다. 또, 이러한 초벌 전사는 필자에 의해 다시 점검이 이루어져 수정했지만 초벌 전사를 위해 많은 고생을 한 김인규 선생에게도 감사의 말을 전한다. 이 단행본이 간행되기 위해 여러 분들의 도움이 컸지만 가장 많은 도움을 주신 분은 이 구술 자료를 제공하신 김호관, 정원락 어르신이다. 2011년 조사를 할 때나 그 이후 보완조사를 위해 방문했을 때 언제나 친절하게 맞이하고 자세히 설명해 주신 이분들께 다시 한 번 감사의 말씀을 드린다. 마지막으로 이 책이 예쁘게 나오도록 애써 준 편집 담당자와 경제성이 없는 데도 불구하고 책의 출간을 선뜻 맡아 준 도서출판 역락에도 감사의 말을 전한다.

▪ 조사 및 전사

(1) 조사 과정

국립국어원에서는 2004년도부터 전국의 지역어 조사 사업을 시행하고 있다. 이 사업은 도(道)를 기본 단위로 하여, 각 도에서 한 지점씩 연차적으로 조사를 진행해 왔다. 첫 해에는 질문지를 만들고 이를 시험하기 위해 예비조사를 실시하였고, 본격적인 조사는 이듬해인 2005년부터 시작되었다. 관련 학자들이 모여 질문지를 여러 차례에 걸쳐 수정·보완하여 질문지를 간행했으며 방언조사용 그림자료집도 수정·보완 중에 있다.

경상북도 지역어 조사는 아래의 지도에서 보는 것처럼 2004년 예비조사를 시작으로 2009년에 걸쳐 경주시 보문동, 상주시 공성면, 청송군 진보면, 고령군 덕곡면, 청도군 각북면, 의성군 봉양면으로 조사를 했다.

<그림 1> 경상북도 지도

<그림 2> 봉화군 지도

　　2010년에는 중간점검의 성격으로 그 동안 조사된 자료를 다시 검토하고 예비조사를 했던 자료를 보완했다. 이에 따라 2011년의 현지조사는 마무리를 한다는 관점에서 경북지역어에서는 이 지역의 동북부에 해당하는 봉화군 봉화읍을 선택했다. 지리적으로 봉화군은 경상북도와 강원도의 접경지역을 가지고 있을 뿐만 아니라 경북방언 내에서도 '영주시, 안동군, 영양군, 울진군'과 접경을 이루며 강원도지역과는 영월군 및 태백시와 접경을 이루고 있는 지역이다. 봉화군은 동쪽으로는 울진군과, 서쪽으로는 영주시와, 남쪽으로는 안동시, 영양군과, 북쪽으로는 강원도 태백시 및 영월군과 접경을 이루고 있다.

　　역사적으로 봉화군은 삼한시대에는 진한(辰韓)의 기저국에 속하였으며 삼국시대에는 현재의 봉성면 일대가 고구려의 내기군 고사마현에 속하였지만 신라 5대 파사왕(80~112) 대에 신라 영토로 복속되었다. 8세기 중반 신라 경덕왕 때에 지명의 개명에 의해 내령군 옥마현으로 개칭되었으며 고려 8대 현종(1010~1031) 때에 봉성현으로 바뀌고, 조선 고종 32년(1895년)에 봉화현을 봉화군으로 바꿨다. 1907년 순종 1년에 군청 소재지를 봉성에서 춘양으로 옮겼지만 다시 1914년에 춘양에서 내성리로 옮겼으며 15개 면을 9개 면으로 재편성했다. 1979년에 봉화면을 현재의 봉화읍으로 승격시켰으며 이후 지금의 행정단위로 정착되었다.

봉화군은 산과 강이 잘 어우러져 있는 곳이며 교통도 국도와 철도, 일반 지방도로가 발달되어 다른 곳과 소통이 원활한 곳이다. 동서로는 36번 국도가 가로질러서 동쪽으로는 울진과 서쪽으로는 영주와 연결되며 영주는 철도로도 연결되어 서로 내왕이 많은 편이다. 남북으로는 2개의 국도와 영동선 철도와 지방도가 발달되어 있다. 남쪽으로는 안동과 35번 국도와 915번 지방도로가, 영양과는 31번 국도와 918번 지방도로가, 북쪽으로는 영월과 88번 지방도로가, 태백으로는 31번 국도 및 영동선으로 연결이 되어 있다.

자연지형으로 봉화군은 강원도와 경계를 이루고 있는 지역에는 민산, 삼방산, 진화산, 문수봉, 무쇠봉, 구룡봉, 선달봉 등과 같이 1000m가 넘는 고산으로 이루어진 산악지형이며 군내에도 옥돌봉, 각화산, 비룡산, 옥돌봉, 청옥산, 청량산 등과 같이 크고 작은 산으로 이루어진 산악지형이 많은 곳이다. 또 군을 남서쪽으로 가로질러 흐르는 내성천이 있으며 이는 그 길이가 110km에 이를 정도로 낙동강의 큰 지류이며 이는 봉화군 물야면 오전리 즉, 선달산의 계곡에서 발원하여 남쪽으로 흘러내려 봉화읍을 통과하며 영주의 평은면, 문수면 일대를 지나 예천 지보면을 거쳐 문경에서 금천과 합류되어 낙동강 본류에 연결된다.

봉화군은 산세가 수려하고 조선조 이래로 반촌이 많이 형성되어 있는 고장이며 현재 인구는 대략 사만여명이다. 행정구성은 봉화읍과 '물야면, 춘양면, 석포면, 봉성면, 법전면, 소천면, 상운면, 명호면, 재산면'의 9개 면으로 이루어져 있다. 또 봉화군은 전체 면적의 83%가 자연그대로의 산림지역으로 이루어져 있을 정도로 산지가 많은 곳이며 이와 관련된 특산물도 많이 생산되는 곳이다.

봉화군 봉화읍은 1979년에 봉화면이 승격된 곳이며 동쪽으로는 봉성면과, 서쪽으로는 영주시와 남쪽으로는 안동시 및 상운면과, 북쪽으로는 물야면과 인접하고 있는 곳이다. 본 지역어 조사를 한 봉화읍의 교육권은 초등학교, 중고등학교가 읍내에 위치하고 있으며 예전에는 고등학교의 진학은 가까이는 안동이나 영주, 대구시 멀리는 서울로까지 유학을 했던 곳이다. 시장은 읍내에 상설시장이 있을 뿐만 아니라 5일장도 있어서 인근 지역 주민이 이용하는 곳이다. 최근에는 교통의 발달로 비교적 가까운 곳인 영주지역이나 안동까지 이동하여 시장을 이용하기도 한다. 통혼권은 예전의 경우 반촌이나 민촌에 따라 상황이 다르기는 하지만 봉화군 지역은 물론 영주, 안동, 예천, 청송, 영양권까지 광범위하게 통혼이 이루어졌던 곳이다.

본 조사가 이루어졌던 봉화읍 해저리는 신라시대에는 바라미(波羅尾)라고 했다고 전해지며 이는 마을이 강바닥보다 낮아 바다였다는 뜻에서 '바래미'가 유래되었고 이를 한자로 옮긴 것이 해저리(海底里)로 되었다는 설과 이 마을 앞을 흐르고 있는 내성천 근처에 물을 퍼는 도구인 '용두레'가 설치되어 있었는데, 이 지역어인 '파래'에서 유래되었다는 설이 있지만 정확히 알 수는 없는 부분이다. 또 이 마을은 원래 '의령여씨(宜寧余氏)'들이 살았지만 조선 후기 숙종 때 18세기 초반 팔오헌(八吾軒) 김성구(金聲久) 선생이 옮겨와서 마을의 우물과 농토를 개척하고 정착한 후로는 의성김씨의 집성촌으로 성장한 마을이며 현재는 다른 지역으로부터 들어온 다른 성씨들도 많이 살고 있는 곳이다. 이 지역은 봉화읍과 마을 앞의 작은 평야를 내려다볼 수 있는 곳에 위치한 반촌이며 전통적으로 농업을 생계의 수단으로 살아가고 있는 곳이다. 마을 가운데는 후학양성을 위해 실학사상을 가르쳤던 학록서당(學麓書堂)이 있으며 서쪽으로는 독립운동가 남호(南湖) 김뢰식(金賚植) 선생이 살던 남호구택(南湖舊宅)과 영규헌(映奎軒), 김씨 종택이 있으며 동쪽으로는 3.1운동 직후 심산(心山) 김창숙(金昌淑) 선생을 중심으로 독립청원서를 작성했던 만회고액(晩悔古宅)과 명월루(明月樓)를 비롯하여 마을 전체가 □자 모양의 전통적인 기와집으로 형성되어 있어서 1992년에 경상북도 지정 전통문화마을로 지정된 곳이다.

방언자료의 조사는 2011년 7월 6일부터 같은 해 12월 4일까지 의성군 봉화읍 해저리에서 이루어졌다. 예비 조사는 7월 6일부터 7월 7일에 걸쳐, 본격적인 조사는 여름방학 기간이었던 7월 11일부터 8월 24일에 걸쳐 집중적으로 수행했으며 보완·확인할 내용에 대해서는 12월 4일에 실시했다. 현지조사는 해저리의 경로당에서 글쓴이가 직접 하였으며 김인규(경북대학교 대학원생)가 녹음을 하고 녹음을 한 후에 파일 관리 등을 했다. 녹음자료의 정리와 전사는 글쓴이와 김인규가 함께 하였으며 최종적으로 글쓴이가 검토했다. 아울러 이 단행본의 출간을 위한 전사의 교정 작업과 주석 및 찾아보기 작업도 글쓴이가 직접 했다.

봉화군 봉화읍 지역은 봉화군청의 도움을 받아 경로당에서 직접 제보자를 섭외하고 실제 대담을 나눈 다음에 제보자로 선정하였다. 주제보자인 김호관 님은 조사 당시 만 81세(1930년생)였으며 이 지역에서 태어나서 계속 살고 있다. 이 분은 6·25 때 군 노역 기간을 제외하면 이 지역을 벗어난 일이 없다. 학력은 중졸이며 총기가 있고 기억력이 좋으며 방언조사 질문에 대한 이해도가 뛰어났으며 방언조사에도 매우 협조적이었다. 음성은 분명하지만 조사가 진행됨에 따라 다소 음량의 굴곡이 있는 편이며 가끔 조사형이 한자어 형태로 제시되는 특징을 보였다. 보조제보자이신 정원락 님은 주제보자의 부인으로 봉화군 춘양면에서 출생하였으며 조사 당시 만 76세(1935년생)이다. 정원락 님은 시집을 온 이래로 봉화읍 해저리에서 계속 거주했으며 성격이 아주 침착하고 음성도 매우 분명한 편이었다. 정원락 님은 주로 구술발화 자료 중에서 여성과 관련된 내용을 중심으로 이루어졌으며 어휘조사의 일부도 도움을 주었다.

이 지역에서는 모두 761분 정도의 구술발화를 조사하였지만 이 중에서 전사를 한 것은 4시간 정도의 녹음 분량이다. 이번 조사에서 구술발화나 음운, 문법, 어휘 항목에 걸친 전반적인 부분은 주제보자인 김호관 님이 담당하였으며 여성과 관련된 구술발화 조사는 정원락 님이 담당을 했다.

(2) 전사

제보자의 구술발화 자료는 MARANZ PMD660 디지털 녹음기로 메모리카드에 직접 녹음하였으며 자료는 GoldWave 무른모를 이용하여 음성파일로 변환하였다. 이 음성파일을 컴퓨터에서 재생하여 들으면서 전사무른모인 Transcriber 1.4를 이용하여 음성파일을 분절하고 전사를 하였다. 전사는 글쓴이와 김인규(경북대 대학원)가 나누어 초벌전사를 하였으며 전사자료는 보고서를 작성하는 단계에서 글쓴이가 다시 점검했다. 또, 이번에 단행본을 내기 위해서 글쓴이가 다시 점검하였다. 초벌 전사와 방언조사 과정에서 고생한 김인규 선생에게 고마움을 전한다.

전사는 하나의 문장을 어절 단위로 하여 소리 나는 대로 전사하는 것을 원칙으로 하였지만 하나의 억양 단위로 소리 나는 경우에는 어절보다 큰 단위로 전사한 경우도 있었다. 현대 한글로 전사가 어려운 경우에는 특수 문자를 이용하거나 국제음성자모를 나란히 부기하기도 했다. 경북 봉화 지역어는 단모음 /ㅔ/와 /ㅐ/는 구분이 이루어지지 않지만, /ㅡ/와 /ㅓ/모음은 변별적이며 전설의 원순모음인 /ㅟ/와 /ㅚ/도 일반적인 환경에서는 단모음으로 실현되지 않는다. 비모음(鼻母音)은 비모음 기호(~)를 이용하여 나타냈으며 이 지역방언은 기본적으로 성조가 실현되는 지역이므로 이도 본문에 표시를 하려고 노력했다. 기본적으로 긴소리는 장음표시부호(:)를, 아주 인상적인 긴소리는 인상적 장음표시부호(::)를 사용했으며, '높은소리'는 고음표시부호('), 상승조는 모음자를 중복해서 적고 뒷모음의 오른쪽 위에 (')표시를 하며, 하강조는 모음자를 중복해서 적고 앞 모음의 오른쪽 위에 (')표시를 했다. 고장조는 모음자를 중복해서 적고 두 모음의 각각의 해당 음절 오른 쪽에 (')표시를 했다. 구술발화 자료의 경우 보고서에는 음장만 표시하기로 하고 성조표시는 안 해도 되었지만 이용자의 편의성을 높이기 위해 다소 정확성이 떨어지더라도 이 지역어의 특성인 성조표시까지 하였음을 밝히며 차후에 음성자료가 공개될 때 부족한 부분을 보완해 주기를 바란다.

본문의 글자체와 전사에 사용된 부호는 다음과 같다.

고딕체	조사자
명조체	제보자
―	제1 제보자/ 보조 제보자
:	장음의 표시이며 길이가 상당히 길 경우 ::처럼 장음표시를 겹쳐 사용했다.
*	청취가 불가능한 부분 또는 표준어로의 번역이 불가능한 경우

(3) 주석

주석은 각 장마다 주를 몰아서 붙인 미주(尾註) 방식을 택했다. 이 자료를 이용하는 독자의 입장에서는 각주(脚註) 방식이 편리하겠지만 책의 편집 과정에서 불가피하게 미주로 처리할 수밖에 없었다. 주석은 가능한 한 친절하게 제공하려고 노력하였다. 주로 새로운 어휘나 표현이 이해하기 곤란한 경우에 그 의미를 풀이하였지만 형태에 대한 음운적 해석이나 문법형태에 대해서도 최소한의 범위에서 그 기능에 대해 간략한 설명을 붙여 독자의 이해를 돕고자 했다. 경우에 따라 경북의 다른 지역에서 사용하는 방언형을 밝히기도 했으며 독자의 편의를 위해 다소 비슷한 내용의 주석이 반복되기도 했음을 밝힌다.

(4) 표준어 대역

전사된 방언 자료에 대해서는 모두 표준어 대역을 제시했다. 원래의 조사보고서에서는 원칙적으로 문장 단위로 표준어 대역을 달았으나 여기서는 문장보다 더 큰 의미 단락이 그 잣대가 되었다. 표준어 대역을 별도의 쪽에 배치한 것도 조사보고서와는 달라진 부분이며 이는 독자들이 원문과 표준어 대역문을 쉽게 대조해서 읽을 수 있도록 배려한 조치이다.

전사한 방언 자료를 표준어로 옮길 때는 직역하는 것을 원칙으로 하였으며 직역이 불가능한 경우에는 주석을 붙여 표시하였다. 문장 중간에 '어, 저, 거, 인제, 은제, 머'와 같은 군말이나 담화표지도 가능하면 표준어로 살리려고 노력했지만 한꺼번에 연이어 나타날 때에는 적절히 조절하였다. 적당한 표준어 어휘나 대응 표현이 없는 경우에는 방언형을 그대로 표준어에 사용하고 이를 주석으로 표시했다. 전사가 불가능하거나 전사한 방언 표현의 의미가 불확실한 경우에도 각각 *를 이용하여 표시했다.

(5) 찾아보기

이 자료가 지역어 자료임을 고려하여 이 책의 끝부분에 표준어에 대응되는 방언형의 찾아보기[索引]를 붙였다. 찾아보기는 표준어형을 먼저 제시하고 그에 대응되는 방언형을 제시하는 방법을 택했으며, 이는 타지역 방언사용자를 고려한 조치이다. 찾아보기에서 체언은 방언형을 가능한 한 형태음소적으로 표기하려고 했지만 음성형을 그대로 제시한 예도 있으며, 용언은 예문에 사용된 활용형을 그대로 제시하였다.

<사진 1> 경북 봉화군 봉화읍 해저리 마을 전경

<사진 2> 제보자 부부(김호관, 정원락)

차례

01 조사마을의
환경과 배경

마을 들여다보기 20

1.1. 마을 들여다보기

어르'신 이 마, 이 마으'레 대'해서 쫌' 이야기를 해 주십씨요.

이 마으'리 언제: 형'성이 데'어꼬, 어'떠케 형성이 데'에꼬, 그 다'음메어, 주'로 어떤 성씨드리 사시'는지, 이 마을' 유'래에 대해서 함 번.

― 삼'뱅 년 저'니이께네아1) 지'금부터 그'몀2) 면' 녀이롱3), 이천시빌 려'네 삼'뱅 녀느얼 빼'먼 데잔냐.

― 한:, 은, 삼'뱅 년, 삼'뱅 년 전도, 이'퍙은4) 한 삼'뱅 년 정거5) 데께'려, 동네게6) 생에, 에헤, 여어'께, 에헥:, 그'르코 여 동네' 사:는 사람'드런 추, 주로 인제' 으:성' 깅가7)드리 여게 인제: 우8) 와 가주'고 이, 이퍙한' 제가 삼'뱅 녀이라 그능 게고요.

그아'문 지굼 한 삼배, 이퍙한' 지가 한 삼'뱅 년 데'션는데, 그암'며너 처:음 이 마으'레 인제 의성' 김'씨 하라버지께서' 이'리로 오'셔쓸 꺼 아님미까?

― 예.

이퍙하'실 때, 어어, 어디서 오'션는지 혹씨 아심미까?

― 크:게'9) 상:주'서10) 와쩨'?

― 상:주', 상주'서 그어:, 상주'서 그'르익, 개암'11) 할'배미12) 여'어 처'뻔 두오시찌13) 안나.

― 후래', 그'엄믄14) 저으아, 저'게 저 어르~이15), 퐈'론16) 할배밈 미'리 오'시꾸나.

― 어, 그'으또17) 아이고, 그'믄 누'구로18)?

그'업, 그 어느' 하럴버이, 어느' 할'배라고예?

― 개암'.

아, 개아암, 호를, 호를 익?

― 개암' 할'뱀.

어르신 이 마을, 이 마을에 대해서 좀 이야기를 해 주십시오.

이 마을이 언제 형성이 되었고, 어떻게 형성이 되었고, 그 다음에 어, 주로 어떤 성씨들이 사시는지, 이 마을 유래에 대해서 한 번.

— 삼백 년 전이니까 지금부터 그러면 몇 년이냐, 이천십일 년에서 삼백 년을 빼면 되잖아.

— 한, 어, 삼백 년, 삼백 년 정도, 입향(入鄕)한 때는 한 삼백 년 정도 될 거야, 동네가 생긴, 어, 여기가, 어, 그렇고 여기 동네 사는 사람들은 주, 주로 인제 의성 김가들이 여기에 이제 여럿이 와 가지고 입향, 입향한 지가 삼백 년이라 그러는 것이고요.

그러면 지금 한 삼백, 입향한 지가 한 삼백 년 되셨는데, 그러면은 처음 이 마을에 인제 의성 김씨 할아버지께서 이리로 오셨을 것 아닙니까?

— 예.

입향하실 때, 어, 어디에서 오셨는지 혹시 아십니까?

— 그게 상주에서 왔지?

— 상주, 상주에서 거기, 상주에서 그러니, 개암 할아버지께서 여기에 첫 번째로 들어오셨지 않나.

— 뒤야, 그러면 저, 저기 저 어른이, 팔오헌(八吾軒) 할아버지께서 미리 오셨구나.

— 어, 그것도 아니고, 그러면 누구냐?

그, 그 어느 할아버지, 어느 할아버지라고요?

— 개암.

아, 개암, 예, 호를, 호를 이제?

— 개암 할아버지.

개 짜, 암 짜, 이르케?

— 예', 예, 예아.

암, 어, 개' 짜르 므승 개' 짜를 써'씀미거?

— 거릉19) 개' 짜20).

아, 아, 에, 그렁, 거, 그렁 게 짜, 바'이 암 짜?

— 예.

바'우 암 짜?

— 예.

— 개:암'.

개암' 스생'님께서 인제: 이'리로 처음 이팡하'션는지, 앙 그아'믄 더 위'때 오'션는지느 정화카'진 안'치마넌?

— 예, 어역, 정왁' 찬체이으그.

— 고 고 다'으메능 꼬:어 파'로언 할'뱀 안, 아임, 두 분' 중에 드옹'21) 그넌, 아'매22) 미리 옹' 거는 개암' 할'배미 미리 옹' 거 거튼'데, 그걸'러.

그'래서 이퍙:하'러, 이퍙하'신 어르신께'스너 어'째뜬 개암' 하라버'지시나 어이거나 앙 그러'며넘 파'론 하'라버지 두우 뿐 중에 함 부'니시다, 그'제?

— 예에.

파, 어더익 그업 개암' 하라브'지에 대해서 함분 마, 어이, 아시는 데'로 함 번 이야기해 주실 쑤 이씀미까?

— 예', 인지 개암 선생'이음 예, 선'조가 여'게.

열 개' 짜에다가 어, 바'이 암' 짜임꺼?

— 예:.

— 아'이, 아이'래여, 이' 양바안, 겨 마'자이, 열: 개' 짜래, 열: 개' 짜이와 바'우 암' 짜래.

— 열 개' 짜, 바'으23) 만' 짜고.

— 그'레 이' 양바니 여'게 인데.

개(開) 자, 암(岩) 자, 이렇게?

― 예, 예, 예.

암, 어, 개 자는 무슨 개 자를 썼습니까?

― 시내 계(溪) 자.

아, 아, 예, 시내, 시, 시내 계 자, 바위 암 자?

― 예.

바위 암 자?

― 예.

― 개암.

개암 선생님께서 인제 이리로 처음 입향하셨는지, 안 그러면 더 윗대에서 오셨는지는 정확하지는 않지만은?

― 예, 정확하지 않지요.

― 그, 그 다음에는 그, 어 팔오헌(八吾軒) 할아버지 안, 아니면, 두 분 중에 들어온 것은, 아마 미리 온 것은 개암 할아버지께서 미리 오신 것 같은데, 그것을.

그래서 입향하러, 입향하신 어르신께서는 어쨌든 개암 할아버지이시거나 아니거나 안 그러면은 팔오헌 할아버지 두 분 중에 한 분이시다, 그렇지요?

― 예.

팔, 어떻게 그 개암 할아버지에 대해서 한 번 그냥, 어, 아시는 대로 한 번 이야기해 주실 수 있습니까?

― 예, 인제 개암 선생님께서는 예, 선조가 여기에.

열 개 자에다가 어, 바위 암 자입니까?

― 예.

― 아니, 아니에요, 이 양반, 그래 맞아요, 열 개 자야, 열 개 자에 바위 암 자야.

― 열 개 자, 바위 암 자고.

― 그래 이 양반이 여기에 인제.

예', 개암, 그아'므 개암 쓰앵'님께서 인제' 일'로 오, 이'퍙을 하실'꺼나 앙 그암' 파'론 쓰앵님 하싱 검미까?

─ 예, 예, 예.

─ 이퍙:' 에, 응 선'조넘 파롼' 선'조고요, 에:, 개암공'은 그르 인제 에 이끼 개암공'어 현소'니에, 이 양바니.

─ 파루'오니.

─ 기, 에, 개암 할배므유 현소'니 파'로언 선새'인데, 거'어서 여어겐 인젱 이'퍙 선'조로 데 인네, 여'가.

─ 이퍙 선'조로 데 이'꼬.

파'로언 스애'임께서 인제, 스애잉께서 이'리로 입', 이'퍙을 하셔 가'주고 지웅 그암'머너 여'기에 어 입?

─ 예, 예, 예, 예, 예.

─ 그'르이 파로'오느니 인제 으이 개아'므 현소'니고, 휘' 짜는 선' 짜, 구' 짜라 구누여, 이그 그 파'로옴뿐 아이'래 에, 에뜨, 그, 저 휘'는 소리 성' 짜, 고'리 구' 짜라꼬 데에스, 성:구'라꼬 데 이써에, 곤.

소'리 성' 짜?

─ 바로'옹, 예, 파로'.

소'리 성' 짜, 무승 구 짜예?

─ 옹, 오'리 구' 짜용.

아, 오'래 구' 짜?

─ 으야, 야, 오, 오리, 오리 구 짜요.

─ 파'로어는 호:고', 이, 여'느 인제' 예, 흐, 휘' 짜는' 성' 짜, 구' 짜시고, 그 호:가' 파'러오이구, 그'래요.

지'금 그럼'머너 인제' 파'러온 스애'잉께서 은자 이 마을', 이 마을' 이'르미 바'래밈미까, 해즈?

─ 바'라미[24], 에, 이 그 바라미.

예, 개암, 그러면 개암 선생님께서 인제 이리로 오셔서, 입향을 하셨거나 안 그러면 팔오헌 선생님께서 하신 겁니까?

— 예, 예, 예.

— 입향 에, 음, 선조는 어 팔오헌 선조고요, 에, 개암공은 그래 인제 이 그 개암공의 현손이야, 이 양반이.

— 팔오헌이.

— 개, 어, 개암 할아버지의 현손이 팔오헌 선생인데, 거기에서 여기가 인제 입향 선조로 되어 있네, 여기가.

— 입향 선조로 되어 있고.

팔오헌 선생님께서 인제 선생님께서 이리로 입향, 입향을 하셔 가지고 지금 그러면은 여기에 어 입향?

— 예, 예, 예, 예, 예.

— 그러니 팔오헌이 인제 어 개암의 현손이고, 휘 자는 성(聲) 자, 구(久) 자라고 그러고, 이것 그 팔오헌뿐만 아니라 어, 어, 그, 저 휘는 소리 성 자, 오랠 구자라고 되어서, 성구라고 되어 있어여, 고것은.

소리 성 자?

— 팔오헌, 예, 팔오헌.

소리 성 자, 무슨 구 자인가요?

— 옛, 오랠 구 자요.

아, 오랠 구 자?

— 예, 예, 오랠, 오랠, 오랠 구 자요.

— 팔오헌은 호고, 이, 여기는 인제 예, 휘, 휘 자는 성 자, 구 자이시고, 그 호가 팔오헌이고, 그래요.

지금 그러면은 인제 팔오헌 선생님께서 인제 이 마을, 이 마을 이름이 "바래미"입니까, 해저리(海底里)?

— "바래미", 에, 이 그 "바래미".

바 에, 짐며?

— 엔:날' 치'명으로는 속칭 브르기'는 바라미라 그:고[25], 또 여우[26] 관명'으로는[27], 관청'에서 부릉 언[28] 해:저'리라 그'고.

해저리예?

— 바다 해' 짜, 저 저어 짜.

— 그'르이, 그'래 부'르니더[29].

거:며 인제' 업 파'로언 스애'잉께서 은제' 여기 이'퍄을 하셔 가'지고:, 어, 한 삼'뱅 년쯔은, 야: 삼'뱅 년 저'네 이퍙을 하셔 가'주곧, 의성 인저' 김'씨, 김문들리 인제' 집'썽촌임미까?

— 그'러치 이퍙하'셔찌.

— 매이[30] 집'성초니지, 그케요.

지궁 그럼'며너 여'기에 그거' 사시늠 분'드너 의성: 김'씨들 웨에'는 다름 분'드러 업씀미까?

— 웨:요, 이'찌용.

— 마:네'여, 인지[31], 저거 이 지 엔:나'레는.

— 지, 지'금뭉, 그 당시'는 쪼'꿈 저:끼[32] 사'럳찜, 지그'므롭 바서'는 우성' 깅가'들보다 타'성에어 어웅, 으, 더 만타'끼 바에, 시'방은뇨.

— 우리' 깅가'드른 모'도 대구, 부산, 서울' 마이[33] 나가 사고[34], 근'데 현:제' 여일 쩌이 집'뜨러 거 크, 큰' 집뜨른 깅가'드리 즈 이에이 지'비라 할'쩨라둥 나'미 사'는 지'비 더 마네, 시'방용.

— 실'쩨이[35] 그'래 데 이'꼬요, 거우 머' 우우 구 지'비 비: 이씨'께[36] 남: 주'고 사고.

— 끄'래 현:제'로 바서'는 여' 한 배 칸 이'시 포 어 저 이, 저'네 반'는데 요샌' 에읍 백이시 포도 쪼끄머 이기 이 여리요.

— 배기시 포도 여'린[37] 내'에서[38] 우, 깅으, 우릭 깅가'들 사능' 게 오시'비 안 데 께'래용.

바래미 에, 지명?

　- 옛날 지명으로는 속칭 부르기는 "바래미"라 그러고, 또 여기 관명으로는, 관청에서 부르는 것은 "해저리"라 그러고.

해저리요?

　- 바다 해(海) 자, 밑 저(底) 자.

　- 그러니, 그래 부릅니다.

그러면 인제 팔오헌 선생님께서 인제 여기 입향을 하셔 가지고, 어, 한 삼백 년쯤, 약 삼백 년 전에 입향을 하셔 가지고, 의성 인제 김씨, 김씨 문중이 인제 집성촌입니까?

　- 그'러치 이짱하'셔찌.

　- 똑같이 집성촌이지, 그러게요.

지금 그러면은 여기에 그것 사시는 분들은 의성 김씨들 외에는 다른 분들은 없습니까?

　- 왜요, 있지요.

　- 많아요, 인제, 저것 이 저 옛날에는.

　- 지금, 지금은, 그 당시보다는 조금 적게 살았지, 지금으로 봐서는 의성 김가들보다 타성이 어, 으, 더 많다고 봐요, 시방은요.

　- 우리 김가들은 모두 대구, 부산, 서울 많이 나가서 살고, 그런데 현재 여기 저 집들은 그 큰, 큰 집들은 김가들이 저 이 집이라 할지라도 남이 사는 집이 더 많아요, 시방은요.

　- 실제는 그래 돼 있고요, 그 뭐 어 그 집이 비어 있으니까 남에게 주고 살고.

　- 그래 현재로 봐서는 여기 한 백 한 이십 호 어 저 이, 전에는 봤는데 요새는 어 백이십 호도 조금은 이게 이 여려요.

　- 백이십 호도 여린 안에서 우리, 김가, 우리 김가들 사는 게 오십이 안 될 거예요.

- 한 사십′ 정도 보′고 저 사'암들39) 한은, 한 오:시 폰 게음 마′즈 꺼′테이, 지′그므로 바 가′주언녀.

- 사는′ 호'수, 수짜′로 바 가′즈어넌.

끄엄′며는 지′금 어′째뜬 처음′ 이프, 이: 마을′ 시작뗑 그′너 아까′ 파′로언 스애′앵께서 먼저 어여, 의성 어 김무′네서 인제′ 파′로언 스애′앵께서 이 마으′를 개′처글 하′셔꼬, 그 다으′메 집′성초느로 쭝: 뉴지데다가′ 이제 타성바′지들도 께 드롸 가′지우 산다′, 그지예?

- 예.

끄′르서 그′러믄 찌′굼 한 타성:바′지드른 주′로 어떤 사′암들, 머, 그 머 드롸가 이씀미까?

- 각성′이든, 찌웅40) 각성′이래, 이에일 지′금 바서′너 농′사지은, 타성들또 농′사진는 사랴′민 한′ 메 단 데′곧, 주버' 인데′ 머 장터'어 가서 장사도 하고, 운전′도 하는 사'람들 멀 주로′ 인제′ 그래에 사고 이′찌, 머에, 지′금 바서는.

아:, 으′베서 가까′우니까 어, 웨지으 타성바′지드리 드롸′서 마니 산:다′, 그′지에?

- 예, 예, 예.

그러′면 지′금 인저으 어르′싱 그′엄며너 이 한 해방 전′후나 이′때엔 쯔엄메넌, 해방 저′누나 유기오 전후 때는 여기 집′성처, 집, 완전 집′성초니여씀미까?

- 글'때능 끄어, 거'이가 멜 칩', 메 찝′ 써′께′ 사′라찌히.

- 탸′성드리 사′러도 주루 깅가′드리 마이 사′러쩨요41).

- 유기′오 사:변 전후 해 가′지오넌.

그럼′며너 어′째뜬 지금:머 타성바′지드리 제′범 마니: 사는′ 그′런 마으′리다, 그′지에?

- 그러쳐, 마자, 마이 사능, 마이 살제, 그으거.

어′째뜨 그래′도 머 어′째뜬 요즘′ 다른′ 마으′레 비해′스너 어 의성 김′씨드리 마니′ 모이′서 사는 집′성초니라 할′ 순 일슬 정도로 마니′ 사′시능 그 까′씀미다?

- 한 사십 정도 보고 저 사람들 한, 한 오십 호 보면 맞을 것 같아요,
지금으로 봐 가지고는요.

- 사는 호수, 숫자로 봐 가지고는.

그러면은 지금 어쨌든 처음 입향, 이 마을이 시작된 것은 아까 팔오헌 선생
님께서 먼저 의성, 의성 어 김씨문중에서 인제 팔오헌 선생님께서 이 마을을
개척을 하셨고, 그 다음에 집성촌으로 쭉 유지되다가 이제 타성바지들도 꽤 들
어와 가지고 산다, 그렇지요?

- 예.

그래서 그러면 지금 한 타성바지들은 주로 어떤 사람들, 뭐, 그 뭐 들어와
서 있습니까?

- 각성이든, 지금 각성이야, 이 지금 봐서는 농사짓는, 타성들도 농사
짓는 사람은 한 몇 안 되고, 주로 인제 뭐 장터에 가서 장사도 하고, 운전
도 하는 사람들 뭐 주로 인제 그래 살고 있지, 뭐요, 지금 봐서는.

아, 읍에서 가까우니까 어, 외지의 타성바지들이 들어와서 많이 산다, 그렇
지요?

- 예, 예, 예.

그러면 지금 인제 어르신 그러면은 이 한 해방 전후나 이때쯤에는, 해방 전
후나 육이오 전후 때는 여기 집성촌, 집성, 완전 집성촌이었습니까?

- 그때는 거기, 거의가 몇 집, 몇 집 섞여 살았지.

- 타성들이 살아도 주로 김가들이 많이 살았지요.

- 육이오 사변 전후를 해 가지고는.

그러면은 어쨌든 지금은 타성바지들이 제법 많이 사는 그런 마을이다, 그렇
지요?

- 그렇지요, 맞아요, 많이 사는, 많이 살지, 그것.

어쨌든 그래도 뭐 어쨌든 요즘 다른 마을에 비해서는 어 의성 김씨들이 많
이 모여서 사는 집성촌이라 할 수 있을 정도로 많이 사시는 것 같습니다?

― 그'르체요, 응, 그'르체, 음, 머 타'동네 대'믄42) 마:이 사제.

어르'싱 그럼'며넌 이 마을' 이'르메 대해서' 함분: 머 아시'는 대'로 혹시 함분' 이야기해 주'실 쑤 이쓰므 이야기해 주'십씨오.

웨: 받, 웨 바'라미가 데'엔지, 또'넙 머 해저'가 데'엔지, 그거 함번' 이야기해 주'실 수 이쓰미 함분, 아시는 대로 함번?

― 그게' 설명하'기가안 난'흐 어리푼'시 드'릉 게 떼 가주 마'리야 픽 에'룹뜨라꼬43).

― 엔나'레 여'어가44) 머 바'라미라 그능 게' 마리제아, 그으 은네 게 효, 확씰 차'네도, 엔나'레 어'데 여'그 멉 음 파라'리45) 그러 가'주고 머 파라미'치 머 뺑어, 어 바'라미라 그'르따 소'리도 나안데, 므 파라'라 그'능 걸 어'델46) 가'주오 파라'라 그'능 거.

― 아, 파래' 미'치는, 파래' 미'츠넌 바'다 미'치이께네 바'라미라 그'러꼬, 그'래 지'인느47) 꺼 테요.

꼬 바, 바다 해' 짜 해'서, 머 바'다 해' 짜 하고 저 엄, 미 쩌 짜 써가주 ** ***48)?

― 미 쩌 짜, 예, 해저'다:, 그래여.

파다'그 멈미'까?

― 저 무'럴 이래' 대에 노'코옴 무리' 이비, 이쓰'먼 여게 무'로 우'로 퍼 올'리능 게래.

― 이그래 퍼 올'리49) 가주아이그 그걸.

보, 퍼 올레 물 푸어능 기구?

― 므, 엉, 그 마자, 그으래여50).

― 물' 펴'능 기구 마'자, 빠아, 파라아 그'애능 게.

그'엄머 그게' 그업 몸미, 물 푸'능 기구: 그읍 파닥', 그어'는 마언등 게 오래뒈'에씀미까?

어. 이 예저 이 이 그래 매엄?

─ 그렇지요, 응, 그렇지, 음, 뭐 타동네 대면 많이 살지.

어르신 그러면은 이 마을 이름에 대해서 한 번 뭐 아시는 대로 혹시 한 번 이야기해 주실 수 있으면 이야기해 주십시오.

왜 "바래미", 왜 "바래미"가 되었는지, 또는 뭐 해저리가 되었는지, 그것을 한 번 이야기해 주실 수 있으면 한 번, 아시는 대로 한 번?

─ 그게 설명하기가 나는 어렴풋이 들은 것이 돼 가지고 말이야, 퍽 어렵더라고.

─ 옛날에 여기가 뭐 "바래미"라 그러는 게 말이지요, 그 어 그 확, 확실하지 않아도, 옛날에 어디 여기 뭐 음 맞두레라 그래 가지고 뭐 맞두레 밑이 뭐 어, 어 "바래미"라 그랬다는 소리도 나왔는데, 뭐 맞두레라 그러는 것을 어디를 가지고 맞두레라 그런 것인지.

─ 아, 맞두레 밑은, 맞두레 밑은 바다 밑이니까 "바래미"라 그랬고, 그래 지었던 것 같아요.

그 바다, 바다 해 자 해서, 뭐 바다 해 자 하고 저 어, 밑 저 자 써서 ** ***?

─ 밑 저 자, 예, 해저리다, 그래요.

"파라"가 무엇입니까?

─ 저 물을 이래 대 놓고 물이 있, 있으면 여기에 물을 위로 퍼 올리는 거야.

─ 이것이야, 퍼 올려 가지고 그것을.

보, 퍼 올려 물 퍼는 기구?

─ 뭐, 어, 그 맞아, 그거에요.

─ 물 퍼는 기구 맞아, 맞두레, 맞두레라 그러는 게.

그러면 그게 그 뭡니까, 물 퍼는 기구 그 용두레, 그것은 만든 게 오래됐습니까?

어. 이 예전 이, 이 그렇게 만든?

- 오래데'찌, 거'게엄.

- 아::, 여'게 그게' 나온'다[51], 여 파로온 하, 아:, 파로온 할배미 여'게 마리'지, 이퍙한'지가 언'제냐 하게 데'먼, 에, 이::, 경진년, 천칠뱅 녀'네 여'게 동리'임 이퍙을 하'시꾸만, 녀'게.

- 천칠뱅 써이.

끄어'며 쩌어'기 이 동리에:' 혹시 머 주위'에 드'리 널'븐데, 어, 들: 말고 ' 이 산'도, 야트마칸' 산'드리 쪼옴 인는'데, 혹시 산 이'름메 대'해서 사, 알 고 게신 산 이'르메 대'애서 함분 이야'기 쫌' 함 해 주이'소?

- 여' 우리' 바래프[52] 저: 저' 보'인느 저 사'니 바로 학쩡봉이러[53] 그' 래임비덩.

- 저 학쩡봉을 웨' 학쩡보이라 그인머이 저 사'늘 보' 꺼 트음마 하기 나'라가느 형'상이래야.

- 아:, 사'니 저언 이이 저'게 보'마 하기' 나'라간는 사'니라 그래 가주고 여이 이 동:네'그에에에엠 아페 사'늘 학쩡보이라꼬 그'래 음, 불'러꼬.

- 또' 저어짜'게 저'게 보움 쩌 시:내' 아페 저짜'아 또 둥그'러여 추, 저 건'누 호:골'사니라 그으러, 호골'산[54].

- 끄르 호골'사니라 그'능 거'는 뜨'선 모'르게써.

- 엔:나'레 저 범두리가[55] 머, 호:평'이라 그'른데, 범 호' 짜가 드'르가 주 즈, 저걸' 호구사'니라꼬 지'이따 소'리도 이'꼬, 므 그'커, 그'른 소'리도 나온'데, 그'게 화실'치는 아'네어우우.

- 으, 이 그, 그'르코, 응, 으 그, 그게배'께[56] 머 사'네 대항 건는 응, 거 벨'룸 멍.

산, 사'늠 머 한두 가지, 두 개바께 업씀미까, 이 근처에는?

- 에헤, 예, 예.

- 감'태보이~라 그능 거'또 예, 저 감'태봉은 맹, 응 맹: 학쩡보 산줄'기 이께네[57], 끄언.

― 오래됐지, 그것이.

― 아, 여기에 그게 나온다, 여기 팔오헌 할아버지, 아, 팔오헌 할아버지께서 여기에 말이지, 입향한 지가 언제냐 하게 되면, 에, 이, 경진년, 천칠백 년에 여기에 동리에 입향을 하셨구나, 여기에.

― 천칠백이라고 씌어 있으니까.

그러면 저기 이 동리에 혹시 뭐 주위에 들이 넓은데, 어, 들 말고 이 산도, 야트막한 산들이 조금 있는데, 혹시 산 이름에 대해서 산, 알고 계신 산 이름에 대해서 한 번 이야기 좀 한 번 해 주십시오?

― 여기 우리 "바래미" 저기 저 보이는 저 산이 바로 학정봉이라 그럽니다.

― 저 학정봉을 왜 학정봉이라 그러냐 하면 저 산을 볼 것 같으면 학이 날아가는 형상이에요.

― 아, 산이 저 이 저기 보면 학이 날아가는 산이라 그래 가지고 여기 이 동네 앞에 산을 학정봉이라고 그래 음, 불렀고.

― 또 저쪽에 저기 보면 저 시내 앞에 저쪽에 또 둥그런 저, 저것은 호골산이라 그래, 호골산.

― 그래 호골산이라 그런 것은 뜻은 모르겠어.

― 옛날에 저 범들이 뭐, "호평"이라 그러는데, 범 호 자가 들어서 저, 저것을 호골산이라고 지었다는 소리도 있고, 뭐 그, 그런 소리도 나오는데, 그게 확실하지는 않아요.

― 어, 이 그, 그렇고, 응, 어 그, 그것밖에 뭐 산에 대한 것은 응, 그 별로 뭐.

산, 산은 뭐 한두 가지, 두 개밖에 없습니까, 이 근처에는?

― 예, 예, 예.

― 감태봉이라 그러는 것도 예, 저 감태봉은 역시, 응 역시 학정봉 산줄기니까, 거기는.

그′어느 머 감′태봉어 웨: 감′태봉임미까?

— 그기 옌나레 그으 으, 끄, 그 사′네 대해 가지으우 일 저 유래′가 그
미은, 저′ 양밤 말뜨′나 그 인제′ 그으 감′투럴58) 마이 해:따′, 그′래가주 감
투보′이라 큰다′꼬도 어, 아, 보′늠 모′애이세이, 그래이, 예.

거염 하, 어, 저: 학′쌍봉이 이′꼬, 호골:사니 이′꼬?

— 사니 이꼬.

그 다이미 감′투봉 이꼬?

— 고 다임미 머 엉, 이 감투봉이고.

에, 음, 머 다름 머 사′으넉 크게, 사′니 그르′케 여′기너?

— 업:찌, 머′여.

으, 드리′ 널′브서 잘 업쩐?

— 어이, 어이, 어, 예, 예.

혹′시 골짜′기, 골짜′기에 대해서 머 아:심′면, 머 여 이′ 동네 골짜기 이′
르메 대′해서 인는 대′로 함 이야기해′ 주′십쑈.

— 요′ 디:꼬′오룽59) 바로 드간′느 산수′꼬르어 그′으고, 은, 저′짜아 드′가
능 건능 건 머 응어, 신′시꼬르에 글:고, 저: 우에 가서′느 모′꼬리라 그′으
공, 윽, 그래 부′른데, 글 뜨′슨 모르게썽언.

— 음, 먼: 띠′므60) 그런지.

사, 산′시꼬리여?

— 어, 산′수꼬염.

— 산′수꼬리르, 산수꼬엠.

웨′으 산′수꼬른 머: 웨′ 그′런지름 모르′은다, 그′지에?

— 모′르제, 그케용.

그 다′으미 산′수꼬 리′꼬, 그다′엠 모꼴 리′꼬?

— 모′꼬 리′꽁.

모′꼴도 뜨′슨 잘′ 모름미′까?

거기는 뭐 감태봉은 왜 감태봉입니까?

― 그게 옛날에 그 어, 그, 그 산에 대해 가지고 이 저 유래라 그러면, 저 양반 말마따나 그 인제 그 감투를 많이 했다, 그래서 감태봉이라 그런다고도 어, 아, 보는 모양일세, 그래, 예.

그러면 학, 어, 저 학정봉이 있고, 호골산이 있고?

― 산이 있고.

그 다음에 감태봉 있고?

― 그 다음에 뭐 어, 이 감태봉이고.

어, 음, 뭐 다른 뭐 산은 크게, 산이 그렇게 여기는?

― 없지, 뭐요.

어, 들이 넓어서 잘 없지요?

― 예, 예, 예, 예, 예.

혹시 골짜기, 골짜기에 대해서 뭐 아시면, 뭐 여기 이 동네 골짜기 이름에 대해서 있는 대로 한 번 이야기해 주십시오.

― 요기 뒷골은 바로 들어간 곳은 산수골이라고 그러고, 어, 저쪽으로 들어간 것은 뭐 어, 신시골이라고 그러고, 저 위에 가서는 못골이라 그러고, 어, 그렇게 부르는데, 그 뜻은 모르겠어.

― 음, 뭐 때문에 그러는지.

산, 산수골이요?

― 어, 산수골.

― 산수골이야, 산수골.

왜 산수골은 뭐 왜 그런지는 모른다, 그렇지요?

― 모르지, 그러게요.

그 다음에 산수골이 있고, 그 다음에 못골이 있고?

― 못골 있고.

못골도 뜻은 잘 모릅니까?

웨: 모'꼬린지?

- 그르쩨, 아, 으에, 그에 지'금도 모'선 이'이써서, 거'게가; 모꼬, 저 모꼬레아.

- 요래' 쩌 그 머 물: 땔'라ㄲ61), 노'네 물: 때앤 내애 머, 어어, 즈 인저 쪼ㄲ머 인제 그이62) 이쓰께쩨.

- 또 여'게는 디 그'르코.

- 여 산'수꼬른 근:63) 믄 자시64) 모'르게써, 그 사'네서 무'리 난다'구 산'수꼬라 그르 짠'나구 나'는 생가깐데, 글 뜨슨 확'씨리 모'르게써에.

그 다'엠 모, 모'꼴레늠 모'시 예저'넬 이'스꺼, 지'음도 조그만항' 게 이'꼬, 그다'음메 여쭈'어 산'수꼬리고, 그담 저쭈'게 신'시꼴 그래쓰미?

- 어, 신'시꼴, 씨에이, 시내그, 신'시골.

- 그거'는 자시 모'르게써, 금 무 웨' 신'시꼬러 그'은지.

- 자시 모'르게써여, 그 뜨'선 모'르게따꼬.

- 여'게느 그'름65) 표시'기 이'씨'이께네66) 이으 저'으도 무'리 나'이게 산'수꼬리고, 저짜'아늠 모'시 이께느 모꼬래 그르따'욱 보'는데, 현재'도 그'언 이'씨'이께네.

그'릉꺼 어'째뜬 점부 골짜'기너 주로 그런: 머 디 꼬'홀, 아, 모'꼴, 산'수꼴?

- 산'수꼴, 시'내시꼴.

신'시꼴?

- 평꼴, 예.

이을 세:: 개가 이'꼬, 머 또 다릉 꼴짜'기는 잘 업씀미까?

- 업써', 다릉 골싸'기 그 머 어'데 다:는 몰'씨더67), 그.

사'니 그르'케 만치'가 아'너서?

- 예아.

그러'며 혹'씨 여기 들, 어, 강:은, 강에으, 강은 여기 쯤 이씀미까?

- 강:에'이 아'이래 여 내성'천68), 거랑'이지, 머예.

- 내:성'처네서 나오'능 거이기, 이게' 흘러 가주고 저 예천' 아프로 저

왜 못골인지?

─ 그렇지, 아, 어, 그 지금도 못은 있어, 거기가, 못, 저 못골에.

─ 요래 저 그 뭐 물 대려고, 논에 물을 대 내는 뭐, 어, 저 인제 조그만, 인제 그게 있었겠지.

─ 또 여기는 저 그렇고.

─ 여기 산수골은 그것은 뭐 자세히 모르겠어, 그 산에서 물이 나온다고 산수골이라 그랬지 않나 하고 나는 생각하는데, 그 뜻은 확실히 모르겠어요.

그 다음 못, 못골에는 못이 예전에 있었고, 지금도 조그만한 게 있고, 그 다음에 요쪽에 산수골이고, 그 다음 저쪽에 신시골 그랬습니까?

─ 어, 신시골, 시내, 시내가, 신시골.

─ 그것은 자세히 모르겠어, 그 뭐 왜 신시골이라 그랬는지.

─ 자세히 모르겠어요, 그 뜻은 모르겠다고.

─ 여기는 그런 표식이 있으니까 이 저기에도 물이 나니까 산수골이고, 저쪽에는 못이 있으니까 못골이라 그랬다고 보는데, 현재도 그것은 있으니까.

그러니까 어쨌든 전부 골짜기는 주로 그런 뭐 뒷 골, 아, 못골, 산수골?

─ 산수골, 신시골.

신시골?

─ 평골, 예.

이렇게 세 개가 있고, 뭐 또 다른 골짜기는 잘 없습니까?

─ 없어, 다른 골짜기 그 뭐 어디 다는 모르겠습니다, 그것.

산이 그렇게 많지가 않아서?

─ 예.

그러면 혹시 여기 들, 어, 강은, 강, 강은 여기 좀 있습니까?

─ 강이 아니라 여기 내성천, 개울이지, 뭐요.

─ 내성천에서 나오는 것이, 이게 흘러 가지고 저 예천 앞으로 저리 가

리 간데, 이게' 내성'처니러, 강:이'라 그'진 난, 아 내, 여 내성천 또라'이
라69) 그'르지.

그'어므 여'기 지옴 봉화 읍내' 아'프로 흐르능 큰 이게?

— 내성'처니지요.

내성'처니고, 그 다'으메 혹'씨 이 어, 내성처'느로 흘'러 드르가는 조옴만
한' 그랑'이나 이'렁 건 업씀미까?

— 여'어서 나'어능 게 저 정꼴'써 나'오능 게 쪼매항' 게 이, 이, 이 아'프
르도 내'리가능 게 쪼매낭' 건 이'써도우, 그건'느 이'르미 업짜'네, 그'건능.

— 그'르지, 기'냥 거라'이라 그'르지, 머요.

— 매병처'니러 글'기드 하'구, 머으 그'른데, 예, 응엥으, 연', 우리 동:네'
어이, 그, 거 압 또라'이라 그기도 하고, 그래 응에, 근.

아, 절루 아'프로 가니까 압 또랑이라구 하고, 그지에?

— 예, 예, 이이, 예, 예.

압', 아'페 스네 압 또랑을 마니?

— 예, 예, 예.

그 어디', 그으그'너 어디'서 흘러나온다고에?

— 매봉사'네서70) 나와, 매봉.

— 매봉사'네서.

매봉'사는 아업, 어디 멈?

— 무량.

— 아이'래이, 여' 맹 봉화군 무랴며니71).

— 며니' 다르'당게, 쪼'끄뭉 고 등'을 너머가'믄 무랴며니데, 거'계서 수
우'니 내'리온다 그래 가주우 인제 그 매벵'처네서 나온다 그렁에.

끄암 매병'처니고, 끄 다'음에 아, 쪼움 저'네 어르싱께서 이야기하'시기로
너 정'꼬레서 흘'러나온다 핸더이, 정'고른 어뎀미까?

— 정:꼬'르아 그'능 그느 인제' 매봉'산 바로 여'핀데, 그 동:네' 엔나'레

는데, 이게 내성천이라, 강이라 그러지는 안, 안 해, 여기 내성천 도랑이라 그러지.

그러면 여기 지금 봉화 읍내 앞으로 흐르는 큰 이게?

－ 내성천이지요.

내성천이고, 그 다음에 혹시 이 어, 내성천으로 흘러 들어가는 조그마한 개울이나 이런 것은 없습니까?

－ 여기에서 나오는 게 저 "정골"에서 나오는 게 조그마한 게 이, 이, 이 앞으로도 내려가는 게 조그마한 것은 있어도, 그것은 이름이 없잖아, 그것은.

－ 그렇지, 그냥 개울이라 그러지, 뭐요.

－ 매봉천이라 그러기도 하고, 뭐 그런데, 예, 어, 여기는, 우리 동네 어, 그, 그 앞 도랑이라 그러기도 하고, 그래 어, 그.

아, 저리로 앞으로 가니까 앞 도랑이라고 하고, 그렇지요?

－ 예, 예, 예, 예, 예.

압, 앞에 있으니 앞 도랑을 많이?

－ 예, 예, 예.

그 어디, 그것은 어디에서 흘러나온다고요?

－ 매봉산에서 나와, 매봉산.

－ 매봉산에서.

매봉산은 어, 어디 멉니까?

－ 물야면.

－ 아니야, 여기 역시 봉화군 물야면에.

－ 면이 다른데, 조그마한 그 산등을 넘어가면 물야면인데, 거기에서 수원이 내려온다고 그래 가지고 인제 그 매봉천에서 나온다고 그러는 거야.

그러면 매봉천이고, 그 다음에, 어, 조금 전에 어르신께서 이야기하시기로는 "정골"에서 흘러나온다고 했는데, "정골"은 어딥니까?

－ "정골"이라 그러는 것은 인제 매봉산 바로 옆인데, 그 동네에서 옛날

거 이딩 머, 에 거, 거에, 즈, 쯔곈, 쯔일, 저'릉 걸 머 그'락또72) 맨드'고 마
엔 므'얼 꾸'움몸 매이라.

　　─ 끄으 정꼬'리러73) 그'른 므네.

　　─ 옹:기'도 꾸'우꼬 머 이릉 걸 꾸'우 가'주 인제 그 동네'얼 정:꼴' 동네
라 그'르따꼬 얘기하'고.

　　─ 그 인제' 월'리느74) 인제 에으 그'어서 매병'천하꼬 그 동네학 함몽'75)
내'려오능 무'리래.

　　아, 그아'므 그 정:꼬'리라능 고'시 에어, 거기 어디 동:네 이'르미다, 그'지야?

　　─ 예, 동:네 이'르미래염.

　　─ 동네' 이'르미래여.

　　─ 그 해:저삼'니라 그'으기도 하'고 그래임, 머에.

　　아, 해저삼:니'고?

　　─ 예아.

　　해'저이:리도 그'람 이씀미'까?

　　─ 이:리'인 여얼, 어으, 소라 나베76) 기, 역쩐 아'페.

　　─ 여 가'페가 거 그, 퍼게 인제 해저이:리'고, 여'어가77) 일리'고 그래로.
그'업, 검 해저:, 지'움 해저이어, 거 혀에, 행정명'으로너, 행정 이르므로 ***?

　　─ 해저일, 리, 삼니야이.

　　─ 해저일', 리, 삼:니'래여.

　　이 쯔 요우게 그아'므 해저일:리넘 바라'미고?

　　─ 바'라미공.

　　그 더'음메 해저이:리'는 머:러라고 부름?

　　─ 소'라니라 그'애찌, 소르.

　　소라?

　　─ 예, 역'쩐 아'페 소'란.

　　소'라는 웨 소'란닌지?

에 그 이 뭐, 어 그, 그, 저, 저, 저, 저런 것을 뭐 그릇도 만들고 말이야 무엇을 구웠던 모양이야.

  − 그래서 "정골"이라 그런 모양이야.

  − 옹기도 굽고 뭐 이런 것을 구워 가지고 인제 그 동네를 "정골" 동네라 그랬다고 말하고.

  − 그 인제 원래는 인제 어 그 매봉천하고 그 동네하고 한목에 내려오는 물이야.

아, 그러면 그 "정골"이라는 곳이 어, 거기 어디 동네 이름이다, 그렇지요?

  − 예, 동네 이름이에요.

  − 동네 이름이에요.

  − 그 해저삼리라 그러기도 하고 그래요, 뭐요.

아, 해저삼리고?

  − 예.

해저이리도 그러면 있습니까?

  − 이리는 여기, 어, "솔안" 앞에 그, 역 앞에.

  − 역 앞에 거기 그, 그게 인제 해저이리고, 여기가 일리고 그래로.

그, 그러면 해저, 지금 해저, 그 행, 행정명으로는, 행정 이름으로는 ***?

  − 해저일리, 해저이리, 해저삼리에요.

  − 해저일리, 해저이리, 해저삼리에요.

이 저 요기 그러면 해저일리는 "바래미"고?

  − "바래미"고.

그 다음에 해저이리는 뭐라고 부릅니까?

  − "솔안"이라 그랬지, "솔안".

"솔안"?

  − 예, 역 앞에 "솔안".

"솔안"은 왜 "솔안"인지?

− 이 솔뚱저'니[78] 이'따 그래 갸주우 소'라니라 그'르따 그래드라고예.

무스, 무스은네?

− 소'리', 소냥'기[79] 시'머노옹 게 마리장겨[80], 아'뻬[81], 드: 라'뻬 거, 요 새' 거이 여'기[82] 생기 뿌레 가주우 그르채이 그어 소'리 서 이'써써요.

− 그래 소라니러 그'르따 그래이띠더[83].

그아'믄 솔:, 그 소나무'를 시르 나알, 소나무'거 시르머 나으니가 소나무 안'쪼기라 해서 소'란닝고?

− 으에, 소'란, 예, 소'란 동'네러 그으꼬이.

소'란 동네'라 하'고?

− 어, 예.

그다'음 해저삼:니'느 아까' 이야기핸'따시피 고?

− 예, 정:꼬'리이 그아지.

정:꼬'리고?

− 예, 이 쩡에, 지, 정꼬리고.

끄암 찌움 해, 행정명'으로너 어, 일'따느 해저일'리 바라'미고, 해저이리' 가 소'라미고, 그 다'음 해저삼니가?

− 으, 정꼬'리고.

처, 정꼬'리우, 그'르타, 그'지예?

− 예, 예.

그러'며너 인제 그: 어'르신 여'기에 혹씨 그거, 저수'지 가틍 거느 쯤 이씀 미까?

− 이이, 여'게는 저수지가 엄:니더, ***[84].

− 아:, 그'어 좀' 이, 이'서따.

− 그 요샌' 업:써저 뿌레쓰이께네 그을제.

− 항' 개도 업쩌[85] 뿔쩌유.

− 다: 그'어 바'치 데' 뿌구, 노:니' 데 뿌구.

– 이 "솔뚱전"이 있다고 그래 가지고 "솔안"이라 그랬다 그러더라고요.

무슨, 무슨요?

– 솔이, 소나무 심어놓은 게 말이지 않아요, 앞에, 들 앞에 거기, 요새 거기에 역이 생겨 버려 가지고 그렇지 거기에 소나무가 서 있었어요.

– 그래서 "솔안"이라고 그랬다고 그럽디다.

그러면 솔, 그 소나무를 심어 놓은, 소나무를 심어 놓았으니까 소나무 안쪽이라 해서 "솔안"이고?

– 예, "솔안", 예, "솔안" 동네라고 그러고.

"솔안" 동네라 하고?

– 어, 예.

그 다음 해저삼리는 아까 이야기했다시피 그?

– 예, "정골"이라 그러지.

"정골"이고?

– 예, 이 정, 저, "정골"이고.

그러면 지금 행, 행정명으로는 어, 일단은 해저일리가 "바라미"고, 해저이리가 "솔안"이고, 그 다음 해저삼리가?

– 어, "정골"이고.

정, "정골"이고, 그렇다, 그렇지요?

– 예, 예.

그러면은 인제 그 어르신 여기에 혹시 그것, 저수지 같은 것은 좀 있습니까?

– 이, 여기에는 저수지가 없습니다, ***.

– 아, 거기 좀 이, 있었다.

– 그 요새는 없어져 버렸으니까 그렇지.

– 한 개도 없어져 버렸어요.

– 다 거기가 밭이 돼 버리고, 논이 돼 버리고.

네, 예저′네 어으, 저수지 이′선능 그?

— 예, 야이.

함 저즈 어떵?

— 녜, 예, 쪼맨해′써, 저이 참.

아, 이름, 예?

— 이′르미 그: 머′라 그′르짜?

— 모′시라 그르째?

— 아′헨뜽모′시라86) 그′르짜나, 그 엔나′레.

— 아′현띠기라꼬, 태코′럴87) 떠 가주고, 그 저수′지 땅′기 이 그 집′ 땅′이래 가′주곰 아′현뜩모시라 그르따꼬, 떼겨, 거어가.

— 모 짜′리러.

아현땍끼랑응 거 분 태′코너 무슨′, 어디?

— 태′코가 아′현띠이래88).

아′현띠기?

— 예, 아′현뜩.

아′현느 어′디 짐명밈미까?

땅 이르밈?

— 지명이게께찌오.

어딛, 어딛?

— 아′혀니 크흐, 크게′ 잉 그 지명엔는에이 자시 몰′래야.

— 자시 모른 아현.

하이튼 아현, 아현띠기모시다, 그지에?

— 이예, 예, 예.

— 아에, 그으, 거: 집주′이늘 타가주89).

— 은자 이 그, 그래 그, 그 집 응으, 그 집 소유′기 때′무레 고′맘 아′현뜩으흠모′시라 그′러콩.

예, 예전에 어, 저수지가 있었던 그?

— 예, 예.

하면 저수지가 어떤?

— 예, 예, 조그마했어, 저기 참.

아, 이름, 예?

— 이름이 그 뭐라 그랬지?

— 못이라 그랬지?

— "아현댁못"이라 그랬잖아, 그 옛날에.

— "아현댁"이라고, 택호를 따 가지고, 그 저수지 땅이 이 그 집 땅이여 가지고 "아현댁못"이라 그랬다고, 택호, 거기가.

— 못 자리를.

"아현댁"이라는 그 분 택호는 무슨, 어디?

— 택호가 "아현댁"이야.

"아현댁"?

— 예, "아현댁".

"아현"은 어디 지명입니까?

땅 이름입니까?

— 지명이겠지요.

어디, 어디?

— 아현이 그, 그게 이 그 지명은 자세히 몰라요.

— 자세히 모르고 아현.

하여튼 "아현, 아현댁못"이다, 그렇지요?

— 예, 예, 예.

— 어, 그, 그 집주인의 택호를 따서.

— 인제 이 그, 그래 그 집 어, 그 집 소유이기 때문에 그만 "아현댁못"이라 그랬고.

지그'믐 어'째뜬 모'슴푸 업따, 그'지에?

― 네아, 지'그믄 쩜 페지 다 뎅으, 농'토로 변해' 쁘'래꼬.

그러'면 혹'씨 여'기에 그어 들판::넌 어, 이'름 부르은 드얼:'를 이'럼먼아, 아시'는 대'루 함모 이야기해' 주십쑈.

― 예, 더:리' 인제' 요'오로 말할 껀, 조 우'에 가무은 개떠'바골더:리아 그'고요, 어 그어 잉.

므슴 바?

― 개따'바꼴료.

― 해저삼:니'드리여 그'르꼬, 개따바꼬.

― 조: 우'에 쁘까뜽 소'란 아'뻬 거 이 저 왕'도이드:리러90) 그'으고, 거우 왕'도이드으래 그'으고, 요 미'테 너'러우므 장'성거리드'리라91) 그'으공, 이 그'래 인제 세 가'지을 표'현해가주 새암머.

그엄'므여 거 개빠딱 어, 개빤따꼴 그'래씀미까?

― 개:따'바꼴.

아어, 개:따'바꼴 가'틍 경우'너 우, 웨 개따바'꼬리라고 해쓰므그?

― 그게', 그게' 이'르믈 음, 겨 부처 가주우 머 잉 기'양92) 인 항' 겜 모'인데, 머으 그 속칭명'으로 특수한 말헌은 자시 몰'래여, 그게.

어, 그엄 개따바'꼴드:리 이'꼬, 그다임 머 장승꼴?

― 장'승거리드:른 요'게 저 소'란 아'피로93), 소'란, 으이 역 아'프로 이리 내로이 이 더'리고.

― 조 무'떼94) 솔뚱천'95) 요거 너머가'믄 조 우'에 감' 장'승거리드, 요 학짱봉 미'테 드리' 또 이'써, 고게' 장'성거리뜨리, 논'니, 논나'꼬 바'찌, 그 드레 거.

그 장'성거리돌 그어느, 어, 들팡:, 그거'는 웨 장'성거린들파니?

― 장서이랑96) 게 그 어'데, 엔:나'레 이'릉 거 머 장성을 그 어데 서와 나아떵 으으으, 머시래 가주오.

지금은 어쨌든 못은 없다, 그렇지요?

— 예, 지금은 전부 폐지가 다 되고, 농토로 변해 버렸고.

그러면 혹시 여기에 그 들판은 어, 이름 부르는 들 이름은 아, 아시는 대로 한 번 이야기해 주십시오.

— 예, 들이 인제 요기로 말할 것 같으면, 저 위에 가면 "개따박골들"이라고 그러고요, 어 그 이.

무슨 바?

— "개따박골"이요.

— 해저삼리들이 그렇고, "개따박골".

— 저 위에 가면 "솔안" 앞에 그 이 저 "왕동들"이라고 그러고, 그 "왕동이들"이라 그러고, 요 밑에 내려오면 "장승거리들"이라 그러고, 이 그래 인제 세 가지로 표현해서 사용을.

그러면 그 "개따박" 어, "개따박골" 그랬습니까?

— "개따박골".

아, "개따박골" 같은 경우는 어, 왜 "개따박골"이라고 했습니까?

— 그게, 그게 이름을 음, 그 붙여 가지고 뭐 이 그냥 이 한 것인 모양인데, 뭐 그 속칭으로 특수한 말은 자세히 몰라요, 그게.

어, 그러면 "개따박골들"이 있고, 그 다음에 뭐 "장승거리들"?

— "장승거리들"은 요기 저 "솔안" 앞으로, "솔안", 이 역 앞으로 이리 내려오는 이 들이고.

— 저 밑에 "솔뚱전" 요것 넘어가면 저 위에 가면 "장승거리들", 요 학정봉 밑에 들이 또 있어, 거기에 "장승거리들"이, 논이, 논하고 밭이, 그 들에 거기.

그 "장승거리들" 그것은, 어, 들판, 그것은 왜 "장성거리들"이?

— "장승"이라는 게 그 어디, 옛날에 이른 것 뭐 장승을 그 어디 세워 놨던 어, 무엇이라 가지고.

- 망, 네양, 마저, 그래'으, 그래 태'캔너므 거'테요, 장'성거리라등 게.

- 낭'글 까'꺼 서'웅 거, 이릉 게 이차나여, 크어케.

- 마자, 장'성거리아 그래꾸나.

거'이가 장'성거리다, 그지야?

- 예, 장성거리, 거 더리공.

그다'임 장'성거릳뜨, 고: 아'페 장'성거리가 이'서쓰니까 장성거리드리'고?

- 네, 어, 드'리고.

그다'으메 아까' 뚜 하'나늠 머라고 하셔씀미까?

- 저 왕'디이뜰⁹⁷⁾.

와예, 왕'디이뜨르 웨 왕디이뜨?

- 왕도~이라⁹⁸⁾ 그능 그 동미'는⁹⁹⁾ 느기, 여'어서으기 교수'니미 말항' 거고, 왕'디이라 그능 걸 끄 속'칭이 우, 웨: 부'천노 하'는 소'린데, 글' 자시 모'르게따고, 그 웨, 웨 부'쳐언지.

- 멍 왕'이 이'써 가주 왕'도이들또 안 데스 께고, 근 머 어데 구'마¹⁰⁰⁾ 엔:날브'어뜽 그래 왕'디이라 그'능 게 어데 그마 속'칭 기'양 내루옹 거 거 태이.

- 금 머, 금 머 와 특'쑤한 명칭'은 어꼬'요, 그 어, 꺼, 구 왕'딛더르아 이야기, 역쩐 아'뻬 이 드어'를 가주 말하'고, 요: 우'에 개따'바구요, 저'언 장'성거리더리, 요 세: 드어'를 요'걱 끼'고 사'라써, 요에.

거 왕'드이뜰르리아 함'미까?

왕'디이뜨리라 함미까, 앙 그아'므 왕'동이뜨리라 함미까?

- 왕동이뜰'.

- 왕'도이라 그 어, 그 속'칭 부루기'느 왕'디이뜨어리'라 거'후, 꺼, 엄, 마 우, 부루'기 시운 대'르, 윈'치기 말해우 왕'도이더리래.

- 이, 저 동네'가 왕'도이라 그그더'요.

- 왕'도이께네어, 왕'도이 아'페 떠리이께'네우 왕'도이떠레 그능 게

- 맞아, 네, 맞아, 그래, 그래 택한 것 같아요, "장승거리들"이라던 게.
- 나무를 깎아 세운 것, 이런 게 있잖아요, 그렇게.
- 맞아, "장승거리"라 그랬구나.

거기가 "장승거리"다, 그렇지요?

- 예, "장승거리", 그 들이고.

그 다음 "장승거리들", 그 앞에 "장성거리"가 있었으니까 "장승거리들"이고.

- 예, 어, 들이고.

그 다음에 아까 또 하나는 뭐라고 하셨습니까?

- 저 "왕동들".

예, "왕동이들"은 왜 "왕동들"?

- "왕동"이라 그러는 그 동명은 이게, 여기에서 교수님이 말한 것이고, "왕동"이라 그러는 것을 그 속칭이 왜, 왜 붙였느냐 하는 소리인데, 그것을 자세히 모르겠다고, 그 왜, 왜 붙였는지.

- 뭐 왕이 있어 가지고 "왕동이들"도 안 됐을 것이고, 그 뭐 어디 그만 옛날부터 그렇게 "왕동"이라 그러는 게 어디 그만 속칭으로 그냥 내려온 것 같아요.

- 그 뭐, 그 뭐 왜 특수한 명칭은 없고요, 그 어, 그, 그 "왕동들"이라 이야기, 역 앞에 이 들을 가지고 말하고, 요 위에 "개따박골", 저기는 "장승거리들", 요 세 들을 요기에서는 끼고 살았어요, 요기에.

거기를 "왕디이들"이라 합니까?

"왕디이들"이라 합니까, 안 그러면 "왕동이들"이라 합니까?

- "왕동들".

- "왕동"이라 그 어, 그 속칭으로 부르기는 "왕디이들"이라 그러고, 그, 어, 뭐 어, 부르기 쉬운 대로, 원칙으로 말하면 "왕동들"이야.

- 이, 저 동네가 "왕동"이라 그러거든요.

- "왕동"이니까, "왕동" 앞에 들이니까 "왕동들"이라고 그러는 것이

만니덩101).

그, 그'은데 여'기도 저: 해저'리라고 잘 암 부르'고 사암'드른 바'라미라고 마니 부르지예?

─ 예:, 바'라미, 예.

바'라밉 마이 부을뜨'시 거'기도 거 왕'동이라고 마니 부름미까, 앙 그암 왕 드이라고 마니 함미까?

왕'디이리라고 마니 함미까?

─ 왕'도이라꿉 부르'제, 주'로요.

─ 왕'도이러 쪼.

왕, 왕'도이라 함미까, 왕'디이라 함미까?

─ 그기 인제' 읍, 부른' 사'러미 자기 표'혀늘 곰 왕'디이, 왕'동이, 이이, 이이, 이래 데 뿌능 꺼테.

와따 가따 한'다, 그'지에?

─ 예, 와따' 가따' 하'능 기 거테요.

거우 왕'동이나 왕'드이똘 이'꼬, 그암' 장'승거리똘 이'꼬, 개따박'꼴, 개따 머라고 해쓰미까, 그어 어우, 거?

─ 응, 개:따'바꼴덜.

어어, 개따바꼴떨'하우 세: 개'가 드리' 이'따, 그'지에?

─ 예, 세: 개'가 드어'를 끼, 끼'고 사'란서요.

거'능 근, 그 당시'에 그어 인제' 주'로 어:, 아까' 우리 의성 김'씨, 김무' 네서 그쪽 들: 마니 소유하'고 이'서씀미까, ***102)?

─ 으예:, 그'르초에, 주로' 여'게 소유해'쩌.

─ 주로' 여'게 오, 개따바'꼴덜, 왕'디이떨, 장'성거리들, 그 소유'어뜬, 쥐' 인드른 우리 깅가'드리 주'로 가저 이써쑤.

금면' 주'로 인제' 그어: 들파'닌 중'에스, 세 들 중'에서 어디'가 제일'끄 너름미'까?

맞습니다.

그, 그런데 여기도 저 해저리라고 잘 안 부르고 사람들은 "바래미"라고 많이 부르지요?

― 예, "바래미", 예.

"바라미"라고 많이 부르듯이 거기도 그 "왕동이"라고 많이 부릅니까, 안 그러면 "왕디이"라고 많이 합니까?

"왕디이"라고 많이 합니까?

― "왕동이"라고 부르지, 주로요.

― "왕동이"라 주로.

왕, "왕동이"라 합니까, "왕디이"라 합니까?

― 그게 인제 어, 부르는 사람이 자기 표현을 그만 "왕디이", "왕동이", 이, 이, 이래 돼 버린 것 같아.

왔다 갔다 한다, 그렇지요?

― 예, 왔다 갔다 하는 것 같아요.

그러면 "왕동이"나 "왕디이들" 있고, 그 다음 "장승거리들"이 있고, "개따박골", 개따 뭐라고 했습니까, 그 어, 그?

― 응, "개따박골들".

어, "개따박골들"하고 세 개의 들이 있다, 그렇지요?

― 예, 세 개의 들을 끼, 끼고 살았어요.

그러면 그, 그 당시에 그 인제 주로 어, 아까 우리 의성 김씨, 김문에서 그쪽 들을 많이 소유하고 있었습니까, ***?

― 예, 그렇지요, 주로 여기에 소유했지요.

― 주로 여기에 어, "개따박골들", "왕동이들", "장승거리들", 그 소유, 주인들은 우리 김가들이 주로 가지고 있었어.

그러면 주로 인제 그 들판 중에서, 세 들 중에서 어디가 제일 넓습니까?

- 왕'디이드리 젤: 러'리제요.

거'기가 제:일 러르'고?

- 예.

그다'으메너?

- 장'성거리고, 고다'음 개:따바'걸드리요, 고래요.

머' 어'째뜽 이 세: 가질, 세 들파'니 거'이 머: 그 의성' 김무'네서 대:개 소유하'고?

- 예, 소:유'하고 또 으, 그 거'기서 위'주해가즈 생'화럴 해:꼬'요, 그 토'지를 위해 저 생'화를 해서, 그 머'꼬 사:고' 그래써이.

그럼'며느 여'기에 그거' 어, 어으:, 그 멈미'까, 이으, 놀, 소'작핸는 소'장민들도 이'서쓸 꺼 아임미까?

- 이'찌여, 그'케.

의성' 김'씨뜨리 다: 지찌'르 모 하니까', 그: 소'작하는 사'암더른 어느 동네'에 주'로 사'라씀미까?

- 여'기 사:는 사'럼도 이'꼬, 개따바'꼴 사는 사'럼도 이'꼬, 왕'디이 사는 사'럼도 이'꼬, 더'러 사'라찌마느 주:로 인제' 소'작인드리 여'게 마이 사'라쩌유, 맹.

- 소'작인들또 머' 소'자기라 그려 타'서이 하능 거또 아이'래, 맹: 이 깅'가' 우'윽, 저 그 또까'뜽 깅가끼'리도 맹: 쫌'.

아, 소, 소자글 하는 데에?

- 예, 소'자칸 사'암더[103) 이'꼬 그래여찌.

예, 예.

- 그래, 으어, 또 타'성도 소'자카은 사'암도 이'꼬 그'르서.

어, 그'러므 어'째뜬 여'기에 어, 그거, 이 마을'레 사는 타성바'지나 앙 그아'머 가튼 의성 김씨 중'에스도 소작하'어시늠 부'니 게:셔'꼬?

- 예, 예.

― "왕동들"이 제일 넓지요.

거기가 제일 넓고?

― 예.

그 다음에는?

― "장승거리"고, 그 다음 "개따박골들"이고, 그래요.

뭐 어쨌든 이 세 가지, 세 들판이 거의 뭐 그 의성 김문에서 대개 소유하고?

― 예, 소유하고 또 어, 그 거기에서 위주로 해서 생활을 했고요, 그 토지를 위해 저 생활을 했어, 그 먹고 살고 그랬어요.

그러면은 여기에 그것 어, 어, 그 뭡니까, 이, 논, 소작했던 소작민들도 있었을 것 아닙니까?

― 있지요, 그러게.

의성 김씨들이 다 짓지는 못 하니까, 그 소작하는 사람들은 어느 동네에 주로 살았습니까?

― 여기 사는 사람도 있고, "개따박골" 사는 사람도 있고, "왕동" 사는 사람도 있고, 더러 살았지만은 주로 인제 소작인들이 여기 많이 살았지요, 역시.

― 소작인들도 뭐 소작이라 그래서 타성이 하는 것도 아니고, 역시 이 김가 어, 저 그 똑 같은 김가끼리도 역시 좀.

아, 소, 소작을 하는 데에?

― 예, 소작하는 사람도 있고 그랬지.

예, 예.

― 그래, 어, 또 타성도 소작하는 사람도 있고 그랬어.

어, 그러면 어쨌든 여기에 어, 그것, 이 마을에 사는 타성바지나 안 그러면 같은 의성 김씨 중에서도 소작하시는 분이 계셨고?

― 예, 예.

앙 그아'믄 저쪼'게 저, 저으 왕딩에 ***104)?

— 예, 어헤, 어, 예, 왕, 에이에, 왕'대, 개뜨바꼴두 이'써꼬, 그르치, 므.
그쪼우 분'들도 하'고 그래'따, 그'지에?

— 예, 예호.

— 그'리고 고로'고로' 붐배데' 이'써찌, 머 글'때.

— 모두 그.

그름'며느 여'기 지'검 그거 봉화' 가틍 경우'에 쫌: 그어 유명한' 집'성초
니 여'게 의성 김씨', 여 바'라미하고, 그 다'으메 저: 여'페 닥'실?

— 다'실하코예.

— 다'시이라 그끼' 타구에105) 유'고리라 글따, 야.

한짜'로 하'먼 유'고기고, 예, 그다'으메 그냥어 따, 일'반저으로 다'실, 다'시
리라고 하'는데, 에:, 그'르서 이 닥'씰, 닥'씨를을 사는' 사'암드런 이쪽 펴'네
머 아, 여'기신 이야기해'떤 세: 가진 음'내 뜰 이쪼'게넘 별'로 농'사를 아 함?

— 그르치여, 농사진'능 거'는 쩌 일 주로' 그 지'역 황경'에 따러 사러쓰
이께네여106).

— 그 지'이, 지역 토지'를 가주 사'러찌, 머 다'실 싸'러미 여'게 와 지:꼬,
그릉 건 은, 업서'따꼬, 이게.

거'므 안동::, 그 웨 다'실 사'암드, 안동 권'씨드른 주'로 그어기 어딛: 쪼
'게 그아면 땅을', 경'자을 주'루 마이 해'씀미까?

그여쪽쓰 하고?

— 아이옥 거'긴 또 그, 그' 지방에 땅'을 가주 소유해쩌에기.

— 그 거'이, 점부 집'썽초이러 그능 게 엔나'레 그래끄더, 토지'러107)
가:진' 사'러멈108) 며 뺑 마'지쓱 가주'꼬으, 그'르이 엄:는 사'럼 어:꼬, 그
래이께 인제' 엄:는 사'럼 그 토지를 빌'레 가주 인저 소'자케가주 그'어삭
가치 사:고 그'래쓰이께네 머 곧 지'역 찌'여게서 어어, 사'라찌, 머 여:기'저
기' 농'사지꼬 그, 끄릉 건 드'무러따 그'이께네.

안 그러면 저쪽에 저, 저 "왕동" ***?

― 예, 어, 어, 예, 왕, 예, "왕동", "개따박골"도 있었고, 그렇지, 뭐.

그쪽 분들도 하고 그랬다, 그렇지요?

― 예, 예.

― 그리고 고루고루 분배돼 있었지, 뭐 그때.

― 모두 그.

그러면은 여기 지금 그것 봉화 같은 경우에 좀 그 유명한 집성촌이 여기 의성 김씨, 여기 "바래미"하고, 그 다음에 저 옆에 "닭실"?

― "닭실"하고요.

― "닭실"이라 그러기도 하고요, "유곡(酉谷)"이라 그러기도 하고, 예.

한자로 하면 "유곡"이고, 예, 그 다음에 그냥은 닭, 일반적으로 "닭실", "닭실"이라고 하는데, 어, 그래서 이 "닭실", "닭실"에 사는 사람들은 이쪽 편에 뭐 아, 여기에서 이야기했던 세 가지 읍내 들 이쪽에는 별로 농사를 안 합니까?

― 그렇지요, 농사짓는 것은 저 이 주로 그 지역 환경에 따라 살았으니까요.

― 그 지역, 지역 토지를 가지고 살았지, 뭐 "닭실" 사람이 여기에 와서 짓고, 그런 것은 어, 없었다고, 이게.

그러면 안동, 그 왜 다실 사람들, 안동 권씨들은 주로 거기 어디 쪽에 그러면 땅을, 경작을 주로 많이 했습니까?

그쪽 하고?

― 아니 거기는 또 그, 그 지방에 땅을 가지고 소유했지.

― 그 거기, 전부 집성촌이라 그러는 게 옛날에 그랬거든, 토지를 가진 사람은 몇 백 마지기씩 가지고, 그러니 없는 사람은 없고, 그러니까 인제 없는 사람은 그 토지를 빌려 가지고 인제 소작해서 거기에서 같이 살고 그랬으니까 뭐 그 지역 지역에서 어, 살았지, 뭐 여기저기 농사짓고 그, 그런 것은 드물었다고 그러니까.

그르치예?

― 예.

그러'므 지'금 어'째뜽 봉화'군느, 봉화'우, 음내' 쪼'게너 아까 그 안동:
권'씨들, 머 닥'씰하:고, 여 다'으미 바라'미에 의성' 김씨하'고 이 얼, 두::
성:잉이 집'성초니고, 또 다른', 또 다른' 데'도 이씀미'까?

― 이'쩨, 참 마네.

만치요, 저 안쪼그로 감며너?

― 예, 예, 예아.

에:, 그'으서 이 음내:' 근처'에넌 두: 성씨'가 아'주 유명'한 집'성초니고
그르네, 그지예?

― 예, 예예, 예.

그 다'으메 어'르신 여'기 그 들판'하고 이야길 해' 주'션는데, 혹씨 여'기
에 머 유명한' 머 사'니나 또음 머 바'위나 나무'나 이'런 거에 잍'쓰서 그런
데 머 전'서리나 또'너 그으 머 유'래 괄련' 그'른 머어.

― 그:'릉 거는.

바'이 가'틍 거'또 별로 업쓰?

― 어, 어, 어, 업, 업, 업:찌 시프이'더.

― 업:찌 시'퍼이.

여기 혹'씨 나무 가'틍 경운또 머 오'래덴 나무'나 이'렁 걷 머 이'르미?

― 업:써'여, 나머.

― 저'게 인제 소꺼'리라 그'는 데가', 여' 두오'다[109] 봄' 저 소'리 선' 데
이:쩨'예, 싱냐누 까'에, 거'가 여기서 부'르능 게 소꺼'리라 그래'여.

― 소꺼'리 근데, 요새' 거 수세껭:시'늘[110] 해 가주 그'르체 옌나'레 낭'
기 이'른 아'람도리 소'리 서 이'써이, 저.

― 글'땐 그 참 아, 참' 조완'는데, 크거윽 그 위'치르, 그 위'치를 소꺼'이
라 그랜느.

그렇지요?

- 예.

그러면 지금 어쨌든 봉화군은, 봉화읍, 읍내 쪽에는 아까 그 안동 권씨들, 뭐 "닭실"하고, 여기 다음이 "바래미"에 의성 김씨하고 이 어, 두 성이 집성촌이고, 또 다른, 또 다른 데도 있습니까?

- 있지, 참 많아.

많지요, 저 안쪽으로 가면은?

- 예, 예, 예.

어, 그래서 이 읍내 근처에는 두 성씨가 아주 유명한 집성촌이고 그렇네요, 그렇지요?

- 예, 예, 예.

그 다음에 어르신 여기 그 들판하고 이야기를 해 주셨는데, 혹시 여기에 뭐 유명한 뭐 산이나 또는 뭐 바위나 나무나 이런 것에 있어서 그런 데 뭐 전설이나 또는 그 뭐 유래 관련 그런 뭐?

- 그런 것은.

바위 같은 것도 별로 없습니까?

- 없, 없, 없, 없, 없, 없지 싶습니다.

- 없지 싶어요.

여기 혹시 나무 같은 경우도 뭐 오래된 나무나 이런 것 뭐 이름이?

- 없어요, 나무.

- 저기 인제 "솔거리"라 그러는 데가, 여기 들어오다 보면 저기 솔이 서 있는 데 있지요, 신작로 가에, 거기가 여기에서 부르는 게 "솔거리"라 그래요

- "솔거리"라 그러는데, 요새 거기 경신수세(庚申守歲)를 해서 그렇지 옛날에는 나무가 이런 아름드리 솔이 서 있었어요, 저기.

- 그때는 그 참 아, 참 좋았는데, 그것 그 위치를, 그 위치를 "솔거리"라 그랬는데.

- 그 낭:기일 또: 어'뜬냐 어으뜨몽, 아:, 나무' 유래'는 은, 내:갇 드른'
데으 이게 인는'데, 그: 낭글 여: 파론 할배'미 끄어 저 이 제주'도 어'데
그'게 머 이 형가'므러 가: 게셔뜬제' 그 당시' 이'링가 머 그 해송'을 가조
와다 시'머따 그래드라꼬, 그게.

- 그'어서 제주도 묘:모글 가'따 여: 시믕 기'에 여 어, 여웁, 므 은, 저:
인제' 더:레 시'머 노'응 게 이마'꿈111) 커'따, 그게 인제.

- 지'금도 끄'게 세: 낭:깅가 네: 낭'근, 시'방 버 이, 이'따고, 거어 시방.
그게 소꺼'림미까?

- 아웅, 그게' 인제 소꺼'리러 근'다꼬.

- 솔, 소꺼'리.

- 므, 그게' 인제 표'시가 데'고, 그 묘:모기 해송'이래, 여'기에 소'리 아
이고 제주'두서 가'저 옹 게'래, 그 소리.

그'러므 소꺼'리고, 그'어 소나무'가 인제' 쫌' 멱 쭈 이쓰'니까 소꺼'리
고:, 그 다'음미 혹'씨 여'기에 머 그'러므 예즈, 여'기도 예:저'네 그거: 당',
당'제나 이'렁 거?

- 예:.

스나'으?

- 서낭당'이라 그'능 게 여기 이'써, 서낭다'이러 그'능 게.

- 서낭다.

그'어기느 당나무'가 업씀미까?

여'게는?

- 당:낭'근 어:꼬온 당찌'블 지'이 가주 이따 까, 당찌'블 지'이 가'주고,
그 일 지'이 가'주구 거'게서 제살' 지낸'데, 그 사'모112).

- 마자, 정'월따레 인제' 정'월, 음, 보'름 데'면 동:네'써 인제' 그 일 제:
무'럴 거츄'럴 해따'꼬, 그얼.

- 이래' 머 어, 구'또113) 치:고 도'라뎅기믄 동네'써 인제' 거:출'해 가주

- 그 나무가 또 어떠한가 할 것 같으면, 아, 나무 유래는 어, 내가 들은 적이 있는데, 그 나무를 여기 팔오헌 할아버지가 그 저 이 제주도 어디 그게 뭐 이 현감으로 가 계셨던지 그 당시 일인가 뭐 그 해송을 가져 와서 심었다고 그러더라고, 그게.

- 거기에서 제주도 묘목을 갖다 여기 심은 것이 여 어, 여, 뭐 음, 저 인제 들에 심어 놓은 것이 이 만큼 컸다, 그게 인제.

- 지금도 그게 세 나무인가 네 나무는, 지금도 뭐 이, 있다고, 거기 지금.

그게 "솔거리"입니까?

- 어, 그게 인제 "솔거리"라 그런다고.

- 솔, "솔거리".

- 뭐, 그게 인제 표시가 되고, 그 묘목이 해송이야, 여기의 솔이 아니고 제주도에서 가져 온 것이야, 그 솔이.

그러면 "솔거리"고, 그 소나무가 인제 좀 몇 그루 있으니까 "솔거리"고, 그 다음에 혹시 여기에 뭐 그러면 예전, 여기에도 예전에 그것 당, 당제나 이런 것?

- 예.

서낭?

- 서낭당이라 그러는 게 여기 있어, 서낭당이라 그러는 게.

- 서낭당.

거기는 당나무가 없습니까?

여기에는?

- 당나무는 없고 당집을 지어 가지고 있다 하니까, 당집을 지어 가지고, 그 이 지어 가지고 거기에서 제사를 지냈는데, 그 사뭇.

- 맞아, 정월에 인제 정월, 음, 보름이 되면 동네에서 인제 그 이 제물을 거출(醵出)을 했다고, 그것을.

- 이래 뭐 어, 굿도 치고 돌아다니면 동네에서 인제 거출해 가지고 받아

고 바'아 가'주 그여' 제살' 지'내구 핸'는데, 여 바로' 디:에 여'이.

— 그래다가 박쩡히 대통녕 지꿘하'고 글'때 에:, 그 머'러', 저 미'신 철 빼한'다 그'러 가'주 마아지, 각 동네 그 어으, 그거' 사, 서낭'을 점: 페지해 쁘래끄더.

— 혹:뜨', 혹: 그으그'이 지'금도 어'뎅음 음, 머 그 저: 머르'114), 안동', 저'런 덴 혹 지낸' 데거이그 이'따 소'릴 드께'덕.

— 그'은나 여'게는 다'실또 페지데'꾸, 요'도 페지데'이따꼬.

— 다:, 다: 안 지낸다꾸, 이제.

그라'므 인제 지금 어옐, 어'째뜬 이 마으'레너 그 예저'네는 스, 그 서낭다 '응, 응, 당'을, 당찌'블 해 가'주고 머 그래 모션'는데, 지'금 당나무'나 이'렁 거느 여'기느 업'쑤따, 그'지에?

— 어, 당나무'넌느 어서꼬이, 지'블 지이 가'즈 모셰뜨'래꼬, 그으또 페지데 쁘려꼬, 이진.

그 다'으메 혹'씨 요주'멈 머 이 마으'레, 아까'도 이야기하'셔씀다마너, 의성 김문'드리 한, 마: 한 삼 부'네 일' 쪼금' 넘:꼬?

— 예.

에, 그 다'으메 타성바'지, 웨지 사'암드리 드롸'서 또 저 나머'지 사'람들 살:고 인는'데, 이' 마을 사'암드러 주'로 그엄 어'떠케 해서 머'꼬 사라감미까?

— 여'게 사는' 사'람드른 그'리 살:기가 참' 이, 이으 부끄러'엄 말'러 벨' 로115) 넝넉찌'인 모타'다꼬용.

— 웨 그'르냐, 인지'인116) 모도 나'이 망:코 또 이 엔나'리아 토'지드리 여'게 상다'이 마이역 가진' 사'럼들또 마내'앤데, 이 토'지 붐배'가 데' 가'주고 이 토'지일 구'마 머 소'자긴드르 붐벨' 해 조 뿌'래써.

예, 토, 으예, 이후에, 거 해방 이후에 해찌에?

— 예, 해방 뉴워.

예예, 해찌에?

아 가지고 그래 제사를 지내고 했는데, 여기 바로 뒤에 여기.

─ 그러다가 박정희 대통령 집권하고 그때 에, 그 뭐야, 저 미신 철폐한
다고 그래 가지고 말이지, 각 동네 그 어, 그것 서, 서낭을 전부 폐지해 버
렸거든.

─ 혹, 혹 그게 지금도 어디 음, 뭐 그 저 뭐냐, 안동, 저런 데는 혹 지내
는 데가 있다는 소리를 들었어.

─ 그러나 여기는 "닭실"도 폐지됐고, 요기도 폐지됐다고.

─ 다, 다 안 지낸다고, 이제.

그러면 이제 지금 어, 어쨌든 이 마을에는 그 예전에선, 서, 그 서낭당은,
응, 당을, 당집을 해 가지고 뭐 그래 모셨는데, 지금 당나무나 이런 것은 여기
는 없다, 그렇지요?

─ 어, 당나무는 없었고, 집을 지어 가지고 모셨고, 그것도 폐지돼 버렸
고, 이제는.

그 다음에 혹시 요즘은 뭐 이 마을에, 아까도 이야기하셨습니다만은, 의성
김문들이 한, 뭐 한 삼분의 일 조금 넘고?

─ 예.

예, 그 다음에 타성바지, 외지 사람들이 들어와서 또 저 나머지 사람들 살
고 있는데, 이 마을 사람들은 주로 그러면 어떻게 해서 먹고 살아갑니까?

─ 여기 사는 사람들은 그리 살기가 참 이, 이 부끄러운 말로 별로 넉넉
하지는 못하다고요.

─ 왜 그런가, 인제는 모두 나이가 많고 또 이 옛날에는 토지들이 여기
에 상당히 많이 가진 사람들도 많았는데, 이 토지 분배가 돼 가지고 이 토
지를 그만 뭐 소작인에게 분배를 해 줘 버렸어.

예, 토지, 예 이후에 그 해방 이후에 했지요?

─ 예, 해방 이후.

예, 했지요?

─ 그 토지 붐배' 제도'거 생'기고 나'이께네[117] 동:네'가 그마 자연'니 피' 빠캐 지드라꼬.

─ 웨: 그른냐, 그 도'지[118] 바뜽 거'또 모 빠'찌, 그와 돈: 쪼매 타재 가' 주구 다: 써' 쁘래찌, 그'르이그 그'른 집'뜨리 옌:나'레 저 부호'라 호칭으 참, 아, 말: 드뜬' 집'뜨릉그 거'이가 고마 자꾸 주드'라꺼, 재'사니.

─ 주이'께네쓰[119] 소'자긴들도 주기 매 라'이데.

─ 토지가 예를'롭 부자', 잘사는 지베 가서 열' 마지이 이, 그 이이이, 참 쯔, 지, 지뜬' 사'러미 토지 붐배데거, 바긴' 바'더쓰너 어더이 지임[120] 파라' 머'어 빼'래꼬, 이러이 자'여니 브이, 그 으데, 그 은, 이 동네가 쉐태해'지거, 또 요주'모 황경'으롭 바'서느, 우리 여' 모도 서이'가[121] 다: 이'찌마는, 나도' 마내'지고, 또 은제 겨겜 벨' 기본 재'산도 어꼬', 그'르이 넝넉찌'느 모태'여.

─ 너 에, 긱, 게와' 그'저 아'아드리[122] 머 객찌'이 나'가서 또 머, 머 떰, 마니 벨, 엄, 머, 어, 머, 직짱 가지'고, 머 여:러' 직짱'아 가주' 이'찌마, 나 가 인' 사'럼드이, 그'른 싸'응, 가 아드리 인제' 동릴 위해서, 인저[123] 부모 를 위해'서 좀' 보태 주고, 이래가주 은제'으 사라가'고, 머 실'쩨 여'어써에 써'언느 생산해가주 사는 지'븐 며 찝 안 덴'다꼬.

─ 아'아들한떼 주로' 위타캐[124] 가'주우 사는' 집'또 망:코', 또 게 이 쪼 꿈' 노'려캐 가'주우 머 게:와 그저' 밤 머'꼬 사는 지'비 그에 데: 이'꼬, 이' 런 실'쩌이시더, 웨요.

거람' 여'기에 그엄므 지곰: 어, 인제 어르'신 절'머슬 때'너 주로 농사를 주로 하이쓰미까?

─ 예, 농'사지예쩨용.

그'엄 농사', 예저'네 농사지'을려며너 그'냐음, 그'냥은 혼'자서 지끼'느 힘'드 니까, 아까 머 소자글: ' 해은써든지, 또'너 앙 그'러며넏 머 토지 붐배하'고 나'스 너 아무'래두 또' 이 쪼꼼 토지 소유'가 주'러드러스니까 진:는 양:둘 즈, 주'러들 기느 해'찌마너 예:저'네 그거 입 아까' 쪼그'믄 이야기'허시다 마'란는데, 어:, 정'

— 그 토지 분배 제도가 생기고 나니까 동네가 그만 자연히 핍박해 지더라고.

— 왜 그런가, 그 소작료를 받던 것도 못 받지, 그 돈 조금 타 가지고 다 써 버렸지, 그러니까 그런 집들이 옛날에 저 부호라 호칭을 참, 아, 말 듣던 집들은 거의가 그만 자꾸 줄더라고, 재산이.

— 주니까 소작인들도 줄기는 역시 한가지더라고.

— 토지가 예를 들어 부자, 잘사는 집에 가서 열 마지기 이, 그 이, 참저, 짓, 짓던 사람이 토지 분배되고, 받기는 받았으나 어디 지금은 팔아먹어 버렸고, 이러니 자연히 그, 그 어디, 그 어, 이 동네가 쇠퇴해지고, 또 요즘의 환경으로 봐서는, 우리 여기 모두 셋이 다 있지만은 나이도 많아지고, 또 인제 여기 별 기본 재산도 없고, 그러니 넉넉하지는 못해요.

— 뭐 어, 겨, 겨우 그저 아이들이 뭐 객지에 나가서 또 뭐, 뭐 또, 많이 별, 어, 뭐, 어, 뭐, 직장 가지고, 뭐 여러 직장을 가지고 있지만, 나가 있는 사람들이, 그런 사람, 그 아이들이 인제 동리를 위해서, 인제 부모를 위해서 좀 보태 주고, 이래서 인제 살아가고, 뭐 실제 여기에서 생산해서 사는 집은 몇 집 안 된다고.

— 아이들한테 주로 의탁해 가지고 사는 집도 많고, 또 그 이 조금 노력해 가지고 뭐 겨우 그저 밥 먹고 사는 집이 그렇게 돼 있고, 이런 실정입니다, 왜요.

그러면 여기에 그러면 지금 어, 인제 어르신 젊으셨을 때는 주로 농사를 주로 하셨습니까?

— 예, 농사지었지요.

그러면 농사, 예전에 농사지으려면은 그냥, 그냥은 혼자서 짓기는 힘드니까, 아까 뭐 소작을 하셨던지, 또는 안 그러면은 뭐 토지 분배하고 나서는 아무래도 또 이 조금 토지 소유가 줄어들었으니까 짓는 양도 줄, 줄어들기는 했지만은 예전에 그것 이 아까 조금은 이야기하시다 말았는데, 어, 정월 보'름미나 이르 때 거 스, 서낭'당에 그거, 그암'며으 그어때 동네 고사인 셈'미지예, 그케?

— 예, 어에, 동:네' 고사' 지'내지여.

그그'너 크, 커, 동네 고사'에 대해서 그 서낭'신 모시'면서 그'어때 그 부' 우네 대'해서 쫌 함무 이야기해' 주십쏘.

— 그 인제' 그 서낭당' 제살 치'내능 거'능 그 서낭당에 가서 어어, 엉, 그그, 그 모돌 추주, 추귀널 하고 또 구우 머 아에, 제무레 에, 어이, 그 여, 이으 도늘 혐쩔 좀 내:고', 그래믄 보골[125] 반는다 카능그 그래한 유래거[126] 이'써써요.

— 그래 노'이께네 동니'써[127] 모도 모에 갸즈어 노오'기도 함 겸 구설, 웨 지긍 거뚱 구어, 그 머 이'래 상투'도[128] 돌'리고 하능 거, 웅 거, 커른 니 적, 저 농'악때가 창서리응, 그 농'악때를 며'침 맨드'르 갸주우 구'또 치고 은제 동네'의 그 지'베즐 드'가서 은제 지'신도 밟바준다 그래 가저'으, 그 지'임 마다'아[129] 갸 서 구 치고 머 이게 이, 이'래고 나'먼 커 지'베서 또 인제 그 오'신 손님들 접'때 도 하고, 또 옴, 므 그'은, 치, 찬조를 또 머 쓰'써이[130], 이 도느'로 하능 거'능 그 드무'러, 주로 고마 쌀'로, 즈, 쌀'로 고맘 한두 대'씨그 에, 찬조도 하고

— 그래 민저, 으 그'걸 또 팔고' 해 가'주고, 머'둑 고'기도 사고 어'물또 사'고 해 가'주고, 그음 머 건 제살' 그래, 당'제살 지'내고, 당'제사알 지'나 고 나'멈 그 떠'기 인제 쪼꼼'신[131] 나'와요.

— 그 떠'기 그'으 머'으믄[132] 조타'이더, 그게.

— 당'제살 지'냉 그 떠'글 어른'드리, 가'따 온 분'드리 인제', 제관'드리 쪼꿈'씨 놓'게[133] 갸주우 동네' 므 놓'기 주이'게도 하기도, 그래 머끼'도 하'고으, 그'른 네'가' 이'써써요.

그엄'며느 그 당:, 당'제사 가'틍 얻, 당'제으 끼틍 경우'너 그'으 누'가 모심'미까? 서낭'당 끄언?

— 어에:이, 그경' 모:시'능 그'너 동:니'서 모'에 갸주으 그을그, 그'해에 이 그 인제' 제과'늘 으, 그 당'제살 지'낼 제과'늘 선정'을 해'용.

월 보름이나 이럴 때 그 서, 서낭당에 그것, 그러면은 그때 동네 고사인 셈이지요, 그렇게?

— 예, 예, 동네 고사 지내지요.

그것은 그, 그, 동네 고사에 대해서 그 서낭신 모시면서 그때 그 부분에 대해서 좀 한 번 이야기해 주십시오.

— 그 이제 그 서낭당 제사를 지내는 것은 그 서낭당에 가서 어, 어, 그, 그 모두 축, 축원을 하고 또 그 뭐 어, 제물에 어, 어, 그 여, 이 돈을, 협조를 좀 내고, 그러면 복을 받는다고 하는 그런 유래가 있었어요.

— 그래 놓으니까 동네에서 모두 모여 가지고 놀기도 할 겸 굿을, 왜 지금 같으면 그, 그 뭐 이래 상모도 돌리고 하는 것, 어 그, 그런 이 저 농악대가 창설이, 그 농악대를 몇이서 만들어 가지고 굿도 치고 인제 동네 그 집에 들어가서 인제 지신도 밟아준다 그래 가지고, 그 집 마당에 가서 굿 치고 뭐 이게 이, 이러고 나면 그 집에서 또 인제 그 오신 손님들 접대도 하고, 또 어, 뭐 그, 찬, 찬조를 또 뭐 했으니, 이 돈으로 하는 것은 그 드물어, 주로 그만 쌀로, 저, 쌀로 그만 한두 대씩 어, 찬조도 하고.

— 그러면 인제 그것을 또 팔고 해 가지고, 모두 고기도 사고 어물도 사고 해 가지고, 그 뭐 그 제사를 그래, 당제사를 지내고, 당제사를 지내고 나면 그 떡이 인제 조금씩 나와요.

— 그 떡이 그 먹으면 좋답니다, 그게.

— 당제사를 지낸 그 떡을 어른들이, 갔다 온 분들이 인제, 제관들이 조금씩 나눠 가지고 동네 뭐 나눠 주기도 하기도, 그래 먹기도 하고, 그런 예가 있었어요.

그러면은 그 당, 당제사 같은 어, 당제 같은 경우는 그 누가 모십니까? 서낭당 그것은?

— 어, 그것을 모시는 것은 동네에서 모여 가지고 그, 그해에 이 그 인제 제관을 어, 그 당제사를 지낼 제관을 선정을 해요.

― 선정'을 하머이, 예를' 뜨르 내가' 선정'이 데'따 그'믕[134] 그, 그날 정
'월딸버'트멍 에읃, 참' 모'멀 깨끄'시 하고 마'리야, 그 제사'이 제관' 자'겨
글 가차' 가'주고 그 지'베 머 황토도 칠해 노'코 마'아쩨, 이'래 가'주 인제'
제과'니 선정데'믕 그'에 지, 즈 파'럴[135] 제사 지'닐 때까'지느 그'어으 모'멀
청'결히 하고 으, 그래'으 조:심스'러끼이 으'이, 일 제사'알 지'내고 해'싸요.

그럼'며느 그'어기, 에, 그어'긷 제관' 정하'능 거'슨 도라가'면서 함'미까,
앙 그'암면 어'뜨게 동네'에서 어'떠게?

― 결과'에쩌그러 그'으 동네'써 올'개능[136] 고'만 지, 자네' 해'라, 어 니
에' 니 해'라, 고'마 이, 이'래 가'주 구마 정하'능 게'래에, 머요.

― 또 그릉게으 그 트'키 인제' 그'어 인, 지, 찌, 에, 이 제:주로 선저잉덴
' 사'래미[137] 으:, 상주도 아이'고, 보'기니 아이'래이 데'그, 처'째, 상주로 그'
능 게' 에, 짇, 쩌 머 부'몰 이'러따든지, 그'른 보'기니 아이'래이 데'고, 그 머
' 그여 저 어옌'느, 현'서판 므'어씨갑 이'쓰면 그걸' 모: 타'고 그래'써요.

어'째든 도러가'면서?

― 예:아.

예, 그'어 할' 수 인'는 위'치아 데'에쓸 때 동네'에스 정해'서 한'다, 그'지에?

― 아앙, 아, 아먼 동:네 정'애 가'주 하주.

그엄'면 그:: 정해'서 그 제광'니 정해지'며너 어'터게 정월대보'름메 인제'
그거 고사'를 지'내고 하'는데, 그암'며여 보'통 어'디 쯔 그거 정성 드려 가'
주고 머 기'도도 하'고 함'미까, 제관'넌?

― 제관'드리 그래'가주 은제'엘 정'월 머 이 열라'흘랄, 열사'흗날 그 인제'
거' 당찌'벌, 뜯 그'이다[138] 동네' 뎅기'미쌍, 농'악때가 뎅기'십쌍 거출'한 미'
를 가'주 파'라 가'주고, 정성'을 뜨'레 제:무를 장만하'우 그 제관'드러 또'으
그, 그'날 창관할 제관'드른 그: 모'멀 단저~이[139] 하고, 머 험향' 걸' 보잔
뜨'록 하고, 그래 가'주우 그 지'베서 이 점'부 그 인제' 그 이 제물::을 맨드'
고 거 이 제사' 지'낸 꺼집', 당'에 가'주 가'능 꺼'징 그'어서 다: 이 주'과느

- 선정을 하면, 예를 들어 내가 선정이 됐다 그러면 그, 그날 정월달부
터면 어, 참 몸을 깨끗이 하고 말이야, 그 제사 제관 자격을 갖추어 가지
고 그 집에 뭐 황토도 칠해 놓고 말이지, 이래 가지고 인제 제관이 선정되
면 그 저, 저 팔월 제사 지낼 때까지는 그 몸을 청결히 하고 어, 그래 조심
스럽게 이, 이 제사를 지내고 했어요.

그러면은 거기, 어, 거기 제관 정하는 것은 돌아가면서 합니까, 안 그러면
어떻게 동네에서 어떻게?

- 결과적으로 그 동네에서 올해는 그만 자, 자네가 해라, 어 네가, 네가
해라, 그만 이, 이래 가지고 그만 정하는 거예요, 뭐요.

- 또 그런 게 그 특히 인제 그 이, 저, 저, 어, 이 제주로 선정된 사람이
어, 상주도 아니고, 복인이 아니라야 되고, 첫째, 상주라 그러는 게 어, 저,
저 뭐 부모를 잃었다든지, 그런 복인이 아니라야 되고, 그 뭐 그 저 어쨌
든, 부정한 무엇이 있으면 그것을 못 하고 그랬어요.

어쨌든 돌아가면서?

- 예.

예, 그것을 할 수 있는 위치가 됐을 때 동네에서 정해서 한다, 그렇지요?

- 아, 아, 아무래도 동네에서 정해 가지고 하지요.

그러면 그 정해서 그 제관이 정해지면은 어떻게 정월대보름에 인제 그것 고
사를 지내고 하는데, 그러면은 보통 어디 저 그것 정을 들여 가지고 뭐 기도도
하고 합니까, 제관은?

- 제관들이 그래서 인제 정월 뭐 이 열나흗날, 열사흗날 그 인제 그
당집을, 저 거기다 동네를 다니면서, 농악대가 다니면서 거둔 쌀을 가
지고 팔아 가지고, 정성을 들여서 제물을 장만하고 그 제관들은 또 그,
그날 참관할 제관들은 그 몸을 단정히 하고, 뭐 험한 것을 보지 않도록
하고, 그래 가지고 그 집에서 이 전부 그 인제 그 이 제물을 만들고 그
이 제사 지낼 때까지, 당에 가지고 가는 것까지 거기에서 다, 이 주관을

하'고 그'래 지내'이더.

그엄'며 혹'씨 당'제 지'낼려며너 매:년' 그 거두'우 가'주고, 거출해' 가'주우 그르'게 함'미까, 앙 그러'며너 당'제 그거'또 하'기 위해'서, 당'제 지'내기 위해'서 으아, 게를', 게 형'시그로 그'러케 해짜니시머?

― 그'러치.

― 커'릉 거'는 업써'써요.

― 업:써'꼬, 웨' 그'른냐 하게 데'므, 그 당'제사에, 으, 고사'에 에, 추기'그믈 내기 데'먼 재수도 이'꼬, 보'글 반다 그러 가'주고, 점'부가 거'게 대'해써능 애'끼지140) 안 해써, 모'도오요.

― 고마 머' 즈 자기 형편'대러, 두: 대' 내'은 사'람데 구 서: 대' 내'은 사'럼도 이'꼬, 그거' 내'능 거'능 애'끼질 안 해따끄, 보'골 반다 카'능 혀그, 그게 이'써 가주우요.

그'염 어'째뜸 그워거'는 따'로 게를' 결성해'가 하'능 게 아이'고?

― 예:, 동:니', 동:니' 자'체서.

그날, 동네에슨 머 자'체에서 거출해 가'주고 어, 스, 성이'껀 내'애서 그날 해'따, 그'지예?

― 예'아.

어:, 그라'면스 제수 장'만하우 그'르케 하'능 그'고, 요즈'믄 머 끄어, 그'렁 게 적씀'미다마느, 어르'신 머: 에저'네 한 절'머쓸 때'나 어::, 이'럴 때너 동네'에 게: 가'틍 게 쫌' 이'써찌에?

게: 모임' 가'틍 게?

― 게: 모임' 거'틍 이'써쩨요, 그렁 거밍.

― 게:라' 그'능 거'는 마내'찌어, 그'릉 게, 게 모임, 쪼구미하'이141) 이래.

어:, 어'뜬 게:가 이'서쓰미까?

― 그 미 여러 가지 위에, 예를 뜨러, 우라' 거'트머 인제 게:끼리 모에 갸즈엘 또래 또래 인제 그 열령'별로 모엔'다든지에 머 이, 이래: 가'주고 머 이 도'늘

하고 그래지냅니다.

그러면 혹시 당제 지낼려면은 매년 그 거두어 가지고, 거두어 가지고 그렇게 합니까, 안 그러면은 당제 그것도 하기 위해서, 당제 지내기 위해서 어, 계를, 계 형식을 그렇게 했습니까?

－ 그렇지.

－ 그런 것은 없었어요.

－ 없었고, 왜 그러냐 하게 되면, 그 당제사에, 어, 고사에 어, 축의금을 내게 되면 재수도 있고, 복을 받는다고 그래 가지고, 전부가 거기에 대해서는 아끼지 안 했어, 모두요.

－ 그만 뭐 저 자기 형편대로, 두 되 내는 사람도 있고 세 되 내는 사람도 있고, 그것을 내는 것은 아끼지를 안 했다고, 복을 받는다고 하는 것, 그게 있어 가지고요.

그러면 어쨌든 그것은 따로 계를 결성해서 하는 것이 아니고?

－ 예, 동네, 동네 자체에서.

그날, 동네에서 뭐 자체에서 거둬 가지고 어, 성, 성의껏 내서 그냥 했다, 그렇지요?

－ 예.

어, 그러면서 제수 장만하고 그렇게 하는 것이고, 요즘은 뭐 그, 그런 게 적습니다만은, 어르신 뭐 예전에 한 젊었을 때나 어, 이럴 때는 동네에 계 같은 게 좀 있었지요?

계 모임 같은 게?

－ 계 모임 같은 것이 있었지요, 그런 것이.

－ 계라 그러는 것은 많았지요, 그런 게, 계 모임, 조그마하게 이래.

어, 어떤 계가 있었습니까?

－ 그 뭐 여러 가지 뭐, 예를 들어, 우리 같으면 인제 계끼리 모여 가지고 또래, 또래 인제 그 연령별로 모인다든지 뭐 이, 이래 가지고 뭐 이 돈

거출해' 가주 아이예, 한 다'레 함' 머 이, 에, 금, 일' 려네 은, 으, 한 다'레 함 번'씨 모'엔다든지, 머 그, 크'래 가'주우 그걸' 또' 쪼꿈 머'꼬여 늘구'끼 이도 하고, 또 그래 머 장:녀삐'지라[142] 그'음 또 그래 가'주우 그걸' 마아 가주 또 인제' 그 에, 이, 게윈'들끼리 이자'를 조' 가주 이:자' 바'다 가'주우 도혼' 늘'구코[143] 므, 그, 끄, 그릉 게'도 마내'꼬.

그'음 어'트에 동'갑 까틍 경우 동'갑께라 함'미까?

— 에야, 동'가께도 이기, 이'쩨여이.

— 주로' 동'가께고.

그 담'메 혹'시 도, 고로 께 인지 동'갑께고, 혹'씨 여'기에 머: 어, 예저' 네너 여:기'엘 장네' 가틍 경우'에 어르'신뜨 누'가뜨 동네'에 어르'니 도라가' 심며는 장네'어 거 치'러야 데'니까, 이 요즈'미얌 머: 장:이업'체드리 마'암벼, 영안실'레도 가'고 머' 지'베서 하늠 분'들도 이'찜마너 주'로 벼, 병원 영안시'레 가'서 마니 하'는데?

— 마인, 주'로 그'르치, 머 여세.

그'은데 예저'네는 동네'에서 다: 해'쓰니까, 도라가'심므 그'때에너 혹'씨 이 상녀'게나 이'렁 건 업'써씀미까?

— 상여'게 그이드 이'서쩨용.

끄'어 상녀'게에 대해'서 함분 이야길 해.

— 예:, 상여'게라 그능 거'는 인제' 우리 동:네' 사는' 사러'므로썽능, 거겐, 상에'게늠[144] 머' 어, 어, 아이, 아인, 떼금, 머 타'성도 다: 안, 해다~'이[145] 다: 덴'다꼬, 그게'요.

— 머'우 그은' 머 자'기가 비용 내 가주 하능 이게네[146], 게:를' 모'을 때'능 게:그'믈 거출해 가주고 그거'또 늘:구'키'도 하, 하고, 또' 협'쪼도 바끼도 하고, 해래 저 상포'게라[147] 그르, 상이'게가 아이'거이.

— 끄 엔:날' 상포'게러 그럼미거.

— 상포'게러 근:데, 끄, 그릉 게'를 마'아[148] 가주 인제' 머 어, 참 상을

을 거두어 가지고 어, 한 달에 한 뭐 이, 어, 그, 일 년에 어, 어, 한 달에 한 번씩 모인다든지, 뭐 그, 그래 가지고 그것을 또 조금 먹고 늘리기도 하고, 또 그래 뭐 장리라 그러면서 또 그래 가지고 그것을 모아 가지고 또 인제 그 이, 이, 계원들끼리 이자를 줘 가지고 이자를 받아 가지고 돈을 늘리고 뭐, 그, 그 그런 것도 많았고.

그러면 어떻게 동갑 같은 경우에 동갑계라 합니까?

— 예, 동갑계도 있지요.

— 주로 동갑계고.

그 다음에 혹시 동갑, 그런 것이 인제 동갑계고, 혹시 여기에 뭐 어, 예전에 여기에 장례 같은 경우에 어신들 누가 동네에 어른이 돌아가시면은 장례를 그 치러야 되니까, 이 요즘이야 뭐 장의업체들이 많이 병원, 영안실에도 가고 뭐 집에서 하는 분들도 있지만은 주로 병, 병원 영안실에 가서 많이 하는데?

— 많이, 주로 그렇지, 뭐 요새.

그런데 예전에는 동네에서 다 했으니까, 돌아가시면 그때에는 혹시 이 상여계나 이런 것은 없었습니까?

— 상여계 그것도 있었지요.

그 상여계에 대해서 한 번 이야기를 해 주십시오.

— 예, 상여계라 그러는 것은 인제 우리 동네 사는 사람으로서는, 거기에는, 상여계는 뭐 어, 어, 어, 어, 그, 뭐 타성도 다 안, 해당이 다 된다고, 그게요.

— 뭐 그것은 뭐 자기가 비용을 내어 가지고 하는 것이니까, 계를 모을 때는 계금을 거두어 가지고 그것도 늘리기도 하, 하고, 또 협조도 받기도 하고, 해서 저 상포계라고 그래, 상여계가 아니고.

— 그 옛날에는 상포계라 그랬습니다.

— 상포계라 그러는데, 그, 그런 계를 모아 가지고 인제 뭐 어, 참 상을

다'하다은지으, 부모에 상'을 당'한다은지 머', 형'제 가'이라든지여 머, 어'데 머' 대소'가에 상'을 당하'믄 똡' 부조도 하'는 수도 나오'고, 또' 거'게서 또 우 그 사'러믈 은, 사이게'에서 저 사'러미 상'을 다해씨이께네[149] 군새'까에[150] 참 쪼꿈 웅, 어려으이긴네 보태' 주규도 여여, 찬:조'도 내 주고 참 으음, 찬:조'가 아'이래 부이'제 그리움, 부이'도 내 주고 그, 그릉 게:가 상포'게랑 게 동'네'에 다: 이'써써에, 글'때느.

요즈'믄 상포'게느 업'써져씀미까?

— 요샌' 머: 상포'게가 여'게느 업'써여, 누가 상포'게 할 사'럼도 엄, 어: 꼬'요[151], 또 인제'능 게:원 머어듬 모'을 사'럼도 어:꼬'요.

연'세드리 마능 ***[152]?

— 예:, 연'세도 망:코' 또 인제'늠 머 그르코 또 절'믄 사'암드 마카[153] 객찌'이 가: 이'꼬.

그'어므 혹'씨 인제' 상포'게고, 혹씨 머: 인제' 예정:네'느, 그거 어'르신 절'머쓸 때'에너 자녀들 호닌시'키이 위해'서 호닝'게 이'렁 거또 드'러씀미까?

— 호:닝'게는 옏:나'른 이'써언지 모를두어이 요주안'뉴, 우리' 철하'곤능느 업서쩨'.

— 업:써'쓰 께'테이더, 그 호닝'게러 그능 거느.

그암'며 혹'씨 인자' 아까' 이야기하'션는디 그'암미 상포'게나 동'갑께에, 그'릉 거, 혹'씨 그람'며 여'기느 의성 김'씨 집'썽초느이기 때무레:', 혹씨 의성 김'씨들끼리 모이'늠 머 화'수게나 이'렁 거느 이'서씀미까?

— 이씀니'다.

그거'느 어뜨에?

— 어:, 짇, 처에게 지'금도 화'수훼라[154] 그릉 거너 으성' 깅가'들끼리 모'이느 화수훼간 따로 이'꼬, 또: 여 우, 우리' 이, 으, 여 저: 엄, 갸튼 으성 깅 가'라도 멀:리 떠'러진 데'더 이'꼬, 한, 한 종파'허아 야:인' 파'간 또 이'끄더.

— 그른 데는 요: 우리' 도니'게라[155] 그릉 걸 또: 마아 가주 이'써용.

당했다든지, 부모의 상을 당했다든지 뭐, 형제간이라든지 뭐, 어디 뭐 대소 간에 상을 당하면 또 부조도 하는 수도 나오고, 또 거기에서 또 그 사람을 어, 상여계에서 저 사람이 상을 당했으니까 궁색하게 참 조금 어, 어려우니까 보태 주기도 어, 찬조도 내 주고 참 어, 찬조가 아니고 부의지 그러니까, 부의도 내 주고 그, 그런 계가 상포계라는 게 동네에 다 있었어요, 그때는.

요즘은 상포계는 없어졌습니까?

— 요새는 뭐 상포계가 여기에는 없어요, 누가 상포계 할 사람도 없, 없고요, 또 인제 계원 뭐 모을 사람도 없고요.

연세들이 많이 ***?

— 예, 연세도 많고 또 인제는 뭐 그렇고 또 젊은 사람들은 모두 객지에 가 있고.

그러면 혹시 인제 상포계고, 혹시 뭐 인제 예전에는, 그것 어르신 젊었을 때에는 자녀들을 혼인시키기 위해서 혼인계 이런 것도 들었습니까?

— 혼인계는 옛날에는 있었는지 모르지만은 요즘에는, 우리 철에는 없었지.

— 없었을 것 같습니다, 그 혼인계라 그러는 것은.

그러면 혹시 인제 아까 이야기하셨는데 그러면 상포계나 동갑계, 그런 것, 혹시 그러면은 여기는 의성 김씨 집성촌이기 때문에, 혹시 의성 김씨들끼리 모이는 뭐 화수계나 이런 것은 있었습니까?

— 있습니다.

그것은 어떻게?

— 어, 지, 저기 지금도 화수회라 그러는 것은 의성 김가들끼리 모이는 화수회(花樹會)가 따로 있고, 또 여기 우, 우리 이, 어, 여기 저 어, 같은 의성 김가라도 멀리 떨어진 데도 있고, 한, 한 종파가 아닌 파가 또 있거든.

— 그런 데는 요 우리 돈의계라 그러는 것을 또 모아 가지고 있어요.

- 우리' 동네'러 말할 꺼 텀, 여 머 도니'게러 건'능 거'늠 이: 으, 즈, 쯔 아, 머 으, 두터울 도' 짜드, 에로울 위'156) 짜, 그으 도니'기157), 뜨스 짐, 머 끄 가'따고 인제', 그 도니'게라 그'래요.

- 끄, 그릉 게:를 마아 가주오 초보'게에 찌, 중보'게암 하내 한' 철씨 그 중보'게 모에 가주 개:를 자바 가주'요, 이, 에, 기, 개:를 자바 가주고 으, 그 동네끼'리 모:에' 가주움 머'꼬, 엉, 그 노오'고, 거'른 응, 게:가 인니'더요.

- 우리'느 황저'니러158) 근: 동:네하'꼬으 우리' 동네하'꼬 가치 마아가 진니더.

- 여' 황저'니라고, 요: 우'에 가다 보'므, 안동'으녀 사안, 나가또 오'믄 요' 어, 포저'리 지나 가주어 가다 멍 응, 그'으 공옥 단'지 이'찌 안틍'겨, 그'에, 코, 꼬, 고: 아'페 게아지'비 만치 안팅'겨, 고 동네'가 황저'니러 그랜 니'더, 검.

- 그' 동네'도 으:성 깅가씨'더.

- 거'게 예:, 그, 그' 동네하꼬 으성 깅가'들끼리 우리'가 인제' 엔:나'레 어른'드리 쯔, 도니'라 겔 거'이, 뜨'시 뚜텁떠'락159) 한'다그 도니'게라 건느 게:를 맹그'르떼, 하, 하'머 수:십' 으우, 커게 하'맙 퍽' 오'래데, 수뱅' 년 덴' 는 그 유래'를 지'긍까지두 내'리와서 음, 내'리와요.

- 응어, 맹:160) 금녀'에도 인제' 줌복'161), 금년' 주, 중보'겐 맹: 이이, 으, 게:를' 벙가라 감, 금녀'네늠 바러미'쩌 하먼' 내이'네는 저'어서 하'고, 이래' 벙가'라감 마 하'는데, 올'개드 매: 함'니다, 그건.

- 도니'게라 그'능 거느.

도니'게가 이'꼬, 예, 머 혹씨: 머 다른른: 게:느' 머 송게'나 이'렁 건 어: 꼼 머 그이 여기는?

- 순, 송'게라 그'능 게 일, 이'싸써요.

- 송'게라 그'으능 게 이 사늘 괄리한 게'그더요.

- 이', 이 사'니 점'부 우, 우리' 으성 깅가'들 소유'루162) 데 이'써요.

- 우리 동네로 말할 것 같으면, 여기 뭐 돈의계라 그러는 것은 이 어, 저, 저 뭐 어, 도타울 돈 자, 의로울 의 자, 그 돈의, 뜻은 저, 뭐 그 같다고 인제, 그 돈의계라고 그래요.

- 그, 그런 계를 모아 가지고 초복에 저, 중복에 한 해 한 철씩 그 중복에 모여 가지고 개를 잡아 가지고, 이, 어, 개, 개를 잡아 가지고 어, 그 동네끼리 모여 가지고 먹고, 어, 그 놀고, 그런 어, 계가 있습니다요.

- 우리는 황전이라고 그러는 동네하고 우리 동네하고 같이 모아서 지냅니다.

- 여기 황전이라고, 요 위에 가다 보면, 안동 산, 나가다 보면 요기 어, 포저리를 지나 가지고 가다 보면 어, 그 공업단지 있지 않던가요, 거기에, 그, 그, 그 앞에 기와집이 많지 않던가요, 그 동네가 황전리라 그랬어요, 거기가.

- 그 동네도 의성 김가입니다.

- 거기에 예, 그, 그 동네하고 의성 김가들끼리 우리가 인제 옛날에 어른들이 저, 돈의라 그런 것이, 뜻이 두텁도록 한다고 돈의계라 그러는 계를 만들어서, 벌, 벌써 수십 어, 그것이 벌써 퍽 오래돼, 수백 년 된 그 유래를 지금까지도 내려와서 음, 내려와요.

- 어, 역시 금년에도 인제 중복, 금년 중복, 중복에는 역시 이, 이, 계를 번갈아 가면서, 금년에는 "바래미"에서 하면 내년에는 저기에서 하고, 이래 번갈아 가면서 뭐 하는데, 올해도 역시 합니다, 그것은.

- 돈의계라 그러는 것은.

돈의계가 있고, 예, 뭐 혹시 뭐 다른 계는 뭐 송계나 이런 것은 없고 뭐 그 여기는?

- 송, 송계라 그러는 게 있, 있었어요.

- 송계라 그러는 게 이 산을 관리하는 것이거든요.

- 이, 이 산이 전부 우, 우리 의성 김가들 소유로 돼 있어요.

– 흐레 가'주 이, 써, 이, 이, 케 사, 어, 이, 그 참 상', 이 산 어이, 꺼 산게'에를163) 마아 가'주 이'썬데, 요지가'네 와'선으 종 고'마 해'이해저 뿌래써요.

– 그더이 그검 머'야, 맹 은, 소:유'는 엥에'웁, 으이, 깅가'들 소유'이께네 그금 머 여, 이 게:가' 머 피료 이겐'나, 이'른 시규론 데 가주써'며 음, 참, 음, 음, 머 유:명무'씨라이164) 데 이쎄, 이젠뇨.

어, 예저'네느 그람'마?

– 예, 이, 이긴' 이'써써요.

예저'네 그'음 그 게, 므 송:게 하'며늠 머 어떵 법, 머: 함미까?

– 그 인제' 송'게를 하기 뎀면 동네'서 인제' 이, 엔:나'레는 낳기 귀해' 짠니껴, 그 나'무 사네 가서 엄, 멈, 무, 왐, 맘: 데'르 몬 다억, 가서 인제' 동:네끼'림느 쫌매165) 그 인느 지여'글 롱'기166) 가주우 마래, 요만느 산느, 요게' 산뜽'그어레 그먼, 마나'엡 배' 코러 금', 요 사'늘 백' 깨르 쪼갈라 가'즈으 마리야, 요거'는 니:가' 해 떼'에라, 요'겐 내가' 해 따르수융, 나무' 드 그'릉 거 은지'167) 예:도 이'써꽁.

– 또' 그'을 카구 그어서 인제' 머 도:니' 생'겸 머 혹: 그'은 머 기 개'가 늘 한:다'든지 인자' 마'레여, 엔:나'렌느, 요주뭄 머 어'데 토'지가 무능' 게 만:치'만 메 태, 해방 전'후에 해 가주'우넌 사'늘 개간하'능 게 마내꺼'드요.

– 그래 산비'안비'168) 싸이 개간해' 가'주우 머'으멍 거'게두 인제' 도'질 머 싸'리 머오 방 가'미임 방 가'마, 항, 바'다 가주우 이걸' 늘가'169) 가'즈으 또 게운'들끼리 머 쓰'기도 하고, 이'른 녜도 더'러 이'꼬, 그랜니더, 우게, 그께'에라등가.

그어 요즘' 하'이뜬 그'렁 게:가 머 별'로?

– 별로' 업:써', 이'으게.

– 이끼'는 음, 이'써더 지'그뭉 머 우:명무'씨라이 데' 이'써요.

그'르치야?

– 예.

— 그래 가지고 이, 저, 이, 이, 그 산, 어, 이, 그 참 산, 이 산 어, 그 산 계를 모아 가지고 있었는데, 요즘에 와서 좀 그만 해이해져 버렸어요.

— 그러니 그것 뭐야, 역시 어, 소유는 어, 어, 김가들 소유니까 그것 뭐 여기, 이 계가 뭐 필요 있겠나, 이런 식으로 돼 가지고 음, 참 음, 음, 뭐 유명무실하게 돼 있어, 이제는요.

어, 예전에는 그러면?

— 예, 있, 있기는 있었어요.

예전에 그러면 그 계, 뭐 송계를 하면은 뭐 어떤 것, 뭐 합니까?

— 그 인제 송계를 하게 되면 동네에서 인제 이, 옛날에는 나무가 귀했 잖습니까, 그 남의 산에 가서 어, 뭐, 뭐, 어, 마음대로 못 하고, 가서 인제 동네끼리 조금 그 인제 지역을 나눠 가지고 말이야, 요만한 산을, 요게 산 등성이 그러면, 만약에 백 호라 그러면, 요 산을 백 개로 쪼개어 가지고 말이야, 요것은 네가 해 때라, 요것은 내가 해 때겠다, 나무도 그런 것 인 제 예도 있었고.

— 또 그렇게 하고 거기에서 인제 뭐 돈이 생겨서 뭐 혹 그 뭐 그 개간 을 한다든지 말이에요, 옛날에는, 요즘은 뭐 어디 토지가 묵는 게 많지만 몇 해, 해방 전후에 해 가지고는 산을 개간하는 게 많았거든요.

— 그래 산비탈 사이를 개간해 가지고 먹으면 거기에도 인제 도지를 뭐 쌀이 뭐 반 가마니면 반 가마, 한, 받아 가지고 이것을 늘려 가지고 또 계원들끼리 뭐 쓰기도 하고, 이런 예도 더러 있고, 그랬어요, 그게, 그 렇게.

그 요즘 하여튼 그런 계가 뭐 별로?

— 별로 없어, 이게.

— 있기는 음, 있어도 지금은 뭐 유명무실하게 돼 있어요.

그렇지요?

— 예.

이음 머 거′이 요주′엄먼 머 유명무′실하고 머′ 거′이야말로 어, 다릉 거′느 거′이 어:꼬 인제′느 화′수게 ***170)?

— 예예, 화′수게하꼬 도니′게거든.

— 도니′게 거′뜽 거′느 우′때 어런′드리 어으, 거 으제171) 정:해 노′응 게: 이께′네 업쎌′ 쑤′거 업:써요.

— 그′래가주 사문172) 내′리오고요.

— 화스헤 하능, 그′으늠 머 으연, 거′이가 다: 하′능 게고, 그르티여.

머 그으 빼:고 나′며는 게: 모′이믄 별′로 안 한′다, 그′지예?

— 게: 모′이미 업:찌′, 머′어요.

— 동니′ 드러 모′에 바:야 머, 머, 초상′이 난′다든지, 일 때′느 인제′ 초상찌′벵에 문상을 가니까 마리′에요, 글′때 모′도 모에′고, 머 또 길릉′사 가네 주로′ 마이 모′에고, 그랙뀨오.

— 머′ 옐 뚜려탄′ 혹 한′내 한′ 쩔찌그 동:훼′가 하이그173), 동웨′.

— 동훼′를 한′ 때, 글′때 모′도 모에′가174) 또 머 기탄 엄:는 얘기′도 하고 예:, 어′르신 혹′씨 이 마으′레 다릉 마을하′고 쫌 달리:′ 머′ 문하재 가′틍 거 이씀미′까?

— 다릉:: 머′ 어, 달릉: 게:, 문하′재라 그′능 게, 여: 인제 어.

동네′와 달′리, 무나재?

— 어, 집′ 꺼′틍 거, 이 내′내 어, 그 구:택′, 고태′기 인제′ 그 잉 문하재라. 마내 고택.

— 만:해′고때175), 에, 그′른 인제′ 고태′근 또 이′꼬.

만해′고태′어건, 만해′ 고태′게 대해′서 함무 이야′기를 해′ 주십씨요, 그암머.

— 만:해라 그′능 게 그 우′, 우′때 어르′니 그 어응, 막, 엉어, 호럴′믄 만해′러 그′러저 만해′ 고태′기러 근:데, 머′ 별: 기 유래′엔 업써유, 겁.

— 그′ 양반드 머′ 어, 어′데어 김′해 꼬을176) 사′라쩨.

— 에:, 김해 고′을 형:가′므로 가 이또 가′아주 거 태코을 김′해띠이라177)

이것 뭐 거의 요즘에는 뭐 유명무실하고 뭐 그야말로 어, 다른 것은 거의 없고 인제는 화수계 ***?

― 예, 화수계하고 돈의계거든.

― 돈의계 같은 것은 윗대 어른들이 어, 그 인제 정해 놓은 것이니까 없앨 수가 없어요.

― 그래서 사뭇 내려오고요.

― 화수계라고 하는 것, 그것은 뭐 어, 거의가 다 하는 것이고, 그렇지요. 뭐 그것을 빼고 나면은 계 모임은 별로 안 한다, 그렇지요?

― 계 모임이 없지, 뭐요.

― 동네 더러 모여 봐야 뭐, 뭐, 초상이 난다든지, 이럴 때는 인제 초상집에 문상을 가니까 말이에요, 그때 모두 모이고, 뭐 또 길흉사 간에 주로 많이 모이고, 그랬고.

― 뭐 이래 뚜렷한 혹 한 해 한 철씩 동회를 하거든, 동회.

― 동회를 할 때, 그때 모두 모여서 또 뭐 기탄없는 얘기도 하고.

예, 어르신 혹시 이 마을에 다른 마을하고 좀 달리 뭐 문화재 같은 것이 있습니까?

― 다른 뭐 어, 다른 게, 문화재라 그러는 게, 인제 어.

동네와 달리, 문화재?

― 어, 집 같은 것, 이 내나 어, 그 구택(舊宅), 고택(古宅)이 인제 그 이 문화재야. 만회 고택.

― 만회고택, 어, 그런 인제 고택은 또 있고.

만회고택은, 만회고택에 대해서 한 번 이야기를 해 주십시오, 그러면.

― 만회라 그런 게 그 윗대, 윗대 어른이 그 어, 만회, 어, 호를 만회라 그래서 만회 고택이라 그러는데, 뭐 별 그 유래는 없어요, 그.

― 그 양반도 뭐 어, 어디 김해 고을에 살았지.

― 어, 김해 고을 현감으로 가 있어 가지고 그 택호를 김해댁이라 그러

그'으고, 또 그 만:해'고태'기라 그고, 그 지'븐 만해고때'기라, 그 우'때 어
르' 호:를' 따 가주 만해고태'기라 그으'고.

만해고택', 그 만훼'야, 그 호를' 머 만' 짜 므슴 만' 짜을 씀'미까?

느'즐 만' 쩌?

— 느'즐 만' 짜.

훼', 훼'는, 머 훼 짬미까?

— 아, 아, 응, 거, 응, 그뭄' 훼 짜.

그믐'?

— 응혀, 무이'실 헤' 짜쎄, 그'케 마'이아.

에, 뉘으, 그'릉까 느'즐 만' 짜, 뉘우치'느 해' 짜을 썬능 그'어 마내?

— 호 호루, 호.

— 호:래' 마'으죠.

혼데', 그 만해쑹, 그'아므 그' 분너 언'제쩍쓰 부, 사'러떤 부'님미까?

— 천:칠배 칸' 오륙'심 년' 전돈 데 잔나 그'래 생가카'능 게'러, 여'어 파'
론 할배'미 천칠'뱅 녀'네 이'퍙을 해'쓰이께네 천', 천칠, 천칠백오심 년 정
돠 안 데게나, 그'래 보'응꺼늠 머 확씰'치느 안해.

— 나'도 확씰창'고, 모'르이께네.

— 대강' 이', 이 양바니 이 채'게 어데 이:이:, 이, 직, 기로'그로 바선' 천
칠뱅 녀'네 이'퍙을 해'쓰이끼네 그 만해' 그' 양반도 아매' 천칠백오'십, 천
칠백사'십, 그이 정도 안 데겐'나, 그'래 생가캄'니다.

— 이거 으, 그'붐보다멍 후:예'이께네[178].

예, 파'로언 쓰앵'의 그암'며너 후손'임미까, 만래' 쓰'애잉께?

— 후소'이지여, 그게'.

그'래슫 그, 그읍, 거우 고:, 고태'기 지'곰 화'에떤 여: 이'따, 그'지예?

— 예, 예, 만해고태'기여.

만해고택 이'꼬, 그다'염 혹씨' 여'기에 머 그거 만해고탱 말:고' 또 다른

고, 또 그 만회고택이라 그러고, 그 집은 만회고택이라, 그 윗대 어른 호를 따 가지고 만회고택이라 그러고.

만회고택, 그 만회, 그 호를 뭐 만 자를 무슨 만 자를 씁니까?

늦을 만 자?

— 늦을 만 자.

회, 회는, 뭐 회 자입니까?

— 아, 아, 어, 그, 어, 그믐 회 자.

그믐?

— 어, 뉘우칠 회 자일세, 그러게 말이야.

어, 뉘우칠, 그러니까 늦을 만 자, 뉘우칠 회 자를 쓴 그 만회?

— 호, 호로, 호.

— 호라는 말이지요.

호인데, 그 만회, 그러면 그 분은 언제 적부터, 살았던 분입니까?

— 천칠백 한 오육십 년 정도 되지 않나 그래 생각하는 것이, 여기 팔오 헌 할아버지가 천칠백 년에 입향을 했으니까 천, 천칠, 천칠백오십 년 정 도 안 되겠나, 그래 보니까 뭐 확실하지는 않아.

— 나도 확실하지 않고, 모르니까.

— 대강 이, 이 양반이 이 책에 어디 이, 이, 저, 기록으로 봐서는 천칠 백 년에 입향을 했으니까 그 만회 그 양반도 아마 천칠백오십, 천칠백사 십, 그 정도 안 되겠나, 그래 생각합니다.

— 이것 어, 그분보다는 후예이니까.

예, 팔오헌 선생님의 그러면은 후손입니까, 만회 선생님께서?

— 후손이지요, 그래.

그래서 그, 그, 그 고, 고택이 지금 하여튼 여기 있다, 그렇지요?

— 예, 예, 만회고택이요.

만회고택이 있고, 그 다음에 혹시 여기에 뭐 그것 만회고택 말고 또 다른 머 고태'기 이씀미'까?

─ 만해'암, 마, 만네'아.

어'트게, 얼, 어'떵 게 이씀미'까, 만해고탱 말:고'너?

─ 음'적띠기[179] 금 므'승 고태'기지, 그'어가.

─ 이기 으, 기어'기 잘: 안 나, 이으 자끄 이'저 쁘르 싸'안데.

─ 나모'고택'[180], 아:, 으, 음, 나모', 그 웅, 나모'라 그능 검 멀: 가주 나모'러 그'제, 근 나는.

─ 그'래 어응, 어으, 얼, 쩨, 이 짐 문하재'는[181] 마네아.

─ 그', 그르꼬 지, 짐: 문하'재로능 크, 그르코, 여'게 욱, 우리' 여 저어, 저, 쩌 신, 언, 제:사' 지내'엔 데는 여 인제' 이 향:사럴 어, 즈, 제살' 처낸리 요'게 바로' 요, 요 추'원사, 여'게서 인제', 인제' 거 야, 향:사를 우, 우리'가 어, 춘'하 쩌 얼, 아, 아얻, 저, 어, 어, 봉 가'을로 지'내능 게 향:사'라 그능 이 여게 이, 여'여서 지내미가.

─ 그게 하나 이'꼬으, 그체'이, 그겨.

그어 봉가'을로 향사: 지'내능 거'기는 어디 제'실림미까?

─ 예:, 요게' 제'실 데'고, 요거 언제' 추'원사라 그고, 그'러이더.

그'암 봉 가'을로 인제'어, 보'멘 언제'어엘?

─ 엔나'렌 봉 가으'레 지'낸데이, 요즘' 한 생, 한 심 년' 음, 덜: 떼'가 한 칠팔 런' 데'에 가'주고 제:관'드리 마카 객'찌이 가: 이'꼬, 이 제'과 참석카'이가 에'로와[182] 가'주 한내 한' 철'씨 지'내기레 핸네, 고'마[183].

─ 으으, 어, 보'메 으, 보'메 고마 사: 월'따레 검'머 세째 주'이릉가, 으, 그'래 곰'마 제사'을 으, 그, 향사'을 지'내기로 해 가주'고 에, 웨:지'에 인는' 자손'들또 머 모'두 참서카'우, 그래 이 하내 한' 철씀만[184] 지'내기로 데핸'니드, 그애.

그암마 여기 그 보'메 인제' 향사'늠 보'메 한' 철만, 예저'네너 가을'에도 지낸는데'?

뭐 고택이 있습니까?

─ 많아, 많아, 많아요.

어떻게, 어, 어떤 게 있습니까, 만회고택 말고는?

─ 음적댁 거기가 무슨 고택이지, 거기가.

─ 이게 어, 기억이 잘 안 나, 이 자꾸 잊어 버려서.

─ 남호고택(南湖古宅), 아, 어, 음, 남호, 그 응, 남호라 그러는 것은 무엇을 가지고 남호라 그러지, 그 남호는.

─ 그래 어, 어, 어, 저, 이 집 문화재는 많아.

─ 그, 그렇고 집, 집 문화재로는 그렇고, 여기에 우, 우리 여기 저, 저, 저 신, 어, 제사 지내는 데는 여기 인제 이 향사를 어, 제, 제사를 지내는 데가 요기에 바로 요기, 요기 추원사(追遠祠), 여기에서 인제, 인제 그 어, 향사를 우, 우리가 어, 춘하 저 어, 아, 아, 저, 어, 어, 봄가을로 지내는 게 향사라 그러는 게 여기에 이, 여기에서 지냅니다.

─ 그게 하나 있고, 그렇지요, 그게.

그 봄가을로 향사를 지내는 거기는 어디 제실입니까?

─ 예, 요게 제실 되고, 요것 인제 추원사라 그러고, 그럽니다.

그러면 봄가을로 인제, 봄에는 언제?

─ 옛날에는 봄가을에 지냈는데, 요즘 한 십, 한 십 년 음, 덜 되어서 한 칠팔 년 돼 가지고 제관들이 모두 객지에 가 있고, 이 제관이 참석하기가 어려워 가지고 한 해 한 철씩 지내기로 했어, 그만.

─ 어, 어, 봄에 어, 봄에 그만 사월에 그만 셋째 주일인가, 어, 그래 그만 제사를 어, 그, 향사를 지내기로 해 가지고 어, 외지에 있는 자손들도 뭐 모두 참석하고, 그래 이 한 해 한 철씩만 지내기로 되었습니다, 그래.

그러면 여기 그 봄에 이제 향사는 봄에 한 철만, 예전에는 가을에도 지냈는데?

- 예, 언, 예, 예, 으, 예예, 예, 봉, 가을', 보'므어 다: 지'낸데, 요샌 한, 한 철씨 지내기 데고.

요즈'으믄 그람'며느 한' 철마 지'내고, 그 다'으메 저:기' 그어: 으, 한 철 지'내고, 그 다'으메 어, 요즘' 가으'레능 그'러며 시'사 지'내능?

- 시'사는.

**185) 산'소에 가서?

- 어, 산'소에 가 지'내응 게, 예.

가, 가서 이제 시'사는 따'로 지내'고 그'러치예?

- 예, 예, 따'로 지'내고, 예.

- 여'게 인제' 추'원사에 모:시'는 은, 니 양반'들, 이, 이, 임, 믕, 어, 양 바' 아'이러 모신'느 어른'드리 세 부'널 모시'구 이'써, 여게여.

예, 하문 이야길 해 주십씨요, 그암머?

- 추'원사에?

어, 예.

- 아아, 그, 그 웹, 예, 처'째 이 주봉고~'이고186), 고 다'음메 처'뉴당공 이고187), 고 다'음 학쩡고'이고188), 고래 인제' 세: 부'늘 여'게 추'원사에 음, 모:시'고 은제 으에, 어, 보'메 향사를 지내인더, 모시'늠 분'드릉 그래 세: 부'늘 모시'고 인니'더, 그이.

그 세 분'드른 어'트케이 머 어'데 벼'스를 하'셔쓴늠 부'님니까, 앙 그'럼 웹: 세 부'늘 모심미까?

여 이'퍙조느 암 모시고?

- 그'래, 삐189), 벼'슬또 하'시쩨.

- 벼으, 벼으, 주봉고~'이라 근'흥 거, 예.

- 그 애:길' 하'모190) 할쩐191) 업.

이' 마'으레 혹'씨 그거 특'삼물 가'틍 거 이씀미'까?

- 으?

- 예, 어, 예, 예, 어, 예, 예, 봄, 가을, 봄으로 다 지냈는데, 요새는 한, 한 철씩 지내게 되고.

요즘은 그러면은 한 철만 지내고, 그 다음에 저기 그 어, 한 철 지내고, 그 다음에 어, 요즘 가을에는 그러면 시사를 지내는?

- 시사는.

** 산소에 가서?

- 어, 산소에 가서 지내는 게, 예.

가, 가서 이제 시사는 따로 지내고 그렇지요?

- 예, 예, 따로 지내고, 예.

- 여기 인제 추원사에 모시는 어, 이 양반들, 이, 이, 이, 뭐, 어, 양반이 아니라 모시는 어른들이 세 분을 모시고 있어, 여기에요.

예, 한 번 이야기를 해 주십시오, 그러면?

- 추원사요?

어, 예.

- 아, 그, 그 왜, 예, 첫째 이 주봉공이고, 그 다음에 천유당공이고, 그 다음 학정공이고, 그래 인제 세 분을 여기에 추원사에 음, 모시고 인제 어, 어, 봄에 향사를 지내는데, 모시는 분들은 그렇게 세 분을 모시고 있습니다, 그래.

그 세 분들은 어떻게 뭐 어디 벼슬을 하셨던 분입니까, 안 그러면 왜 세 분을 모십니까?

여기 입향조는 안 모시고?

- 그래, 벼, 벼슬도 하셨지.

- 벼, 벼슬, 주봉공이라 그러는 것, 예.

- 그 이야기를 하면 끝이 없어.

이 마을에 혹시 그것 특산물 같은 것 있습니까?

- 어?

특삼'물?

쫌 머 농삼'물?

― 농삼무'리 마'르지예?

예', 특'뼈리 쫌 있?

― 머어, 특펴 업:싸'요.

특뼐항 걸, 네?

― 어아, 특뻐래 거 엄능기더[192], 여.

염 머 특뼐하'기 재배하'능 그'나 그렁 거'느 에전'네?

― 어으, 업썬, 주:로' 고'마이 여'언 논농'사거 반농'사, 고'마으 머.

특뼐하'게?

― 어이, 감자', 옥쑤'수, 머 어'데아 어역, 머여, 거 콩', 그'릉 게고 나라이그, 나라기요.

특뼐항' 건 업따, 그'지예?

― 예:, 특'뼐항 걸 업씸머.

지'곰 인젱' 마으'레 특'삼물 가'틍 거, 문하재', 이'렁 거 이야기해 주'션는데:, 그' 으 예저'네 어르'시니 어'릳슬 때하'고 지'금 어르'시 인제' 연'세 마너'으신 지금하'고 비교하'며넌 옌날:' 이 마을하'고 지'금 이 마을하'고는 쫌 마니' 달'라져찌야?

― 마'이 달'러져찌요, 무.

― 마이' 다을쬬, 고'마 거기.

그'암맘 머, 그'엄 어떤' 시'그로 달라젼'는지 함분 쫌' 이야기해' 주이소.

― 글세' 근 달라.

머 마으'리, 마을', 마으'리 그'엄 머 아까' 이야기해씀미다마'너, 어르'신 어'려쓸 때 에 그 성씨들또' 머 그'때 의성 김'씨들드리 더: 마니' 사'라서쓸꺼 따고 이야'기 아 해'쓰미꺼, 그죠?

― 예.

특산물?

좀 뭐 농산물?

― 농산물 말이지요?

예, 특별히 좀 있으면?

― 뭐, 특별한 게 없어요.

특벼한 것, 예?

― 어, 특별한 것이 없는 겁니다, 여기.

여기 뭐 특별하게 재배하는 것이나 그런 것은 예전에?

― 어, 없어, 주로 그만 여기는 논농사고 밭농사, 그만 뭐.

특별하게?

― 어, 감자, 옥수수, 뭐 어디 어, 뭐야, 그 콩, 그런 것이고 벼고, 벼요.

특별한 것은 없다, 그렇지요?

― 예, 특별한 것은 없습니다.

지금 인제 마을의 특산물 같은 것, 문화재, 이런 것 이야기해 주셨는데, 그 어 예전에 어르신이 어렸을 때하고 지금 어르신 인제 연세가 많으신 지금하고 비교하면은 옛날 이 마을하고 지금 이 마을하고는 좀 많이 달라졌지요?

― 많이 달라졌지요, 뭐.

― 많이 다르지요, 그만 그것이.

그러면 뭐, 그럼 어떤 식으로 달라졌는지 한 번 좀 이야기해 주십시오.

― 글쎄 그 달라진.

뭐 마을이, 마을, 마을이 그럼 뭐 아까 이야기했습니다만은, 어르신 어렸을 때 어 그 성씨들도 뭐 그때 의성 김씨들이 더 많이 살았었을 것 같다고 이야기 안 했습니까, 그죠?

― 예.

그'러트시 머' 쯤' 바껸'넝 기 이'따며 어'떵 게 바껸'는지 함' 이야'길 해 주십씨요.

- 글'세 그 박꾸'웅193) 게'라 그'릉 게 머 보편'쩌그로 이얘'길 햔다 그 거'트먼 우리'각 클 때'는 여 참' 노:는' 지'비 마낸'니더.

- 놀러' 머 사랑'도 조코' 마'리도194) 조코' 사'람 점'부 놀러' 다, 우리' 머 여' 끼'리끼리 모'여 가'주 고 델 동'대끼리195) 마'리여, 동'대라 그'웅196) 건 나이' 비스탄' 사랑'끼리, 모에' 가줌 머 밤나'즈로 모에' 노기'도 하'구 그'랜데, 요새'는 이겸 엄 모'도 고 고'마일 지겁' 쩐'서네 나가 가'주, 객찌'이 나아 가'주고 마'콱197) 떼'음 머 인는198) 나가~'이께네199) 인제'는 놀: 떼'가 업써'유, 우리는, 허이구, 우리 또'래는, 은, 옌:날' 때'면.

- 이 지'그메도, 우리' 나'에도200) 이래' 머 모엠'201) 너대'빼'께 어꼬' 모에' 놀: 떼'도 어꼬', 또 예히, 옌날'거친 그 어'네 지'베 가서, 머 어얼 가 가'주우 맘: 노'코 머 어 푹: 쉬:고' 할' 지'비 업:서'요, 노기'도 맘:대'로 노오'고

- 으 그'릉 거'또오 또 마이'202) 달'라져꼬, 또 달'라징 거'슨 옌날' 대'믄 사기'는 조아져'쩨요.

- 멍, 멍'능 게'이 기'롬나203), 여쎔' 머 고'길 시'라거는 세샤'이끼네 마'래요

- 근네 하'떼 옌나'레는 노다' 보'믕 그 지'베서, 쪼끔' 잘'사는 지'베서 마'랴, 머 정시'를 한' 때 내온'딴는 저녀'글 한' 때 내'온너, 그 잠 언 잘: 머'꼬 잘: 노다'도 나'완데, 요샌'느 그'릉 거'또 어:꼬' 워 그거'또 인제' 이금 므 업서'져 뿌'래꼬, 또: 염'배 가'넴 모에' 놀 장서'독 업서져'꼬, 황:경'은 조아져 쓴 하'데204) 지금 생'할황경'은 옌날'마205) 모태'져따꼬 바요.

- 웨 그'르냐, 마음 노'코 모에'가유 좀 머 욕'또 하고 마어찌, 머 쌈:도 하고 헤 이, 이'를 때'덕 일, 이쌍206) 게, 그'끙 양' 그'러케씀미까?

- 짜근 녀게, 절'믈 때 모여' 노'옴, 앙, 아'아들 때 마'라 니: 오'르이207) 내 오라 함세'떠, 요샌' 그'른 세대'도 이쓰 지'나가 쁘'래꼬, 그'릉' 거'에 으에 대'믄 영: 모탕' 끄꼬, 사:는' 황경'은 조'아져꼬, 그'르치, 머용.

그렇듯이 뭐 좀 바뀐 것이 있다면 어떤 것이 바뀌었는지 한 번 이야기를 해 주십시오.

― 글쎄 그 바뀐 것이라 그러는 게 뭐 보편적으로 이야기를 한다는 것 같으면 우리가 클 때는 여기 참 노는 집이 많았습니다.

― 놀러 뭐 사랑도 좋고 마루도 좋고 사람들 전부 놀러 다, 우리 뭐 여기 끼리끼리 모여 가지고 고기 저 동년배 끼리 말이야, 동년배라고 그러는 것은 나이 비슷한 사람들끼리, 모여 가지고 뭐 밤낮으로 모여 놀기도 하고 그랬는데, 요새는 이것 어 모두 그 고만 직업 전선에 나가 가지고, 객지에 나가 가지고 모두 되면 뭐 있는 사람은 나가니까 인제는 놀 곳이 없어요, 우리는, 아이고, 우리 또래는, 어, 옛날에 대면.

― 이 지금도, 우리 나이에도 이래 뭐 모이면 네댓밖에 없고 모여서 놀 데도 없고, 또 옛, 옛날같이 그 어느 집에 가서, 뭐 어 가 가지고 마음 놓고 뭐 어 푹 쉬고 할 집이 없어요, 놀기도 마음대로 놀고.

― 어 그런 것도 또 많이 달라졌고, 또 달라진 것은 옛날에 대면 살기는 좋아졌지요.

― 먹, 먹는 게 괴롭나, 요새는 뭐 고기를 싫어하는 세상이니까 말이에요.

― 그런데 하여간 옛날에는 놀다 보면 그 집에서, 조금 잘사는 집에서 말이야, 뭐 점심을 한 때 내온다든지 저녁을 한 때 내온다든지, 그 참 어 잘 먹고 잘 놀다가 나왔는데, 요새는 그런 거도 없고 뭐 그것도 인제 이것 뭐 없어져 버렸고, 또 연배 간에 모여서 놀 장소도 없어졌고, 환경은 좋아졌지만 어디 지금 생활환경은 옛날만 못해졌다고 봐요.

― 왜 그런가, 마음 놓고 모여서 좀 뭐 욕도 하고 말이지, 뭐 싸움도 하고 허 이, 이럴 때도 있, 있었던 것이, 그것은 안 그렇겠습니까?

― 작을 때에, 젊을 때 모여 놀면, 아, 아이들 때 말이야 네가 옳으니 내가 옳아 하면서도, 요새는 그런 세대도 있어 지나가 버렸고, 그런 것에 이래 대면 영 못한 것 같고, 사는 환경은 좋아졌고, 그렇지, 뭐요.

- 잘 머'꼬 잘' 사이께네 마알가.

그엄'며느 그:: 혹시' 인제' 아까' 거 이야기를 쪼금'머 하'션는데, 성씨:'
별로 본'다며너 어르'신 어'려슬 때'에넌 의성 김'씨드리 휠심' 마니쏨미까,
지금보'다넌?

- 예, 마내'찌여, 글'때 대'앰뇨.

그'땐 한' 어느 정도 대'씀미까?

- 글'때 때거 사람' 수짜'로 바 가주거여?

어예.

- 사람' 수짜'루 보'어뚱 한 육쌉 사십 뿜' 데 께'레요.

한' 뉵쌉 포' 가구 이'서뜨, 이'서꼬?

- 어, 야예, 예, 예, 사시' 포는 타'성이고.

그'런데 여즈 음제 꺼꾸로' 대'애따, 그'지예?

- 예, 거 꺼꾸'로 바께'208) 덴 세'미지요, 머이.

- 타'성이 그아이209) 더 만'타구 바에, 지'그믄뇨.

어:, 그 다'음메 혹'씨 그 인제' 성씨: 구성'으로 바'서느 의성 김'씨가 더
저'거져꼬, 예, 인제' 타성바'지가 더 마'나져꼬, 혹'씨 무 풍'습 까'틍 거또
옌나'레 비'해서 요즘 바낑' 게 쫌 이쏨미'까?

- 풍:스'비 옌:날' 때'음210) 마이 바께져'따꼬 보'제요.

- 옌나'레는 우리게이 머'으 거'러서 마알시더211), 이래 나선' 장' 거'튼
데, 시내 가'암 말시더, 올'리 이래' 서게 나가다' 봄' 마제, 미쩸, 아놈, 아
무꺼'시 장에 까'세꼬 마리이, 부르:기'도 하'고, 또 차자'가서 귀뉴'도 하고,
이'래 자'아212) 가서 뭐 구경'도 하고, 이래 이응 거'러 댕'기고 이게, 일 '
때는, 머 중간 중가'이 그으 주, 춰, 옌나'릉 주마'기라 그'래앤데, 거 술찌'
베 드'아서213) 멈 모기 마'름 머 마껼'리도 한' 잔시 사 머'꼬 서로 일해 내'
려오게 해'앤데, 요샌'느 그'릉 거또 업'써져 뻐'레꼬, 어어 불.

어, 이, 즈 에, 에, 예저'네 여 주'마기 쫌 이'써쏨미까?

― 잘 먹고 잘 사니까 말이야.

그러면은 그 혹시 인제 아까 그 이야기를 조금은 하셨는데, 성씨별로 본다면은 어르신 어렸을 때에는 의성 김씨들이 훨씬 많았습니까, 지금보다는?

― 예, 많았지요, 그때 대면요.

그때는 한 어느 정도 됐습니까?

― 그때에 대어서 사람 숫자로 봐 가지고요?

예.

― 사람 숫자로 보면 한 육십 대 사십으로 보면 될 거에요.

한 육십 호 가구 있었, 있었고?

― 어, 예, 예, 예, 사십 호는 타성이고.

그런데 요즘 인제 거꾸로 되었다, 그렇지요?

― 예, 그 거꾸로 바뀌게 된 셈이지요, 뭐.

― 타성이 그러니 더 많다고 봐요, 지금은요.

어, 그 다음에 혹시 그 인제 성씨 구성으로 봐서는 의성 김씨가 더 적어졌고, 예, 인제 타성바지가 더 많아졌고, 혹시 뭐 풍습 같은 것도 옛날에 비해서 요즘 바뀐 게 좀 있습니까?

― 풍습이 옛날에 대면 많이 바뀌어졌다고 보지요.

― 옛날에는 우리끼리 뭐 걸어서 말입니다, 이래 나서서 시장 같은 데, 시내 가면 말입니다, 오늘 이래 설설 나가다 보면 말이지, 밑에, 아무, 아무개야 시장에 가자고 말이지, 부르기도 하고, 또 찾아가서 권유도 하고, 이래 시장에 가서 뭐 구경도 하고, 이래 이래 걸어 다니고 이래, 이럴 때는, 뭐 중간 중간에 그 주, 주, 옛날에는 주막이라고 그랬는데, 거기 술집에 들어가서 뭐 목이 마르면 뭐 막걸리도 한 잔씩 사 먹고 서로 이래 내려오고 했는데, 요새는 그런 것도 없어져 버렸고, 여기 불.

어, 이, 저 예, 예, 예전에 여기 주막이 좀 있었습니까?

- 예, 여, 여 우쩨' 뚬 마낸'니데, 여쭝 쭉 올러가머.

- 그래, 그른 데 모에'가즈[214] 참' 정담도 나누'고 핸'데, 요새'느 차를 타고 다'니이께네[215] 요: 우'에 사는 사'람, 요 우에 사은 설, 마카 차'로 다'니이께네여 그이 이 임정'이랑 겐 떠' 부래요.

- 위으 사라'미랑 거'느 자주 솜 접촌'기 데'고 마:래'요, 얘기도 나누'꼬, 머 조:은 얘기도 하구 나쁜 얘기' 따어 이, 이래 모에'야 정다'미 나오'고 즈, 쯔, 정'이 가'는데, 이러 머이 일' 려느 한두 범 만내찌 말쩨 하'이께네 이 정'이 저거지'구요.

- 그 밤며'네 잉감'미도오 점'맘 모태'요.

- 고움믄 니'는 네'고 나'는 나'오 고마 그래 지'내고 또 자'주 모엘 기'헤도 어꼬', 그래 데드'러꼬.

- 그'르기 그거'는 옌날'맘 모태'이.

- 고어뜰 이야그, 으느이 똑 드라끄 끄트머.

그 혹'시 머 농사진:능 거'또 예저네하'고 요'즘 머 풍'스비 쯤' 달러져'씀미까?

- 아이, 마:이 달라져쩌이.

- 옌나'레는 이 점'붐 포마'실[216] 핸'니더.

- 내'가 에이, 예엔, 아이, 입, 이' 지베 가서 모'를 하러 에, 저, 지, 시'머 주 잔니'껴?

- 또' 저' 부이 내 지'베 와'써 시'머 주우, 이릅 포, 푸마'씨로.

- 이읍, 이' 농'사랑 게'이 옌나'른 소'느로 모를 시'므끼 때므'네 사라'미 한둘 카지 암 므이 여나'암씩 데'이 데'그더.

- 그래 그 이등 모'도 푸'멀 마아'[217] 가주 한'동네 사느끼'르노 머 이 가조 오'느를 이' 지븜 머 시'머 즈고 저 짐 모' 시'머 저고, 그래 모도 농'사을[218] 지'인는데, 요새'능 기'게가 발'딸데 가주우, 기'게가 조응 게' 나와 가주 고'망 개이'니 이, 지, 지:가 지 해' 해' 뿌래, 마'카요.

- 예, 여기, 여기 위쪽에 좀 많았습니다, 요쪽으로 쭉 올라가면.

- 그래, 그런 데 모여서 참 정담도 나누고 했는데, 요새는 차를 타고 다니니까 요 위에 사는 사람, 요 위에 사는 사람, 모두 차로 다니니까요 그 이 인정이라는 게 떠 버려요.

- 이 사람이란 것은 자주 좀 접촉이 되고 말이에요, 애기도 나누고, 뭐 좋은 애기도 하고 나쁜 애기도 하고 이, 이래 모여야 정담이 나오고 정, 정, 정이 가는데, 이래 뭐 일 년에 한두 번 만날지 말지 하니까 이 정이 적어지고요.

- 그 반면에 인간미도 전만 못해요.

- 그만 너는 너고 나는 나고 그만 그래 지내고 또 자주 모일 기회도 없고, 그래 되더라고.

- 그러니 그것은 옛날만 못해요.

- 그것들 이야기, 어 꼭 들라고 할 것 같으면.

그 혹시 뭐 농사짓는 것도 예전하고 요즘 뭐 풍습이 좀 달라졌습니까?

- 아이고, 많이 달라졌지요.

- 옛날에는 이 전부 품앗이를 했습니다.

- 내가 어, 어, 어, 이, 이 집에 가서 모를 하루 어, 저, 저, 심어 주지 않습니까?

- 또 저 분이 내 집에 와서 심어 주고, 이래 품, 품앗이를.

- 이, 이 농사라는 것이 옛날에는 손으로 모를 심었기 때문에 사람이 한둘 가지고는, 뭐 여남은씩 되어야 되거든.

- 그래 그 이런 모두 품을 모아 가지고 한 동네 사니까 뭐 이래서 오늘 이 집 모 심어 주고 저 집 모 심어 주고, 그래 모두 농사를 지었는데, 요새는 기계가 발달돼 가지고, 기계가 좋은 것이 나와서 그만 개인이 이, 자기, 자기가 자기 것을 해 버려, 모두가요.

- 그르이 농'사도 옌날'고 인저'219) 확'씨리 달'러져 뿌리멈 머' 푸마'씨 하자 소'리거 업써'이.

- 기, 기'게로 해 뿌'이께, 인제 머 고마.

- 지' 기'게 갸주우 또 마220), 오이, 지 기'게 엄:는 사'러므 나'무 기'게 하록'221) 폼222) 주'고 사 갸주 고마 기'게루 시'머 뿌'이께 웨:부' 사'럼 살 피'루가 어꼬'.

- 그래 데 갸즈으, 그걸' 바 갸즈우도 농'사 진:능거'또 옌날' 가'찌 이, 이 정'미가 저거'져요.

- 인정'미가 저거'져 뿌'래요.

- 그'이223) 보'믄서이224) 시스마'끔225) 하'이께네.

- 멍 모에' 갸주 머 애기하주 시간'도 어'허꼬.

- 허', 그, 그램, 농'사도 마이 변적떼'쩨욘, 지금 머.

그암' 어'째뜬 예저'네느 쪼'곰 이 마으'레 사:는 사'암드리 서로 인정'을 마니 주고바'던는데, 요즘'먼 그런 부'분드리 머' 영: 적따', 그'지예?

- 그'르체요.

- 적쩨'에요, 으녀, 작, 그이 사라'미느이랑 건 자'주 모에' 갸주 애:기 를, 대활' 하'고 이'래 나'를 자주 보고 해'야 정'이 나능 게'드라요.

- 구, 구, 구, 그게' 머'러지이께네 자'연히 고'마 정'도 뜨'고 또: 그르 찌, 접'짝 수짜'더 찌음226), 자 짱'꼬 그래 데드'라꼬요.

검 그게' 혹'씨 머' 어 에저'넬 근 어 웨부' 사'암드리, 타성바'지가 자꾸' 마니 드러와'서 그'런 영향'도 이씀미'까, 앙 그럼'며넌 그그하'옴 머 별 광'게 업씨' 인자' 세워'리 바껴' 가'주우 그'러씀미까?

- 그'른 광'게는 별'로 업써'요.

- 머 타'서이 드온'다227) 그'르 갸주 머 거 정'이 뜰리'덩데음.

- 타'성 역'씨도 그'래요.

- 여: 두와 갸주 자기 농, 자기 일: 하고 여 뚱어 이 시내' 가서 버'는

− 그러니 농사도 옛날과는 인제 확실히 달라져 버리면서 뭐 품앗이하자는 소리가 없으니.

− 기, 기계로 해 버리니까, 인제 뭐 그만.

− 자기 기계를 가지고 또 그냥, 어, 자기 기계가 없는 사람은 남의 기계를 하루 삯을 주고 사 가지고 그만 기계로 심어 버리니까 외부 사람을 쓸 필요가 없고.

− 그래 돼 가지고, 그것을 봐 가지고도 농사짓는 것도 옛날 같이 이, 이 인정미가 적어져요.

− 인정미가 적어져 버려요.

− 그래 보면서 스스로 하니까.

− 뭐 모여 가지고 뭐 얘기할 시간도 없고.

− 허, 그, 그래, 농사도 많이 변질되었지요, 지금 뭐.

그러면 어쨌든 예전에는 조금 이 마을에 사는 사람들이 서로 인정을 많이 주고받았는데, 요즘은 그런 부분들이 뭐 영 적다, 그렇지요?

− 그렇지요.

− 적지요, 어, 인제, 그 사람이라는 것은 자주 모여 가지고 얘기를, 대화를 하고 이래 낯을 자주 보고 해야 정이 나는 것이거든요.

− 그, 그, 그, 그게 멀어지니까 자연히 고만 정도 뜨고 또 그래 접, 접촉 숫자도 지금, 잦지, 잦지 않고 그래 되더라고요.

그럼 그게 혹시 뭐 어 예전에 그 어 외부 사람들이, 타성바지가 자꾸 많이 들어와서 그런 영향도 있습니까, 안 그러면은 그것하고는 뭐 별 관계없이 이제 세월이 바뀌어 가지고 그랬습니까?

− 그런 관계는 별로 없어요.

− 뭐 타성이 들어온다고 그래 가지고 뭐 그 정이 떨어지거나.

− 타성도 역시 그래요.

− 여기 들어와 가지고 자기 논, 자기 일 하고 여기 또 이 시내 가서 버는

사'러믄 고'마 다 엘 자'고 머 시내 가 뿌고.

　─ 그'르히 또옹'니 사럼하'구 접초'기 잘 안 데'미.

　─ 에'이 그, 그그른 경야'이지 므 끄으 머 승, 썽씨'가 달'리 와 가주우 그'릉 건 업써'에.

사람은 고만 다 어 자고 뭐 시내 가 버리고.

   – 그러니 동네 사람하고 접촉이 잘 안 되고.

   – 어, 그, 그런 경향이지 뭐 그 뭐 성, 성씨가 달리 와 가지고 그런 것
은 없어요.

■ 주석

1) 이는 '전이니까'로 대역되는 이 지역어형이며 '전(前) + -이(서술격조사) + -이께아(연결형어미 : 니께아 → 이께아(어중ㄴ음탈락)'의 구성으로 이루어진 이 지역어형이다.

2) 이는 '그러면'으로 대역되며 후행 어절인 양순비음의 영향으로 양순음화가 이루어진 어형이다.

3) 이는 '년이냐'로 대역되는 이 지역어형이며 '년(年) + -이(서술격조사) + -롱(의문형어미) → 녀이롱(어중ㄴ음탈락)'의 과정으로 이루어진 이 지역어형이다.

4) 이는 제보자의 선조인 의성김씨가 이 마을에 들어온 시기를 가리키며 이는 한자어 '입향(入鄕)'이다.

5) 이는 한자어 '정도'로 대역되며 '정도(程度) → 정더(모음동화) → 정거(연구개음화)'의 과정을 거쳐 실현된 이 지역어형이다.

6) 이는 '동네가'로 대역되며 '동네 + -게(주격조사)'의 구성으로 이루어진 이 지역어형이다.

7) 이는 '의성 김가'로 대역되며 이중모음 '의'가 이 지역어에서는 'ㅡ' 또는 'ㅣ'모음으로 실현되는 것이 일반적이다. 의성 김씨는 경순왕의 아들이며 고려 태조의 외손인 김석(金錫)을 시조로 하고, 그의 후손 김용비(金龍庇)·용필(龍弼)·용주(龍珠) 형제 대에 이르러 세계가 갈린다. 김용필계에서 대제학·학자 김안국(金安國), 참판·학자 김정국(金正國) 형제가 나왔고, 김용비계에서 부제학 김성일(金誠一), 대사헌 김우옹(金宇顒) 등이 배출되었다. 의성김씨(義城金氏)의 근세 인물로는 학자 김흥락(金興洛), 독립운동가이자 유학자였던 김창숙(金昌淑) 등이 있다. 시조인 김석은 경주김씨 시조인 김알지의 28대손이다. 935년 경순왕이 고려에 복속한 후 얻은 왕건의 장녀 낙랑공주(樂浪公主)와의 사이에서 태어난 넷째 아들(또는 다섯째 아들이라는 설도 있음)이며, 고려에서 의성군(義城君)에 봉해져, 자손들이 의성을 관향으로 정하였다(두산백과, 네이버 지식대백과).

8) 이는 '여럿이'로 대역되며 '우(衆)'는 이 지역어형이다.

9) 이는 '그게'로 대역되는 이 지역어형이며 유기음화가 실현된 어형이다.

10) 이는 '상주에서'로 대역되며 '상주 + -서(시발부사격조사)'의 구성으로 이루어진 이 지역어형이다. 제보자의 이 진술은 착오로 인해 빚어진 부분이며 실제는 경북 성주에서 온 것이다.

11) 이는 '김우굉(金宇宏: 1524년(중종 19) ~ 1590년(선조 23))의 호이며 자는 경부(敬夫), 호가 바로 개암(開巖)이며 조선중기의 문신이다. 본관은 의성이며 경상북도 성주 출신이다. 종혁(從革)의 증손으로, 할아버지는 증 도승지 치정(致精)이고, 아버지

는 부사 희삼(希參)이며, 어머니는 청주곽씨(淸州郭氏)이며 이황(李滉)의 문인이다. 1542년(중종 37) 향시에 수석 합격하고, 1552년(명종 7) 진사시에도 수석으로 합격하였다. 1565년 경상도 유생을 대표해 여덟 차례에 걸쳐 중 보우(普雨)의 주살을 상소하였다. 이듬 해 별시 문과에 을과로 급제해 예문관검열이 되었다. 그 뒤에 주서(注書)·대교(待敎)·봉교(奉敎)·전적(典籍), 예조와 병조의 좌랑·정랑, 지제교(知製敎)·정언(正言)·헌납(獻納) 등 여러 관직을 두루 지내다가 1573년(선조 6) 부수찬(副修撰)이 되었다. 1578년 사복시정(司僕寺正)을 거쳐 동부승지·대사간·대사성 등을 지내고 이듬 해 병조참의·승지에 이르렀다. 1582년 충청도관찰사가 되었다가 형조참의·장례원판결사·홍문관부제학 등을 역임하였다. 이듬 해 유생 박제(朴濟)로부터 음흉하다는 탄핵을 받아 외직으로 물러나 청송부사·광주목사(光州牧使) 등을 지냈다. 1589년 관직에서 물러나 고향 성주로 돌아갔으며 사후 상주 속수서원(涑水書院)에 제향되었다. 저서로 『개암집』이 있다(한국민족문화대백과, 한국학중앙연구원 : 네이버지식백과).

12) 이는 '할아버지께서, 할아버지가'로 대역되며 '할뱀 + -이(주격조사)'의 구성으로 이루어진 이 지역어형이다.

13) 이는 '들어오셨지'로 대역되며 '두오(들오 → 둘오(원순모음화현상) → 두오(어중ㄹ음탈락현상))- + -시(주체높임선어말어미)- + -잇(과거시상선어말어미)- + -지(연결형어미)'의 구성으로 이루어진 이 지역어형이다.

14) 이는 '그러면'으로 대역되며 어중유음이 탈락된 이 지역어형이다.

15) 이는 '어른이'로 대역되며 '어른(丈) + -이(주격조사) → 어른~이(비모음화현상) → 어르~이(비자음탈락현상)'의 과정을 거쳐 실현된 이 지역어형이다.

16) 이는 '팔오헌(八吾軒)'으로 대역되며 이는 자(字)가 덕휴(德休)이고 다른 호가 해촌(海村)인 조선중기의 문신인 '김성구(金聲久 : 1641(인조19)~1707(숙종33))를 가리킨다. 본관은 의성(義城)이며 의성 출신이다. 이 사람은 득가(得可)의 증손으로, 할아버지는 율(㻋)이고, 아버지는 용양위부호군 추길(秋吉)이며, 어머니는 유화(柳華)의 딸이다. 1662년(현종3) 사마시를 거쳐 1669년 식년문과에 갑과로 급제, 전적(典籍)·무안현감·직강(直講)·지평(持平)·수찬(修撰)·정언(正言) 등을 지냈다. 1689년 기사환국으로 남인이 정권을 장악하자 복관되어 대사성·집의(執義)·헌납(獻納)·좌승지·강원도관찰사·병조참지 등을 거쳐, 호조참의를 역임하였다. 그뒤 갑술환국으로 노론이 득세하자 향촌에 물러나서 서사(書史)를 즐기다가 일생을 마쳤다. 그는 관직생활에 있어서 공사를 분명히 하였다. 안동의 백록사(柏麓祠)에 제향되었고, 저서로는 『팔오헌집』이 있다. 지금의 해저리 즉, 바래미 마을에 의성김씨로서 처음 숙종 경진년 1700년에 입향한 인물이다(한국민족문화대백과, 한국학중앙연구원 : 네이버지식대백과).

17) 이는 '그것도'로 대역되며 '그것도 → 그긋도(모음중화현상) → 그그또(경음화현상) → 그으또(어중ㄱ음탈락현상)'의 과정을 거쳐 실현된 이 지역어형이다.

18) 이는 '누구냐, 누구지'로 대역되며 '누구(誰) + -로(의문조사)'의 구성으로 이루어진

이 지역어형이다.

19) 이는 '시내, 개울'로 대역되는 이 지역어형이다.

20) 이는 원래 '개(開)'자 인데 제보자가 잠시 착각하였고 조금 후에 잘못 발화한 내용을 고쳤다.

21) 이는 '들어온'으로 대역되며 '들오- + -ㄴ(관형사형어미) → 드온(ㄹ탈락현상) → 드옹(뒤 음절에 의한 연구개음화현상)'의 과정을 거친 이 지역어형이다.

22) 이는 '아마'로 대역되는 이 지역어형이며 이 어형은 전국적으로 골고루 분포하고 있다. 즉, 이 어형은 이 지역어를 비롯하여 경북, 경남, 강원, 전북, 충북, 함북, 함남, 평북지역어에 분포하는 것으로 보고되어 있다.

23) 이는 '바위'로 대역되며 이 어형의 주된 실현형은 '바우'형이다. 이는 '바우 → 바으(비원순모음동화)의 과정을 거쳤으며 수의적인 음성변이형이다.

24) 이는 이 마을의 이름으로 '바래미, 바라미'로 대역된다. 이는 옛 어형이 '바라미'이며 이 어형에 움라우트현상이 일어나서 실현된 어형이 '바래미'형이다. 현재 이 지역을 포함하여 봉화에서는 주로 '바래미'로 많이 불리므로 현실을 존중하여 '바래미'로 대역을 했다. 이 마을의 행정명으로는 경상북도 봉화군 봉화읍 해저리(海底里)이다. 이 마을은 원래 의령여씨(余氏)가 살았지만 1700년 경 의성김씨인 팔오헌 김성구(金聲久)가 들어오면서 조선말기에는 대표적인 의성김씨의 집성촌이 되었다. 이 마을의 유래는 인근의 땅이 하천보다 더 낮다는 의미로 '바라(海) + 밑(底)'의 구성에 의하여 이루어진 것으로 알려져 있다. 다른 하나로 '파라 + 밑'의 구성으로 '논보다 내가 더 깊어서 물을 퍼는 기구인 파라로 퍼서 물을 대었기에 그 파라가 있는 밑에 위치하는 동네'라는 의미로 '바라미'가 되었다는 설이다. 행정단위 명인 '해저리'는 이의 한자로 이루어진 지명이며 이는 다시 '바래미, 왕동(旺洞), 솔안(松內), 안더구(內德耳), 받더구(外德耳)' 등의 자연 동네로 구성된다. 바래미 마을은 뒤로 태백산맥의 지맥인 해발 600미터의 매방산(鷹坊山)의 산자락이 병풍처럼 둘러싸고 있으며 앞으로는 낙동강의 상류인 내성천(乃城川)이 감돌아 흐르는 산수가 좋고 풍광이 아름다운 고장이다. 이곳에서 조선말까지 의성김씨의 세거지(世居地)로서 많은 대소과 급제자가 나왔으며 일제강점기에는 항일독립운동의 산실을 한 마을이다(청송군 누리집 및 누리집 '바래미' 참조).

25) 이는 '그러고'로 대역되며 이는 '그러고 → 그르고(모음중화현상) → 그고(축약현상)'의 과정을 거쳐 실현된 이 지역어형이다.

26) 이는 '여기'로 대역되는 이 지역어형이며, 이 어형은 경북지역에서 이 어형 외에도 '여, 여:, 여어' 등의 어형으로 실현되기도 한다. 이 제보자의 경우, 'ㅓ, ㅡ'모음이 'ㅜ'모음으로 실현되기도 하는데 우발적인 음운현상으로 판단된다.

27) 이는 '관직 명칭'이 아니라 제보자의 설명대로 관청에서 부르는 이름 즉, 행정단위의 이름을 말하는 것이다.

28) 이는 '것은'으로 대역되며 '것은 → 거은(ㅅ탈락현상) → 건(축약현상) → 언(ㄱ자음 탈락현상)'의 과정을 거쳐 실현된 이 지역어형이다.

29) 이는 '부릅니다'로 대역되며 '부르(云)- + -니더(종결형어미)'의 구성으로 이루어진 이 지역어형이다. 어미 '-니더'형은 이 지역어를 비롯하여 경북지역어 전역에 걸쳐 분포하는 어형이다.

30) 이는 '똑같이, 같은 유형'으로 대역될 수 있는 이 지역어형이다.

31) 이는 '인제'로 대역되는 이 지역어의 담화표지이다.

32) 이는 '적게'로 대역되며 '적게 → 적께(어중경음화현상) → 저께(어중자음탈락현상) → 저끼(고모음화현상)'의 과정을 거쳐 실현된 이 지역어형이다.

33) 이는 '많이'로 대역되는 이 지역어형이며 어중자음의 탈락에 의하여 실현된 어형이다.

34) 이는 '살고'로 대역되며 '살- + -고(연결형어미) → 사고(어중자음탈락현상)'의 과정을 거쳐 실현된 이 지역어형이다.

35) 이는 '실제로는'으로 대역되며 '실제(實際) + -이(주격조사)'의 구성이지만 이 경우에는 주격조사로서의 기능보다는 실제로는 보조사의 기능으로 쓰인 예이다.

36) 이는 '있으니까'로 대역되며 '있(有)- + -이께(연결형어미 : 으께 → 이께(전설모음화현상)'의 구성으로 이루어진 이 지역어형이다.

37) 이는 '여린, 모자라는, 부족한'으로 대역되는 이 지역어형이다.

38) 이는 '안에서'로 대역되는 이 지역어형이며 '내(內) + -에서(처소격조사)'의 구성으로 이루어진 이 지역어형이다.

39) 이는 '사람들'로 대역되는 이 지역어형이며 어중자음이 탈락된 어형이다. 이는 타성바지를 가리키며, 현재 대략 의성김씨가 40호 정도, 타성바지가 50호 정도 산다는 설명이다.

40) 이는 '지금'으로 대역되며 '지금 → 찌금(어두경음화현상) → 찌굼(원순모음화현상) → 찌움(어중자음탈락현상) → 찌웅(후행 어절에 의한 연구개음화현상)'의 과정을 거쳐 실현된 이 지역어형이다.

41) 이는 '살았지요'로 대역되는 이 지역어형이며 '살- + -았(과거시상선어말어미)- + -쩨(종결형어미) + -요(보조사)'의 구성으로 이루어진 이 지역어형이다.

42) 이는 '대면, 견주면' 등으로 대역되며 '대- + -믄(연결형어미)'의 구성으로 이루어진 이 지역어형이다.

43) 이는 '어렵더라고'로 대역되며 '에룹(難)- + -뜨(과거회상선어말어미 : 더 → 드(모음중화현상) → 뜨(경음화현상))- + -라고(어미)'의 구성으로 이루어진 이 지역어형이다.

44) 이는 '여기가'로 대역되며 '여어(여기 → 여이(어중ㄱ탈락현상) → 여어(후설모음화현상)) + -가(주격조사)'의 구성으로 이루어진 이 지역어형이다.

45) 이는 '맞두레라'로 대역되며 여기서 '꽈라'는 맞두레를 가리키는 이 지역어형이다.

46) 이는 '어디를'로 대역되며 '어데 + -ㄹ(목적격조사)'의 구성으로 이루어진 이 지역
어형이다. 이 어형은 이 지역어를 비롯하여 경상도, 강원도, 충남, 평안도방언에 분
포하는 것으로 보고되어 있다.

47) 이는 '지었던'으로 대역되며 '짓(作)- + -있(과거시상선어말어미)- + -는(관형사형어
미)'의 구성으로 이루어진 이 지역어형이다.

48) 이 부분은 조사자의 발화 내용이 녹음의 사정으로 정확히 인지되지 않는 부분이다.

49) 이는 '올려'로 대역되며 '올리- + -이(연결형어미)'의 구성으로 이루어진 이 지역어
형이다.

50) 이는 '그거에요'로 대역되며 '그거 + -이(서술격조사) + -라여(어미) → 그거래여(축
약현상) → 그어래여(어중ㄱ음탈락현상) → 그으래여(모음동화현상)'의 과정을 거쳐
실현된 이 지역어형이다.

51) 이는 제보자가 지금까지 본인의 기억에 의존해서 설명을 하다가 본인의 문중에서
발간한 소책자를 펴서 설명을 보충한 부분이다.

52) 이는 제보자가 살고 있는 자연부락 이름인 '바래미'를 나타내는 말이며 원래 지명은
'바라미'였지만 현재는 제보자도 '바래미'형을 사용하고 있음을 볼 수 있다.

53) 이는 '학정봉이라'로 대역되는 이 지역어의 산봉우리 이름이다. 학정봉은 경상북도
봉화군 봉화읍에 위치하고 있는 낮은 산이며 해발 286.2미터의 산이다.

54) 이는 경상북도 봉화군 봉화읍에 위치한 해발 289.5미터 높이의 산이다.

55) 이는 '범들(虎野)이'로 대역되며 '범들이(범들 + -이(접미사) → 범두리(모음변이현
상)) + -가(주격조사)'의 구성으로 이루어진 이 지역어형이며 한자어 지명으로 '호
평'이다.

56) 이는 '그것밖에'로 대역되며 '그게 + -배께(보조사)'의 구성으로 이루어진 이 지역
어형이다.

57) 이는 '산줄기니까'로 대역되며 '산줄기 + -이께네(연결형어미)'의 구성으로 이루어
진 이 지역어형이다.

58) 이는 '감투를'로 대역되며 '감투 + -럴(목적격조사)'의 구성으로 이루어진 이 지역
어형이다.

59) 이는 '뒷골은'으로 대역되며 '뒷골 + -웅(보조사)'의 구성으로 이루어진 이 지역어
형이다.

60) 이는 '때문에'로 대역되며 '때문 → 때믄(비원순모음화현상) → 때므(음절말자음탈락
현상) → 띠므(고모음화현상)'의 과정을 거쳐 실현된 이 지역어형이다.

61) 이는 '대려고'로 대역되며 '대(注) + -ㄹ라꼬(의도형어미)'의 구성으로 이루어진 이

지역어형이다.

62) 이는 '그게, 그것이'로 대역되며 '그게 → 그기(고모음화현상) → 그이(어중ㄱ음탈락 현상)'의 과정을 거쳐 실현된 이 지역어형이며 '연못'을 뜻한다.

63) 이는 '그것은'으로 대역되는 이 지역어의 축약형이다.

64) 이는 '자세히'로 대역되는 이 지역어형으로서 축약형이다.

65) 이는 '그런'으로 대역되며 '그런 → 그른(모음중화현상) → 그름(후행어절에 의한 양 순음화현상)'의 과정을 거쳐 실현된 이 지역어형이다.

66) 이는 '있으니까'로 대역되며 '있(有)- + -(으)이께네(연결어미 : 니께네 → 이께네 (ㄴ음탈락현상))'의 구성으로 이루어진 이 지역어형이다.

67) 이는 '모르겠습니다'로 대역되며 '모르(不知)- + -ㄹ씨더'의 구성으로 이루어진 이 지역어형이다.

68) 내성천(乃城川)은 경상북도 봉화군 물야면 오전리의 선달산(1,236m)에서 발원하여 남쪽 및 남서쪽으로 흘러서 봉화군, 영주시, 예천군을 지나 문경시 영순면 달지리에 서 낙동강에 합류하는 하천을 가리킨다. 내성천은 낙동강 지류의 하나로, 본류 길이 는 110.69㎞, 유역 면적은 1,815.28㎢이며, 한천(漢川)·남원천(南院川)·단산천(丹山 川)·낙화암천(落花巖川)과 같은 지류로 이루어져 있다. 내성천의 상류는 벼의 재배가 활발하지 못하고 주로 조·옥수수·콩·감자와 유채작물(참깨·들깨·고추·인삼), 그리고 고랭지채소의 재배가 이루어진다. 하류지역에는 충적평야가 넓게 발달되어 있어 벼 농사가 활발한 편이다.(한국민족문화대백과, 네이버지식백과사전 참조)

69) 이는 '도랑이라'로 대역되는 이 지역어형이며 실제 이 하천의 크기로 본다면 도랑의 크기는 아니다.

70) 이는 '매봉산에서'로 대역되는 이 지역어형이다. 이 산은 경상북도 봉화군의 봉화읍 화천리와 물야면 수식리 사이에 위치한 산이며 해발 587m의 높이를 자랑한다. 한자 로 표기하여 응방산(鷹坊山)이라고도 하며 이 산 외에는 이렇다 할 큰 산이 주변에 존재하지 않아 외형적으로 매우 돋보인다. 『조선지지자료』에는 물야면 북지동 서 쪽에 있으며, '미방산'으로 기재되어 있다. 이 산에 매봉사[鷹坊寺]가 있다(한국지명 유래집, 네이버지식백과사전 참조).

71) 이는 '물야면에'로 대역되며 봉화군의 한 면이다. 이 면은 경상북도 봉화군의 서쪽 끝에 위치한 면이다. 동쪽에는 문수산, 서쪽에는 봉황산, 북쪽에는 선달산과 옥돌봉 이 있다. 북쪽이 높고 남쪽이 낮은 지형배치로 인해 이들 산지에서 발원한 계류가 모여 이루어진 내성천(乃城川)이 남쪽으로 흐르고 있다. 북쪽의 주실령 골짜기에는 오전약수가 있다. 현재 면소재지가 있는 오록리를 포함하여 8개의 법정리를 두고 있다(한국지명유래집 경상편 지명, 네이버지식대백과).

72) 이는 '그릇도'로 대역되며 '그락 + -도(보조사)'의 구성으로 이루어진 이 지역어형 이다. 이 지역어형인 '그락'형은 '그릇'형에 후행하는 연구개음으로 이루어진 조사

형의 결합에 따른 연구개음화가 실현되고 모음변이가 함께 일어나서 재어휘화가 이루어진 어형으로 판단된다.

73) 이는 자연부락 이름이며 행정지명으로는 해저3리에 해당한다.

74) 이는 '원래는'으로 대역되며 '원래 → 원레(모음중화현상) → 원리(고모음화현상)'의 과정을 거쳐 실현된 이 지역어형이다.

75) 이는 '한목, 한목에'로 대역되는 이 지역어형이며 '한목 → 함목(양순음화현상) → 함몽(후행 어절에 의한 비음화현상)'의 과정을 거쳐 실현된 이 지역어형이다.

76) 이는 '솔안 앞에'로 대역되며 연음이 이루어져 실현된 이 지역어형이다. 자연부락 이름인 솔안은 문목공 류숭조(文穆公 柳崇祖) 후손이 오랫동안 살고 있으며 환수정(環水亭)이 있다. 옛날에 윗마을과 아랫마을이 솔밭으로 경계가 이루어지고 마을 전체가 솔밭으로 둘러져 있었기 때문에 솔안이라 했고 행정지명으로는 해저2리다. 봉화중고와 봉화여자중고등학교가 있다가 삼계리로 이전하였고 봉화역 앞의 마을이 다(봉화읍 누리집 참조).

77) 이는 '여기가'로 대역되며 '여어 + -가(주격조사)'의 구성으로 이루어진 이 지역어형이다.

78) 이는 고유명사 '솔뚱전이, 솔밭이'로 대역되며 '솔뚱전(솔뚱(松柱) + 전(田)) + -이(주격조사)'의 구성으로 이루어진 이 지역어형이다. 여기서는 그냥 고유명사로 처리해서 표준어로 대역했다.

79) 이는 '소나무가'로 대역되며 15세기국어의 'ㄱ곡용명사'형이 화석화되어 이 지역어형으로 실현된 어형이다.

80) 이는 '말이지 않아요'로 대역되며 '말이지않겨'의 축약형이다.

81) 이는 '앞에'로 대역되며 경음화현상이 실현된 이 지역어형이다.

82) 이는 '봉화역'이며 봉화역이 들어서면서 소나무가 많이 사라졌다는 설명이다.

83) 이는 '그럽디다'로 대역되며 '그래입 + -더(회상시제선어말어미)- + -더(종결형어미)'의 구성으로 이루어진 어형이며 경음화현상과 축약현상으로 이루어진 이 지역어형이다.

84) 이는 제보자의 음성이 인식되지 않는 부분이다.

85) 이는 의미를 정확히 표현하려면 '하나도 남김없이 없어져'로 대역된다.

86) 이는 고유명사로서 '아현댁못'으로 대역되며 '아헨뜽(아현댁 → 아헨댁(이중모음실현제약에 따른 단모음화현상) → 아헨땍(경음화현상) → 아헨띡(고모음화현상) → 아헨뜩(전설모음화에 따른 과도교정현상) → 아헨뜽(후행음절에 의한 비음동화현상)) + 못'의 구성으로 이루어진 이 지역어형이다. 이는 후행발화에서 등장하는 '아현띠기'와 수의적으로 실현되는 음성변이형이다.

87) 이는 택호(宅號)로 대역되며 이는 '집주인의 벼슬이나 처가나 본인의 고향 따위를

붙여서 부르는 집의 이름'을 말하며 예전에 흔히 부르는 이름이다.

88) 이는 '아현댁이야'로 대역되며 '아현떡 + -이래'의 구성으로 이루어진 이 지역어형
이며 어중자음 ㄱ음이 탈락된 예이다.

89) 이는 '따서'로 대역되며 '따(依據)- + -가주(연결형어미)'의 구성으로 이루어진 이 지
역어형이며 '따다'의 어간이 유기음화현상에 의하여 '타가주'형으로 실현된 예이다.

90) -들(野)'의 구성으로 이루어진 이 지역어의 지명이다. 여기서 '왕동'은 '감사(監司)'
홍원이 문단에서 옮겨와 살았고 그 다음 바래미가 번성하고 왕성해진다고 하여 붙
여진 이름이라 한다(봉화읍 누리집 참고).

91) 이는 '장승거리들'로 대역되며 이 지명은 이 지명에 '장승'이 세워져 있어서 붙여진
이름이다. 이 지명은 해저2리인 '솔안' 앞 즉, 봉화역 앞의 들을 가리키는 곳이다.

92) 이는 '그냥'으로 대역되며 '그냥 → 그양(어중ㄴ음탈락현상) → 기양(전설모음화현
상)'의 과정을 거쳐 실현된 이 지역어형이다.

93) 이는 '앞으로'로 대역되며 '앞(前) + -으로(방향격조사) → 아피로(전설모음화현상)'
의 구성으로 이루어진 이 지역어형이다.

94) 이는 '밑에'로 대역되며 '밑(低) + -에(처소격조사) → 무테(원순모음화현상) → 무떼
(경음화현상)'의 과정을 거쳐 실현된 이 지역어형이다.

95) 이는 '솔밭'의 의미를 가진 이 지역어형이며 고유명사로 그대로 대역했다.

96) 이는 '장승이란'으로 대역되며 '장서(장승 → 장성(모음중화현상) → 장서(비자음탈
락현상)) + -이라(서술격조사) + -ㄴ(관형사형어미)'의 구성으로 이루어진 이 지역
어형이다.

97) 이는 '왕동들'로 대역되며 '왕동이들 → 왕뒹이들(움라우트현상) → 왕딩이들(고모음
화현상) → 왕디이들(비음탈락현상) → 왕디뜰(경음화현상)'의 과정을 거쳐 실현된
이 지역어형이다.

98) 이는 '왕동이라'로 대역되며 '왕동이라 → 왕동~이라(비모음화현상) → 왕도~이라
(비모음탈락현상)'의 과정을 거쳐 실현된 이 지역어형으로서 비모음화에 이어 일어나
는 비자음탈락현상은 이 지역어에서 매우 일반적인 현상이다. 여기서도 일반적인
실현형은 '왕디이뜰'형이지만 화자가 어원을 고려해서 설명할 때는 다른 형으로 실
현됨을 볼 수 있는 부분이다.

99) 이는 '동명(洞名)은'으로 대역되며 '동명 → 동멩(이중모음실현제약에 따른 단모음화
현상) → 동밍(고모음화현상) → 동미(음절말비음탈락현상)'의 과정을 거쳐 실현된
이 지역어형이다.

100) 이는 '그만'으로 대역되며 '그만 → 그마(어절말ㄴ음탈락현상) → 구마(역행원순모
음화현상)'의 과정을 거쳐 실현된 이 지역어형이다.

101) 이는 '맞습니다'로 대역되며 '맞(義)- + -니더(높임의종결형어미)'의 구성으로 이루

어진 이 지역어형이다.

102) 이는 조사자의 발화가 인식되지 않은 부분이다.

103) 이는 '사람도'로 대역되며 '사람 + -도(보조사) → 사람더(모음변이현상) → 사암더
(어중ㄹ음탈락현상)'의 과정을 거쳐 실현된 이 지역어형이다.

104) 이는 조사자의 발화 부분이 들리지 않은 부분이다.

105) 이는 '그렇기도 하고요'로 대역되며 여기서 '타구에'형은 '하(爲)- + -구(연결형어
미) + -에(조사)'의 구성으로 이루어진 어형이며, 이는 축약현상이 일어난 예이다.

106) 이는 '살았으니까요'로 대역되며 '살- + -었(과거시상선어말어미)- + -이께네(연결
형어미) + -여(조사)'의 구성으로 이루어진 이 지역어형이다.

107) 이는 '토지를'으로 대역되며 '토지 + -러(목적격조사)'의 구성으로 이루어진 이 지
역어형이다.

108) 이는 '사람은'으로 대역되며 '사람(人) + -은(보조사) → 사러믐(후행 어절에 의한
비음화현상)'의 과정을 거쳐 실현된 이 지역어형이다.

109) 이는 '들어오다'로 대역되며 '들(入)-'와 '오(來)-'의 어간끼리의 합성으로 이루어진
어형이며 이 지역어를 비롯하여 경북지역어에서는 15세기국어처럼 어간끼리의 합
성법이 그대로 남아있으며 이는 그 어형이다. '들오- → 둘오-(모음동화현상) → 두
오-(ㄹ음탈락현상)'의 과정을 거쳐 실현된 이 지역어형이다.

110) 이는 '경신수세(庚申守歲)'로 대역되며 이는 한 해의 마지막날을 보내고 새해를 맞
이하는 것을 의미하며 곧, '세월이 흘러'라는 의미이다. 이 유래는 섣달 중 경신일
(庚申日)에는 자지 않고 밤을 지켜야 복을 얻는다는 도교에서 유래된 것이다.

111) 이는 '이만큼'으로 대역되며 '이 + -마꿈(의존명사)'의 구성으로 이루어진 이 지역
어형이다.

112) 이는 '사뭇'으로 대역되는 이 지역어형이다.

113) 이는 정월보름에 주로 하는 지신밟기를 가리키며 대개 지신밟기를 하면서 제물을
추렴하는 것이 보통이다.

114) 이는 '뭐냐'로 대역되며 '머 + -르(의문조사)'의 구성으로 이루어진 이 지역어형이다.

115) 이는 '별로'로 대역되며 '별로 → 벨로(이중모음 실현제약에 따른 단모음화현상)'의
과정을 거쳐 실현된 이 지역어형이다. 이 지역어를 비롯하여 경북지역어에서는 이
어형에 고모음화가 실현된 어형인 '빌로'형으로도 많이 실현된다.

116) 이는 '인제는'으로 대역되며 '인지이 + -ㄴ(보조사)'의 구성으로 이루어진 이 지역
어형이다.

117) 이는 '나니까'로 대역되며 '나- + -이께네(연결형어미)'의 구성으로 이루어진 이 지
역어형이다.

118) 이는 '소작료'로 대역되며 원래 도지(賭地)는 '일정한 대가를 주고 빌려 쓰는 논밭이나 집터'를 가리키는 말이지만 여기서는 도지를 대가로 거둬들이는 소작료를 가리키는 말이다.

119) 이는 '주니까'로 대역되며 이 어형은 '주(縮)- + -이께네(연결형어미)'의 구성으로 이루어졌다. 다만 이 어형은 이 지역어에서는 '줄(縮)-'형에서 ㄹ음이 탈락된 어형으로 어간이 재구조화된 것으로 판단된다.

120) 이는 '지금'으로 대역되며 '지금 → 지음(어중ㄱ음탈락현상) → 지임(모음동화현상)'의 과정을 거쳐 실현된 이 지역어형이다.

121) 이는 '셋이, 세 사람이'로 대역되며 '서이(三) + -가(주격조사)'의 구성으로 이루어진 이 지역어형이다.

122) 이는 '아이들이, 자식들이'로 대역되며 '아이(童) + -들(복수표지접미사) + -이(주격조사)'의 구성으로 이루어진 이 지역어형이다. '아이'와 '아들(子)'형은 성조에 의하여 구분되는데 후자는 '아'들' 형으로 실현된다.

123) 이는 '인제'로 대역되는 일종의 담화표지이며 이는 이 제보자의 발화에서도 '인제, 인지, 인저, 은지' 등의 다양한 형태로 실현된다.

124) 이는 '의탁해'로 대역되며 그 의미상으로 한자어 '의탁(依託)'이 맞는 표현이다.

125) 이는 '복을'으로 대역되며 '복(福) + -을(목적격조사) → 보골(모음동화현상)'의 과정을 거쳐 실현된 이 지역어형이다.

126) 이는 '유래가'로 대역되며 '유래(由來) + -거(주격조사)'의 구성으로 이루어진 이 지역어형이며 주격조사형은 음성변이형으로 '-가'와 '-거'형이 수의적으로 실현되는 경향을 보인다.

127) 이는 '동네에서'로 대역되며 '동니(동네 → 동니(고모음화현상)) + -써(처소부사격조사)'의 구성으로 이루어진 이 지역어형이다.

128) 이는 '상모'로 대역되며 제보자가 순간적으로 착오를 일으켜 실현된 발화실수형이다.

129) 이는 '마당에'로 대역되며 '마당 + -아(처소부사격조사) → 마다아(어중비음탈락현상)'의 과정을 거쳐 실현된 이 지역어형이다.

130) 이는 '했으니'로 대역되는 이 지역어형이다. 이 어형은 원래 직역을 하자면 '썼으니'로 대역을 했겠지만 이럴 경우 목적어와 호응이 자연스럽지 못한 현상이 일어난다. 이 제보자의 입장에서는 '돈을 쓰다'의 개념으로 이 어휘를 선택한 경우이다.

131) 이는 '조금씩'으로 대역되며 '조금 + -씩 → 쪼끔씩(어두 및 어중경음화현상) → 쪼끔식(중화에 의한 평음화현상) → 쪼꼼식(모음동화현상) → 쪼꼼신(후행어절에 의한 비음화현상)'의 과정을 거쳐 실현된 이 지역어형이다. '쪼꼼신'의 경우 후행어절의 비음에 의해서 이루어진 비음동화현상으로 연구개음이 치조음으로 위치동화가 일어났다는 점에서 매우 이례적인 현상으로 판단된다.

132) 이는 '먹으면'으로 대역되며 '먹(食)- + -으믄(연결형어미) → 머으믄(어중ㄱ음탈락
현상)'의 과정을 거쳐 실현된 이 지역어형이다.

133) 이는 '나누어'로 대역되며 '농게(分)- + -에(연결형어미)'의 구성으로 이루어진 이
지역어형이다. 다음 발화의 '농기'형은 이 어형에 고모음화가 실현된 예이다. 이
지역어를 비롯한 경북지역어에서는 이 어형에 대해 '농구다, 노누다'형으로 실현되
기도 한다.

134) 이는 '그러면'으로 대역되며 '그러믄 → 그믄(축약현상) → 그믕(후행어절에 의한
연구개음화현상)'의 과정을 거쳐 실현된 이 지역어형이다.

135) 이는 제보자의 순간적 착오에 의한 발화실수형이며 '정월'로 표현되어야 할 부분
이다.

136) 이는 '올해는'으로 대역되며 '올개(今年) + -는(보조사) → 올개능(후행어절에 의한
연구개음화현상)'의 과정을 거쳐 실현된 이 지역어형이다.

137) 이는 '사람이'로 대역되며 '사람 + -이(주격조사) → 사래미(움라우트현상)'의 과정
을 거쳐 실현된 이 지역어형이다.

138) 이는 '거기다'로 대역되며 '거기다 → 기이다(어중ㄱ음탈락현상) → 그이다(모음중
화현상)'의 과정을 거쳐 실현된 이 지역어형이며, 이 지역어를르 비롯하여 경북지
역어에서는 어중자음의 탈락이 상당히 활발한 편이다.

139) 이는 '단정히'로 대역되며 '단정히 → 단정이(어중ㅎ음탈락현상) → 단정~이(비모
음화현상) → 단저~이(비자음탈락현상)'의 과정을 거쳐 실현된 이 지역어형이다.

140) 이는 '아끼지'로 대역되며 '애끼(節約: 아끼- → 애끼-(움라우트현상)) + -지(연결형
어미)'의 구성으로 이루어진 이 지역어형이다.

141) 이는 '조그만하게'로 대역되며 '쪼구미하- + -이(부사화접사)'의 구성으로 이루어
진 이 지역어형으로 경상도방언에서 일반적으로 실현되는 어형이다.

142) 이는 '장리'로 대역되는 이 지역어형이다. 원래 '장리'는 '돈이나 곡식을 꾸어 주
고, 받을 때에는 한 해 이자로 본디 곡식의 절반 이상을 받는 변리(邊利)로서 흔히
봄에 꾸어 주고 가을에 받는 것'을 말하지만 여기서는 계금을 빌려줘서 받는 이자
를 말하는 것이다.

143) 이는 '늘리고'로 대역되는 이 지역어형이며 위의 어형으로 볼 때 기본형이 '늘궇
다, 늘굻다'형이 될지는 더 확인을 해봐야 할 어형이다.

144) 이는 '상여계는'으로 대역되며 '상에게 + -늠(보조사)'의 구성으로 이루어진 이 지
역어형이며 보조사는 후행어절의 양순음에 의한 양순음화가 실현된 예이다.

145) 이는 '해당이'로 대역되며 '해당이 → 해당~이(비모음화현상) → 해다~이(비자음
탈락현상)'의 과정을 거쳐 실현된 이 지역어형이다.

146) 이는 '것이니까'로 대역되며 이는 '게('것이'의 축약형) + -게네(연결형어미) → 기

게네(고모음화현상) → 이게네(어중ㄱ음탈락현상)'의 과정으로 이루어진 이 지역어형이다.

147) 이는 '상포계(喪布契)라고'로 대역되며 이는 초상이 났을 때 드는 비용을 서로 도와서 마련하기 위한 계를 말한다. 지역에 따라 '상여계'라고 부르는 지역도 있지만 '상여계'는 상여를 마련하기 위한 계를 말한다. 이 지역어에서는 상포계로 쓰임을 알 수 있다.

148) 이는 '모아'로 대역되며 우발적 모음동화현상에 의한 이 지역어형이다.

149) 이는 '당했으니까'로 대역되며 '당하- + -았(과거시상선어말어미)- + -으니께네(연결어미) → 다했으니께네(비자음탈락 및 축약현상) → 다해씨니께네(고모음화현상) → 다해씨이께네(비자음탈락현상)'의 과정을 거쳐 실현된 이 지역어형이다.

150) 이는 '궁색(窮塞)하게'로 대역되는 이 지역어형이다.

151) 이는 '없고요'로 대역되며 '없고요 → 업고요(자음군단순화현상) → 업꼬요(경음화현상) → 어꼬요(어중ㅂ음탈락현상)'의 과정을 거쳐 실현된 이 지역어형이다. 이 지역어에서 어휘 '없다'는 수의적으로 '엄다'형으로 실현되기도 한다.

152) 이는 조사자의 음성이 제대로 들리지 않는 부분이다.

153) 이는 '모두'로 대역되는 이 지역어형이며 이 어형은 수의적으로 '말카'로 실현되기도 한다. 이 어형은 경북지역어에서는 이밖에도 '말캉, 말캐, 말쿰' 등의 어형으로도 실현되며 의미상으로는 '말끔, 한나도 남김없이, 전부, 다, 모두'의 뜻으로 사용되는 어형이다.

154) 이는 '화수회(花樹會)라'로 대역되며 이는 같은 성을 가진 사람들이 친목을 위하여 이룬 모임이나 잔치를 가리키는 말이다.

155) 이는 '돈의계(敦誼契)라'로 대역되며 이 계도 같은 성을 지닌 가까운 친척끼리 모여서 만든 계를 말한다.

156) 이는 '의로울 의'로 대역되며 '의'가 '에'로 발음된 부분이다.

157) 이는 '돈의계'로 대역되며 이 제보자의 발화에서 대부분은 '도니게'로 발화가 되었지만 이 어형은 고모음화가 실현된 경북지역어의 일반적인 어형인 '도니기'로 실현된 예이다.

158) 이는 '황전이라'로 대역되며 자연부락 이름이다. 아마도 봉화읍 거촌리 지역을 말하는 것으로 판단된다.

159) 이는 '두텁도록'으로 대역되며 '두텁(厚)- + -떠락(연결형어미) → 뚜텁떠락(경음화현상)'의 과정을 거쳐 실현된 이 지역어형이다.

160) 이는 '역시'로 대역되는 이 지역어형이며 이밖에도 '맨, 매' 등의 형으로 수의적으로 실현되기도 한다.

161) 이는 '중복(中伏)'으로 대역되며 수의적인 양순음화현상이 일어나서 실현된 이 지

역어형이다.

162) 이는 '소유로'로 대역되며 '소유(所有) + -류(도구격조사)'의 구성으로 이루어진 이 지역어형이다.

163) 이는 '산계를'으로 대역되며 '송계'와 동의어로 사용되는 어휘이다. 여기서 '송계' 는 소나무를 가꾸고 보호하기 위해 모은 계를 말한다.

164) 이는 '유명무실하게'로 대역되며 '유명무실하- + -이(부사화접사) → 유명무시라이 (어중ㅎ음탈락현상)'의 과정을 거쳐 실현된 이 지역어형이다.

165) 이는 '조금'으로 대역되는 이 지역어형이다.

166) 이는 '나눠'로 대역되며 이 지역어에서 '농기-, 농구-'형 등으로 실현된다.

167) 이는 '인제'로 대역되는 이 지역어의 담화표지 중의 한 어형이다.

168) 이는 '산비탈'로 대역되며 이 지역어를 비롯하여 경북지역어에서는 '산비안, 산비 알' 등으로 실현되는 어형이다.

169) 이는 '늘려'로 대역되며 '늘구- + -아'의 구성으로 이루어진 이 지역어형이다.

170) 이 부분은 조사자의 발화가 잘 들리지 않는 부분이다.

171) 이는 '인제'로 대역되는 이 제보자의 담화표지이며 '인제, 이제, 은제, 으제' 등의 어형으로 실현되고 있다.

172) 이는 '사뭇, 계속'으로 대역되며 이 어형은 이 지역어를 비롯하여 경북지역어에서 는 '사무, 사뭇, 사문' 등의 어형으로 실현되기도 한다.

173) 한국어는 대개 사람 중심의 표현을 하는데 반해 이 구절은 동회를 중심으로 표현 하다 보니 이런 형식으로 실현된 것이다. 대역은 다시 사람 중심의 표준어로 대역 을 했다.

174) 이는 '모여서'로 대역되며 '모이- + -어가(연결형어미)'의 구성으로 이루어진 이 지 역어형이다.

175) 이는 '만회고택'으로 대역되며 이 집은 경상북도 봉화군 봉화읍 해저리 485에 있 는 조선 말기의 주택으로 중요민속자료 169호로 지정된 문화재이다. 이 집은 조선 말기의 문신으로 봉화현감·김해부사를 거쳐 내직인 승정원의 우부승지를 지낸 김 건수(金建銖)가 살던 집이다. 그가 사랑채인 명월루(明月樓)를 지었는데, 1850년(철 종 1)에 중수한 바 있다. 안채는 김건수의 6대조가 입향하면서 여기에 살던 여씨 (余氏)에게서 매입하였다고 한다. 초창된 연대에 대하여는 가전(家傳)하는 바도 없 다고 한다. 안채는 지금 평면이 ㅁ자형인 듯 보이나 원래는 앞쪽에 가운데 문간채 가 있어 튼ㅁ자형의 구성이었다. 이 가운데 문간채는 1981년에 해체하여 볼 수 없 게 되었다. 안채를 조사한 바로는 대략 17세기경에 창건된 것으로 추정되며 봉화· 영양·영덕·안동지방에는 그러한 시기의 집들이 남아 있어 비교, 고찰을 할 수 있 다. 안채는 봉화일대에서 보편적으로 볼 수 있는 튼ㅁ자형으로 남향이며 중앙에 3

칸의 대청이 자리를 잡았다. 대청 좌우에 동서의 날개가 달렸는데, 서쪽은 골방·마루방·상방과 부엌이 있고 동쪽날개에는 고방·안방·부엌과 헛간이 있다. 기둥과 부재를 다듬은 기법이 도끼벌에 가깝고 대청 뒷벽 바라지창은 두 짝 미닫이를 달아 보통의 여닫이와는 차이가 있다. 사랑채는 안채의 동편 날개 남쪽 끝에서 동쪽으로 치우친 위치에 있다. 원래는 안채 앞쪽의 가운데 문간채에 사랑채가 연속되었던 것이나 가운데 문간채가 없어진 지금으로 보아서는 외따로 떨어져 있는 듯이 보인다. 사랑채는 높인 죽담 위에 올라앉았는데, 내루(內樓)로 구성된 부분만은 누하주(樓下柱)를 마당에 내려딛고 서 있다. 내루 뒤편으로 방 2칸이 있는데 그 중 1칸은 북쪽으로 돌출하여 사랑채의 평면형태는 T자형이다. 사랑채는 정면이 4칸이고, 측면은 앞뒤 합하여 칸반통(間半通)이다. 서쪽으로부터 방 2칸, 대청 1칸, 건넌방이 있는데, 이 방이 내루의 뒤편에 해당된다. 앞쪽의 평주(平柱)들은 둥근 기둥들이나, 나머지는 방주(方柱)이다. 홑처마이고 팔작기와지붕이다. 또 사랑채 안방의 문위에는 '만회고택'이라는 편액이, 대청에는 '청풍헌'이라는 편액이 각각 걸려있다.(한국민족문화대백과, 네이버지식대백과 참조)

176) 이는 만회 김건수가 김해부사를 한 부분을 가지고 이야기하는 것이며 택호가 만회의 벼슬을 따서 김해댁으로 된 것을 알 수 있는 부분이다.

177) 이는 '김해댁이라'로 대역되며 '김해댁 + 이라(서술격조사) → 김해때기라(경음화현상) → 김해띠기라(고모음화현상)'의 과정을 거쳐 실현된 이 지역어형이다.

178) 이는 '후예이니까'로 대역되며 '후예(後裔) + -이께네(연결형어미)'의 구성으로 이루어진 이 지역어형이다.

179) 이는 '음적댁'으로 대역되며 택호이다.

180) 이는 '남호고택(南湖古宅)'으로 경상북도 봉화군 봉화읍 바래미길 21(해저리723)에 위치하는 가옥이며 2000년 4월 10일 경상북도 문화재자료 제385호로 지정되었다. 김중환이 소유 및 관리하고 있으며 모두 2동이다. 1876년(고종 13)에 농산(聾山) 김난영(金蘭永)이 건립하고, 그의 아들 남호(南湖) 김뢰식(金賚植:1877~1935)이 살던 곳이다. 건물은 응방산(鷹坊山) 줄기의 낮은 야산을 배경으로 앉아 있다. 솟을대문으로 된 대문간채를 들어서면 안채와 사랑채가 이어져 'ㅁ'자 형 구조를 이루고 있다. 보통 이 지방의 'ㅁ'자 형 집은 사랑채가 있는 정면에 중문간(中門間)이 있는 것이 일반적이지만, 이 가옥은 측면(側面)에 중문간이 있고 정면 가운데에는 돌출된 도장방을 둔 독특한 구조를 이루고 있다. 이 지방의 명망 높은 부호였던 김뢰식은 자신의 전재산을 저당(抵當)하고 대부(貸付)받아 대한민국 임시정부의 군자금으로 내놓은 공(功)으로 1977년 건국훈장(建國勳章)을 받은 인물이다(두산백과사전, 네이버 지식백과 참조).

181) 이 밖에도 팔오헌종택, 해와고택, 개암종택 등이 문화재로 지정되어 있으며 다수의 기와집이 있는 곳이 해저리이다.

182) 이는 '어려워'로 대역되며 ㅂ불규칙용언이다. 이 어휘는 이 지역어를 비롯하여 경

북지역어에서는 '에롭다, 에랍다, 에럽다' 형으로 실현되기도 한다.

183) 이는 '그만'으로 대역되며 '고마, 고만, 곰마' 등으로 실현되는 이 지역어형이다.

184) 이는 '한 철씩만'으로 대역되며 '철 + -씩(접미사) + -만(보조사) → 철쓱만(후설모음화현상) → 철씀만(양순음화현상)'의 과정을 거쳐 실현된 이 지역어형이다.

185) 조사자의 발화가 들리지 않는 부분이다.

186) 이는 '주봉공(柱峯公)이고'로 대역되며 '주봉공이고 → 주봉공~이고(비모음화현상) → 주봉고~이고(비자음탈락현상)'의 과정을 거쳐 실현된 어형이다. 여기서 주봉공은 팔오헌의 증조부이자 개암공의 맏아들인 득가(得可, 1547 ~ 1591)이며 창녕현감을 지냈고 사복시정(司僕寺正)에 추존된 인물이다.

187) 이는 '천유당공이고'로 대역되며 이는 팔오헌의 할아버지이며 호가 천유당(天有堂)이며 이름은 율(瑮, 1568 ~ 1651)이다.

188) 이는 '학정공(鶴汀公)이고'로 대역되며 천유당 김율의 둘째 아들이며 팔오헌의 아버지인 생원 추길(秋吉, 1603 ~ 1686)이다.

189) 이는 제보자가 '뻬슬'형으로 실현하다가 '벼슬'로 고쳐서 표현한 부분이다. 구술발화이긴 하지만 순간적으로 고친 부분으로, 일상적인 어형으로는 '뻬슬'로 실현될 가능성이 큰 어휘다.

190) 이는 '하면'으로 대역되며 '하- + -모(연결형어미)'의 구성으로 이루어진 이 지역어형이다.

191) 이는 한자어 '한정(限定)'의 실현형이며 '끝이 없어, 한정이 없어'로 대역될 부분이다.

192) 이는 '없는 겁니다'로 대역되며 '없(無)- + -는(현재진행선어말어- 겁니더 → 없는기더(축약현상) → 엄는기더(비음화현상) → 엄능기더(연구개음화현상)'의 과정을 거쳐 실현된 이 지역어형이다.

193) 이는 '바뀐'으로 표현을 해야 하는데 제보자가 순간적으로 태의 착오로 인해 사람 중심으로 표현을 한 부분이다. 이는 '바꾸우- + -ㄴ(현재진행선어말어미)- + -ㄴ(관형사형어미) → 박꾸운(양음절화에 의한 ㄱ음첨가현상) → 박꾸웅(후행어절에 의한 연구개음화)'의 과정을 거쳐 실현된 어형이다.

194) 이는 '마루도'로 대역되며 이 어형은 이 지역어를 비롯하여 경북, 경남, 강원, 전북, 충청지역어에 이르기까지 다양한 분포를 보이는 예다.

195) 이는 '동년배끼리, 동대끼리'로 대역되며 여기서 '동대(同大)'는 원래 '같은 크기'를 가리키는 한자어이지만 뜻이 전이되어 '동년배'의 뜻으로 사용된 예로 판단된다.

196) 이는 '그런'으로 대역되며 '그런 → 그른(모음중화현상) → 그릉(후행어절에 의한 연구개음화현상) → 그웅(어중ㄹ음탈락현상)'의 과정을 거쳐 실현된 이 지역어형이다.

197) 이는 '모두, 말끔'으로 대역되는 이 지역어형이다.

198) 이는 '있는 사람은'으로 대역되며 이 어형 다음에 '사람은'이 생략된 부분이라고 할 수 있다.

199) 이는 '나가니까'로 대역되며 '나가 + -니께네(연결형어미) → 나가~니께네(비모음 화현상) → 나가~이께네(비자음탈락현상)'의 과정을 거쳐 실현된 이 지역어형이다.

200) 이는 '나이에도'로 대역되며 '나에(壽 : 나이 → 나에(고모음화에 따른 과도교정형)) + -도(보조사)'의 구성으로 이루어진 이 지역어형이다.

201) 이는 '모이면'으로 대역되며 '모에- + -ㅁ(연결형어미)'의 구성으로 이루어진 이 지역어형이다.

202) 이는 '많이'로 대역되며 '많이 → 마니(어중ㅎ음탈락현상) → 마이(어중ㄴ음탈락현상)'의 과정을 거쳐 실현된 이 지역어형이다.

203) 이는 '괴롭나'로 대역되며 '괴롭나 → 게롭나(단모음화현상) → 기롭나(고모음화현상) → 기롬나(비음화현상)'의 과정을 거쳐 실현된 이 지역어형이다.

204) 이는 '어디'로 대역되며 우발적 발화실수에 의한 실현형이다.

205) 이는 '옛날만'으로 대역되며 '옛날 + -만(보조사) → 옌날만(비음동화현상) → 예날마(어절말자음탈락현상)'의 과정을 거쳐 실현된 이 지역어형이다.

206) 이는 '있었던'으로 대역되며 이는 '있(有)- + -았(과거시상선어말어미)- + -는(관형사형어미) → 이썬(축약현상) → 이쌩(후행어절에 의한 연구개음화현상)'의 과정을 거쳐 실현된 이 지역어형이다.

207) 이는 '옳으니'로 대역되며 '오르니(ㅎ음탈락현상) → 오르이(ㄴ음탈락현상)'의 과정을 거쳐 실현된 이 지역어형이다.

208) 이는 '바뀌게'로 대역되며 '바뀌게 → 바께(축약현상)'의 과정을 거쳐 실현된 이 지역어형이다.

209) 이는 '그러니'로 대역되며 '그라니 → 그아니(어중ㄹ음탈락현상) → 그아이(어중ㄴ음탈락현상)'의 과정을 거쳐 실현된 이 지역어형이다.

210) 이는 '대면'으로 대역되며 '대(比) + -으면(연결형어미) → 때으면(경음화현상) → 때음(축약현상)'의 과정을 거쳐 실현된 이 지역어형이다.

211) 이는 '말입니다'로 대역되며 '마알(言) + -시더(상대높임종결어미)'의 구성으로 이루어진 이 지역어형이다.

212) 이는 '시장에'로 대역되며 '장 + -아(처소부사격조사) → 자아(비음탈락현상)'의 과정을 거쳐 실현된 이 지역어형이다.

213) 이는 '들어가서'로 대역되며 '들가(들(入)- + 가(去)-)- + -서(연결형어미) → 드라서(어중ㄱ음탈락현상) → 드아서(어중ㄹ음탈락현상)'의 과정을 거쳐 실현된 이 지역어형이다. 이 어휘처럼 동사의 어간과 어간이 결합되는 합성법은 15세기국어에서 일반적인 합성법이지만 이 지역어를 비롯한 경북지역어에서는 이 합성법이 그대로

나타나고 있다.

214) 이는 '모여서'로 대역되며 '모에- + -가즈(연결형어미)'의 구성으로 이루어진 이 지
역어형이다.

215) 이는 '다니니까'로 대역되며 '다니- + -이께네(연결형어미)'의 구성으로 이루어진
이 지역어형이다.

216) 이는 '품앗이를'로 대역되며 '포마시 + -르(목적격조사)'의 구성으로 이루어진 이
지역어형이며, 이 어형은 수의적으로 모음변이가 이루어진 실현형이다.

217) 이는 '마아- + -아(연결형어미)'의 구성으로 이루어진 이 지역어형이다.

218) 이는 '농사를'로 대역되며 '농사 + -을(목적격조사)'의 구성으로 이루어진 이 지역
어형이다.

219) 이는 '인제'로 대역되는 이 제보자의 담화표지다.

220) 이는 '그냥'으로 대역되는 이 지역어의 담화표지다.

221) 이는 '하루'로 대역되며 이 지역어를 비롯하여 경북지역어에서는 '하러, 하로, 하
리' 등의 어형으로 실현된다.

222) 이는 일반적인 의미의 품이 아니라 '삯'에 대한 의미로 쓰인 이 지역어형이다.

223) 이는 '그래'로 대역되며 '그래 → 그리(고모음화현상) → 그이(어중ㄹ음탈락현상)'
의 과정을 거쳐 실현된 어형이다.

224) 이는 '보면서'로 대역되며 '보(見)- + -믄서이(연결형어미)'의 구성으로 이루어진
이 지역어형이다.

225) 이는 '스스로, 제각각, 제각기'으로 대역되며 '시시마끔, 시지마꿈, 시지마끔' 등의
어형으로 실현된다.

226) 이는 '지금'으로 대역되며 '지금 → 찌금(경음화현상) → 찌음(어중자음탈락현상)'
의 과정을 거쳐 실현된 이 지역어형이다.

227) 이는 '들어온다'로 대역되며 이 어휘도 15세기국어 합성법에서 많이 생산적이었던
방법인 용언 어간끼리의 합성이 이루어진 형태이다. 즉, '들(入)- + 오(來)-'의 합성
에 의한 어휘이다.

02 일생 의례

2.1. 제보자의 출생과 성장

그 다'으메 어: 지'검까지는 주'로 마으'레 대'해서 이야'기를 해 주'셔꼬, 어 그다'으멘 어르'신네 대'해서 쪼:꼼 함분 여쭈어 보, 여쩌, 바오게씀니다.

— 예, 예, 예예, 예.

어: 어르'신께섣 태어나서 지응까'이 사'러오오신 그'런 내'려게 대'해서 쫌' 이야'길 해 주'십씨오.

혹:시 태'언, 태어낭 고'시나, 그 다은 나'이나, 띠'나, 이'럼 부'부네 대'해서 함분 이야'길 해 주'십씨여, 어예?

— 글'세유, 그게', 나:는' 머 능기 나'이 시'방 팔'시비라도 여'게, 성'장을 여'어서 핸'니더.

— 여'어가 아: 참' 출'생지가 여'게고, 또:: 내'가 성'장을 여'어서 해'꼬, 또 이때끔'음¹⁾ 나'이 팔'시빈 데'두룩 머 어, 어여이, 또 여'게를 벨'러²⁾ 떠나 본' 네가 어:꼬', 그래 사러와'꼬.

— 또' 웅으 생'화으랑 게' 그리두 웨 우리게', 내갇' 떼어³⁾, 여: 머 태'어나긴 태어나'쓰나, 하데⁴⁾ 어'릴 때 내마'근 모'르고 여'게 머 저 쪼맨할 찌'는⁵⁾ 참' 코럴' 흘'레고 쪼언, 쪼'차뎅길 찌'느 서로 머 흘'글 퍼뷔'어거 장'난도 하'고 마래이, 이'릉 거또 씨'름도 하'고 무어 이른:흥흥 이힉 겅'과도 이' 서꽁, 그'르고 또 머 그 엔다'르능 고 궁민하'꾜라 그'은능 그 그 쪼매 다'닝거'또 머 여'선, 엔다'레느 군새'케 짠니껴, 모'두가.

— 머 식생'활또 쫌' 넝넉짱'꼬 이'식또 넝적짱'코⁶⁾, 그'른 황경'에서 그 뜨 이음 머' 일 자'라자 하'이께네 아 머 언 올'케 먹'또 모타'고, 어우 바른 성'장도 모'태따고 바요.

— 그이 웨이 지'금드, 글'때가 요새'거치 멍능' 게데 참 식쌩'화리 조아' 따므 키'도 좀 더 커스 께'라고 바:요.

그 다음에 어 지금까지는 주로 마을에 대해서 이야기를 해 주셨고, 어 그 다음에는 어르신에 대해서 좀 한 번 여쭈어 보, 여쭈어 보겠습니다.

- 예, 예, 예예, 예.

어, 어르신께서 태어나서 지금까지 살아오신 그런 내력에 내대서 좀 이야기를 해 주십시오?

혹시 태어, 태어난 곳이나, 그 다음 나이나, 띠나, 이런 부분에 대해서 한 번 이야기를 해 주십시오, 예?

- 글쎄요, 그게, 나이는 뭐 그러니까 나이가 시방 팔십이라도 여기에서, 성장을 여기에서 했습니다.

- 여기가 아 참 출생지가 여기이고, 또 내가 성장을 여기에서 했고, 또 이때까지 나이 팔십이 되도록 뭐 어, 어, 또 여기를 별로 떠나 본 예가 없고, 그래 살아왔고.

- 또 어 생활이라는 게 그래도 왜 우리가, 내가 태어, 여기서 뭐 태어나기는 태어났으나, 그렇기는 하되 어릴 때 내막은 모르고 여기에 뭐 저 조그마할 적에는 참 코를 흘리고 쫓아, 쫓아다닐 적에는 서로 뭐 흙을 퍼부어서 장난도 하고 말이야, 이런 것도 씨름도 하고 뭐 이런 이 경과도 있었고, 그리고 또 뭐 그 옛날에는 고 국민학교라고 그러는 것 그 조금 다닌 것도 뭐 여기에서는, 옛날에는 궁색했지 않습니까, 모두가.

- 뭐 식생활도 좀 넉넉지 않고 의식도 넉넉지 않고, 그런 환경에서 그 또 이 뭐 이 자라자고 하니까 아 뭐 어 옳게 먹지도 못하고, 어 바른 성장도 못했다고 봐요.

- 그 왜 지금도, 그때가 요새 같이 먹는 것이 참 식생활이 좋았다면 키도 좀 더 컸을 것이라고 봐요.

- 그'르나 더 옌나'레엔 그기' 생'화리 그'마꿈7).

거럼', 그럼'므 어'르신 그: 태'어나신 해'가 면' 년도심미까?

- 경'오새이께네이8) 경'오여니고, 에 서기'로느 청구백삼'심녀니고, 그
러치 머에.

예:, 청구백삼심 년도 경오생'이고?

- 으예이, 경'오새~이고.

예, 여, 그다'음메 그'럼며 글 어, 그다으메: 어'르신 그암 태어나'시기널
여 바라'메에서 태어나셔따, 그지요?

- 예, 바'러미, 바'러미.

어:, 항'녀근 어'떠게 데심미까?

- 항:녀'근 게아'9) 구, 궁민하꼬 가차 유명함미다이10).

그으 그르'며는 지'거븐 어뜨게 데심미까?

주'로 농사어를 하'셔씀미까?

- 예', 농'사도 짇, 지따'가 또 요샌' 나'이 마느'이11) 농사을 지'일 수 인
니'끼, 믄 노니'덩.

- 그 몸, 몸, 뭐 아'아드리 이그 머거 이글 떠, 돈냐'이던 주'고 하능 까
주12) 머'꼬 사니'더.

예저'네느 그'아므 주'로 머 하'셔씀미까?

- 옌:나'레 농'사지어찌, 머'요.

그럼'며너 여 어'르신 그걸 형'제늠 며' 뿌니나 게셔씀미까?

- 아::, 형'제는, 남'자는 으흐, 은 머셔 명어겨이13) 형제뿐'이래꼬, 아::
그'르이 오 남'매지, 융' 남매래찌, 우리'가요.

- 융 남'매래엔데, 다: 죽'꼬 인지'는 뚜, 두리'가 나마 인'니대.

- 내하'코 누'님 하나하'우까구 나마 이'꼬, 너이'는 주'거꼬요, 인제는.

가'므 어'드게 어르'싱께서 형'제, 거 융 남재 중'에서 어'드겝 메'째 부'니
심미까?

- 그러나 저 옛날에는 그게 생활이 그만큼.

그럼, 그러면 어르신 그 태어나신 해가 몇 년도이십니까?

- 경오생이니까 경오년이고, 에 서기로는 천구백삼십 년이고, 그렇지 뭐요.

예, 천구백삼십 년도 경오생이고?

- 예, 경오생이고.

예, 예, 그 다음에 그러면 그 어, 그 다음에 어르신 그럼 태어나시기는 여기 "바래미"에서 태어나셨다, 그렇지요?

- 예, "바래미", "바래미".

어, 학력은 어떻게 되십니까?

- 학력은 겨우 국, 국민학교 갖춰 마쳤습니다.

그 그러면은 직업은 어떻게 되십니까?

주로 농사를 하셨습니까?

- 예, 농사도 짓, 짓다가 또 요새는 나이가 많으니 농사를 지을 수 있습니까, 뭐 놉니다.

- 그 뭐, 뭐, 뭐 아이들이 이것 뭐냐 이것 돈, 돈 냥이나 주고 하는 것을 가지고 먹고 삽니다.

예전에는 그러면 주로 뭐 하셨습니까?

- 옛날에 농사지었지, 뭐요.

그러면은 여기 어르신 그것 형제는 몇 분이나 계셨습니까?

- 아, 형제는, 남자는 어, 어 뭐 명을 어긴 형제뿐이었고, 아 그러니 오 남매지, 육 남매였지, 우리가요.

- 육 남매였는데, 다 죽고 인제는 둘, 둘이 남아 있습니다.

- 나하고 누님 하나하고가 남아 있고, 넷은 죽었고요, 인제는.

그러면 어떻게 어르신께서 형제, 그 육 남매 중에서 어떻게 몇 째 분이십니까?

— 세째′ 부′니이, 세째′시더, 내가.

세째′고예?

— 예.

— 우′로 누′니미 두 부′니고.

미′트로는?

— 미′트로느 인제′ 남동새′이14) 하나′이고 여′동새이 두리 이′꼬, 그랜니더.

가아여 지그믄?

— 그 융′ 남매래써요.

그암′므 위′에 누′임 함′ 분 게시′고, 지금도 사′러 게시′고?

— 예, 예, 예, 내고′ 그′래찌요.

나머지 뿌우, 형′제 분′드른 다: 자′꼬를 하′셔따, 그′지예?

— 응거, 다, 더, 떠여, 으, 읍쩌, 예, 예, 주′꼬 그′이더, 모′두.

그 혹′시 어르′싱 그 부′몬님 고′향은 어데심미까?

— 부모 고′향도 여′게시더.

그암′ 부′모 여, 그′엄므 어르′신 그거 머 아까′ 이야기하′셔씀다만, 이′퍙 조 이′래로 쭉?

— 사′무15) 여′ 이′쓰께16).

여 사몬′, 조′상드른 다: 여 이′따, 그′지예?

— 예, 야, 야, 야, 여′기서 예.

에 여′이서 다 거주하′시고 그래 해따, 그지예?

— 예, 예예, 예.

그러′며너 아버′님, 어르′신러이 아버′님께서너 여′기서 태어나셛께따, 그′지예?

— 예′, 여′기서 태어난′데여.

여′기서 태어나셔꼬′, 그′럼며너 어′르신 어머′님 고′향은 어디심미까?

— 어머′니 고′향은 저:: 엔나′레는, 아, 거 인능 그, 거 예엔, 풍기 따′이야17), 아′이 저 에 충청′도 다냥이라 근′ 데, 단양.

- 셋째 분이, 셋째입니다, 내가.

셋째고요?

- 예.

- 위로 누님이 두 분이고.

밑으로는?

- 밑으로는 인제 남동생이 하나 있고 여동생이 둘이 있고, 그랬습니다.

그러면 지금은?

- 그래 육 남매였어요.

그러면 위에 누님 한 분 계시고, 지금도 살아 계시고?

- 예, 예, 예, 나고 그랬지요.

나머지 분, 형제분들은 다 작고를 하셨다, 그렇지요?

- 응, 다, 다, 또, 어, 없어, 예, 예, 죽고 그랬습니다, 모두.

그 혹시 어르신의 그 부모님 고향은 어디이십니까?

- 부모 고향도 여기입니다.

그럼 부모님 여기, 그러면 어르신 그것 뭐 아까 이야기하셨습니다만, 입향 조 이래로 쭉?

- 사뭇 여기 있었으니까.

여기서 사뭇, 조상들은 다 여기에서 있었다, 그렇지요?

- 예, 예, 예, 예, 여기서 예.

어 여기서 다 거주하시고 그래 했다, 그렇지요?

- 예, 예예, 예.

그러면은 아버님, 어르신의 아버님께서는 여기서 태어나셨겠다, 그렇지요?

- 예, 여기서 태어나셨지요.

여기서 태어나셨고, 그러면은 어르신 어머님 고향은 어디이십니까?

- 어머니 고향은 저 옛날에는, 아, 거기에 있는 그, 거기 옛, 풍기 땅이 야, 아니 저 어 충청도 단양이라고 그러는 데, 단양.

― 다냥군 대강'며니[18]라 근 데 거'게에선.

예, 다냥'이고?

― 음, 예, 웨각, 웨가'는 거'게시더.

예, 웨가' 거이, 으 그럼 어머'니께서 이'리로 한' 언'제쯤 시지오'셔씀미까?

― 크'르익게네.

므 하'이뜬 오'래드, 오래 전' 니'미다, 그'지예?

― 오래데'쩨요.

― 오래데'쓰게 거' 확씨리 몰씸[19], 내가 야 자'꾸, 이'자뿌려써용.

혹'씨 그'어 어'르신 글 조'부모, 조'부께서도 여'기 태어나'셔쓸 꺼고'?

― 예:, 여'겐씨더.

쭈우욱 게속?

― 야, 예, 이야, 예, 조'부모온, 조'부모도 여 태어나여.

그암'며느 혹'씨 어르'신 어 태어나'셔슬 때 할머'니미 게셔'씀미까?

― 예:, 할머'니 게션'니더, 네.

― 내가' 궁민하꾜:' 이, 이, 일 항'년 땐'지, 이파칼 때'에 그, 그'해 도'러 가신는데[20].

가'머 할머'니느 어디'?

― 할'머니인 다'시리시더[21], 요'게, 요, 요'게, 보, 여.

아, 아, 여, 여쭈이 다, 다'시레서 오션네에?

― 야, 예, 예, 권씨, 권씨 거 **[22].

예, 아, 권'씨씨고예?

― 예, 예.

끄 다'으메 그 어머'님 머' 가'며느 다냥' 어느', 성씨'가 어트게 데심미까?

― 예, 예, 다냥.

― 거'게능 기, 김녕 김가씨'더[23].

아, 김녕?

- 단양군 대강면이라고 그러는 데 거기에서.

예, 단양이고?

- 음, 예, 외가, 외가는 거기입니다.

예, 외가가 거기, 어 그럼 어머니께서 이리로 한 언제쯤 시집오셨습니까?

- 그러니까.

뭐 하여간 오래된, 오래 전 일이다, 그렇지요?

- 오래됐지요.

- 오래됐으니까 그 확실히 모르겠습니다, 내가 예 자꾸, 잊어버렸어요.

혹시 그 어르신 그 조부모, 조부께서도 여기에서 태어나셨을 것이고?

- 예, 여기입니다.

쭉 계속해서?

- 예, 예, 예, 예, 조부모, 조부모도 여기에서 태어나셨어요.

그러면은 혹시 어르신 어 태어나셨을 때 할머님이 계셨습니까?

- 예, 할머니 계셨습니다, 네.

- 내가 국민학교 일, 일, 일 학년 때인지, 입학할 때에 그, 그해에 돌아가셨는데.

그러면 할머니는 어디?

- 할머니는 닭실마을이십니다, 요기에, 요기, 요기에, 보면, 여기.

아, 아, 요기, 요쪽에 닭실, 닭실에서 오셨네요?

- 예, 예, 예, 권씨, 권씨 거기 **.

예, 아 권씨시고요?

- 예, 예.

그 다음에 그 어머님 뭐 그러면은 단양 어느, 성씨가 어떻게 되십니까?

- 예, 예, 단양.

- 거기는 김, 김녕 김가이십니다.

아, 김녕 김씨?

- 예, 예이, 김녕 김'씨로 쓰'고, 예이, 김녕'이고 거'언뇨.

예예예예, 김녕?

- 이 깅가요, 예예예.

그 다:으멥 어'르신 그 부'몬님들께서느 하'신 니'른 그암' 주'로 어떠 닐하'셔쓰미거, 생'어브로?

- 글'세 그 생'어비라 그릉 건느 우리' 이 찜 맹'이[24) 주'로 농'사지, 머요.

- 농'사지:꼬 머 그'래 그'래 머 거으 긍그'이[25) 사'러와찌, 머에, 예.

거'므 어'르신 부몬'님들도 여'게서 은제' 주'로 생'어브로 농'사를 하셔짠?

- 예예, 생'어븐 농'사지, 그언 나니, 농'사지, 머 이 주'로.

- 머' 이 옌나'르 다'릉 게 이서께씀미까.

그으 다'으메 어'르신 그: 인제 그 배우'자께서는, 푸, 부이'는 지'곰 어느 지'여게서 태어나셔씀미까?

- 크, 거'게는 여 봉와'군 추냥면 서'배기[26)라 그르는 데써요.

- 이으 그어여 맹' 추냥'머니 그은넨 청주' 정으으은씨에서[27), 이 정가'로, 이 정가'고요, 네.

가'므 청주 정씨'에서, 봉:화' 추'냥에서 태'어나셔 가'주고 거 어'르신 인제' 이'리로, 어 바'래미로 시지블 오'션는데, 주'로 언'제쯤, 머 며, 어르'신 연'세 메 싸'레 거 화'초글 발거?

- 그게' 내개 시물일고'베이[28) 결'홍을 해쓰'이께네.

부인'께서는 여, 그'때 연'세가 어'떠게 데'에씀미까?

- 거'가 내보'다 네 사'리 쩌그, 여 네 사'리 저그'이께네[29).

스물세'시다, 그'지에?

- 어 시물세시'우 그'르치, 머여.

끄엄'며너 그, 그: 봉화' 추냥'에 대애'서는 쪼곰' 함붕 거, 아까'어 부'잉께선 청주 정씨'라고 하'셔찌예?

- 예, 예, 예, 청주 엉'가.

－ 예, 예, 김녕 김씨로 쓰고, 예, 김녕 김씨이고 거기는요.

예, 김녕 김씨?

　－ 이 김가요, 예.

그 다음에 어르신 그 부모님들께서는 하신 일은 그럼 주로 어떤 일을 하셨습니까, 생업으로?

　－ 글쎄, 그 생업이라고 그러는 것은 우리 이 저 역시 주로 농사이지, 뭐요.

　－ 농사짓고 뭐 그래 그래 뭐 그 근근이 살아왔지, 뭐요, 예.

그러면 어르신 부모님들도 여기에서 이제 주로 생업으로 농사를 하셨지요?

　－ 예, 생업은 농사이지, 그 뭐, 농사지, 뭐 이 주로.

　－ 뭐 이 옛날에 다른 것이 있었겠습니까.

그 다음에 어르신 그 인제 그 배우자께서는, 부, 부인은 지금 어느 지역에서 태어나셨습니까?

　－ 그, 거기는 여기 봉화군 춘양면 서벽리라고 그런 데요.

　－ 이 그 역시 춘양면이 거기인데 청주 정씨에서, 이 정가고, 이 정가고요, 네.

그러면 청주 정씨에서, 봉화 춘양에서 태어나셔 가지고 그 어르신 인제 이리로, 해저리로 시집을 오셨는데, 주로 언제쯤, 뭐 몇, 어르신 연세 몇 살에 그 화촉을 밝혔습니까?

　－ 그게 내가 스물일곱에 결혼을 했으니까.

부인께서는 연세, 그때 연세가 어떻게 되셨습니까?

　－ 거기가 나보다 네 살이 적으니, 어 네 살이 적으니까.

스물셋이다, 그렇지요?

　－ 어 스물셋이고 그렇지, 뭐요.

그러면은 그, 그 봉화 춘양에 대해서는 조금 한 번 그, 아까 부인께서 청주 정씨라고 하셨지요?

　－ 예, 예, 예, 청주 정가.

그암믄 그, 그, 그′릉까 처가때′기 데는데, 거 처가때 마으′레 대′애서 쫌′ 함무 이야′기를 쫌′ 해 주′이소.

─ 거′기가 요′기서 한 오심′ 니 떠′러진 녀 봉고′군30) 추냥′면 서′변니라근 덴데, 그 금′정광산31) 드′가능 고 사′인 동넨′데, 그′ 동네에는, 맹′ 산중′ 똥네라.

─ 산중′ 동넨데, 이으 거′어서으 그, 어:, 음, 우리′이 시′꾸도 거′어서 태어나′고 거′어서 성장해′꼬, 그래가주 봉화′, 이리 해저′르 출가흘′, 참′ 히 시지′블 와′꼬, 나′능 그′리 장가′을32) 가고 히케 핸′는데, 그 머 동네가 이 조아′요.

─ 거′ 인심′ 조코′ 어 또늠 머으 거′으가33) 어:, 머 어, 이 벨, 흥푸′이34) 엄뜨′라꼬, 거′가, 보′이껜 머, 은데 전′다븐 머 산중 비스탄′ 땅′이라도 농′사도 잘 떼′고, 머 생와′릉 대다′수거 깨, 여그, 여′게보다 차′라리 나아′ 짠나, 그′래 바따꼬, 나′는녀.

춘냥 쪼′게도 그 너 받′츤 어 걷, 그쪼′에드 땅′은 쫌′ 널븜 펴닝 거 가씁띠다, 추냥에 가보~이?

─ 예예아′, 예예, 거′가 예 산전뚠′, 전′지라도35) 어 글 땅′이 갠차′너요.

─ 거, 그′르구 살기′가 모도 갠찮′코36), 거′어난 또′ 그래 그 머 집성′초니 아이′고, 그′른 동네′는.

─ 이스 점′브가 머′ 각썽′이 모도가37) 머 모에 사는 동네′고, 으흐 그′르습띠다.

─ 어게 장개′을38) 가 보′이께네.

그러′며널 어르′신 그거 머′ 그 배우, 부′이는 그′암 어′떠켑 만′나서 결혼해′씀미까?

─ 옌날′른 그게 인제′ 이 중매′결혼이래찌, 머요.

─ 저:기 중매′결혼이래앤데, 그래 웨 내가′ 그 당시′ 파, 바 가′주우는 이 그 글′때는 쪼:꿈39) 내가′열 장가′가 느′즌 세미라요.

그러면 그, 그, 그러니까 처가댁이 되는데, 거기 처가댁 마을에 대해서 좀 한 번 이야기를 좀 해 주십시오.

― 거기가 요기에서 한 오십 리 떨어진 여기 봉화군 춘양면 서벽리라고 그러는 데인데, 그 금정광산으로 들어가는 그 사이의 동네인데, 그 동네에는, 역시 산중 동네야.

― 산중 동네인데, 이 거기에서 그, 어, 음, 우리 집사람도 거기에서 태어났고 거기에서 성장했고, 그래서 봉화, 이리 해저리로 출가를, 참 이 시집을 왔고, 나는 그리로 장가를 가고 이렇게 했는데, 그 머 동네가 이 좋아요.

― 거기 인심 좋고 어 또는 뭐 거기가 어, 뭐 어, 이 별, 흉풍(凶風)이 없더라고, 거기가, 보니까 뭐, 인제 전답은 뭐 산중 비슷한 땅이라도 농사도 잘 되고, 뭐 생활은 대다수가 꽤, 여기, 여기보다 차라리 낫지 않나, 그래 봤다고, 나는요.

춘양 쪽에도 그 뭐 밭은 머 거기, 그쪽에도 땅은 좀 넓은 편인 것 같더라고요, 춘양에 가보니까?

― 예, 예, 거기가 예 산전, 밭이라도 어 그 땅이 괜찮아요

― 그, 그리고 살기가 모두 괜찮고, 거기는 또 그래 그 뭐 집성촌이 아니고, 그런 동네는.

― 이 전부가 뭐 각성이 모두가 뭐 모여 사는 동네고, 어 그렇더라고요.

― 거기에 장가를 가서 보니까.

그러면은 어르신 그것 뭐 그 배우자, 부인은 그럼 어떻게 만나서 결혼했습니까?

― 옛날에는 그게 인제 이 중매결혼이었지, 뭐요.

― 저기 중매결혼이었는데, 그래 왜 내가 그 당시 봐, 봐 가지고는 이 그 그때는 조금 내가 장가가 늦은 셈이에요.

- 그게' 머' 그 글'땐 시무 살, 시무대'애⁴⁰⁾ 쌀 모두 장개앤데⁴¹⁾, 나느 그 시물일'고꺼짐⁴²⁾ 니이'써쓰니까 그래 머어 으으 그래 장개'가 느'져꼬, 에 중매'럴 어 해 가'주오 결'호니 데 가'주 장갈' 간니'더.

- 그'래 중매'결혼해꼬요.

쭈, 중매'는 누'가 하'셔씀미까?

- 중매'결호는 그르이 우리' 맹'⁴³⁾ 족치'닌데, 이응, 일'간데, 일가' 어르'니 그으, 그 지'비 거'어도 왜가'이⁴⁴⁾ 데'에요.

- 웨가'이 데 가'주설랑은 그래 나를' 그리 중맬 해가주 그래 에 그, 이, 그, 이 결'호니 데'엔니더⁴⁵⁾.

아:, 족'친께서 인저 하'셔따, 그'지여?

- 예예.

그'래스스 거쪼옥' 족'친부닡 저쪽 천장찝하'고 영'겨리 데다' 보'니까, 예, 어, 하'셔꼬?

- 예예예, 아웨, 예이, 예, 예, 예.

그 다'음 보', 요주'우미야 머 여내결'혼 하는 사'암들도 망코', 에에, 그다'으미 머 중매하'으서 만'나서 결혼하'능 거또 마는'데, 그암 그'때 그: 결혼하', 중매'으를 해'써 결혼할' 때 머 중매:해'써 결혼하'능 과정'이 이'써쓸 꺼 아임미'까?

- 그'레요 그'르체.

- 네:, 과저'이⁴⁶⁾ 이'쩨요.

그'때 므 대충' 어'떤 시어러 결헌하'션는지, 어르'신 결혼: 때'에?

- 글때' 결호'능 그래 가'주 은제' 결'호누 과저~'이 그'래 인제 머 이 결'호니 적쩌이⁴⁷⁾ 양가'가, 이 양가'에 어름'드리 승'나기 나'면 거 이 즈 총오, 그은 중개'르, 어 참 중매'를 하든 사럼 와'서 승'나기 데'쓰이께너이 결'호늘 성'사어이, 성사가 데'쓰이 줌비'를 하라, 그'게'지, 머'.

- 일 줌빌 하'미⁴⁸⁾ 인제' 여기서는, 남'자 쪼'게사 강서'늘⁴⁹⁾ 써 가'주 은제' 심부 쪼'으로 보내'코, 또 어으 그'래고 인제' 날짜를', 결혼 날짜'을

- 그게 뭐 그 그럴 때는 스무 살, 스물대여섯 살에 모두 장가를 갔는데, 나는 그 스물일곱까지 있었으니까 그래 뭐 어 그래 장가가 늦었고, 에 중매를 어 해 가지고 결혼이 돼 가지고 장가를 갔습니다.

- 그래 중매결혼을 했고요.

중, 중매는 누가 하셨습니까?

- 중매결혼은 그러니 우리 역시 족친인데, 일, 일가인데, 일가 어른이 그, 그 집이 거기에도 외가가 돼요.

- 외가가 돼서 그래 나를 그리로 중매를 해서 그래 에 그, 이, 그, 이 결혼이 됐습니다.

아, 족친께서 인제 하셨다, 그렇지요?

- 예.

그래서 그쪽 족친분이 저쪽 친정집하고 연결이 되다 보니까, 예, 어, 하셨고?

- 예, 예, 예, 예, 예, 예.

그 다음 보, 요즘이야 뭐 연애결혼 하는 사람들도 많고, 예, 그 다음에 뭐 중매해서 만나서 결혼하는 것도 많은데, 그럼 그때 그 결혼할, 중매를 해서 결혼할 때 뭐 중매해서 결혼하는 과정이 있었을 것 아닙니까?

- 그래요, 그렇지요.

- 네, 과정이 있지요.

그때 뭐 대충 어떤 식으로 결혼하셨는지, 어르신 결혼 때에?

- 그때 결혼은 그래 가지고 인제 결혼 과정이 그래 인제 뭐 이 결혼이 적절히 양가가, 이 양가의 어른들이 승낙이 나면 그 이 저 저, 그 중매를, 어 참 중매를 하던 사람이 와서 승낙이 됐으니까 결혼을 성사, 성사가 됐으니 준비를 하라, 그것이지, 뭐.

- 이 준비라 하면 인제 여기서는, 남자 쪽에서 사주단자(四柱單子)를 써 가지고 인제 신부 쪽으로 보내고, 또 어 그러고 인제 날짜를, 결혼 날

바다 가'주 홀'렐 치루'코, 그'래쳐 머이, 좌으 쪽 과'정이.

그'엄면 어'드겝 그:거 인저스 날쓰, 결혼 날짜'너, 호닌 날짜'넌, 호닌 날짜'는 처가 쪼'게서 자'바슬 꺼 아임미'까?

— 이히, 예', 마'자여, 그'래 자'반녀, 거'어서 자'반니더.

여, 여, 여'기서 사주단자하'고너 여'기서 보내'쓸 꺼'고?

— 예, 어예예, 여어서 보내, 으야, 야아.

예, 어르'신 사주단자하'고너 저쪼'으로 보내'애고?

— 예예.

어, 그엄'며너 끄어, 그 사주:단자하'고 이거 보내'앨 때'느 어'뜨게 보낸'는직 함븐?

— 어, 사주:단자 보'낸능[50] 거느이 여'기써 인제' 그 머으 그거' 어 사주'를을으 머 구 그 사주'을하[51] 그능 거 머 지 맹' 점 비스탕' 게라, 그르.

— 그걸' 인제' 으 써 가주'고 그 강서'니라[52] 그능 걸 맨드'르, 꺼 머' 인제 머 머 헝:겁'꺼틍 거또 머 쪼매 여'코 그러씁띠다, 보'이께네.

— 해 가주'고 사라'믈 보내', 여' 우리' 동네' 사러'믈 그리 보내뜨'라꼬.

그얼' 강서'니라 함'미까?

— 예, 강선'뇨.

그걸' 사람' 누'구한, 누'우한테 보내, 누'가, 누'구 시'켜스 보냄'미까?

— 그'래어 으어 우리 동:네' 사'라미래, 맹뇨.

— 그커 으 글'때 여'게 사'아뜽 그 윤: 씬'데, 윤○○[53] 씨'라꼬, 응 그부니 강서'늘 가조 가떼'래써, 글'때.

— 그'래가주 그어 전내 주'고.

거'우 강서'네늠 머' 머' 드러감미'까, 그'럼며너?

— 강서'네 인제' 사:주학코[54] 그그 머 어 저: 양가'에 하'비한 호닌 날짜' 하코 고'래가 고 머 저 오'까지가 하'나 멀 드가'지 씹'쓰더, 멍'가, 보'이께네.

예:.

짜를 받아 가지고 혼례를 치르고, 그랬지 뭐요, 좌우 쪽 과정이.

그러면 어떻게 그것 인제 날, 결혼 날짜는, 혼인 날짜는, 혼인 날짜는 처가 쪽에서 잡았을 것 아닙니까?

— 예, 예, 맞아요, 그래 잡았던, 거기에서 잡았습니다.

여, 여, 여기에서 사주단자하고는 여기에서 보냈을 것이고?

— 예, 예, 여기에서 보내, 예, 예.

예, 어르신 사주단자하고는 저쪽으로 보내고?

— 예.

어, 그러면은 그, 그 사주단자하고 이것 보낼 때는 어떻게 보냈는지 한 번?

— 어, 사주단자 보냈던 것은 여기서 인제 그 뭐 그것 어 사주를 뭐 그, 그 사주라 그러는 것은 뭐 저 역시 점 비슷한 것이야, 그것은.

— 그것을 인제 어 써 가지고 그 강선이라고 그러는 것을 만들어, 그 뭐 인제 뭐, 뭐 베 같은 것도 뭐 조금 넣고 그렇더라고요, 보니까.

— 해 가지고 사람을 보내, 여기 우리 동네 사람을 그리로 보내더라고.

그것을 강선이라고 합니까?

— 예, 강선이요.

그것을 사람 누구한테, 누구한테 보내, 누가, 누구를 시켜서 보냅니까?

— 그래 어 우리 동네 사람이에요, 역시요.

— 그 어 그때 여기에 살았던 그 윤 씨인데, 윤○○ 씨라고, 응 그 분이 강선을 가지고 갔더랬어요, 그때.

— 그래서 그것을 전해 주고.

그 강선에는 뭐, 뭐 들어갑니까, 그러면은?

— 강선에 인제 사주하고 그것 뭐 어 저 양가에서 합의한 혼인 날짜하고 그래서 거기 뭐 저 옷가지가 하나 뭐 들어가지 싶습니다, 뭔가, 보니까. 예.

－ 은 그'르치 시픈 모'시여55), 오'래뎬 니리 가'주고 멈 오까'미 하나' 머'
그 드가'지 시'퍼에.

　－ 머 저고'리까미이니 치마까'민지 근 이이 오'래뎅 기'라서 끼'여그.

　－ 그'릉 거 하나'가 보내'코, 그래 보내'습띠다.

　그엄'며너 어'째뜬 어 그'르가 강서'늘 보내 가'주고 그럼'며너 저쭈'게서,
처가 쪼'게서 날짜'를 자'버 가'지오 그럼며너 이'리로 통'보를 함'미까, 어뜨
케 하미까?

　－ 아이'래, 이그 강서'니 갈 찌'겐 함'머56), 여'게서 날짜에 자버쩌지 시'
프이더.

　－ 그 호닌' 날짜'는 여, 여, 으영, 우리'가 자버찌 시'퍼이.

　－ 심부 쪼'게서 잡짜'네, 여'기서 강서'네 날짜꺼'저57) 자버 가'즈 아저
보내찌 시프이드, 이제 생카 보이.

　－ 그 저짜'서 바'등 게 아이'고.

　－ 으 그'램 거'어성 고'마 그 바'든 날짜'르 매58) 승'나기 뎬 게고.

　－ 그래, 그래.

　그럼'며너 어: 인제 그 날짜 자'꼬 은제' 강성' 보내'고 난 다'으메느 어르'
시니 저:리'로, 심부 쪼'오고, 처가 쪼'그로 가'서 인자' 호닌시'글 거'기서 하
'지 안씀미까?

　－ 예예, 그, 그'르체요, 거거 그.

　거'므 여'기 가실 때 추냥까'지느 어'뜨에 가'셔쓰미거?

　누구호'랑 어'떠게 가'셔씀미까?

　－ 그, 글'때는 여'게 인제' 장개가'능 게 인제' 내, 으 부모 어 인지59) 참
부친하'꼬 내아'꼬 그어 또 저: 그극 강서'널 그어 이 그 머'로, 어, 혼수'를
가'주 가'능 혼수애'비라 그'능 사람하'꼬60), 맹: 글'때도 하나 데'리고 그래
서이' 가'써요.

　－ 서:이로'61) 그쭈우'서믄 뼤'수로 가 가'주고, 으 글'땐 거' 뼤'쓰가엑 귀

- 어 그렇지 싶은데 모르겠어요, 오래된 일이라서 뭐 옷감이 하나 뭐 그 들어가지 싶어요.

- 뭐 저고릿감인지 치맛감인지 그것은 이 오래된 것이라서 기억이.

- 그런 것 하나 보내고, 그래 보내더라고요.

그러면은 어쨌든 어 그래서 강선을 보내 가지고 그러면은 저쪽에서, 처가 쪽에서 날짜를 잡아 가지고 그러면은 이리로 통보를 합니까, 어떻게 합니까?

- 아니야, 이것 강선이 갈 적에는 벌써, 여기에서 날짜를 잡았지 싶습니다.

- 그 혼인 날짜는 여기, 여기, 여기, 우리가 잡았지 싶어요.

- 신부 쪽에서 잡지 않아요, 여기서 강선에 날짜까지 잡아 가지고 아주 보냈지 싶습니다, 이제 생각해 보니.

- 그 저쪽에서 받은 것이 아니고.

- 어 그러면 거기에서 그만 그 받은 날짜로 역시 승낙이 된 것이고.

- 그래, 그래.

그러면은 어 이제 그 날짜 잡고 이제 강선 보내고 난 다음에는 어르신이 저리로, 신부 쪽으로, 처가 쪽으로 가서 이제 혼인식을 거기에서 하지 않습니까?

- 예, 그, 그렇지요, 거기 그.

그러면 여기 가실 때 춘양까지는 어떻게 가셨습니까?

누구랑 어떻게 가셨습니까?

- 그, 그때는 여기 인제 장가가는 게 인제, 나, 어 부모 어 인제 참 부친하고 나하고 그 또 저 그 강선을 그 이 그 뭐야, 어, 혼수를 가지고 가는 혼수아비라고 하는 사람하고, 역시 그때도 하나 데리고 그래 셋이서 갔어요.

- 셋은 그쪽까지는 버스로 가 가지고, 어 그때는 그 버스가 귀해서, 길

해'써에, 길'또 마'거62) 자갈'끼레 투덜투더하'고, 그래 조'일63) 거'어 가'서 거'
어서 내리 가'주고 그 동네'에서 인제' 가마'알64) 보내'뜨라꼬, 문제' 실랑'이
인제 가마 타고 두오'라 그래 그, 그 거객 가'서 그 여, 여'관찌베 숙'빠글 하
고 므 고 이'트나65) 인제 은 홀'렐 치'루키 때'므레 거 응 거 이'튼날 거'어스
자고 나'이께네 가:마'럴 보내'가주 그 가마 타고 장개'가딱, 고래 배움 본다.

그엄'며는 거으 지'음 상개'그로 따러가'심 분'느너?

— 상개'글66) 아부'지고 그'르치, 머.

아브'지 혼'자 가'셔씀미까?

— 그'르체요.

— 에 여 곰마 혼수애'비하콘.

혼수애'비하고?

— 예, 내하'쿠 서이' 간 세미녀.

그럼'며 거'기 거 근때 가'슬 때 혼수'늠 머' 주'로 머 가'지고 감미끄슴미까?

— 혼:수는 그 맹' 머 어 그게' 머 일 치마저구'리지 시'펴에, 내 생'가게
치마저구'리래찌 시'펴요.

— 그래 가'주 그검 머 엄 머 비담보'에 싸' 가'주우 그'래가주 가찌 시'펴
임미다.

어 감' 치마저구'리 처'루 가주 가'꼬', 그다'음메 보통' 인즈' 상'개건 어'
트게 머 그어 크나부'지녀 자은아부'지도 보통 가'시는데, 어'떠게 부몬'니미
웨'동이셔씀미까?

— 아, 아이'래래여, 여우67) 크'나부지가 여 게셔'써두 크'나부지보다 아
부'지가 가신따이.

검' 어'째뜬 스, 상객'으로느 머 그'나 아번짐마 머 카, 보통 가'신다, 그'지예?

— 네, 예에예, 예, 예, 아버지만뇨.

그러'며느 거'이서 그럼'며느 가셔 가'주고 어르'신 그'날 거'이서 초'레를
거'기서 치'러찌예?

도 모두 자갈길에 울퉁불퉁하고, 그래 종일 거기에 가서 거기에서 내려 가지고 그 동네에서 인제 가마를 보냈더라고, 인제 신랑이 인제 가마 타고 들어오라 그래 그, 그 거기에 가서 그 여, 여관에 숙박을 하고 뭐 그 이튿날 인제 어 혼례를 치르기 때문에 그 어 그 이튿날 거기에서 자고 나니까 가마를 보내서 그 가마 타고 장가갔다, 그렇게 보면 돼요.

그러면은 그 지금 상객으로 따라가신 분은?

— 상객은 아버지고 그렇지, 뭐.

아버지 혼자 가셨습니까?

— 그렇지요.

— 어 여 그만 혼수아비하고.

혼수아비하고?

— 예, 나하고 셋이 간 셈이지요.

그러면 거기 그 그때 갔을 때 혼수는 뭐 주로 뭐 가지고 갔습니까?

— 혼수는 그 역시 뭐 어 그게 뭐 이 치마저고리지 싶어요, 내 생각에 치마저고리였지 싶어요.

— 그래 가지고 그것 뭐 어 뭐 비단보에 싸 가지고 그래서 갔지 싶습니다.

어 그럼 치마저고리를 저리로 가지고 갔고, 그 다음에 보통 인제 상객은 어떻게 뭐 그 큰아버지나 작은아버지도 보통 가시는데, 어떻게 부모님이 외동이셨습니까?

— 아, 아니에요, 여기 큰아버지가 여기 계셨어도 큰아버지보다 아버지가 가십니다.

그럼 어쨌든 상, 상객으로는 뭐 그냥 아버지만 뭐 가, 보통 가신다, 그렇지요?

— 네, 예, 예, 예, 아버지만요.

그러면은 거기에서 그러면은 가셔 가지고 어르신 그날 거기에서 초례를 거기에서 치렀지요?

— 예, 초'레을 치루'체, 초'렐 치루'고.

그'읍, 그엄'며너 아까' 이제 으 어디 추냥 거 머 현동이나 그쪼'게서 주'무셔씀미까?

— 아이'래, 그 동네' 음 아'피68) 바러 예.

아니, 예를 드 그 동네' 아'페서 인제' 주무'시고 그쪽: 인제' 처가 쪼'게서 보내응 가마:를 타'고 거 초'레르 치른 날?

— 예하, 예, 어이, 초'레 장그까'지69) 가'제요.

가가:션'는데, 그 가'서 인제' 초'레를 치려'슬을?

— 예', 초'레얼 치르'쳐.

치르지에?

— 예.

어 초'레를 치러'고 그름'며넌 어르'시너 꺼 초'렐 치르'고 거'기스 머 쫌 게셔'씀미까, 앙 그암'며너 어'떠케 하'셔씀미까?

바로 오'셔씀미까?

— 거'기스, 아이'지엑.

— 거'기스 한 이'틀 이'써쩨요.

— 이, 이'틀 이스.

— 예, 천'날빠믈 거'어서70) 자'고 으 그 이'튼날 와'쩨요.

오시'고 또 그 다'으메 그 상개'그로 가'셔떤 아번'니믄 당'일랄 바로 오'셔꾸에?

— 예', 당'일랄 바로' 오'시고.

혼쑤애'비하곧 어 도라오'셔꼬?

— 아, 아이, 가래, 야, 혼수애'비야꽁71) 가'치 오고, 예, 나'능 거'어서 어 어 하루'빰 자'고 은즈 그 이'튼날 와'꼬 그'러치요, 머 이.

그럼'면 거'기 으인제 그어 인제' 그게 인제' 장개가'능 건데', 에에 장개가'어서 거이 글 하고 거므 하얻, 하 니'틀 거'이스72) 주'무시다가 일'로 혼'자 오'셔씀미까, 앙 그러'며너 그'때 부임 가'치 오이, 어'떠케 하이시씀미까?

- 예, 초례를 치르지, 초례를 치르고.

그, 그러면은 아까 이제 어 어디 춘양 거기 뭐 현동이나 그쪽에서 주무셨습니까?

- 아니야, 그 동네 음 앞에 바로 예.

아니, 예를 들어서 그 동네 앞에서 인제 주무시고 그쪽 인제 처가 쪽에서 보내온 가마를 타고 그 초례를 치른 날?

- 예, 예, 예, 초례 장소까지 가지요.

가셨는데, 그 가서 인제 초례를 치렀을?

- 예, 초례를 치르지요.

치르지요?

- 예.

어 초례를 치르고 그러면은 어르신은 그 초례를 치르고 거기에서 뭐 좀 계셨습니까, 안 그러면 어떻게 하셨습니까?

바로 오셨습니까?

- 거기에서, 아니지요.

- 거기에서 한 이틀 있었지요.

- 이, 이틀 있었어요.

- 예, 첫날밤을 거기에서 자고 어 그 이튿날 왔지요.

오시고 그 다음에 그 상객으로 가셨던 아버님은 당일에 바로 오시고요?

- 예, 당일에 바로 오시고.

혼수아비하고 어 돌아오셨고?

- 아, 아, 그래, 예, 혼수아비하고 같이 오고, 예, 나는 거기에서 어 하룻밤 자고 인제 그 이튿날 왔고 그렇지요, 뭐 이.

그러면 거기 인제 그 인제 그게 인제 장가가는 것인데, 어 장가가서 거기서 그렇게 하고 그러면 한, 한 이틀 거기에서 주무시다가 이리로 혼자 오셨습니까, 안 그러면은 그때 부인과 같이 오셨습니까, 어떻게 하셨습니까?

- 아이'지여, 글'때, 끄, 글'때는 저: 무'근신행'독 이'썬데, 그겨 글'때능
고'마 엥 잉 내가 오능 기'메 고'마 신행꺼'증[73] 다 해'쓰미다.

- 안, 안식꾸두 가'치 와'씀니다.

신행'을?

- 어 사'밀신해'이지[74], 그게.

이제 쫌' 개하'가 데'따, 그'지예?

- 예, 개화'가 떼아, 예예.

예전 까트먀넌 무'근신행 해' 가'주고 한 일 녀'니나?

- 예, 어, 예, 옌나'렌 머' 이 메[75] 태'썩 익이, 인는' 수두 이'써쓰이께네요.
머' 저'께 이'써드 일 려'니고, 머 아'이 나'아 가'주고 보통 오, 도라오'능
게, 그유 신행 오'는데?

- 어흐, 그르차하, 오능 게 만투먼, 네예, 마내'찌, 브여, 예, 그릉 게
마녀'쩨이.

어 그른데 인저' 마니' 인저 개화'가 데 가주고?

- 예, 개화데'에꼬, 그르코, 그기 또' 그 그'른 예'걷 또 이'써요이.

- 개와'도 덴'찌만느 그 무'근신해'이라[76] 그'으녀 황경'에 따'라 데'에요.

- 예: 그, 어뜨'냐 하'게 데'모[77], 황겨'이라 그겸 머 실랑 쫑'기 황겨'이
조튼'지 심부 쫑'기 황겨~'이 조튼'지, 비슫뻬스태'야 그게' 무'근신해~'이
데능 게'라요.

- 무'근신행'을 한'다 그능 거'는 거우 그'르이 그어 머 거'게서 사모' 머'
꼬 자'고 맹: 그래 생가, 생'활비도 머 으 그짜'섭[78] 부담 데'야 데'고으, 그
른 녀르 나'아지며, 우리'거튼 황경'이느 머' 저짜'아도 넝'넉찌 모타'고, 우
리' 넝넉'찌 모'따으, 그'르니까 이'거 머 무'근신행 할' 피료 업:따', 으르'
이[79] 그'마 사'밀신행 하자, 이래 음 하비하'에서 사'밀치내'이 뎅 게'래요.

- 꺼 머 으 그'게 개화'가 떼가즈[80] 뎅' 거뚜 아이'고, 자여'니 그 황경'
에 따'러서도 그'래 데능' 게.

― 아니지요, 그때, 그, 그때는 저 묵은신행도 있었는데, 그게 그때는 그만 어 이 내가 오는 김에 그만 신행까지 다 했습니다.

― 안, 안식구도 같이 왔습니다.

신행을?

― 어 삼일신행이지, 그게.

이제 좀 개화가 됐다, 그렇지요?

― 예, 개화가 돼서, 예.

예전 같으면은 묵은신행을 해 가지고 한 일 년이나?

― 예, 어, 옛, 옛날에는 뭐 이 몇 해씩 있는, 있는 수도 있었으니까요.

뭐 적게 있어도 일 년이고, 뭐 아이를 낳아 가지고 보통 오는, 돌아오는 게, 그 신행 오는데?

― 어, 그렇지, 오는 게 많더만, 네, 많았지, 뭐, 예, 그런 게 많았지요.

어 그런데 인제 많이 인제 개화가 돼 가지고?

― 예, 개화됐고, 그렇고, 그게 또 그 그런 예가 또 있어요.

― 개화도 됐지만은 그 묵은신행이라는 것은 환경에 따라 돼요.

― 예를 들어 그, 어떠냐 하게 되면, 환경이라는 것이 뭐 신랑 쪽이 환경이 좋든지 신부 쪽이 환경이 좋든지, 비슷비슷해야 그게 묵은신행이 되는 거에요.

― 묵은신행을 한다고 그러는 것은 그 그러니 그것 뭐 거기에서 사뭇 먹고 자고 역시 그래 생활, 생활비도 뭐 어 그쪽에서 부담 돼야 되고, 그런 예라면 나가지만, 우리 같은 환경은 뭐 저쪽에도 넉넉지 못하고, 우리도 넉넉지 못하고, 그러니까 이것 뭐 묵은신행 할 필요 없다, 그러니 그만 삼일신행 하자, 이래 음 합의하에서 삼일신행이 된 거에요.

― 그 뭐 어 그게 개화가 돼서 된 것도 아니고, 자연히 그 환경에 따라서도 그래 되는 거야.

― 이긍 그'으또 방개화'지[81], 그'러이께네.

머 어여 일'단 그 머 그 경제저'그로나 이럼 부'부네서 양가'가 어'느 정도 비슫할' 때 그'를 수 인는 부'분인데?

― 아헤야, 아예아, 예, 그'르체요, 아예예, 무'근신해~'이 마이 성행데'에꽁.

어, 어'째뜬 쫌' 머 저'랴글 하'시는 겸해'서?

― 예, 거, 그'르치요, 저랴카'능 거'지야.

예예, 그'르서 금 신행'을 빨'리 이자' 오'신능 그'른 세'미다, 그'지예?

― 예, 예, 그'르처요.

그'어므 인제' 그'어 신행::월 인제' 여' 오셔 가'주고 여'기서도 어 인제' 그어 그 뭠미'까, 어르'신 대'게서도 잔치'를 하, 하'지예?

― 그'르치여, 잔칠' 해야' 데'지요이, 잔치'를 해'야 데'.

― 잔찌'럴 하능 거'시 오'먼 인제' 쎄 이, 인제' 내:학'코 시꾸하'꼬 거 으 가치'입 오'믄 동네'슨 새'득[82] 꾸경하'러 온'다 그'고 마'리야, 이 지'베 내애 흐애흐으 저익 여자잘'르 보로 모'도 오'능 게라.

― 으 새드기 와'씨이[83] 이, 암'무리 으어, 어'뜨노, 머' 어'뜨노, 늘'건나 절'믄나 이거'또 보고 머'으 그래 동리'이서 모'도 어 그'으 잔치'를을를르 보로 와'요

― 그래 인제' 신행'잔체'라[84] 그'러써, 그'너 인제.

― 신행', 여'자가 오, 오'능 거'는 신행'잔'치라 그'러 가주고 동니'서[85] 모'도 인제' 구경'을 와'요.

― 그래업 오'멈 머 잘사는 지'베는 머 특수한' 대지'블[86] 하'제염.

― 머 그 머검 음식'또 마이'[87] 장마나'고, 머' 손'님도 마이 히에음 망코'으, 그'르쳐'먼[88] 또 그 황경'에 따'라서 어 그'케 넝넉짜'는 음, 음 머'어시는[89] 컨' 손'님'도옥 어'꼬 그'저 동네'서 어 즈 정'니저그로 우 와 가'즈 모'두 신행 구경하'고, 그'런 수로 이'꼬.

― 그으'너 이제' 황경'에 따'르서 좌우데능 게'래여, 이거 보'이께네요.

거'므 신행' 오'실' 때'에너 그쪼'게서느 어떰' 부'니 오심?

- 이 그것도 반개화지, 그러니까.

뭐 어 일단 그 뭐 그 경제적으로나 이런 부분에서 양가가 어느 정도 비슷할 때 그럴 수 있는 부분인데?

- 예, 예, 예, 그렇지요, 예, 묵은신행이 많이 성행됐고.

어, 어쨌든 좀 뭐 절약을 하시는 겸해서?

- 예, 그, 그렇지요, 절약하는 것이지요.

예, 그래서 그럼 신행을 빨리 이제 오신 그런 셈이다, 그렇지요?

- 예, 예, 그렇지요.

그러면 인제 그 신행을 인제 여기 오셔 가지고 여기에서도 어 인제 그 뭡니까, 어르신 댁에서도 잔치를 하, 하지요?

- 그렇지요, 잔치를 해야 되지요, 잔치를 해야 돼.

- 잔치를 하는 것이 오면 인제 저 이, 인제 내하고 안식구하고 그 어 같이 오면 동네에서는 새댁 구경하러 온다고 그러고 말이야, 이 집에 내 저 여자를 보러 모두 오는 거야.

- 어 새댁이 왔으니 인, 인물이 어, 어떻나, 뭐 어떻나, 늙었나 젊었나, 이것도 보고 뭐 그래 동네에서 모두 어 그 잔치를 보러 와요.

- 그래 인제 신행잔치라고 그랬어, 그것인 인제.

- 신행, 여자가 오, 오는 것은 신행잔치라고 그래 가지고 동네에서 모두 인제 구경을 와요.

- 그래 오면 뭐 잘사는 집에서는 뭐 특수한 대접을 하지요.

- 뭐 그 먹을 음식도 많이 장만하고, 뭐 손님도 많이 이래 많고, 그렇지만 또 환경에 따라서 어 그렇게 넉넉지 않은 어, 어 사람은 큰 손님도 없고 그저 동네에서 어 저 인정상 어 와 가지고 모두 신행 구경하고, 그런 수도 있고.

- 그것은 이제 환경에 따라서 좌우되는 거에요, 이걸 보니까요.

그러면 신행 오실 때에는 그쪽에서는 어떤 분이 오십니까?

- 그'게서는 어찌 뎅'가 긍가영그, 나'는 울' 때 그 일 쩌 이 내' 자:인'90) 데'늠 부는' 도러가'시 띠래꿈미, 함'마.

- 내' 즈 이, 이 초행91) 저'네.

- 그'러꾸 그'어 내 처'오촌 데'늠 부'니, 오촌' 데'늠 부'니 여'얼92) 와띠'래서, 사앙, 그 상개'그로.

- 어 그래 내 으, 우리집' 상개'그로 와'서 여'게 와간'녀 하로'빰93) 주'무시고 그 이'튼널 도러가'시고, 에 델'따 주고 그래 가고, 그'래따고, 그'래.

그 다'으메 그'때 머' 혼수 가'틍 경우'너, 어 결'혼 레물' 가'틍 거'너 주'로 어'떵 거 주'롣?

- 결:홍' 예무'이러 그능 게 인제' 참' 쪼끔 저'네드 얘기핸:데 마'이, 그'은 끼리끼리 모에'야 데잉 게'라꼬요94).

- 예', 이 지'금도 그'른 서'얼미95) 이께'찌요.

- 옌날'또 맹' 그륵 께'리끼'리그 데능' 겐'데, 어이 덴' 하게 뎀'면, 이 여호닌' 예:무'리라 그능 거'시 머' 도'니 이'스멈 머 금반'지도 해'이고 금모'꼬리 해도 데'고 머 으 금장'시글 해 준' 거'시 조치'마는, 황경'이 허락 짜'능 사'러믄 머' 움 모'탄 사'럼도 이게 이'꼬.

- 또' 머'으 으 그보 쪼끔' 모'탐 또 거 더 음반'지96) 한 사'암도 이'꼬, 또 으 금반'제97) 핵, 해:도 머 한 돈쭈'이나 으 이 쪼매낭' 걸'로 이래 먼 표'시만 하고, 또 잘사느 지'벤 머 항저' 업씬 해 주고, 우리' 거'뜬 추, 처지'에너 그저 머' 다'일98) 이, 이, 금 머 음, 조선' 오시르 그제, 함:보'글 잉으, 다'일 닝게, 이'벌 함' 불 정도 해 주고 또' 그 머' 어 반지라 그능 거'늠 머 쪼매닝' 거즈 실:반지 정'도 데'찌 시'꼬, 응 거, 그윽, 그'래 지'내서여.

그, 그'때 혹씨:' 그'어 그럼'며 시, 실라, 어르'신 쪼'게서 그어: 심부 쪼'게 머' 예물' 해 드'링 거너 머, 머 해 드'려씀미까?

- 그'어 그케 인제' 말항' 게' 이 예무'리랑 게'.

옫?

- 거기에서는 어찌 되었나 그러면, 나는 올 때 그 이 저 이 내 장인 되는 분은 돌아가셨을 때였습니다만, 벌써.

- 내 저 이, 이 신행 전에.

- 그렇고 그 내 처오촌 되는 분이, 오촌 되는 분이 여기를 왔었어, 상, 그 상객으로.

- 어 그래 내 우리, 우리집 상객으로 와서 여기에 와서는 하룻밤 주무시고 그 이튿날 돌아가시고, 어 데려다 주고 그래 가고, 그랬다고, 그래.

그 다음에 그때 뭐 혼수 같은 경우는, 어 결혼 예물 같은 것은 주로 어떤 것을 주로?

- 결혼 예물이라 그러는 게 인제 참 조금 전에도 얘기했는데 말이지, 그것은 끼리끼리 모여야 되는 거라고요.

- 예, 이 지금도 그런 성질이 있겠지요.

- 옛날에도 역시 그래 끼리끼리 되는 것인데, 어찌 되었나 하게 되면, 이 여기 혼인 예물이라 그러는 것이 뭐 돈이 있으면 뭐 금반지도 하고 금목걸이도 해도 되고 뭐 어 금장식을 해 주는 것이 좋지만, 환경이 허락하지 않는 사람은 뭐 어 못 하는 사람도 이렇게 있고.

- 또 뭐 어 그보다 조금 못하면 또 그 저 은반지 하는 사람도 있고, 또 어어 금반지 해, 해도 뭐 한 돈쭝이나 어 이 조그마한 것으로 이래 뭐 표시만 하고, 또 잘사는 집에서는 뭐 한정 없이 해 주고, 우리 같은 처, 처지에는 그저 뭐 당일 입, 입을, 그 뭐 음, 조선 옷이라고 그러지, 한복을 이, 당일 입, 입을 한 벌 정도 해 주고 또 그 뭐 어 반지라 그러는 것은 뭐 조그마한 그저 실반지 정도 됐지 싶고, 음 그, 그, 그래 지냈어요.

그, 그때 혹시 그 그러면 신, 신랑, 어르신 쪽에서 그 신부 쪽에 뭐 예물 해 드린 것은 뭐, 뭐 해 드렸습니까?

- 그 그래 인제 말한 게 이 예물이라는 게.

옷?

- 모 태 조'따꼬.

- 그래 이그 금, 실:반지 비스탕' 거' 그어, 금반지 한 돈쭘'도 그어 자란 데께'라.

- 한 동쭘', 몰'래 그은 내마'겐.

- 여' 그그 하나' 해:꼬', 그 머 이브, 다'임 이'블 져 올' 함' 불 해꼬'.

치마저고리 해돈?

- 마에, 치마저구'리 해꼬'으, 그게'지 머'.

요즈'음, 요 그, 예전, 요즘'도 머' 엄는' 사'암드렁 그'르게 그 하'고 그래 함'미다는, 예저느, 그 당시엔 더 그러쏠께따, 그'지예?

- 예아, 옌나'레는 머' 익 기'양99) 자'수 성네하'는100) 사'럼도 마내 짠니'꼬에.

- 그 참'물 항 그'륵101) 떠 노'코 기'양 고마 마쩔하'구 곰마 결혼한' 네'도 이'꼬, 엄: 사'러미 황겨'이 허락 짜느'면 그'른 네:도 이'써꼬.

그: 그어'기 혹시 그 끄어름며는 심부 쪼'게서, 심부 쪼'게서 이 씨이집올' 때, 에 시집올' 때아 혼수'너 보통', 그 땅시'에는 보통' 어'뜨게 해'씀미까?

- 에, 에.

- 심부 쪼'게서 머'시어 여'게업 올' 때는 아 머 칭:구'102), 이'부자리, 또: 머' 그 으 옫', 머 오 꺼'틍 거, 오깜' 거'틍 거 마에때여, 오'시머 시어'런 멍 오깜', 시어, 어 이, 어 이그 이, 양 애분능 오깜', 머' 또' 실랑' 바지저구'리 머 이 정도'라 해'가지 오'지 머'예.

- 그래 그 잘사는 지'벤 또' 황정103) 어:꼬', 그릉 거는뇨'.

- 잘사는 지'벤 먹 우움 머, 음' 므 차'로 메 빠'리시104) 실꼬 뎅긴 집' 또 이 짠니껴.

잘사는 지'븐 그'르코?

- 이여, 그르치'만 이 고고, 황겅'이 혁, 허락 짜'느멩 게와' 그저' 나'리 나 넹'긴 수도 이'꼬, 그래 짠'닉, 글'때느.

그'영까 머' 다: 살:기' 나름네에?

－ 못 해 줬다고.

　－ 그래 이것 금, 실반지 비슷한 것 그것, 금반지 한 돈쭝도 잘 안 될
거야.

　－ 한 돈쭝, 몰라 그 내막에 대해서는.

　－ 여 그것 하나 했고, 그 뭐 입을, 당일 입을 저 옷 한 벌 했고.

치마저고리 했고?

　－ 맞아, 치마저고리 했고, 그것이지, 뭐.

요즘, 요 그, 예전, 요즘에도 뭐 없는 사람들은 그렇게 그 하고 그래 합니다
만은, 예전에는, 그 당시에는 더 그랬었겠다, 그렇지요?

　－ 예, 옛날에는 뭐 이 그냥 자수 성례하는 사람도 많았지 않습니까요.

　－ 그 찬물 한 그릇 떠 놓고 그냥 그만 맞절하고 그만 결혼한 예도 있
고, 없는 사람이 환경이 허락하지 않으면 그런 예도 있었고.

그 거기 혹시 그 그러면은 신부 쪽에서, 신부 쪽에서 이 시집올 때, 어 시집
올 때 혼수는 보통, 그 당시에는 보통 어떻게 했습니까?

　－ 예, 예.

　－ 신부 쪽에서 뭐 여기에 올 때는 아 뭐 침구, 이부자리, 또 뭐 그 어
옷, 뭐 옷 같은 것, 옷감 같은 것 말이지요, 옷이면 시어른 뭐 옷감, 시어
른, 어 이, 어 이것 이, 양 어른들 옷감, 뭐 또 신랑 바지저고리 뭐 이 정도
로 해서 오지, 뭐요.

　－ 그래 그 잘사는 집에서는 또 한정 없고, 그런 것은요.

　－ 잘사는 집에서는 뭐 어, 어 뭐 차로 몇 바리씩 싣고 다니는 집도 있
지 않습니까.

잘사는 집은 그렇고?

　－ 예, 그렇지만 이 그것, 환경이 허락, 허락하지 않으면 겨우 그저 날이
나 넘기는 수도 있고, 그랬지 않습니까, 그때는.

그러니까 뭐 다 살기 나름이네요?

- 네', 그'케요.

예:, 살'기 나르'므로 그'래 핸'능 게 그 당시 그으'고, 어 그람'며 그'때 어'르신 그'어 인제' 결혼하'셔 가'주고 어 인제' 부'잉께서 오'셔슬 때' 그거 어르'신 그거 부'몬니믈 모시'고 사셔씀'미까, 어'떠케 사셔'씀미까?

- 예', 가'치 사'몽105) 모시'고 사'러쩨요, 머'.

- 으 글'땐 내어106) 머' 장:남 처지'루설랑은 으에 머' 또' 황겨'이 넝너 칸' 다'으메삼107) 머 이'르 좀' 떠'르여스 사은' 수도 이'짜모, 황경'도 옹와 생'와를 뺍뜨탄'데 이, 이, 이, 입 두 찝' 살리'먼 살 수도 어, 어꼬', 그'래 은 그'래 금 머 어으이, 머 그여 사모' 모:시'고 사'러찌 머이.

- 도러가'실 때까'지.

머' 그 당시'엔, 머' 지'금도 마창가짐니다마'는 대:개 끄어 어'째뜬 그 당시'에 너 머 장남' 가'틍 경우'너 어'째뜬 다: 모시'고, 부'몬님 모시'고 사셨'스니까?

- 예, 그'케, 예, 예예, 그르디키탕 그, 긍, 그르타꼬'고 바끄'드, 글땡 고므 점'부 다'가 어 부몰' 모시'거 사:능' 게 그 윈'치기라꼬 바꼬', 그래 으때, 이요서.

거'므 그'때 그 부'잉께서 시집오'셔슬 때 부'모님 웨에' 누'거 형'제분드른 누우구', 시집 앙' 간: 형'제분드리나?

- 이'서쩨용.

누'구 누'우 게셔'씀미까?

- 어 시동새~'이108) 하나 이'써꼬, 내 바러 미'테 동새'이.

- 또' 그 다'으메 이기 여동새~'이 이, 이, 두리 이'써꼬 그래쓰미네여.

그럼'며 어'째뜬 거 여'동생 둘: 이'쓰꼬, 어 그다'으메 미'테 남동생하'오 그르게 세: 부'니 더 형'제, 저 시, 시집' 앙 가'고 장가' 앙 간' 세 부'니 더 게셔'따, 그'지예?

- 예, 예.

그래서 그엄며는 부잉께서 오셔 가주고 어째뜬 머 나머지 동생 세 부는 장가 보내고 십브집 가고, 이러케 핸네예?

— 예, 그러게요.

예, 살기 나름으로 그래 했던 게 그 당시 그것이고, 어 그러면 그때 어르신 그 인제 결혼하셔 가지고 어 인제 부인께서 오셨을 때 그것 어르신 그것 부모님을 모시고 사셨습니까, 어떻게 사셨습니까?

— 예, 같이 사뭇 모시고 살았지요, 뭐.

— 어 그때는 내가 뭐 장남 처지로서 어 뭐 또 환경이 넉넉한 다음에야 뭐 이래 좀 떨어져서 사는 수도 있지만, 환경도 옹색한데, 생활은 빠듯한데 이, 이, 이, 이 두 집 살림은 살 수도 없, 없고, 그래 어 그래 그 뭐 어, 뭐 그 사뭇 모시고 살았지, 뭐요.

— 돌아가실 때까지.

뭐 그 당시에는, 뭐 지금도 마찬가지입니다만은 대개 그 어쨌든 그 당시에는 뭐 장남 같은 경우는 어쨌든 다 모시고, 부모님 모시고 사셨으니까?

— 예, 그렇게, 예, 예, 그렇다고 그, 그, 그렇다고 봤거든, 그때 고만 전부 다가 어 부모를 모시고 사는 게 원칙이라고 봤고, 그래 그때, 요기에서.

그러면 그때 그 부인께서 시집오셨을 때 부모님 외에 누가 형제분들은 누구, 시집 안 간 형제분들이나?

— 있었지요.

누구 누구 계셨습니까?

— 어 시동생이 하나 있었고, 내 바로 밑에 동생이.

— 또 그 다음에 이게 여동생이 이, 이, 둘이 있었고 그랬습니다.

그러면 어쨌든 그 여동생이 둘 있었고, 어 그 다음에 밑에 남동생하고 그렇게 세 분이 더 형제, 저 시집, 시집 안 가고 장가 안 간 세 분이 더 계셨다, 그렇지요?

— 예, 예.

그래서 그러면은 부인께서 오셔 가지고 어쨌든 뭐 나머지 동생 세 분은 장가보내고 시집가고, 이렇게 했네요?

- 결과'저그로으 그'른 세미'저.

- 그게' 인제' 이 제일' 미아넝'[109] 거'십 그 참 그 장남'미야 건'는 채'기미 그객 이'꼬 보'면[110] 참' 조은'데, 어어, 어꼬' 보'면 낭감하'다꼬.

- 웨:냐, 후우 머' 오 부모한'떼 재'선[111] 물레바능 거'또 만 창코, 그 어:꼬', 게와' 식쑤, 여 참느 인 식쌩'와런 해 나'간데, 그 결혼씨'게자[112] 그'능 게 머열 쯔 참' 그게' 쉬운 니'리 아이 리이이리래껄머은.

- 쉬운' 니'리 아이'래유.

- 그 머' 나'미 볼' 땐느 그까'지 꺼'또 장, 으 참느, 잔체'라 글'찌 몰래'도, 그 당'사자는 버겁'따꼬, 그어'또요.

- 으어, 그'러쑵띠다, 그'게.

- 에, 사라보'이께네.

- 으, 그'마끔 에'릅뜨라, 구게'요.

마쓰미드, 쯤 넝넉하′며넌 쯤′ 더?

- 예, 넝너카므 쪼그.

혼수′도 쯤′ 더 잘해 줄 수.

- 예아, 넉너캄머 이에예, 내 마'음버트문[113] 더' 조'우 께래업.

- 우선' 동생'이든지 머' 매'부라든지, 그른 사'암인데 흡쪼'케 해 보내 주'믄 얼마'나 조'케쓰에, 그에.

- 그'른데 그게' 안 데'이께네[114] 그 잠 낭감하더'라꼬.

- 그그보'다 더 서 참' 어흔 안타까'운 일히히으 업씁띠'다.

어′째뜬 그′르케 보′며넘 머 지′곰 부′잉께스도 아마 고′새을 마이 하′셔슬 꺼 가코′?

- 예', 해씀'니다.

아, 어, 어, 미′테 세 분′ 장가보내′고 하′시고 시집보내고?

- 예, 예아, 예아, 이여인, 이거 머 그 예', 자랑말[115] 이'른 아임니'다마능 고'생도 해씀'니다.

– 결과적으로 그런 셈이지요.

– 그게 인제 이 제일 미안한 것이 그 참 그 장남이라는 것은 책임이 그게 있고 보면 참 좋은데, 없, 없고 보면 난감하다고.

– 왜냐, 그것 뭐 어 부모한테 재산 물려받은 것도 많지 않고, 그 없고, 겨우 식생활, 여 참 이 식생활은 해 나가는데, 그 결혼시키자고 그러는 게 뭐 저 참 그게 쉬운 일이 아닌 일이었거든요.

– 쉬운 일이 아니에요.

– 그 뭐 남이 볼 때는 그까짓 것도 잔치, 어 잔치, 잔치라 그럴지 몰라도, 그 당사자는 버겁다고요, 그것도요.

– 어, 그렇더라고요, 그게.

– 에, 살아보니까.

– 어, 그만큼 어렵더라고요, 그게요.

맞습니다, 좀 넉넉하면은 좀 더?

– 예, 넉넉하면 조금.

혼수도 좀 더 잘해 줄 수 있고.

– 예, 넉넉하면 예, 내 마음부터 더 좋을 거예요.

– 우선 동생이든지 뭐 매부라든지, 그런 사람에게 흡족하게 해 보내 주면 얼마나 좋겠어요, 그게.

– 그런데 그게 안 되니까 그 참 난감하더라고.

– 그것보다 더 저 참 어 안타까운 일이 없더라고요.

어쨌든 그렇게 보면은 뭐 지금 부인께서도 아마 고생을 많이 하셨을 것 같고?

– 예, 했습니다.

아, 어, 어, 밑에 세 분 장가보내고 하시고 시집보내고?

– 예, 예, 예, 이, 이것 뭐 그 예, 자랑할 말은 아닙니다만 고생도 했습니다.

- 음' 머 그, 그걸', 고생항' 걸' 자랑'응 하니꺼씀니다마는 고'생을 좀'
해'씀니다.
- 어', 엄:는' 지'베 와 가주고 그 첨 이만침 어 예, 싹, 상: 거'도 마이
사'라꼬.
- 머' 그 당시예.
그 당시'에 머' 다: 어'려워쏠 때니까?
- 허아, 참: 내 그거 이야기 참'.
아마 그'런 부'분드리 쪼그'믄 어 또' 나'썽 고'세 와'서 아무래도 살기그
쉬운' 니'른 아니'네여?
- 그'래요, 그르, 예, 예, 에, 쉬운 니릉 아이지므116), 또 근'나따나 나'썬
동네 와 가'주오 나, 집' 설고', 나'썬 지'베우 와 가지운 더군두'나 군:새'칸
살림한다 그'능 게 얼:마'나 에'로워께써에, 그'게.
- 여, 참' 말: 모탈' 사저'이지요.
어르'싱께서으 혹씨 처가찌'베 가'셔슬 때너어' 처가 시'꾸드른 어'떠케 구
성데가 이'써씀미까?
아까' 장인어르'는 도'러가셔따 하'셔꼬.
- 예', 그'이 처가에 가'이께네 그 당시'는 쩌을르 그 머거'로, 그 어 일
장:모가 게셔'꼬, 또' 마처나'믄, 쩌겐 처나'미 형'제부이래꼳 처'제가 두리'
래엔데야, 허'르이 마처나'멍117) 객'찌이 나가 이, 이'써꼬, 두째 처나'미 그'
어서 인제' 참' 지'별 꾸'리고 사'아'고 구'런데, 거거우 가 보~'이께네 머 구
그'릅씨다으, 거'어도 머' 그'키 잘사은 집'또 아이'고 므 내나' 그'어나 조쌍.
- 그'르이 머' 내'게 꺼 니 경'게라꼬 내 지'비 군새카'이께네 나'무 지'베
가'도 맹 조심스'럽따고.
- 맹' 잘사는 집' 꺼'뜸멕118) 갠잔, 빠빠탄119) 지'에 맹: 저'도 내' 거튼
너이 심저'익 아이겐'나 하는 생'가기 뜨러 가'주 하로' 도' 노오 꼬'또 몬:
놀'래드라꼬요.

― 어 뭐 그, 그것을, 고생한 것을 자랑을 하겠습니까만은 고생을 좀 했습니다.

― 없, 없는 집에 와 가지고 그 참 이만큼 어 예, 산, 산 것도 많이 살았고.

― 뭐 그 당시에.

그 당시에 뭐 다 어려웠을 때니까?

― 아, 참 나 그것 이야기 참.

아마 그런 부분들이 조금은 어 또 낯선 곳에 와서 아무래도 살기가 쉬운 일은 아니지요?

― 그래요, 그래, 예, 예, 예, 쉬운 일은 아니지만, 또 거기에다 낯선 동네에 와 가지고 낯, 집 설고, 낯선 집에 와 가지고 더군다나 군색한 살림한다고 그러는 게 얼마나 어려웠겠어요, 그게.

― 예, 참 말 못할 사정이지요.

어르신께서는 혹시 처갓집에 가셨을 때는 처가 식구들은 어떻게 구성되어 있었습니까?

아까 장인어른은 돌아가셨다고 하셨고.

― 예, 그 처가에 가니까 그 당시는 저기 그 뭐냐, 그 어 이 장모가 계셨고, 또 맏처남은, 저기 처남이 형제분이었고 처제가 둘이었는데, 그러니 맏처남은 객지에 나가 있, 있었고, 둘째 처남이 거기에서 인제 참 집을 꾸리고 살고 그랬는데, 거기에 가 보니까 뭐 그, 그렇더라고요, 거기에도 뭐 그렇게 잘사는 집도 아니고 뭐 나나 거기나 비슷하게.

― 그러니 뭐 내 것이 너 경계라고 내 집이 군색하니까 남의 집에 가도 역시 조심스럽다고.

― 역시 잘사는 집 같으면 괜찮지만, 빠듯한 집에 역시 저기도 나 같은 심정이 아니겠나 하는 생각이 들어 가지고 하루 더 놀 것도 못 놀겠더라고요.

마슴미′다, 예.

– 피히′가[120] 덴′다꼬 마리저이.

– 극 그′래 가주′우 므안 데, 다~′일[121] 나온′ 수도 이′꼬.

– 으 그′른 네:가 마네′니드.

– 그′런데 잉 그 으 그게 인제′ 이 결′호니라웅 게′ 이게′ 맹′ 며 으 서로′ 비스태′야 데엑, 이, 이, 데드′라꼬.

– 그′여 너무 잘사는 지′베 또′ 즈 장개까보오 너′어므, 바리′[122] 마리음 너그 머 잘사는 지′비 장개간 사′름 얘기′ 드르머 홀′때바은다 그래′고.

– 끄 어이 지, 저까′짐[123] 므 사′이 온달 잘또 보고 사′은다 그 홀′때바다 소′리음 나오′고.

– 우리′잉 겨′꺼 보지 아′너씨이[124] 그′릉 거는 모′르고.

– 그래도′ 사정′어[125] 영 그′르트라꼬, 그게′요.

그러미 지′금 그 부′잉께서 그암′며너 처가찌′베설 형제 중′에서 가운′뎁심미까?

– 딸′로늠 마′지고요, 딸′로늠 마′지고, 어 이 형′제 수:니′느 세째′고 그′래지요.

아, 예, 위에 인자 까므 오, 오′라비 쭌?

– 야, 에어, 그 우에 에예, 두리′고, 예.

오′라비 두: 붕′ 게신′고?

– 으예, 예, 예.

은절 딸, 부이니시고, 그다음 미테 처제 두 붕 게시고, 그래 게시다, 그찌예?

– 아, 이제에 아 **[126], 예, 응어예, 그러컨, 예, 드, 그′랜니더.

지′그믕 그럼′며너 머 부인 입′쨤에서 보′며넌 시대′게 지′곰 게심 분′드너 다름 분′드른 아무′도 앙 게시지′예?

아, 머′ 형′제분들, 누′님 함 분 게시′고?

– 예′, 누′님 함 부릴 게시′고여 땀 부′는 다: 모.

맞습니다, 예.

- 피해가 된다고 말이지요.

- 뭐 그래 가지고 뭐 당일, 당일에 나오는 수도 있고.

- 어 그런 예가 많았습니다.

- 그런데 이 그 어 그게 이제 이 결혼이라는 게 이게 역시 뭐 어 서로 비슷해야 돼, 이, 이, 되더라고.

- 그 너무 잘사는 집에 또 저 장가를 가 놓으면, 다른 이의 말로는 뭐 잘사는 집에 장가간 사람 얘기 들으면 홀대를 받는다고 그러고.

- 그 어 저, 저까짓 뭐 사위 온달을 잘도 보고 산다고 그러면서 홀대받았다는 소리가 나오고.

- 우리는 겪어 보지 않았으니 그런 것은 모르고.

- 그래도 사정은 영 그렇더라고, 그게요.

그러면 지금 그 부인께서 그러면은 처갓집에서 형제 중에서 가운데이십니까?

- 딸로는 맏이고요, 딸로는 맏이고, 어 이 형제 순위는 셋째고 그렇지요.

아, 예, 위에 인제 그러면 오, 오라비가 좀?

- 예, 예, 그 위에 예, 둘이고, 예.

오라비 두 분 계시고?

- 예, 예, 예.

인제 딸, 부인이시고, 그 다음 밑에 처제 두 분 계시고, 그래 계시다, 그렇지요?

- 아, 이제 아 **, 예, 예, 그렇고, 예, 그, 그랬습니다.

지금은 그러면은 뭐 부인 입장에서 보면은 시댁에 지금 계신 분들은 다른 분들은 아무도 안 계시지요?

아, 뭐 형제분들, 누님 한 분 계시고?

- 예, 누님 한 분이 계시고 다른 분은 다 뭐.

다 도러가시, 자꼴 하셔꼬?

― 예, 예, 예, 음, 머, 머 어 그'르이.

지움 다른 분'드르 앙 게신다, 그'지예?

― 예예.

그엄'므 혹'시 어르'신 여'기에 그어 머 사촌: 가'니나 유, 육촌 가'니나 그'렁 경우'나 이릭 똥네이 게심미까?

― 예아, 아 사촌', 육초'는 믿'127) 인니'더, 여'게더 모'두.

― 큰지'비 여' 이'꼬 그른데', 거'게 역씨'도 또 며'천128) 개찌'이 가: 이'꽁, 요 머 산, 으데 여가 여, 여, 음 머시그, 여 저 음 한 지'비 사:고 인니'더마능그 거'어도 맹' 그'으 한 집뻬'께 업써', 여게더, 예.

아, 그 살:고 게시'늠 분'도?

― 어예, 이예.

그 그'엄 객찌'에 주'로 은젇 출향'아 하'셔따, 그'지에?

― 예, 서울, 서, 예아, 예, 출향, 출.

그 다'으미 그' 어르'신 혹'시윽 군대'느 다녀오으오셔씀미까?

― 내가' 군대'을 모 까'씁니다.

― 웨: 모 깐냐 하기 데'믄, 내'경129) 누'널 다치뜨래씀다.

― 누'늘 다처 가'주 글때 신체검사 하'이께네130) 불하껴'기 데 가주오 군대'늠 모 까'쓰여.

― 그'래 가주'고 또' 결호'니 쪼'꿈 느'저꼬 그'래씀다, 내'가, 예.

누, 누'늘 다치셔 아'주구 그러셔따, 그지예?

― 예, 예.

보통' 어움 그읍 어르'싱 게셔:, 어르'신 연'배 때'넌 군대' 다 가'셔찌예, 대개'너?

― 대:개' 다: 가'찌용.

이, 그러치'예?

다 돌아가셨고, 작고를 하셨고?

- 예, 예, 예, 어, 뭐, 뭐 어 그러니.

지금 다른 분들은 안 계신다, 그렇지요?

- 예.

그러면 혹시 어르신 여기에 그 뭐 사촌 간이나 육, 육촌 간이나 그런 경우가 이 동네에 계십니까?

- 예, 아 사촌, 육촌은 몇 있습니다, 여기에도 모두.

- 큰집이 여기 있고 그런데, 거기 역시도 또 몇은 객지에 가 있고, 요기 뭐 살, 어디 여기 여, 여, 어 뭐냐, 여 저 어 한 집이 살고 있습니다만은 거기도 역시 한 집밖에 없어요, 여기도, 예.

아, 그 살고 계시는 분도?

- 예, 예.

그 그러면 객지에 주로 이제 출향을 하셨다, 그렇지요?

- 예, 서울, 서, 예, 예, 출향, 출향.

그 다음에 그 어르신 혹시 군대는 다녀오셨습니까?

- 내가 군대를 못 갔습니다.

- 왜 못 갔냐 하게 되면, 내가 눈을 다쳤더랬습니다.

- 눈을 다쳐 가지고 그때 신체검사를 하니까 불합격이 돼 가지고 군대는 못 갔어요.

- 그래 가지고 또 결혼이 조금 늦었고 그랬습니다, 내가, 예.

눈, 눈을 다치셔 가지고 그러셨다, 그렇지요?

- 예, 예.

보통 어 그 어르신 계실, 어르신 연배 때는 군대 다 가셨지요, 대개는?

- 대개 다 갔지요.

이, 그렇지요?

‑ 예이.

‑ 대개' 다 가 주'고 신'체 머 어 이, 어 이짜'기 결'하미 인는 사'럼드런 모 까'꼬.

‑ 으'우 군대'는 모 까'써도 군대에' 이으 강' 거보'다 더' 겨'꺼씀니다.

‑ 숩탄' 험항' 거 다' 바'쓰음다.

‑ 머' 이이 보구'때르 건'늠 명'칭' 띠'아[131] 가주 마'리야 여'어도 끌'꼬 가고 저'거또 꿀'꼬 아우 수타'이[132] 따라 뎅'기다 봄'멀, 으 군대'에 갸'슨 차'라리 더 나'아쓰 께'레요.

‑ 그거 이 요새' 말하땀 쩌 이 제대'쯔이라두 하나 이'찌요[133].

‑ 이거'또 어꼬' 저거'또 어꼬', 전쟁'은 더: 겨'꺼씀니다.

‑ 머' 수탕', 아군'도[134] 전쟁 겨'꾸오 이, 임밍군' 전쟁'도 겨'꾸꼬 마리, 여'게도 끌래'에따 저'어도 끌래'따, 이리, 이'래 데 뿌르나 마'래.

‑ 으걱 그, 커, 커, 거, 그거'는 어으 말하'라 금' 말로' 참' 전, 지, 채'그 로 써'도, 채'그도 모 쓰 께'레요.

‑ 하, 하'이따, 고생한' 건뇨.

‑ 어을떵' 꼬'새~이[135] 데 가주우요, 아이구' 키아낭' 고생해'씀니다.

혹'씸 머 할' 때 기엉나::시능 거' 이'쓰면 함무 이야'기 쫌' 해 주'실람미까? 유;기오 절란' 때?

‑ 아하, 예:, 유기'오용.

거 억 고생하'셔떵 그'런 부'부네 *136)?

‑ 제엘' 가차'운 요'게소부틈 함'시더.

‑ 글때'가 오심 년도올쩨, 그이 유월' 그게 이식구'일라림니다.

‑ 여'게으 구 강원'도오서 응, 기, 윽, 어 가원 경찰'때가 여'게 나와'쓰 네, 요 아'페 다리 아'페 여'게 와 이썬, 주두늘 해'씀미다.

‑ 주동을 해 이'써꼬, 그르다 이께넥 거'기서 우리으 동네'에다 가따 사라'므 차'출하능 게'라요.

- 예.

- 대개 다 가 가지고 신체 뭐 어 이, 어 이쪽이 결함이 있는 사람들은 못 갔고.

- 어 군대는 못 갔어도 군대에 어 간 것보다 더 겪었습니다.

- 숱한 험한 것 다 봤습니다.

- 뭐 이 보급대라고 그러는 명칭을 따 가지고 말이야 여기도 끌고 가고 저기도 끌고 가고 숱하게 따라 다니다 보면, 어 군대에 갔으면 차라리 더 나았을 거에요.

- 그것 이 요새 말하면 저 이 제대증이라도 하나 있지요.

- 이것도 없고 저것도 없고, 전쟁은 더 겪었습니다.

- 뭐 숱한, 아군도 전쟁을 겪었고 인, 인민군 전쟁도 겪었고 말이야, 여기에도 끌려갔다, 저기에도 끌려갔다, 이래, 이래 돼 버렸던 말이야.

- 어 그, 그, 그, 그, 그것은 어 말하라 그러면 말로 참 저, 저, 책으로 써도, 책으로도 못 쓸 거에요.

- 하, 하여튼, 고생한 것은요.

- 엉뚱한 고생이 돼 가지고요, 아이고 희한한 고생했습니다.

혹시 뭐 할 때 기억나시는 것 있으면 한 번 이야기 좀 해 주시렵니까? 육이오 전란 때?

- 아하, 예, 육이오요.

그 어 고생하셨던 그런 부분에 *?

- 제일 가까운 요기에서부터 합시다.

- 그때가 오십 년도지, 그 유월 그게 이십구 일입니다.

- 여기 그 강원도에서 어, 그, 어, 어 강원 경찰대가 여기에 나왔었는데, 요 앞에 다리 앞에 여기에 와 있었는데, 주둔을 했습니다.

- 주둔을 해 있었고, 그러다 보니까 거기에서 우리 동네에 갖다 사람을 차출하는 거에요.

- 사:람' 차출하능 게' 내보다' 절'믄 사'암더137) 구 내보다' 나'이 마은
사'암더 걸, 다'서시 차'추리 데가, 데우 그 사'암들 따러 가'써요.

- 따르 가'니거 저'어서부틈 보고'푸믈 나르'랑 게'러, 시'러 가'주.

- 으 탄:도' 날러 주고 땅138) 음 맏 포'탄도 나'르아 그'오 탄, 그래 가'
주 그'어 저 일, 저 사'님다, 바로 요 이, 요 딛'써'네, 여'게 군대'가 걱 강
원도 경찰때'거 열' 지는' 쳐'쓰미다.

- 거'어서, 저'어서 인제' 으 삽'쩨에석139) 그날 비'가 와연데으 군대'가
둥'오능 게'래요.

- 끄' 이겨 총' 쏘'능 어140) 그'널 첨 바'씀니당.

- 총'을 띠리' 말그 기완'총을 싸: 대'고 하'이그 저'어서도 쏘'고 마'리지,
야단 나'느 꺼 띠, 이 은지'141) 주'거따 시'퍼떠라고호, 난.

- 크'래 가'주고 그날 마'쭘142) 너므가'이께음 으 그 쳐'어선 드오'능 게'
아구'니랑 게'라요.

- 그래 가'주이 여'섬 모에' 가'조 고'서 닫'쌔마네 이 즈 저'기서 후테'엘
한'데, 그 군대'엘 따라가즈 저꺼'춤 나'가스음당.

- 저'으, 저 안농꺼'지143) 거'이 다: 가'씀다.

- 거'어 가'이께 예:고'개라 그'언데익, 그'어 가'이께 산뜽'게에서144) 먼
딩기믄 임밍구'니 막 총'을 쏜'데 마'리에요, 머 잉 베'라기145) 납'따.

- 구루이146) 머' 오우 궁 어 겨'어먼 처미'제, 이어 으, 어, 어트'게 처살147)
해'야 사:나 하'능 거빼'게 생'각찌 않'트'라꼬.

- 그래 가'주우 거'어서늠 머 음 이, 인지'는 이, 여'이슨은 이 중는' 수
배'께 업'따 한 생'가인 덴, 드'르거 거'서 그마 다'라나씀니다.

- 아:이구 그 인 내'가 사자 하'니까 마알, 총'아른 비빨치'지여, 머 포'타
는 떠러지'지에, 포'타넙 빠'러지제, 머' 명'녕' 게'통독 업서'요.

- 머' 어 구 군대'고 머'고 미 니' 어애'라 소'리 하는 사'럼도 어:꼬', 장
교'도 어'꼬 사병'도 업'써여, 고'맏 지머때'르 그'마.

- 사람 차출하는 게 나보다 젊은 사람도 있고 나보다 나이 많은 사람도 있고, 다섯이 차출이 되어서, 되어서 그 사람들 따라 갔어요.

- 따라 가니까 저기에서부터 보급품을 나르라는 거야, 실어 가지고.

- 어 포탄도 날라 주고 다른 것, 뭐 포탄도 나르라고 그러고 포탄, 그래 가지고 그 저 이, 저 산입니다, 바로 요 이, 요 뒷산에, 여기에 군대가 그 강원도 경찰대가 진을 쳤습니다.

- 거기에서, 저기에서 인제 어 삽재에서 그날 비가 왔는데 군대가 들어오는 거예요.

- 그 이것 총 쏘는 것을 그날 처음 봤습니다.

- 총을 이리 막 기관총을 쏴 대고 하니까 저기에서도 쏘고 말이지, 야단났던 것 같더니, 이 인제 죽었다 싶더라고, 나는.

- 그래 가지고 그날 마침 넘어가니까 어 그 저기에서 들어오는 게 아군이란 거예요.

- 그래 가지고 여기에서 모여 가지고 고기에서 닷새만에 이 저 저기에서 후퇴를 하는데, 그 군대를 따라서 저기까지 나갔습니다.

- 저, 저 안동까지 거의 다 갔습니다.

- 거기 가니까 예고개라고 그러는데, 거기 가니까 산등성이에서 뭐 넘기면 인민군이 막 총을 쏘는데 말이에요, 뭐 이 벼락이 나더라고요.

- 그러니 뭐 어 그 어 경험은 처음이지, 이 어, 어, 어떻게 처사(處事)를 해야 사나 하는 것밖에 생각나지 않더라고.

- 그래 가지고 거기에서는 뭐 음 이, 인제는 이, 여기서는 이 죽는 수밖에 없다 하는 생각이 들, 들어서 거기에서 그만 달아났습니다.

- 아이고 그 이 내가 살자고 하니까 말이지, 총알은 빗발치지요, 뭐 포탄은 떨어지지요, 포탄은 떨어지지, 뭐 명령 계통도 없어요.

- 뭐 어 그 군대고 뭐고 뭐 너는 어떻게 해라 소리를 하는 사람도 없고, 장교도 없고 사병도 없어요, 그만 제멋대로 그만.

- 머 구 주 구 여 산, 산떼'미에서잉[148] 께이 기총 사'결드리 해 대'이 차'에서 내'리이께네 짐마'끔 다: 다'라나 뿌능 게'라.

- 어 눔 차즐' 떼'도 업써', 어름 검 므 난' 내대'로 내빼'고[149], 저' 늠 저 늠대'로 내빼'고.

- 그'래 가주우' 그' 길라 해 가'주우 와 유'에[150] 동네'꺼짐 드와'써, 여 기르 또'.

- 그'래가 참' 스, 쓰, 사, 사라완니드.

- 그'른 째'기드 이'썬니더.

그, 그'엄 그'래가 그'때 이?

- 그'래 가주적 거 인제' 이 이거 그 엔 다'라나기, 차'에 내'리 가주우 막 난 사:람 중'능 그 거'리 참' 바'씀니다.

- 끄유 구니'니 총'에 마자 가조 공막 칵 카뭉거 끄고 머 게누안 자'빠지디[151] 고'마 머' 고'맏 다시 소'시기 업뜨'러꼬.

- 그'이게 나'느 또' 이 여'게서 구 우리' 참' 이여여 순지난' 마으'미러여 큰 그, 그걸'로 사러'미 주'거씨이[152] 어예 데서 간 자바때'기이께넬 삑삑 소'리므 나'고 마'알지, 말:또' 모 타'더라꾸.

- 그러'이께네 이 여'페 사'람 이따'그, 그 주'궁 구 머하'러 만'지누[153] 쿠며 얼: 내빼'다, 그'래써허.

- 그'래가주 내' 거 사람' 주'웅 그 첨' 바'쓰음다.

- 그'래가 함믇 겨꺼씀다.

- 그래가이 끄거 사'미 궤상한' 니'를 다: 이'써찌, 머히.

거 유'기오 때 그'어 어'띠에 보'며너, 마쓰임더, 어르'심 말씀대'로 군대' 가'쓰며너 그전'네 정경 참'전 그거 여 저?

- 예아, 응응, 예, 예, 참'전, 요새' 으이 그 이 쩌으 으어 기 다:멍능 귀 지 참'전 용사'비라도 타 먹'제, 이구 그'으또 모 타 머'구, 고'생은 수탕'[154] 고생하'고.

– 뭐 그 저 그 여 산, 산등성에서 그 기관총 사격을 해 되니 차에서 내리니까 저마다 다 달아나 버리는 거야.

– 어느 놈 찾을 곳도 없어, 그런 것 뭐 나는 나대로 도망가고, 저 놈은 저 놈대로 도망가고.

– 그래 가지고 그 길로 해 가지고 와서, 어찌 동네까지 들어왔어, 여기를 또.

– 그래서 참 살, 살, 살아왔습니다.

– 그런 적도 있었습니다.

그, 그럼 그래서 그때 이?

– 그래 가지고 그 인제 이 이것 그 어 달아나기, 차에서 내려 가지고 막 나는 사람 죽는 것을 그때 처음 봤습니다.

– 그 군인이 총에 맞아 가지고 그만 칵하면서 그러고 뭐 괴로워 넘어지더니 그만 뭐 그만 다시 소식이 없더라고.

– 그러니 나는 또 이 여기에서 그 우리 참 이 순진한 마음에 큰 그, 그 걸로 사람이 죽었으니 어떻게 되었나 하며 가서 잡아당기니까 뻑뻑 소리만 나고 말이지, 말도 못 하더라고.

– 그러니까 이 옆에 사람이 있다가, 그 죽은 것을 뭐 하러 만지냐고 하면서 얼른 도망간다, 그랬어.

– 그래서 내 그 사람 죽은 것 처음 봤습니다.

– 그래서 한 번 겪었습니다.

– 그래서 그것 참 괴상한 일이 다 있었지, 뭐요.

그 육이오 때 그 어떻게 보면은, 맞습니다, 어르신 말씀대로 군대 갔으면은 그전에 전쟁 참전 그것 여기 저?

– 예, 응응, 예, 예, 참전, 요새 어 그 이 저 어 그 타 먹는 그 저 참전 용사비라도 타 먹지, 이것은 그것도 못 타 먹고, 고생은 숱한 고생하고.

- 응, 그'뿌이껴, 그'래거 또', 또고 다가멜 또 불레' 나가 가주설'랑 또 겨'꼬곰, 벨꺼'떠 다 애, 그까'이155) 다: 얘기하 껀 어어꼬' 함 번 겨'꺼씸 데'꼬, 사라옹'께 그래씀니다.

그땜' 머' 어터'에 그럼'며너 이 피난'늘 가'셔씀미까, 여'기서?

- 여'기서 피란' 모 까'찌요.

- 그'르이 글'땝 따라 나가씸' 피라'니 덴'는데, 지'베엽 부모'드리 여'객 이씨'이께156) 그그 갈 쑤거 업'떠릉.

- 나'도 구오, 거우, 거으가 고'마 그 차'로 고'마 가 사'머 그 군대 따'러 가'씨믄 또 우'에씨든지 주'거쓸 사'러찌 모'르제.

- 그'느 하'으떼 그'어서 기'스벌 당'애 가주우 딕 티'이께네엔157) 저'리 가기보'던 지'브로 와'에 덱 뿌'엔누.

- 구'우땐 내아' 머' 객'찌랑 거' 도'통 상'상도 모 태'쓰이께네, 우선 지' 베브텅 가'이158) 데'이따, 그래 가주운 데두오'이께네 피:란' 모 깐 세'미 데'찌, 머' 이 그'러이께네.

그'르가 그라'고느 여'기 머 도 임밍군'드리 그암'며너 여'어겔 주'루 아 해씀?

- 임밍군'두 와: 이'써쮸, 유게.

주둔해써찌야?

- 여'게 와' 이'써씀다.

- 여'기가 으여이, 이, 이, 여'이가 으엥 밍 병워'니 여'기 채'리가즈 이' 서쓰미당.

아', 임밍군 병'워네?

- 응, 예예예, 임밍군 병워'니 여' 와 이'써써요.

- 그래가주 여 이, 임밍군'드림 망 머 이 쩌 거'이 집찜매'덩159) 다 와 이'써쓰미다.

검' 그'때 혹시으 몸:미'까, 그 임밍구'네서느 징'집 아 해가주 과'셔슴미까, 어르'신?

- 응, 그뿐입니까, 그리고 또, 또 다음에 또 불려 나가 가지고설랑 또 겪었고, 별것도 다 얘기, 그것까지 다 얘기할 것은 없고 한 번 겪었으면 됐고, 살아온 게 그랬습니다.

그때 뭐 어떻게 그러면은 이 피난을 가셨습니까, 여기에서?

- 여기서 피란 못 갔지요.

- 그러니 그때 따라 나갔으면 피란이 됐는데, 집에 부모들이 여기 있으니까 그 갈 수가 없더라고.

- 나도 거, 거, 거기 그만 그 차로 그만 가서 사뭇 그 군대를 따라 갔으면 또 어찌 되든지 죽었을지 살았을지 모르지.

- 그래 하여튼 거기에서 기습을 당해 가지고 탁 달아나니까 저리 가기보다는 집으로 오게 돼 버렸지.

- 그때는 내가 뭐 객지란 것을 도통 상상도 못 했으니까, 우선 집에부터 가야 되겠다, 그래 가지고 되돌아오니까 피란 못 간 셈이 됐지, 뭐 이 그러니까.

그래서 그러고는 여기 뭐 또 인민군들이 그러면은 여기에 주둔 안 했습니까?

- 인민군도 와 있었지요, 여기에.

주둔했었지요?

- 여기에 와 있었습니다.

- 여기가 어, 이, 이, 여기가 어 뭐 병원을 여기 차려서 있었습니다.

아, 인민군 병원이요?

- 응, 예, 인민군 병원이 여기 와 있었어요.

- 그래서 여기 이, 인민군들이 막 뭐 이 저 거의 집집마다 다 와 있었습니다.

그럼 그때 혹시 뭡니까, 그 인민군에서는 징집 안 해서 가셨습니까, 어르신?

- 임밍구'니이히, 임밍군'네라 그릉 그또 역씨 보급때' 그여 당' 해따꾸, 기암 머에.

- 임밍군'니라160) 그능 게', 그으또 내'거이 이른 소'리꺼짐 할' 피'론 업 찌'만느, 웨: 그'른냐 하게 떼믄161) 동네' 우리' 또'래드리 메'찌이 이'써씀다.

- 여' 메 찝' 이'썬데, 그게' 이'게 흉'이 덴'데.

그'래서 어'째뜬 그럼:, 그럼 부'부네서 예저'네 참' 고'생을 마니 하'셔따, 그'지예?

- 고'생 마이 해'찌요, 마 애덩.

얻, 어에, 어'트게 본'다며너 얻?

- 또' 나'능 그'르코음, 웨'냐 하게 뎀' 내' 종배'씨가 순사'러 이'써써에, 글'때요.

- 경찰과'니은 이'써 가주설랑 여기 내'가 두'와 주' 주목'또 마이 바'다 쓰임다.

- 에에 이'거 머' 거 백'씨가 즈 종백'씨가 순사'라 카는 명칭 때므'래도 그 이 임밍군'들또 날: 조케 암' 바'꼬, 으 그른 네:덩어 마내'씀다, 그.

- 그건' 머' 까'지162) 얘긴' 치'아 뿌, 그래 이'거 상: 거'먼 다'행이고요, 우리'가.

- 그'르기 동네' 덕태'기 모두 사'라꼬, 그릉 이 아이끼.

- 그 험:한' 세상'에.

그으도 으 참' 이' 그 당시'에 에 그음 어뜨헤 피난' 앙, 모 까'고 도러가' 심 분'들도 망:코'?

- 만체'여.

- 만제'요, 거'이 고'생 다: 해'찌, 머'요.

어: 꺼 어'르신 아까' 그'어 어 쫌 이야'기를 해 주시, 어'르신 보'닌 이야' 기를 쫌' 해 주'션는데, 이제' 보'닌 이야기 아니고'오, 어 요즘'문 점'부 결' 호늘 하게 데'며너 예식'짱 가;서 안 함'미까?

- 인민군이, 인민군이라 그러는 것도 역시 보급대 그래 다 했다고, 그냥 뭐.

- 인민군이라 그러는 게, 그것도 내가 이런 소리까지 할 필요는 없지만은, 왜 그러냐 하게 되면 동네 우리 또래들이 몇이 있었습니다.

- 여기 몇 집 있었는데, 그게 이게 흉이 되는데.

그래서 어쨌든 그런, 그런 부분에서 예전에 참 고생을 많이 하셨다, 그렇지요?

- 고생 많이 했지요, 많이 했어.

어, 어떻게, 어떻게 본다면은 어?

- 또 나는 그렇고, 왜냐 하게 되면 내 종백씨가 순사로 있었어요, 그때요.

- 경찰관이 있어 가지고설랑 여기 내가 들어와 가지고 주목도 많이 받았습니다.

- 에 이거 뭐 그 백씨가 저 종백씨가 순사라고 하는 명칭 때문에도 그이 인민군들도 날 좋게 안 봤고, 어 그런 예도 많았습니다, 그.

- 그것은 뭐 까짓것 얘기는 치워 버리고, 그래 이것 산 것만 다행이고요, 우리가.

- 그러게 동네 덕택에 모두 살았고, 그런 것 아니겠습니까.

- 그 험한 세상에.

그래도 어 참 이 그 당시에 에 그 어떻게 피난 안, 못 가고 돌아가신 분들도 많고?

- 많지요.

- 많지요, 거의 고생 다 했지, 뭐요.

어 그 어르신 아까 그 어 좀 이야기를 해 주셨는데, 어르신 본인 이야기를 좀 해 주셨는데, 이제 본인 이야기가 아니고, 어 요즘은 전부 결혼을 하게 되면은 예식장 가서 안 합니까?

- 예시'장, 그르차.

예, 요즘 절'믄 싸'암들?

- 점'부 예식짜'이저, 글'체.

에, 읍 아마 요줌' 예전'처럼 시고'레서 또'느 자기 지'베서 초'레 치'르거나 이'른 사'암 아무'도 업찌' 안씀미까?

- 허르체거.

가:끔' 머' 어'디 향'교나 저'런 데'서 엔날씨', 방'시그로 저여 그 홀레' 치르'능 경우 인는'데, 너, 옌나'레 그'어 이 동네'에 쫌' 잘:사'는 집'뜰 가틍 경우'에: 쩌 홀레' 치를' 때' 어뜨'게, 어'떤 시'그로 함'미까?

- 엔:나'레 홀'레 치룬'능 가'능 닝 그, 그'르테 보'이께네, 엔, 어 머 조이'163) 견'덴 집, 좀' 황'경이 조은 집'뜨런 그'엄 엄 마 첨 날짜'도 머 거'게 동네'가 다 아:고', 머' 온: 동네'가 축'뽁도 하고 마'아찌, 추'카도 하고, 그'래고 또' 그언 어 이 거 이 결'혼, 응 그 머 초'레장164) 에버요복 꺼'뜨믄 그 호, 좀'은 호와스'러꼬 머 꼬뜽' 거'틍 거'또 노'코 마'리야, 이래 머 그래 호와 쪼그므이, 요새'로 말: 꺼'므 호와' 결혼식짜'이일 데미, 응 거 그'른 시'그로 하는 지'또 이 음 마내'쓰찌여.

- 마내'꼬, 잘사는 집'뜨녀.

그럼'며너 꺼 이젠' 이우 그 초'레:, 보톤 여이 집'베서도 언저' 시집뽀낼 껭'우에 여'기서 초'레 지낼' 꺼 아님미'까, 그'지예?

- 나, 에야, 초레, 여야.

그어'임며너 어 실랑'인하고 상개'기 와'서 어인저 여'기 오'며너 초'레를 지래으내는데, 초'레 보통', 초'레 어'떤 시'우루 지'냄미까, 에전'네?

- 그'이 초'레라 그'능 건 이 인제' 이 심부 찌'베 이 인제' 마당'에다썰르 이'른 상'을 노'코 달'165) 라코, 머 꼬꼬항 거 이스이건, 달' 로'코 머 이래오 화분'도 꼬'바 노'코 마'아지여, 머 이릉' 거 에 쭉:: 채'리166) 노코설랑.

검므 그어 초레상'에 올'리능 게 달:하'고, 그다'음 먹 어 화분'도 올'리고?

- 예식장, 그렇지요.

예, 요즘 젊은 사람들?

- 전부 예식장이지요, 그렇지.

예, 어 아마 요즘은 예전처럼 치골에서 또는 자기 집에서 초례 치르거나 이런 사람 아무도 없지 않습니까?

- 그렇지요.

가끔 뭐 어디 향교나 저런 데서 옛날식, 방식으로 저 그 혼례 치르는 경우가 있는데, 어, 옛날에 그 이 동네에 좀 살는 집들 같은 경우에 저 혼례 치를 때 어떻게, 어떤 식으로 합니까?

- 옛날에 혼례 치르는 것은 이 그, 그렇더라고 보니까, 옛, 어 뭐 좋게 견딘 집, 좀 환경이 좋은 집들은 그 어 뭐 참 날짜도 뭐 거기 동네가 다 알고, 뭐 온 동네가 축복도 하고 말이지, 축하도 하고, 그리고 또 그 어 이 그 이 결혼, 어 그 뭐 초례상, 예복 같은 것은 그 호화, 좀 호화스럽고 뭐 꽃등 같은 것도 놓고 말이야, 이래 뭐 그래 호화롭게 조금, 요새로 말할 것 같으면 호화 결혼식장이 되겠는데, 어 그 그런 식으로 하는 집도 이 어 많았었지요.

- 많았고, 잘사는 집들은.

그러면은 그 이제 이 그 초례, 보통 이 집에서도 인제 시집보낼 경우에 여기에서 초례를 지낼 것 아닙니까, 그렇지요?

- 네, 예, 초례, 예.

그러면은 어 신랑하고 상객이 와서 인제 여기 오면은 초례를 지내는데, 초례 보통, 초례 어떤 식으로 지냅니까, 예전에?

- 그 초례라 그러는 것은 이 인제 이 신부 집에 이 인제 마당에다설랑 이런 상을 놓고 닭을 놓고, 뭐 "꼬꼬"라고 하는 것이 있으니까, 닭 놓고 뭐 이래 화분도 꽂아 놓고 말이지요, 뭐 이런 것 어 쭉 차려 놓고서는.

그러면 그 초례상에 올리는 게 닭하고 그 다음 뭐 어 화분도 올리고?

– 어, 예 훈, 화분 나'꼬[167].

– 오'리가 인'능가, 그'르치, 암'마.

오리?

– 마, 예.

오리', 그 나무', 나무' 오리' 가튼?

– 응, 예, 예, 나무' 어리, 그케 마'리야, 엥 그 그'르코.

그 다으미 쌀' 가'튼 거또 노씀미'까?

– 그 싸:른' 논'능 거 모 빠'안데.

예, 감' 꺼 거게또 다른' 머 머'글 거'뚜 올'림미까?

– 예.

– 머'그 꺼느 안 올'려, 거'게요.

– 머'그 껄 안 올'리고, 거' 인제:: 어 이기 일 끼, 교'배례할 찌 술' 으 술뻥'음 가따 노'코.

술뻥'을 가따 노코?

– 여 잔' 나'코 이래 노코.

에에, 잔하'고 술뻐'은 가따 노'코?

– 예아.

– 근 노코 인제'엑 그'래 인제' 심부 찌'베서 초'례싸잉 마당'에 채'레지 먼 그어'르 인제 상'에다 그래 노코설랑 실라~'이 그'으 초'례장어른[168] 두 우'더라꼬.

– 실랑'이 인제' 머' 그 가마' 타고 오'는 집'또 이'꼬, 말' 타고 오'는 게 입또 그, 물'롱 그'르게 해'찌, 잘사는 지'변 황겨'이라 건, 그'르코 머' 엄:느 찌'벵니[169] 거'러두[170] 오'고, 그러치먼 그 마당'에 두'와서 은제 이 실랑'이 에 그 이 저 초'례, 에, 에, 에 이 즈 장'엘 대:길' 하'멈 심부'가 또 은제' 그 나와'요.

– 응 기 심부'울 나온' 데'느 인제' 그 지'베서 인제' 머' 심부' 화장'얼 쓰'

- 어, 예 화, 화분 놓고.

- 오리가 있는가, 그렇지, 아마.

오리?

- 뭐, 예.

오리, 그 나무, 나무 오리 같은?

- 응, 예, 예, 나무 오리, 그러게 말이야, 어 그 그렇고.

그 다음에 쌀 같은 것도 놓습니까?

- 그 쌀은 놓는 것을 못 봤는데.

예, 그럼 그 거기에도 다른 뭐 먹을 것도 올립니까?

- 예.

- 먹을 것은 안 올려, 거기에요.

- 먹을 것은 안 올리고, 그 이제 어 이것 이 교배례(交拜禮)할 때 술 어 술병만 갖다 놓고.

술병을 갖다 놓고?

- 여기 잔 놓고 이래 놓고.

예, 잔하고 술병은 갖다 놓고?

- 예.

- 그래 놓고 인제 그래 인제 신부 집에서 초례상이 마당에 차려지면 그것을 인제 상에다 그래 놓고서는 신랑이 그 초례장소로 들어오더라고.

- 신랑이 인제 뭐 그 가마 타고 오는 집도 있고, 말 타고 오는 집도 있고, 물론 그렇게 했지, 잘사는 집의 환경이라고 하면, 그렇고 뭐 없는 집에는 걸어도 오고, 그렇지만 그 마당에 들어와서 인제 이 신랑이 에 그 이 저 초례, 에, 에, 에 이 저 초례장에 대기를 하면 신부가 또 인제 그 나와요.

- 어 그 신부가 나올 때는 인제 그 집에서 인제 뭐 신부 화장을 시켜서

게가주171) 마'리지, 그래 먹 가'치 모시'거 나와 갸즈 거 와가지 이즘 맏',
두:리' 인저 마뿌'터가주 저'를 쓰'게더라꼬, 보'이끼네이, 여자'들.

— 음 남'자는 단도그로 저'럴 하'데', 여자'능 보'이 양:쩌'게 부'터가주
이리 저'를 쓰'게드라꼬.

예, 거, 그이 티, 히'미 드'니까?

— 이야.

기이 여자으 치마'도 머 이'꼬?

— 그래, 이야, 예아, 예, 그, 그'래가지 인제' 저'를 쓰'게고 인제' 그 그래
머 거 어이 저 홀:기'라 그'으제, 거러루, 그걸' 이'르멈 머' 저'럴 하'고 또
술짠똑172) 여 이인 낸, 나'나' 마'시드라꼬, 보'이께네.

— 심부 머'꼬 실랑 머'꼬 크'런 시'그러 은제'.

— 그래 저'를' 하'고 그래거 인제 에은, 에잉 그래은 초'레사~이173) 끈
나'믄 인제' 심부'는 심부 빵'으론 드가'고, 또 실랑'은 그 인제'.

— 사랑방'으론 드'어가주 은제' 그 동:네' 그어열 친'척뜰하코174) 모에'
안자 가주우 인'사 나누'코 인자' 가'치 얘기'도 하'고 노다'가 인제 은 은제
바'메 인제 그 심부하'꼬 심방' 치루'코, 그 또 잘사는 지'베능 거 실랑'이
고'마 한' 달또 사는' 사'람도 이'꼬, 두 달'또 사은' 사'람도 이'꼬, 또 머 엄
머얼 또 그 여 하 타'아, 한' 대에'쌔 사는' 사'람도 혹' 이, 이쓸지도 모르,
그래도 인제'윽 저' 무'근신해~'이 데'드라꼬.

— 그'래에 또' 실랑'은 인제' 자기 지'베 가'따가 또' 은정 오'고 수푸'
무175) 또 오'고, 머 으 그'른 녜가 데드'라꼬.

— 그래가주 인제'어 어느 정도 떼'므 인제' 에 실랑'이 심분 은제' 신행'
을 쓰'게드라꼬.

— 자기 지'브로.

검' 쭈 그 초'렌날 그: 초'레 지내고 나'며너 거'기서 잔'치를 함'미까?

처가', 거 시, 심부?

말이지, 그래 뭐 같이 모시고 나와 가지고 거기 와서 이래 맞, 둘이 인제 맞붙어서 절을 시키더라고, 보니까, 여자들.

‒ 음 남자는 단독으로 절을 하되, 여자는 보니 양쪽에 붙어서 이래 절을 시키더라고.

예, 그, 그 힘, 힘이 드니까?

‒ 예.

특히 여자는 치마도 뭐 입고?

‒ 그래, 예, 예, 예, 그, 그래서 인제 절을 시키고 인제 그 그래 뭐 그 어 저 홀기라 그러지, 그것을, 그것을 읽으면 뭐 절을 하고 또 술잔도 여이 나, 나눠 마시더라고, 보니까.

‒ 신부 먹고 신랑 먹고 그런 식으로 인제.

‒ 그래 절을 하고 그리고 인제 어, 어 그렇게 초례상이 끝나면 인제 신부는 신부 방으로 들어가고, 또 신랑은 인제.

‒ 사랑방으로 들어가서 인제 그 동네 그 친척들하고 모여 앉아 가지고 인사 나누고 인제 같이 얘기도 하고 놀다가 인제 어 인제 밤에 인제 그 신부하고 신방 치르고, 그 또 잘사는 집에서는 그 신랑이 그만 한 달도 사는 사람도 있고, 두 달도 사는 사람도 있고, 또 뭐 어 뭐 또 그 여 한 다섯, 한 대엿새 사는 사람도 혹 있, 있을지도 모르고, 그래도 인제 저 묵은 신행이 되더라고.

‒ 그리고 또 신랑은 인제 자기 집에 갔다가 또 인제 오고 싶으면 또 오고, 뭐 어 그런 예가 되더라고.

‒ 그래서 인제 어느 정도 되면 인제 에 신랑이 신부를 인제 신행을 시키더라고.

‒ 자기 집으로.

그럼 저 그 초롓날 그 초례 지내고 나면은 거기에서 잔치를 합니까?

처가, 그 신, 신부?

- 예'예, 잔첼' 하'제요.

끄'어 잔'치넙 보통' 그 초'레 잔, 그 홀레' 거 활' 때 잔'치는 주'로 어'떤 사'암더리. 워우, 모'여가 함'미까?

- 잔'치'는 주'로 인젝' 그 집', 그 동'네 사'람, 그 집 지'반, 머 형'제 자매 아, 또 그'루코 어, 옹언, 또 그르코 어우 그은 처가찝' 시'꾸들, 우우 동:네' 사'럼들, 그래 머 그 또 고 그래 음, 음 모에' 가즈어 잔체'엘 하며 인제 실랑'어 느 인제' 그으 이 동네 사'람들, 절'믄 칭'구드리부 와' 가'주이, 예:를 뜨르 으성' 깅가 거떵 깅가'드리, 구웡 타'성도 더'러 써'께', 그래 온, 오'머에 실랑한'테 인제' 여 음 머 처가에 머'를 쫌 멍능' 걸' 마이 내오'라, 요굴' 하'능 게'라.

- 멍능' 걸' 머 수'리 멤 말, 머 써 멩'태가 멜' 따하, 머이 기 이'른 씨' 그로 해 가'주우 머 다라매'고 밝'또 뚜데'래고[176], 그'래가주 인제' 에 음 울좌'내:는[177] 리, 예:가 데'드'라고, 잔체'가.

- 그래 데'며 인제' 실앙'어[178] 은 다라매'애 가주설'랑 시'끈[179] 음 바'를 인제' 을 뜽 때'리 가'주우 인지' 처가찌'베이 요구'울 해 노'코는, 여 어 과:바~'이라[180] 그렁 게 이'써여, 인제' 그거 그'날 결혼즈 치'낸 지'베서, 심부 찌'베서 음시'글 장'만해떵 그려음 방'이 이'써업, 과:바~'이나 채'린 나, 거'게 실랑' 끌'꼬 가'용.

- 그'어 이 정 머하르 청항' 거으 내오'라꼬 마이, 그래가쭈 은저' 쓰어, 실랑'이 청해 가'주우 나오'멍 그'어스 인제 그거' 머'꼬, 노'래도 하'고 머 그래 어응 바'미 느뜨'릉 노:다' 으 가고, 그르치, 머.

- 너 그'른 제'게 이'따꼬이.

가'므 인제' 그'얼 보통 장가: 은저 온 사'람 머 실랑' 데'르고 인제' 그래 안 함'미까, 그지?

- 예아, 야.

그엄'며넡 끄으거 아까' 초'렌 지엉, 초'레 지내'고 나'며너 인저 상개'근 보통 하루뺌' 무'꼬 가'기도 하'고, 앙 그암머 지'반 형펴'네 따'러서 당'일랄 도라

─ 예, 잔치를 하지요.

그 잔치는 보통 그 초례 잔치, 그 혼례 그 할 때 잔치는 주로 어떤 사람들이 와서, 모여서 합니까?

─ 잔치는 주로 인제 그 집, 그 동네 사람, 그 집 집안, 뭐 형제자매, 또 그렇고 어, 어, 또 그렇고 어 그 처갓집 식구들, 우리 동네 사람들, 그래 뭐 그 또 그 그래 음, 음 모여 가지고 잔치를 하면 인제 신랑은 인제 그 이 동네 사람들, 젊은 친구들이 와 가지고, 예를 들어 의성 김가 같으면 김가들이, 그 타성도 더러 섞였고, 그래 오, 오면 신랑한테 인제 여 음 뭐 처가에 뭐를 좀 먹는 걸 많이 내오라, 요구를 하는 거야.

─ 먹는 것을 뭐 술이 몇 말 뭐 써, 명태가 몇 마리, 뭐 그 이런 식으로 해 가지고 뭐 달아매고 발도 두드리고, 그래서 인제 어 음 우려내는 예, 예가 되더라고, 잔치가.

─ 그래 되면 인제 신랑은 어 달아매 가지고설랑 실컷 어 발을 인제 어 딱 때려 가지고 인제 처갓집에 요구를 해 놓고는, 여 어 과방이라고 그러는 게 있어요, 인제 그것 그날 결혼을 치른 집에서, 신부 집에서 음식을 장만했던 그런 방이 있어요, 과방이라고 채려 놓은, 거기에 신랑을 끌고 가요.

─ 그 이 저 뭐를 청한 것을 내오라고 말이지, 그래서 인제 신, 신랑이 청해 가지고 나오면 거기에서 인제 그것을 먹고, 노래도 하고 뭐 그래 어 밤이 늦도록 놀다가 어 가고, 그렇지, 뭐.

─ 뭐 그런 적이 있어요.

그러면 인제 그 보통 장가 인제 온 사람 뭐 신랑 데리고 인제 그래 안 합니까, 그렇지요?

─ 예, 예.

그러면은 그것 아까 초례 지내, 초례 지내고 나면은 인제 상객은 보통 하룻밤 묵고 가기도 하고, 안 그러면 집안 형편에 따라서 당일에 돌아

가'기도 하'고 그'러쓰미까?

상개기 *181)?

— 이 뜩 크 아무'리 모싸'러도 하루'빠믄 상개기 자'오 간' 수느 이, 이'따구.

— 그'기 영 가차'운182) 데'는 머 에두 다'인 깐 새임 머 이뗌만.

보'통어 하루빰 주'무시고 그 다음날?

— 근, 응에, 헤, 예, 예, 하루빰므183) 자우 가, 예, 고 다음 가능 게 마찌.

가'므 천'날빰, 응 거 보통' 여'기에 천'날빰 가틍 경우'에, 초'레 지'내고 여'이 천'날빰 어 지, 저, 할' 꺼 아임미'까?

— 예, 예.

심방'을 꾸며 가'주고 거 천'날빠믈 그 하'는데, 심방'월 그 어'떤 시으, 어, 주'로 어'디에 꾸'밈미까?

그어 안채가, 안'채에 함'미까, 어'떠케 함?

— 그, 아게, 그, 그'러치, 심방'은, 셈방'은 그 심부' 큰 집'베이그, 그 자'긱 크게, 자'기가 성'장하등 그, 크, 그 방'에 채'리드라꼰, 쭈'로가.

— 그 심부'가, 므 예:를 뜨'르 꺼'뜨므 중감 빵'이럼 중감 빵'에서 거'칠락, 그'어서, 처녀' 때'으 거'겔 이으 거'칠 해'따 그머 그 방'열 사용하'는 수가 열 주'로 만트'라꼬.

— 거'으돼 인제' 심방'을 채'린데, 그 심방'을 채'리먼 그'기 옌날' 수, 수, 속'땀미 그이 심방'을 채'림 머' 실랑'을 어'으 더러 그 머' 사랟'한는184) 쑤'간, 천'날빠메 사밸하는 수'어 이'따 카능 게'데, 그게 인제' 풍'스비 데'가주 뭉꿍'골185) 뚜'우꼬 들다보'고 그'래드라꼬, 상개칸'다꼬 마'레, 상지'칸다꼬186).

— 그'래 인제' 실랑 심부'가 방'에 드가'서 은제' 치치'믈 하기 데'믄 그어 그, 그 무'늘 뚜꼬' 마아찌, 이'래어 송까'라우 뚤꼬'이 머 너거 엠 마'구 시즈마'꿈187) 매'달렌 들다보'고.

— 그'래 그 상:지'글 하능 거느 그, 그어'는 예:가 은제' 이 실랑'을 보호하'는 뜨'시라, 그'래 에 애기엔 데드'라꼬.

가기도 하고 그렇습니까?

　상객이 *?

　- 이 저 그 아무리 못 살아도 하룻밤은 상객이 자고 가는 수는 있, 있다고.

　- 거기 영 가까운 데는 뭐 어디 당일에 가는 사람 뭐 있지만.

보통은 하룻밤 주무시고 그 다음날?

　- 그, 예, 예, 예, 예, 하룻밤만 자고 가, 예, 그 다음날 가는 게 맞지.

그러면 첫날밤, 어 그 보통 여기에 첫날밤 같은 경우에, 초례 지내고 여기에서 첫날밤 어 저, 저, 할 것 아닙니까?

　- 예, 예.

신방을 꾸며 가지고 그 첫날밤을 그렇게 하는데, 신방은 그 어떤 식, 어, 주로 어디에 꾸밉니까?

그 안채에, 안채에 합니까, 어떻게 합니까?

　- 그, 안, 그, 그렇지, 신방은, 신방은 그 신부 큰 집에, 그 자기가 컸던, 자기가 성장했던 그, 그, 그 방에 차리더라고, 주로가.

　- 그 신부가, 뭐 예를 들을 것 같으면 중간 방이면 중간 방에서 거취를, 거기에서, 처녀 때 거기에 어 거취를 했다고 그러면 그 방을 사용하는 수가 주로 많더라고.

　- 거기에다가 인제 신방을 차리는데, 그 신방을 차리면 그 옛날 속, 속, 속담에 그 신방을 차리면 뭐 신랑을 어 더러 그 뭐 사별하는 수가, 첫날밤에 사별하는 수가 있다고 하는 게, 그게 인제 풍습이 돼서 문구멍을 뚫고 들여다보고 그러더라고, 상직한다고 말이야, 상직한다고.

　- 그래 인제 신랑 신부가 방에 들어가서 인제 취침을 하게 되면 그 어 그, 그 문을 뚫고 말이지, 이래 손가락으로 뚫고 뭐 넣고 어 마구 추녀마다 매달려서 들여다보고.

　- 그래 그 상직을 하는 것은 그, 그것은 예의가 인제 이 신랑을 보호하는 뜻이라, 그래 어 얘기가 되더라고.

무, 뭉꾸멍′ 뚤릉′ 그′얼 머 한′다고 함′미까?

─ 상지′칸다 그′래, 상직′.

─ 마저, 상지카′로 간′다, 상지′칸다, 그어′느 인제′ 여자′드리 주′로 해′, 남자가 아이′고.

끄엄′며느 주′로 여자′드리 그′어 뭉꾸녕 뚜′러 가′주고?

─ 응, 상지′글 한다 게지.

그엄′며느 보통′ 그′거거 시, 심방′에 검′ 초레 지′내고 한 저녁′, 저녁 머′꼬 심방′에 감′미깡, 실르너?

─ 예′, 저, 저녁 머′억 까제.

─ 저녁′ 머′꼬.

감′ 실랑′언 저녁 머′끼 정까′지느 어디′에 이씀미′까?

초′레 지′내고 나서′?

─ 맹′ 에잉 그어 이인 즈 초′레은 즌 지′나고 나′멍[188] 그 집 사랑방에 가′.

─ 사랑′에 가가′주 인제′이 칭′구들하꼬 술′또 머′꼬 노게′드[189], 인′사도 나누′꼬, 그래 은제′ 음 장난 소리도 하고, 장난′도 치′고 머′, 그래 실랑′ 다룬′다 크′고 머야 매다′러 노′꼬 물견′ 요구′도 하구 마에주, 음′싱 머′ 수리 메 초′롱 으이′따, 머 이 이래 인제′ 어 불 꾸′꼬 그래 인저 장난′드 하고, 그′래으 저녁 머′꼬.

─ 으 저녁 머′꼬 또′ 노라.

─ 맹′ 노머[190] 바′미야 열뚜 시 거′익 가차이 데′야 헤어지더라꼬, 모도, 어.

아, 거러 인저 스, 그′때 인저′ 심방′에 감′미까?

─ 암, 아 무 실랑′은 엉에′으 인지[191] 그 심방을 거기, 어읍, 어이 여자 방′으로 드가′고.

가′므 심바′, 심방′, 심방′ 가기 정까′지너 여자어, 심부 얼굴′도 제대′로 모 뽀′껜네예?

초′레 지′낼 때′늠 머 화장해 가 이꼬?

문, 문구멍 뚫는 그것을 뭐 한다고 합니까?

— 상직한다고 그래, 상직.

— 맞아, 상직하러 간다, 상직한다, 그것은 인제 여자들이 주로 해, 남자가 아니고.

그러면은 주로 여자들이 그 문구멍을 뚫어 가지고?

— 응, 상직을 한다고 그러지.

그거면은 보통 그것, 신, 신방에 그럼 초례 지내고 한 저녁, 저녁 먹고 신방에 갑니까, 신랑은?

— 예, 저, 저녁 먹고 가지요.

— 저녁 먹고.

그러면 신랑은 저녁 먹기 전까지는 어디에 있습니까?

초례 지내고 나서?

— 역시 어 그 이 저 초례 저 지내고 나면 그 집 사랑방에 가.

— 사랑에 가서 인제 친구들하고 술도 먹고 놀기도, 인사도 나누고, 그래 인제 음 장난 소리도 하고, 장난도 치고 뭐, 그래 신랑 다룬다고 하고 뭐 매달아 놓고 물건 요구도 하고 말이지, 음식 뭐 술이 몇 초롱 있다, 뭐 이 이래 인제 어 불 끄고 그래 인제 장난도 하고, 그래 저녁 먹고.

— 어 저녁 먹고 또 놀아.

— 역시 놀면 밤에 열두 시 거의 가까이 되어야 헤어지더라고, 모두, 어.

아, 그래 인제 신, 그때 인제 신방에 갑니까?

— 암, 아 뭐 신랑은 어 인제 그 신방을 거기에, 어, 이 여자 방으로 들어가고.

그러면 신방, 신방, 신방 가기 전까지는 여자, 신부 얼굴도 제대로 못 봤겠네요?

초례 지낼 때는 뭐 화장해 가지고 있고?

- 그, 그르치, 모' 빠쩨, 그'르찌이그.

- 화장가이그 이래' 가'주움 마'가가주192) 이쓰'이께르 모 빠'쩨예.

적똘, 족뚜'리 쓰'고 이'꼬 그래 너이, 그지예?

- 거으 거, 그'러치, 모 빠'찌, 이'거 확'씨리 모 빠'찌.

- 그'래고 은제' 이 심방'엑 가' 가주우 쪽또'리 베'끼미193) 인제' 확'씨리 볼' 수 이'찌, 심부'러.

거: 족뚜'리 인저 심방 그아'며 인지 천날빠'민데에, 검' 쪽뚜'리를 그어은 심랑'일 버'낌미까?

- 메, 시야이194), 실라'이 베'끼지여이지, 쪽또'리네.

그'암머 족뚜'리 버'끼고 그'냥 잠'미까, 앙 그'러명 거'이 머' 수'리라도 한' 잔 하'고 잠'미까?

- 하, 아이'래, 그 수리랑 게' 흐게 먼: 주라 그르잉'갸, 그'게 윽, 거'게 인제 술' 라'꼬 음시'글 가따 노은'다꼬.

- 으, 머'꼬 얘기하'라꼬.

- 허러 인저' 그거 머읭' 사'랑도 이'꼬, 기'양 곰 암 머'꼬 고다나'이 꼼' 머 자'는 사'람드 이'꼬, 그'르트락, 구'게 인제'.

거윽 그애서 어'째뜬 그'래가 머 천'날빰 그'어 한다, 그'지예?

- 예.

끄: 보통: 그 인제 그얼 은저 그'름때 인제'어 초'레 에 그 하'고, 그럼'며 너 인제' 머 아까'두 이야기해'찜마는, 무'근 신'행 하'는 사'얌머 실랑'이 머 처가찌'베서 무'꼬 어 지'내다가 또 머 가끔' 자기 집, 봉'가에 가'따가?

- 갔따가 또' 오'구오, 그러 쑤도.

**195) 와따 가따 하'음면서 그'래서 어 나중'에 인제' 어 결'과저그로 인제' 무'근 신행 끈'날 무'려베?

- 그'키 양가'이 타압패'가주196) 인제' 신행'을 해'가쭈 그만.

그'르쪼, 신행:을 가'며 인제' 여자 입'쨍에서넌 시'집까능 거 아임미'까, 그'

178 경북 봉화 지역의 언어와 생활

– 그, 그렇지, 못 봤지, 그렇지요.

– 화장해서 이래 가지고 막아서 있으니까 못 봤지요.

족두리, 족두리 쓰고 있고 그래 놓으니, 그렇지요?

– 거 그, 그렇지, 못 봤지, 이것 확실히 못 봤지.

– 그러고 인제 이 신방에 가 가지고 족두리 벗기면 인제 확실히 볼 수 있지, 신부를.

그 족두리 이제 신방 그러면 인제 첫날밤인데, 그러면 족두리를 그러면 신랑이 벗깁니까?

– 예, 신랑이, 신랑이 벗기지요, 족두리는.

그러면 족두리 벗기고 그냥 잡니까, 안 그러면 거기 뭐 술이라도 한 잔 하고 잡니까?

– 아, 아니야, 그 술이라는 게 그게 무슨 주라 그러는지, 그게 어, 거기에 인제 술을 놓고 음식을 갖다 놓는다고.

– 어, 먹고 얘기하라고.

– 그래 인제 그것을 먹는 사람도 있고, 그냥 그만 안 먹고 고단하니 그만 자는 사람도 있고, 그렇더라고, 그게 인제.

그 그래서 어쨌든 그래서 뭐 첫날밤 그래 한다, 그렇지요?

– 예.

그 보통 그 이제 그 이제 그때 인제 초례 어 그렇게 하고, 그러면은 인제 뭐 아까도 이야기했지만은, 묵은 신행 하는 사람은 신랑이 뭐 처갓집에서 묵고 어 지내다가 또 뭐 가끔 자기 집, 본가에 갔다가?

– 갔다가 또 오고, 그럴 수도.

** 왔다 갔다 하면서 그래서 어 나중에 인제 어 결과적으로 인제 묵은 신행 끝날 무렵에?

– 그래 양가에서 타합해서 인제 신행을 해서 그만.

그렇지요, 신행을 가면 인제 여자 입장에서는 시집가는 것 아닙니까, 그렇지에, 입짜이?

　― 그'어, 그, 그르찌여, 여자 저이, 여자'로튼 실랑' 찌'베 가능 게'고. 그'르치예?

　― 어, 야, 예.

네에, 인제' 결'구은 시집가'능 건'데, 시집까:'서 인'제 에어 저쭈'게 인'제, 저쪼'게어 실랑 찌'베 인제 시집까'서넝 거'이서늠 머 잔', 잔'치만 하'지 머' 아까처'럼 머' 홀'레 치르'고 인제' 이'릉 건 업따' 아님미'까, 그'지에?

　― 그'러치요, 그 신행 찌'베는 끄으 머 잔치 케'양 머'꼬 엉 에, 머'꼬 심부' 보'러 오지, 머 다'릉 건.

　― 남'자드른느 벨'러197) 안 온'다 그'이께네, 어이 거 신행 찌'베는 여자'드리 주로 와 고'마.

　― 아이 지여 새'득 뽀'로 온다 그래, 새'득.

　― 심부'를 새드'기라 그'래그더, 여.

　― 요 구경하'러, 머 잘껄, 잘'난나 몬나'나 보'로 온'다, 그'르고 머' 그래 가주 주로' 인제 친'척, 남'자더른 친'척 웨'에'는 아' 나이.

끄엄'며너 그워 페배'글 그'때 함'미까?

　― 페:배'기라 거'능 게 인제' 신행' 가 가주고 어: 여자'가 인제' 샤할랑' 찌'베 신행'을라꺼 갈' 때 으 페배'기라 그'능 걸' 멀 장만해'가주 간'다궈.

　― 달:또' 이'꼬 머', 머' 고'기도 이'꼬 머', 머' 밤:도 이'꼬 대추'도 이'꼬, 그'릉 걸' 싸' 가주'고, 이래 쟁바네 싸' 가주'고 응 그 가:마' 여'어가주198) 우어이 씨래이, 신행'어르 카, 가믄, 신행'을 드'려닥 어여 그, 가믄 응 그 시'어른느, 시'부모한떼음 인'사을 드'랜다꼬.

　― 그게' 페배'기라 그'드라꼬, 보'이께네.

　― 그래 심부가 아아'이 쌔'이, 시'어른 양어'분한떼 제이, 저'럴 하고, 그 페배'글 내 노'으면, 그 요새'로 말허'꺼, 바:밈' 대추' 거'틍 거를 떤져 주문상은 머 어언 참 은 어 으응 마낸' 야'드를 로'으란99) 시'그로홍 그래 힌제 으 머' 무루페

지요, 입장이?

― 그, 그, 그렇지요, 여자 쪽, 여자로서는 신랑 집에 가는 것이고.

그렇지요?

― 어, 예, 예.

예, 인제 결국은 시집가는 것인데, 시집가서 인제 어 저쪽에 인제, 저쪽에 신랑 집에 인제 시집가서는 거기에서는 뭐 잔, 잔치만 하지 뭐 아까처럼 뭐 혼례 치르고 인제 이런 것은 없다 아닙니까, 그렇지요?

― 그렇지요, 그 신행 집에는 그 뭐 잔치 그냥 먹고 어 에, 먹고 신부 보러 오지, 뭐 다른 것은.

― 남자들은 별로 안 온다 그러니까, 어 그 신행 집에는 여자들이 주로 와, 그만.

― 어 저 새댁 보러 온다고 그래, 새댁.

― 신부를 새댁이라 그러거든, 여기에서는.

― 요기 구경하러, 뭐 잘, 잘났는지 못났나 보러 온다, 그러고 뭐 그래서 주로 인제 친척, 남자들은 친척 외에는 안 와요.

그러면은 그 폐백을 그때 합니까?

― 폐백이라 그러는 게 인제 신행 가 가지고 어 여자가 인제 신랑 집에 신행을 갈 때 어 폐백이라 그러는 것을 뭘 장만해서 간다고.

― 닭도 있고 뭐, 뭐 고기도 있고 뭐, 뭐 밤도 있고 대추도 있고, 그런 것을 싸 가지고, 이래 쟁반에 싸 가지고 어 그 가마에 넣어서 어 신행, 신행을 가, 가면, 신행을 들여다 어 그, 가면 어 그 시어른, 시부모한테 인사를 드린다고.

― 그게 폐백이라 그러더라고, 보니까.

― 그래 신부가 아 시, 시어른 두 어른한테 절, 절을 하고, 그 폐백을 내놓으면, 그 요새로 말할 것 같으면, 밤이며 대추 같은 것을 던져 주면서 뭐 어 참 음 어 음 많은 아들을 낳으라는 식으로 그래 인제 뭐 무릎에 던

떤'져 주'드라꼬, 그'른 네'게 인'제 그'게 페백' 드'랜다 그'드라꼬.

— 그게' 인제버 에이 요새'로우, 글'때능 그게' 페배'기라 그'래드라꼬요.

그암' 페백' 그으게' 인제' 악, 페배'글 그'때 머 신행 와'서 페백할' 때 보통' 시으, 실랑' 시'부모맘 페백 뽐'미까, 앙 그'암 머 페백' 어디까'지 봄'미까, 보통'?

— 폐:배기 그르이겐 인제으 그윽 큰 응, 그이 쟈기 실랑 지'베아 머 구오우 그거 인제' 맹 가차'운 친'처궁 어름분'더드어런 마쩌를 하고, 보긴' 보'드라꼬

— 어: 그 마쩔 하'드라꼬.

— 마쩔 하거우 보'드라꼬, 그.

— 글'때 으 그거' 맹' 그제거꾸, 그거 노'꼬 맹' 저'를 하드라꼬용.

— 페배 그걸 로'꼬.

머 수를 한 잔 올리고 그래 함?

— 예, 으예, 예.

— 긍, 그래등 거 타'꼬, 예.

— 확씨'리 멀', 므어 그 다: 이저뿌'래 인제', 아허으 그르치 십'따꼬 인제'이 기'어기 나'능 게'.

— 그'래 인제' 그 시'어른 외'에 가차'운 머' 삼촌이라든지 사초어'니라든지, 이'른 사'람드릉 그거 마쩌르 하고 보'드라꼬 마디.

— 철, 첟'이인'사라꺼 그으래뜨라꼬.

그'때 처음 인제' 어 심부 입'짱에서는 그'때 인제아 지'반 어른들 처음' 벱'찌예?

— 그래 잉 그, 으어, 그아 저이 인'살 드'래능 게비, 거.

그 다'은, 그 다'으메 시:, 거음 시'부모 중'에서 머' 시'아버지너 초'레 땝어 즈 그엄 뻐, 봐, 초레 하'는 날 볼 수, 보 숨?

— 아'이래에영.

그'때도 모 뽐'미까?

— 그'얼롱음 모 빠'찌.

도 그'영 어'째뜬 처음' 벰'능 거는?

져 주더라고, 그런 예가 인제 그게 폐백 드린다고 그러더라고.

－ 그게 인제 어 요새로, 그때는 그게 폐백이라 그러더라고요.

그러면 폐백 그게 인제 아까, 폐백을 그때 뭐 신행 와서 폐백할 때 보통 신, 신랑 시부모만 폐백 봅니까, 안 그러면 뭐 폐백 어디까지 봅니까, 보통?

－ 폐백이 그러니까 인제 그 큰 어, 그 자기 신랑 집에 뭐 그 그것 인제 역시 가까운 친척 어른은 맞절을 하고, 보기는 보더라고.

－ 어 그 맞절 하더라고.

－ 맞절 하고 보더라고, 그.

－ 그때 어 그것 역시 그것, 그것을 놓고 역시 절을 하더라고.

－ 폐백 그것을 놓고.

뭐 술을 한 잔 올리고 그래 합니까?

－ 예, 예, 예.

－ 그, 그랬던 것 같다고, 예.

－ 확실히 뭐, 뭐 그 다 잊어버리고 인제, 허허 그렇지 싶다고·인제 기억이 나는 게.

－ 그래 인제 그 시어른 외에 가까운 뭐 삼촌이라든지 사촌이라든지, 이런 사람들은 그것 맞절을 하고 보더라고 말이지.

－ 첫, 첫인사라고 그랬더라고.

그때 처음 인제 어 신부 입장에서는 그때 인제 집안 어른들 처음 뵙지요?

－ 그래 이 그, 어, 그 저 인사를 드리는 것이지, 그.

그 다음, 그 다음에 시, 그 시부모 중에서 뭐 시아버지는 초례 때 어 저 그 봐, 봐, 초례 하는 날 볼 수, 볼 수 있습니까?

－ 아니에요.

그때도 못 봅니까?

－ 그때는 못 봤지.

뭐 그럼 어쨌든 처음 뵙는 것은?

— 어예, 그'날, 페백' 드'랜 날 보'지.

신행 와'서?

— 그 페백' 뜨린 날오 확'씨리 보'지요.

시'어머니늠 므' 처'어, 처음' 인사 드'리능 거우, **** **200), 그'지예?

— 예, 예아.

웨아, 그르스 그 하'고, 어 그다'으메으 인제' 보통: 그거' 신행 옴'며너 여자'들한테 거, 새'댁한테 상'을 주'지예?

— 예', 상을 인제' 그.

그 상'은 무슨 상'이라 함'미까?

— 그'게 어여, 으, 이 큰사~'이라201) 그랜너이, 큰사'아.

큰사~'이라 하'지예?

— 예.

큰상에너 ***202) 어뜨게 함미까?

— 꺼으, 끄 큰상을 바더.

— 큰상'을 저'럴 하능 게 아이'고.

머' 큰상'에 멀 차'려 줌'미까, 보통'?

— 그르이 머' 그게' 옌날로 말하 꺼 머, 머이 칠첩' 방상'기니 머', 머 에듬 메 처'꺼 반상기 그므썬 그 쩌'에 그 머아 바'네 노엔' 수짜를 인제' 젱으, 그 접'씨가 일고 껨 칠처비거고, 머 쎄이, 열 껨' 십처'비래 그, 그릉 꺼 테, 보'이께네.

— 그'어 칠'첩 반상'기에다 음시'글 여'래 채리 가'주어 밥바'꼬 가따 노'으면 큰상'을 인제' 그으, 거 가차'운 친'처기에 가따 주'먼 그 새'드기 그걸' 음 멍는다꼬.

— 그걸' 인제' 신행 와가'주 인제' 처 쌍', 큰사~'이라 그래드라꼬.

그아'임 보통' 큰상' 그거 은제' 심부'가 와'서 큰상'얼 바더 가'주고, 어 처음 바블' 멍는'데, 그아'므 그'어때 그'냥 여자'어가, 시음부'갇 직'쩝 자기 이'베 먼절

- 예, 그날, 폐백 드린 날 보지.

신행 와서?

- 그 폐백 드린 날 확실히 보지요.

시어머니는 뭐 처음, 처음 인사 드리는 것이고, **** **, 그렇지요?

- 예, 예.

예, 그래서 그렇게 하고, 어 그 다음에 인제 보통 그것 신행 오면은 여자들한테 그, 새댁한테 상을 주지요?

- 예, 상을 인제 그.

그 상은 무슨 상이라 합니까?

- 그게 어, 어, 이 큰상이라 그랬습니다, 큰상.

큰상이라 하지요?

- 예.

큰상에는 *** 어떻게 합니까?

- 그, 그 큰상을 받아서.

- 큰상을 절을 하는 게 아니고.

뭐 큰상에 무엇을 차려 줍니까, 보통?

- 그러니 뭐 그게 옛날로 말할 것 같으면 뭐, 뭐 칠첩 반상기니 뭐, 뭐 이 몇 첩 반상기 그러면서 그 저 그 뭐 상에 놓인 숫자를 인제 접, 그 접시가 일곱 개면 칠첩이고, 뭐 십, 열 개면 십첩이라고 그러고, 그런 것 같아, 보니까.

- 그 칠첩 반상기에다 음식을 요래 차려 가지고 밥하고 갖다 놓으면 큰상을 인제 그, 그 가까운 친척이 갖다 주면 그 새댁이 그것을 음 먹는다고.

- 그것을 인제 신행 와서 인제 첫 상, 큰상이라 그러더라고.

그러면 보통 큰상 그것 인제 신부가 와서 큰상을 받아 가지고, 어 처음 밥을 먹는데, 그러면 그때 그냥 여자가, 신부가 직접 자기 입에 먼저 떠 넣습니

떠러씀'미까, 앙 그암 다른 사'암한테, 누'구 줌'미까?

— 아이'래, 그'게, 옌나'레름 마'르지예.

예, 에, 옌날'얼러므?

— 얼 그' 잘산, 어 이 옌날' 얘'기레예이.

예, 예, 옌날 꺼 하무, 요즘 안 하니카?

— 잘사는, 잘, 지'베는 그'게 어이 시, 신행'얼륵[203] 갈 찌'게 그 어으 그 시녀'를 데루' 가'여, 하나.

— 시:녀'럴.

— 자기 몸쫑'을 데루' 간'다꼬.

— 잘사는 지'베는.

그'르치예, 몸'쫌에 함 명 데'르 가'지예?

— 어, 어, 몸쫑'을, 처:녀'래, 그'또.

— 데리'구 가먼 그 이드 몸쫑'익 거'게서 인제' 바'벌 떠메'기[204] 준'다꼬, 그 큰상'을 바'드마.

— 그 몸쫑'이 그 인제' 어 보잘[205] 해 준'다꼬.

— 어에 하'라꼬 밥또 떠미'게 주고 마'리지여, 오'또 이래으 가사' 주고 마'리지, 이르 인제' 에 그 시녀'를 데루' 가' 가주고, 몸쫑'을 데루' 가서 그 어으 보졀' 반는 집'또 이'꼬, 몸쫑'이 엄:는 지'베느 여'뻬[206] 가차'운 지'베 서 머 한 술 떠미'게 주고, 그른 녜드 임 머.

그'르쵸, 어딤 머 하능미나 머 이런 시우러 데'리우 가'지영?

— 야, 예, 예아, 예, 예, 예어, 그, 그래.

그엄'믄 그 웨감 므 가'서 저'를 해'야 데'니까, 으에 또' 절'도 해'야 데'고, 쯔어?

— 아 그, 그'일 저'리랑 게' 그'케 거 인제' 저 이.

**[207] 시'부모 페백 뽈라 함며너?

— 아, 시여, 씨부모 페백' 드'럴 찌'이[208] 저럭, 큰'저를 다: 하'능 게'라.

그'르쳐, 여자 혼'자는?

까, 안 그러면 다른 사람한테, 누구 줍니까?

— 아니야, 그게, 옛날에는 말이지요.

예, 예, 옛날에는요?

— 어 그 잘사는, 어 이 옛날 얘기에요.

예, 예, 옛날 것 하시면, 요즘 안 하니까?

— 잘사는, 잘, 집에는 그게 어 신, 신행을 갈 적에 그 어 그 시녀를 데리고 가요, 하나.

— 시녀를.

— 자기 몸종을 데리고 간다고.

— 잘사는 집에서는.

그렇지요, 몸종을 한 명 데리고 가지요?

— 어, 어, 몸종을, 처녀야, 그것도.

— 데리고 가면 그 이 몸종이 거기에서 인제 밥을 떠먹여 준다고, 그 큰 상을 받으면.

— 그 몸종이 그 인제 어 보좌를 해 준다고.

— 어찌 하라고 밥도 떠먹여 주고 말이지, 옷도 이래 갖춰 주고 말이지, 이래 인제 어 그 시녀를 데리고 가 가지고, 몸종을 데리고 가서 그 보조를 받는 집도 있고, 몸종이 없는 집에는 옆에 가까운 집에서 뭐 한 술 떠먹여 주고, 그런 예도 있는 모양입니다.

그렇지요, 어디 뭐 하인이나 뭐 이런 식으로 데리고 가지요?

— 예, 예, 예, 예, 예, 예, 그, 그래.

그러면 그 왜 뭐 가서 절을 해야 되니까, 어 또 절해야 되고, 저?

— 아 그, 그 절이라는 게 그러게 그 인제 저 이.

** 시부모 폐백 보려 하면은?

— 아, 시, 시부모 폐백 드릴 적에 절을, 큰절을 다 하는 거야.

그렇지요, 여자 혼자는?

― 끄어, 그 가차'운 친'척 다' 대렐' 다: 하능 게'라, 글'때느.

그'르치예?

― 인'살 라능' 게'라.

여자' 혼'자 절하, 남'자느 혼'자 머' 절하'기 쉬운'데, 여자'너?

― 여잔' 여'페서으 보조'올 해' 주'제이.

그'얼치예, 큰절하'기가 힘'드니까?

― 아, 에예, 예.

― 이 양짜'어209) 부'터가주 보조'올 해 준다, 꼬래, 큰저'얼 한 덴.

그엄'며는 그'때 머' 그 보통' 그 밥 까튼 경우'에 어 풍으이, 이'런 데너 풍'스비 머 땅 거 업씀'미까?

거'어 어 시작짜, 시'지베 와'서 머 시누'나 누구항그, 누구한'테 이'거 머 밥' 제일, 한' 술' 제일 먼저 떠가'지 누구한'테 주'라, 그'릉 건 업씀'미까, 이 동네'에넝 그'렁?

― 모르시'더, 그거'는느 자'시 모'르겐데.

여자'들 끼'라서?

― 어예아.

― 그, 그 가까운 친척 다 대례를 다 하는 거야, 그때는.

그렇지요?

― 인사를 나누는 거야.

여자 혼자 절하기는, 남자는 혼자 뭐 절하기 쉬운데, 여자는?

― 여자는 옆에서 보조를 해 주지.

그렇지요, 큰절하기가 힘드니까?

― 아, 예, 예.

― 이 양쪽에 붙어서 보조를 해 준다고, 그래, 큰절을 할 때는.

그러면은 그때 뭐 그 보통 그 밥 같은 경우에 어 풍습이, 이런 데는 풍습이 뭐 다른 게 없습니까?

그 어 시집, 시집에 와서 뭐 시누이나 누구한테, 누구한테 이것 뭐 밥 제일, 한 술 제일 먼저 떠 가지고 누구한테 줘라, 그런 것은 없습니까, 이 동네에서 는 그런?

― 모르겠습니다, 그것은 자세히 모르겠는데.

여자들 것이라서?

― 예.

2.2. 장례 절차에 대한 이야기

어르'신 그음 어, 이여, 어'제 이'어스 계속 하게씀'니다.

― 예'예', 그'래시더, 예예.

어:, 어르'신 어'제 우리 그엄, 이 마을 유'래라든지 이럼 부'부네 대'해서 쫌슴 말쓰'믈 해' 주'션는데, 끄어 어, 혹'씨 그 요즈'므언 머' 주'로, 어'제도 잠시' 이야기해'쓰미다마는, 장어, 누'가 도러가'시게 데'며느, 초상나'며너 점'부 장이사'라든지, 병어, 영안씨', 병원' 영안씨 가써 에여, 마이 하처?

― 다: 하'져, 요솜, 예.

예, 예, 하'어게 데'서 쪼곰' 그르'치마너, 에전 가'트며는 대개' 지'베서 안 해씀미까, 거르치에?

― 예, 예전 거'트먼 은, 지'베서 마가'210) 장미, 장:니' 치'루조.

혹'씨 그'얻, 사라'미이 이 주'거서 장네'를 치를' 때에' 쩌 이 자으 저, 예 저'네 장네' 치'를 때 어'떤 시'으루 치런'는지 함무 이야길 하'문 해 주이'소? 요즘' 머 사'암들 잘 모르'니까, 에?

― 엠, 으, 예, 예.

― 이 옌날' 에임, 장례 치른' 버'블 얘기하'까요?

예, 예, 예.

― 예.

― 옌나'레는 인제읍 부'모가 머 편'찬해가주 상'을 당하'믄 상주가, 그 문중' 어른'드리 모도 모에'고 해'서 그 인제' 별쎄해'따는 부고'를 씀'니다.

― 읍 부고'를 인자 하'모에, 하'모211) 임, 머 이 유인내 그애 해가주 그 으, 부'치니 어'제 날'짜로 마 인 메 시경'에, 이 경여 머 유씨므 유씨야, 마 으 그른 씨로 해 아주이 별쎄해'쓰니께 자'이 부고한'닥, 이래 인제' 그 부 골' 내먼', 그으 부골'르 가'주고, 옌나'레는 우체'부가 업썬'니더212).

어르신 그러면 어, 이어서, 어제 이어서 계속 하겠습니다.

― 예, 그럽시다, 예.

어, 어르신 어제 우리 그것, 이 마을 유래라든지 이런 부분에 대해서 좀 말씀을 해 주셨는데, 그 어, 혹시 그 요즘은 뭐 주로, 어제도 잠시 이야기했습니다만은, 장례, 누가 돌아가시게 되면은, 초상나면은 전부 장의사라든지, 병, 영안실, 병원 영안실 가서 어, 많이 하지요?

― 다 하지요, 요새는, 예.

예, 예, 하게 돼서 조금 그렇지만은, 예전 같으면은 대개 집에서 안 했'습니까, 그'렇지요?

― 예, 예전 같으면 어, 집에서 모두 장례, 장례를 치르지요.

혹시 그, 사람이 이 죽어서 장례를 치를 때에 저 이 장례 저, 예전에 장례 치를 때 어떤 식으로 치렀는지 한 번 이야기를 한 번 해 주십시오?

요즘 뭐 사람들 잘 모르니까, 예?

― 옛, 어, 예, 예.

― 이 옛날 어, 장례 치르는 법을 얘기할까요?

예, 예, 예.

― 예.

― 옛날에는 인제 부모가 뭐 편찮아서 상을 당하면 상주가, 그 문중 어른들이 모두 모이고 해서 그 인제 별세했다는 부고를 씁니다.

― 그 부고를 인제 하면, 하면 이, 뭐 이 유인을 그래 해서 그 어, 부친이 어제 날짜로 뭐 이 몇 시경에, 이 경에 뭐 유시면 유시, 뭐 어, 그런 식으로 해 가지고 별세했으니까 아들이 부고한다, 이래 인제 그 부고를 내면, 그 부고를 가지고, 옛날에는 우체부가 없었습니다.

- 여'에 동네' 사'럼드리 모'도213) 한' 동네쓰 마'타 가'즈어 이마'꺼
이214), 여나음' 장씨에이, 시무 장'석 가'주고 전'낸니더, 동네매'동215).

- 가서 인'제, 집찜매'동 가서 인제 이여 부골' 전나'고 끄'으, 그'래 와
가주'고 인저 또' 부골' 전난 따'으메으, 그 사람'드름 부고' 전하도'르216) 캔
노'꼬 동네 문중 어른'드른 또 망'이'네 대한'느 장이'를 정'해요.

- 제, 장이'르이, 예를 뜨'러 가주 말하음, 오'늘 도러가씨미, 요샌' 먼'
주로 사'밀짜일니더, 머 암, 냐음, 머 더'도 모 타'고 그'래두구만.

- 그'느 옌나'렌 머' 사'밀짱도 마'이 해'찌만, 보통' 오일'짱', 치'릴짱, 그'
래 머탄' 지'벤 머' 어어, 근 열'흘, 으을, 보'름장도 지낸 지'비 이'써써, 유유
한 지'베는.

- 그'래어 황겨'이 좀' 느잉, 경제가 나꼬 한' 지'베는.

- 그'래 장네'을 채루'코217), 그게 찌, 장녀'는 인제' 쯔 에, 그'래 데'먼
인제 지, 에 상가'에서는 인저218) 그, 금 망'이'니 주'근 다'으메 인제 수으,
소리'미라 근'능 어이, 소러'미라 그'능 거, 소려'를 하니더.

- 소려'미러 그능 거'느 인제' 망'이'널219) 인저 소'늘 거다' 가주 무'꺼
조요.

- 마' 발라꼬, 거 이게.

- 그 이'스, 에, 사라'미랑 건' 숨: 떠'러지면 고마 사지'가 구'더 뿌거드요.

- 구'더 뿌'먼 소'널 모치'럴 모 하'이께네220) 덜: 구'더슬 찌'게 소'널 모
코221), 바'를 마'아 가주 무'끼 조트'룩222) 배 우'에 요'래 은'저 가'주이, 요
골' 소리'미라 그'래여.

- 그'래 소리'를223) 마치고 나'머 인제 그'나알 거'트먼 그 인제'으 상주
는 머 그'어를, 찌꺼, 성'보기라 그은' 또 제사'알 지'내요.

- 성'보글 지'내면, 성복 쩌'네는 다리'이능224) 고'글 모 태'여, 상주도.

- 으 성'보기라 그'능' 거'느 인제' 머 어이, 이'트레 음, 머 오늘 주'거씸
므225) 내'일쯤 성'복 제사'을 치이내'요.

- 여기 동네 사람들이 모두 한 동네씩 맡아 가지고 이만큼씩, 여남은 장씩, 스무 장씩 가지고 전했습니다, 동네마다.

- 가서 인제, 집집마다 가서 인제 이 부고를 전하고 그, 그래 와 가지고 인제 또 부고를 전한 다음에는, 그 사람들은 부고를 전하도록 해 놓고 동네 문중 어른들은 또 망인에 대한 장의를 정해요.

- 인제, 장의를, 예를 들어 가지고 말하면, 오늘 돌아가시면, 요새는 뭐 주로 삼일장입니다, 뭐 어, 음, 뭐 더도 못 하고 그렇더라고요.

- 그런데 옛날에는 뭐 삼일장도 많이 했지만, 보통 오일장, 칠일장, 그래 무엇 한 집에는 뭐 어, 근 열흘, 어, 보름장도 지내는 집이 있었어, 여유가 있는 집에서는.

- 그래 환경이 좀 낮고, 경제가 낮고 한 집에서는.

- 그래 장례를 치르고, 거기에 장, 장례는 인제 저 어, 그래 되면 인제 저, 어 상가에서는 인제 그, 그 망인이 죽은 다음에 인제 소, 소렴이라 그러는 것, 소렴이라 그러는 것, 소렴을 합니다.

- 소렴이라고 그런 것은 인제 망인을 인제 손을 거두어 가지고 묶어 줘요.

- 뭐 발하고, 그 이게.

- 그 이, 어, 사람이라는 것은 숨이 떨어지면 그만 사지가 굳어 버리거든요.

- 굳어 버리면 손을 모으지를 못 하니까 덜 굳었을 적에 손을 모으고, 발을 모아 가지고 묶기 좋도록 배 위에 요래 인제 가지고, 요것을 소렴이라고 그래요.

- 그래 소렴을 마치고 나면 인제 그날 같으면 그 인제 상주는 뭐 그것을, 저것, 성복제라 그러는 또 제사를 지내요.

- 성복제를 지내면, 성복제 전에는 다른 사람은 곡을 못 해요, 상주도.

- 그 성복제라 그런 것은 인제 뭐 어, 이틀에 음, 뭐 오늘 죽었으면 내일쯤 성복 제사를 지내요.

- 상복 제사'러 그능 거'느 인제' 머 어, 펴'늘 해 어으, 어, 하고 머 그'
래 가주 인제' 불각'찌 성'복 제사'을 지'내면, 성'복 제사'을 지'냄 인저' 상'
주는 상'보글 이, 이'버이 데'요.

- 상, 베오'스로 인제'이[226] 가라이'이'꼬, 커'래 가주'우 그'날브틈 인제'
으 고'걸 해'서, 상'주가.

- 머' 어, 이 사'목 고'글 모 타'다가도, 성'보글 지'내어 보'글 이'븐 다'으
메느 아이고러 그'는 고'글 해'요.

- 그래가주' 인제' 상문서, 문상'객뜨리 오'면 문상'객뜨또 가'치 인제'
에, 엠, 맏'재밸 하고 이니 영'위를 다'니고[227], 인저' 상주한데 맏'재배을
그, 맏재배'을 한'데 인제 문상' 온' 사람드른 초'로[228] 그 인제' 므어 써, 기
'양 절'만 하기 쑥쑥'로 하'이께네, 그 머 상'고을 당'애서 얼'마나 으, 앵,
이, 그 머 애서칸'냐꼬 마'이제, 이'른 시'그로 인제' 인사 말:씀 해'요.

- 그'래 참' 이미, 이그, 잉으, 저 어, 부시에 상'을 당'애서 응우, 어 후,
우엔'냐코[229] 마육, 그'른 소'리로도 인'살 하고.

- 그'래 인제' 상지를 치, 치루'면, 고 다'으민 인제' 성'복 지'내면 그 인
제' 그음 망이'네 장녜' 줌비'를 해'여.

- 오오, 과'늘 사 오'고, 관'니라 그'응 게 너:리' 말'씨더, 너를' 가서, 시
자'아[230] 가'서 멈, 머 이떠, 옌나'렌너 시장'에 사 옹 거', 이짠 보통' 지'베
노'코 해'써인, 너으'르아.

- 옌날'버뜸[231] 어르'니 게시'음마 너를' 장만해' 나'써요.

- 그'걸 인제' 대모'글 불러 가주, 그걸' 은제' 짜'요.

- 너으'럴 짜 가주 인제' 에, 에끄, 크'래 가주 인제' 성'복 찌'내고 너:를
' 짜 가주어느 이'꽌할 땐'능 글' 인제' 에, 대르'미라[232] 캐'요.

- 소리'밀 때', 소렴', 대렴' 한데, 대려'미라 그'능 거'느 인제' 에:, 시시'
네다서렁을랑 그 어, 이, 옌날' 마껀' 수이'라 그'니더, 웨, 으이 주'구꼬, 어
이, 주'거써 이, 이'꼬 가'늠 오'설 수이'라 그'능 게으, 허게 주'로 인제' 베'

- 성복 제사라고 그러는 것은 인제 뭐 어, 떡을 해 어, 어, 하고 뭐 그래 가지고 인제 불 같이 성복 제사를 지내면, 성복 제사를 지내면 인제 상주는 상복을 입어야, 입어야 돼요.

- 상복, 베옷으로 인제 갈아입고, 그래 가지고 그날부터 인제 곡을 했어, 상주가.

- 뭐 어, 이 사뭇 곡을 못 하다가도, 성복제를 지내고 상복을 입은 다음에는 "아이고"라 그러는 곡을 해요.

- 그래서 인제 문상에서, 문상객들이 오면 문상객들도 같이 인제 어, 어, 맞재배를 하고 이 영위(靈位)를 다니고, 인제 상주한테 맞재배를 그, 맞재배를 하는데 인제 문상 온 사람들은 주로 그 인제 뭐 쑥, 그냥 절만 하기 쑥스러워 하니까, 그 뭐 상을 당해서 얼마나 어, 어, 이, 그 뭐 애석하냐고 말이지, 이런 식으로 인제 인사 말씀을 해요.

- 그래 참 이, 이, 이, 저 어, 불시에 상을 당해서 어, 어, 우, 어찌 하냐고 말이지, 그런 소리로도 인사를 하고.

- 그래 인제 상례를 치, 치르면, 그 다음에는 인제 성복제를 지내면 그 인제 그 망인의 장례 준비를 해요.

- 오, 관을 사 오고, 관이라 그러는 것은 널을 말합니다, 널을 가서, 시장에 가서 뭐, 뭐 이, 옛날에는 시장에서 사 온 것, 이것을 보통 집에 놓고 했어요, 널을.

- 옛날부터 어른이 계시면 널을 장만해 놓았어요.

- 그것을 인제 대목을 불러 가지고, 그것을 인제 짜요.

- 널을 짜 가지고 인제 어, 어, 그래 가지고 인제 성복제 지내고 널을 짜 가지고는 입관할 때는 그것을 인제 어, 대렴이라고 해요.

- 소렴일 때, 소렴, 대렴 하는데, 대렴이라고 그러는 것은 이제 어, 시신에설랑 그 어, 이 옛날 말로 수의라 그럽니다, 왜, 어 죽고, 어, 죽어서 입, 입고 가는 옷을 수의라 그러는 게, 그게 주로 인제 베로 해요,

로 해'요, 명주'로 하고.

- 그글 은제' 이'페 가주'고 그'래 인제' 머 아, 씨'케고[233] 그래가주 인제' 국 과'네 여' 가정 이꽈'늘 하'면, 이꽈'늘 해 가'주 인제' 하'면 그 상주 드리 모'도 옥, 어허이, 영'위에 나'와써우 고'글 하'고 그'래그 난' 디'에'는 그 인제' 에, 장이'리 사'밀짜이맘 머 그'날 고'마 배'께[234] 야깐' 내나'따가여 한 전느매 씨', 시'빌짜이나 치'릴짜이나 오일'짜이네 데'마 그'으, 급 과'늘 바'아 몬' 나'두그으요.

- 웅, 거 부패하'기 때'무레.

- 그'래 배'께 가따설랑, 토롱'이라꼬 해'요.

- 토롱'이라 그능' 거'는 인제' 근 너:를' 언, 배'께서 땅'알 이'래 널' 드' 갈 만찌음 음, 쪼꼼' 파고, 고다' 노'코 이, 영'개라 그'니드이.

- 엔나'레이 지'프로 이'래 소'느로 여'껀능 거, 그, 그걸' 가'주어 둘러논' 니더.

- 그' 둘러노능 거'느 겨'을그로눈[235] 더 러'어라꼬도 조꼬', 온'도도 떠 이떠, 여'르므로너잉여 거느'을[236] 방지해' 주고, 또' 그램 우중'에능 그 비' 도 바'다 주고, 크'래 가'주어 그'래 영'개라 그'능 걸 더'퍼 논니닫.

- 더'퍼 가'주'우 그래고 인제' 머' 에에헤, 그러'고 인젤' 장니'리 다오'멍 어, 고 사'니 인제' 모'도 싸, 흔녀 문상'객뜨리 오'제, 머예, 장일까'지느.

- 인제' 그 동니' 모'두 부골' 해 나'이쓰이께네.

- 부골' 바'덤[237] 븓드리 오'늘 온' 사'람더[238] 꼬, 내'이리 음 사'람 머 치' 릴랄, 다'일 오는 사'람더 이'꾸 머 그런데, 그'건 머'엡 대'정웝씨 치'릴 짜이라 금' 그'날 와' 자, 상주 무는 사'람더 이'꼬, 그래이 치 릴'가능 꾸주 니 문상개글 바'꼬, 그'래 인제'이 장:이'리 다오'먼 은, 인제 엔나'레는 장: 이'리 다오'먼, 요새'능 굼 머 차로 실꼬' 저'래 가 뿌'이껜 펜'언데, 엔나'렌 너 행상'이라 그'느 걸 꾸'메느게.

- 행사~'이라[239] 그능' 거', 인제' 그거 행사~'이라 그능' 거'는 내'이리

명주(明紬)로 하고.

－ 그것을 인제 입혀 가지고 그래 인제 뭐 아, 씻기고 그래서 인제 그 관에 넣어 가지고 입관을 하면, 입관을 해 가지고 인제 하면 그 상주들이 모두 어, 어, 영위에 나와서 곡을 하고 그래 하고 난 뒤에는 그 인제 어, 장일이 삼일장이면 뭐 그날 그만 밖에 약간 내놓았다가 한 저 십, 십일장이나 칠일장이나 오일장이나 되면 그, 그 관을 방에 못 놔두 거든요.

－ 어, 그 부패하기 때문에.

－ 그래 바깥에 가져다가, 토롱(土壠)이라고 해요.

－ 토롱이라고 그러는 것은 인제 그 널을 어, 밖에서 땅을 이래 널이 들어갈 만큼 음, 조금 파고, 거기에 놓고 이, 이엉이라 그럽니다.

－ 옛날에 짚으로 이래 손으로 엮은 것, 그, 그것을 가지고 둘러놓습니다.

－ 그 둘러놓는 것은 겨울에는 덜 얼어서 좋고, 온도도 따뜻하고, 여름으로는 그늘을 방지해 주고, 또 그리고 우중에는 그 비도 받아 주고, 그래 가지고 그래 이엉이라 그러는 것을 덮어 놓습니다.

－ 덮어 가지고 그리고 인제 뭐 어, 그리고 인제 장일이 다가오면 어, 그 사이는 인제 모두 상문, 인제 문상객들이 오지, 뭐요, 장일까지는.

－ 인제 그 동네 모두 부고를 해 놓았으니까.

－ 부고를 받은 분들이 오늘 오는 사람도 있고, 내일 오는 사람 뭐 칠일에, 당일에 오는 사람도 있고 뭐 그런데, 그것은 뭐 대중없이 칠일장이라 그러면 그날 와서 저, 상주를 보는 사람도 있고, 그래 칠 일간은 꾸준히 문상객을 받고, 그래 인제 장일이 다가오면 어, 인제 옛날에는 장일이 다가오면, 요새는 그 뭐 차로 싣고 저래 가 버리니까 편한데, 옛날에는 행상이라고 그러는 것을 꾸몄어요.

－ 행상이라 그러는 것, 인제 그것 행상이라 그러는 것은 내일이

장:사 거'뜸머 인제' 오'늘 모'도엔 저녀'겡 그 고'찌비라²⁴⁰⁾ 그'능 그 행상'을 이 매'끼 논는 지'비 인니'더, 그어끄 가'따 노'헌 지'비.

- 그'어 그, 그게' 고찌'비러 근'데으 거'어 가서 인자' 마카' 그 자료'을 어잉어, 매 상가찌'브로 그 음, 미'이 나르니'다.

- 미'이 나르'고 인제' 낼' 아치'메 인제'이 시, 식쩌'네 동'니 사'러미 그 인제' 장사' 지'느러 운' 사럼 상두구'니러 근'니다.

- 으, 상두군'.

- 상두군'드리 모'도 와 가주어 그'어서 인제' 에, 상가찌'베서 아치믈 가치 머'꼬, 그래 인제' 그거으 으어, 거 인제' 행상'을 꾸'메지, 머', 조리'블 하'지, 머에.

- 인제' 서'와가주 인제 그래 가주운 조리'비 다: 마치믄 클짜즈 인제', 상가찌'베서 줌비 다: 데'따 그먼 그러 인제' 느어'럴, 토'롱 해 나'아떤 느어'럴 응어, 씨, 시시'닐, 구, 과'늘 파내 가'주고 머 이, 이래 그, 그래 그, 거 주'럴 거'러 나'써, 멍 데.

- 그래 마'뜰고 상두군'드리 와서 그이 어어어에, 고 행상'에 땅' 마뜨'롱²⁴¹⁾ 논는' 통'이 이'써용, 고다' 여'어가주 인제' 더퍼씨'여며 인제' 그르 인제' 행쌍', 에에웁, 그걸 다: 떠퍼씨'에먼 상두군'드리 소'릴 해'요.

- 인제' 줌비'그 다: 제즈 출발해'두 데느'냐우, 그'래먼 그래 인제' 그'어 상가찌'베스넌 으어 저: 바린제를 또' 지'내으.

- 바린'니러 그'능 건 인제' 에:, 이, 이, 이 부'니 이 지'베설 주거 가주고 영영' 인지'느 떠'난다 카'능 거, 인제' 바린'제를 지'내엔데, 그웁, 음, 바리'니러 그능 그'넌 그 인제'들 추기 인니'더, 웨'여²⁴²⁾.

- 바린' 추기 인데, 그, 친, 추, 추'기러 거'능 겐 드'러보옴 마으'메 안 데'찌, 머'예.

- 영구종처'니라 그'느 인제' 그른 뭄'핀 나오잔니'껴?

- 그, 그른 추'걸 이르'먼²⁴³⁾ 상'주두른 마'쩌를 해'요, 인제 그.

장사 같으면 인제 오늘 모두 저녁에 그 곳집이라고 그러는 그 행상을 이 맡겨 놓는 집이 있어요, 그것을 갖다 놓은 집이.

- 거기에 그, 그게 곳집이라고 그러는 거기에 가서 인제 모두 그 재료를 어, 뭐 상갓집으로 그 음, 메어 나릅니다.

- 메어 나르고 인제 내일 아침에 인제 식전, 식전에 동네 사람이 그 인제 장사 지내러 온 사람을 상두꾼이라 그럽니다.

- 어, 상두꾼.

- 상두꾼들이 모두 와 가지고 거기에서 인제 어, 상갓집에서 아침을 같이 먹고, 그래 인제 그것 어, 그 인제 행상을 꾸미지, 뭐, 조립을 하지, 뭐요.

- 인제 세워서 인제 그래 가지고 조립을 다 마치면 그쪽에서 인제, 상갓집에서 준비 다 됐다고 그러면 그래 인제 널을, 토롱을 해 놓았던 널을 어, 시, 시신을, 관, 관을 파내 가지고 뭐 이, 이래 그, 그래 그, 거기에 줄을 걸어 놓았어, 묶는 데.

- 그래 맞들고 상두꾼들이 와서 그 어, 그 행상에 딱 맞도록 놓는 통이 있어요, 거기에다 넣어서 인제 덮어씌우면 인제 그래 인제 행상, 어, 그것을 다 덮어씌우면 상두꾼들이 소리를 해요.

- 인제 준비가 다 되어 출발해도 되느냐, 그러면 그래 인제 그 상갓집에서는 그 저 발인제(發靷祭)를 또 지내요.

- 발인이라 그러는 것은 인제 어, 이, 이, 이 분이 이 집에서 죽어 가지고 영영 인제는 떠난다고 하는 것, 인제 발인제를 지내는데, 그, 음, 발인이라 그러는 것은 그 인제 축이 있습니다, 왜요.

- 발인 축이 있는데, 그, 축, 축, 축이라고 그러는 게 들어보면은 마음에 안 됐지, 뭐요.

- 영구종천이라 그러는 인제 그런 문구가 나오잖습니까?

- 그, 그런 축을 읽으면 상주들은 맞절을 해요, 인제 그.

- 느으, 그 너레' 실렌' 어른하꼬 영결종천하'먼, 추'게서, 상주하'코 널 하'코 마쩌르 해'용.

- 그' 해, 행상'이 젤: 아'페 미'이먼 사'러미 야까'누 구, 구'펴 조용'.

- 그럼 인짇' 저'리 데는 세'민데, 그래믄 인제' 예헤웨, 출발하'지, 므, 행상'이 인제' 다: 지느, 그릴 지'베또 은제' 함 바꾸244) 도'라가는 데'도 이', 이'써요.

- 어, 연' 내가 사던' 지'비라가 마당'을 도'라 디아'느로 도'라간 사'름도 이'꼬, 그르저 지'비 저:근 지'벵 고'마 마다'으서 그검 머 작뻘하'고여, 종천' 을 하고, 추초, 출발허'만 그래 가서 산지이 가서 인제' 장사'을 치, 지'나 고, 장사' 지'나은당긴 데 매'장이그더, 그 인제' 이 시시'늘 무'꼬, 그'어서 인제' 또 시시'느릅 다: 무'드믕그 그'어서 인제' 머' 추기 또 이'써, 머 평'토 어제이니 머에 하'능으 그'릉 거 머'우 여'러 가'지어.

- 평'토 제사'도 이 써, 여, 그래 즈 제사'알245) 다: 지음 평'토 제사'랑 게 또 이즈에.

- 떠'글 가 가'주에, 해' 가주고 가'뜽 그어 인제 에, 산쏘 아'페 노'꼬 그 인제' 상'주드리 저럴' 하고 고'궐 하고, 그래 인즈'246) 성보'기라 그능 거 참, 그래 에, 평토제사'라 근드아, 어으'랄 여'기 이 자'리에 모셔'쑴니러 하' 능 그' 뜨'시지, 머 평'토라 긍 게'.

- 그래'구 은제' 다: 차나'먼247), 그래 평'토 제사'그 끈나'먼 인제' 그'어 서 상'주드리 그으, 그이 영'위를 함 바'꾸 도'라 가'주고, 함 바'꾸 도'라 가' 주고 인제' 에에헤, 어이, 춘, 추, 지, 지'브로 오'지, 머에.

- 어르'얼 그이 다: 무'더시이께네.

- 지'베 오'미 인제' 그 또' 제사'가 또' 인니'더, 웨요.

- 으, 일 체게 도우'먼 어::, 커'게 인제' 오'래뎅 그, 그어'능 거', 평'토 제사' 지'내고여 쯔, 찌, 차'뎌 노'으먼 인제' 그 멀, 반혼'제에라 그'릉 게 인 니'더.

- 어, 그 널에 실린 어른하고 영구종천하면, 축에서, 상주하고 널하고 맞절을 해요.

- 그 행상, 행상을 제일 앞에서 멨던 사람이 약간 굽, 굽혀 줘요.

- 그러면 인제 저렇게 되는 셈인데, 그러면 인제 어, 출발하지, 뭐, 행상이 인제 다 지내고, 그 집에도 인제 한 바퀴 돌아가는 데도 있어, 있어요.

- 어, 여기 내가 살던 집이라서 마당을 돌아 뒤안으로 돌아가는 사람도 있고, 그래서 집이 작은 집에서는 그만 마당에서 그것 뭐 작별하고, 종천을 하고, 출, 출발하면 그래 가서 산에 가서 인제 장사를 지, 지내고, 장사 지낸다는 게 매장이거든, 그 인제 이 시신을 묻고, 거기에서 인제 또 시신을 다 묻으면 거기에서 인제 뭐 축이 또 있어, 뭐 평토제(平土祭)니 뭐라 하는 그런 것 뭐 여러 가지야.

- 평토 제사도 어 저, 여, 그래 저 제사를 다 지내면 평토 제사라는 게 또 있어요.

- 떡을 가지고 가서, 해 가지고 갔던 것 인제 어, 산소 앞에 놓고 그 인제 상주들이 절을 하고 곡을 하고, 그래 인제 성복이라 그러는 것 참, 그래 어, 평토제사라 그런다, "어른을 여기 이 자리에 모셨습니다."라고 하는 그 뜻이지, 뭐 평토라 그러는 게.

- 그러고 인제 다 지내면 그래 평토 제사가 끝나면 인제 거기에서 상주들이 그, 그 영위를 한 바퀴 돌아 가지고, 한 바퀴 돌아 가지고 인제 어, 어, 출, 출, 집, 집으로 오지, 뭐요.

- 어른을 그 다 묻었으니까.

- 집에 오면 인제 그 또 제사가 또 있습니다, 왜요.

- 어, 이 집에 들어오면 어, 그게 인제 오래된 것, 그것은 그, 평토 제사 지내고 저, 저, 차려 놓으면 인제 그 무엇을, 반혼제(返魂祭)라고 그러는 게 있습니다.

- 반:혼' 제사'라 그'능 게 인제', 인제' 이 에, 심'주를 모시'고 내'리와따, 지, 지'베 와'따 카'능 거 인제', 그래 반혼' 제사'을 치'나먼 그 인제' 요'론 상: 우'에다설랑 그' 인제' 신'주르 모시'니다.

- 신'주러 그'능 게, 그, 이 금 머 오, 여'르에따248) 꺼'뜸 머' 현:고, 유인 ' 머, 음, 머 이 현:비'유인 머 그래 가주써 은제' 어른' 어'내249) 언, 아'베 표'씨를 핸, 해 가주고 신'줄 요'래 모써 노'옴 그게' 인제' 변소'라250) 그랜 네껄, 옌나'러 말하' 까뜽.

- 이'런 사랑방'에아야, 얌빵'에, 이'른 데 채'리251) 로'우먼 그, 그 거'게 에'이으, 대'해 가주우 인제' 상'주드리 초호'루252), 보'루무로 그어 으, 상:망' 을253) 지'내인니다.

- 상마'이라 궁' 일 초하루', 보'르미고, 또' 그'르금 아침 저어'그로는 그 인제' 이 변:소'에 거으, 그이 기'양 인젤' 조'서그로 보통' 으, 사라 게:실 때매'똥 정시'만 안 드래업 아침 지여'그론년254) 그'우 웨 이, 그어 이 에 든, 능, 이, 으, 바'벌 올'리니다.

- 그래그 인제' 특'뻘한 제사'는 인제' 초하루', 보'르므로 인제' 그'른 여 상마'이라 그'는 제사'를 지너'.

- 그래 머' 삼: 녀느, 그'래 가'주우 이 옌나'레 그게' 참: 므 꼬 상주'줄 하'기에 픽' 에'로와'떠이여.

- 예'이, 요새' 거뜨 그래 모 타시 께'르요.

- 그 더'우나 추'우나 그' 삼 년'가'늘 아침저'으로 바'블, 조'서글255) 떠 나 디'래이256) 덴, 또 초하루', 보'르므로 머 익 기'양 하'능 게 아'이르 펴'늘 해 가'주오 상망' 제살' 지'내이 데제, 그'을 삼 녀'늘 해'용.

- 그 삼 녀'이러 그'능 게 그'그 참' 긴: 세워'리시더.

- 그래 모시'구동 그 인제'이 옌나'레능 거 이 효:자'라 카'는 등명을 할'라 꼬257), 모두거 불효 소리 드짜 늘'라꼬, 또 그 인제' 나'는 이 내 어'른 이'키258) 잘: 모'신'다 카'는 뜨'스로 인제' 그 삼 년', 삼 년' 또 대상'을 지'내인띠아.

– 반혼 제사라 그러는 게 인제, 인제 이 어, 신주를 모시고 내려왔다, 집, 집에 왔다라고 하는 것 인제, 그래 반혼 제사를 지내면 그 인제 요런 상 위에다가 그 인제 신주를 모십니다.

– 신주라고 그러는 게, 그, 이 그 뭐 어, 여자다 할 것 같으면 뭐 현고(顯考), 유인(孺人) 뭐, 음, 뭐 이 현비유인(顯妣孺人) 뭐 그래 가지고서 인제 어른 어머니, 아버지 표시를 해, 해 가지고 신주를 요래 모셔 놓으면 그게 이제 빈소라 그랬어요, 옛날로 말할 것 같으면.

– 이런 사랑방에, 안방에, 이런 데 차려 놓으면 그, 그 거기에 어, 대해 가지고 인제 상주들이 초하루, 보름으로 그 어, 삭망제(朔望祭)를 지냅니다.

– 삭망이라 그러는 게 초하루, 보름이고, 또 그리고 아침저녁으로는 그 인제 이 빈소에 그, 거기 그냥 인제 조석으로 보통 어, 살아 계실 때처럼 점심만 안 드리고 아침저녁으로는 그 왜 이, 그 이 어, 어, 이, 어, 밥을 올립니다.

– 그리고 인제 특별한 제사는 인제 초하루, 보름으로 인제 그런 이 삭망이라 그러는 제사를 지내고.

– 그래 뭐 삼 년을, 그래 가지고 이 옛날에 그게 참 뭐 그 상주하기가 퍽 어려웠어요.

– 옛, 요새 같으면 그래 못 했을 거예요.

– 그 더우나 추우나 그 삼 년간을 아침저녁으로 밥을, 조석으로 떠 놓아 드려야 돼, 또 초하루, 보름으로 뭐 이 그냥 하는 게 아니라 떡을 해 가지고 삭망 제사를 지내야 되지, 그것을 삼 년을 해요.

– 그 삼 년이라 그러는 게 그것 참 긴 세월입니다.

– 그래 모시고도 그 인제 옛날에는 그 이 효자라고 하는 득명을 하려고, 모두가 불효 소리 듣지 않으려고, 또 그 인제 나는 이 내 어른을 이렇게 잘 모신다고 하는 뜻으로 인제 그 삼 년, 삼 년 또 대상을 지냅니다.

- 삼 년' 날' 때능 그이 대사~'이라259) 그니더.

- 이'태마녠 소사~'이라 그'으고.

- 끄' 이 대상'을 참' 어여, 성:대'히 그 제살' 찌', 지'나고, 모'두 동네 사
람, 인척 가네, 염비사가'이260), 연사가가'네 점'부 모'도 와가'주 그'래 인제
', 허러으, 그'랠 대상' 뜨'는 또 웨처', 사가'기늠261) 머 사'돈 찌'비라든지,
메'느리 지'비라든지, 또' 내가' 보'낸 따르 지'비라든지 거'게서늠 그 인제'
으, 아엔, 정서~'이라꼬262) 그'래가주 인제' 그 머 거 지'베 그얼 쩌, 여, 그
승, 넝읍, 그으거 주굼 부'늘 위해가쓩얼 펴'늘 해가'주 옵니다.

- 허릉여 거'게 인네'263) 제무'늘 지:꼬', 머' 그'래 가주'우 그 저, 응, 고
걸' 하고 그래 참 머 꺼 여, 성대'히 치룬니'더, 대상'얼.

- 응, 그, 그'램 인제' 삼 녀'니 다 낭게 인제' 보걸' 버'꼬, 대상' 날, 상'
주가 삼 녀'널 라'쓰이께네 인지'는 상', 상'보걸 버씀니'다 하'는 뜨'시 대
사~'인데, 그'래 상'보걸 보'꼬264) 일반 펑이'느루 도'라가지, 인.

- 그래 인제 변소'오도 그거 인제' 심'즈도 웅혀, 매'호널흠, 매즈, 음,
매'호널 해' 뿌우, 가'써.

- 고' 인제' 끄 가차'운 언느, 어'데 삼뻬'써리나 이'른 데 가서 무'더 삐'
래요, 그'어느.

- 허구 인제' 매'호니라 그'래고, 그'래 무'드므 인제' 다: 윽, 그' 부네 대
항 거는 에:, 삼 년 제사'가 다: 끈나'고, 고 다'음 인젠' 나'뭉 거능 기'제사
배께 남찌 안챈'나.

- 그'래 인지' 조싸~'이 삼 녀'널 나'도 어르'니 도라가'신 날'짜를 귀해
가어주주고 제살' 지'내이더, 기'제사라 그'능 거, 엉, 거 바'므로.

- 열뚜' 시 한 시 사'이예.

- 그걸' 기, 끼, 기'제사라꼬열 지'내고, 그'랜니드.

- 그, 그'래머 인제' 삼년상'이 딱 끈'나능 게'지.

그르치에?

- 삼 년 날 때는 그것을 대상이라고 그럽니다.

- 두 해만에는 소상(小祥)이라고 그러고.

- 그 이 대상을 참 어, 성대히 그 제사를 지내, 지내고, 모두 동네 사람, 인척간에, 연비사(卑連査)간, 연사간에 전부 모두 와서 그래 인제, 어, 그래 대상 때는 또 외척, 사가이거나 뭐 사돈집이라든지, 며느리 집이라든지, 또 내가 보낸 딸의 집이라든지 거기에서는 그 인제 어, 어, 정성이라고 그래서 인제 그 뭐 그 집에 그 저, 어, 그 승하, 어, 그것 죽은 분을 위해설랑 떡을 해서 옵니다.

- 그리고 거기에 인제 제문을 짓고, 뭐 그래 가지고 그 저, 응, 곡을 하고 그래 참 뭐 그 어, 성대히 치릅니다, 대상을.

- 어, 그, 그러면 인제 삼 년이 다 지났으니 인제 상복을 벗고, 대상 지냈으니, 상주가 삼 년을 지냈으니까 "인제는 상복, 상복을 벗습니다." 하는 뜻이 대상인데, 그래 상복을 벗고 일반 평인으로 돌아가지, 인제.

- 그래 인제 빈소도 그것 인제 신주도 어, 매혼(埋魂)을, 매혼, 음, 매혼을 해 버려, 가서.

- 거기 인제 그 가까운 어디, 어디 산기슭이나 이런 데 가서 묻어 버려요, 그것은.

- 하고 인제 매혼이라 그러고, 그래 묻으면 인제 다 어, 그 분에 대한 것은 어, 삼 년 제사가 다 끝나고, 그 다음에 인제 남은 것은 기제사밖에 남지 않잖아.

- 그래 인제 조상이 삼 년을 지나도 어른이 돌아가신 날짜를 기해 가지고 제사를 지냅니다, 기제사라 그러는 것, 어, 그 밤에.

- 열두 시와 한 시 사이에.

- 그것을 기, 기, 기제사라고 지내고, 그랬습니다.

- 그, 그러면 인제 삼년상이 다 끝나는 것이지.

그렇지요?

─ 예.

어르′, 어르′시 그럼′며너 그어 이제′ 방′금 이야′기를 어, 대강 그거, 이 그어우, 어르′싱께서 이 동네′예 장네′에 대한′ 대강′의 이야′기를 해 주′션는데, 아어, 그러, 끄′러케 해′ 주′션는데, 끄언 아까′엄 보통′ 긍어 요주′움먼 머 사밀장하′고 어, 그 다′음메 또 탐 마?

─ 오일′짱 므어 치′릴짱, 곰 머 옴, 머 시′빌짱, 그래 지낸 사′암더 영, 보′름찡 지내 인또 인네, 엔네다.

예저′네너 마이′ 해′따, 그′지에?

─ 예, 예.

그 다′음메 음, 그′어스 대상 하′는 사′암도 이′꼬, 소상 하′는 사′암드 이′스꼬, 그지예?

─ 아이′래, 소상′, 대상′은 맹′ 다: 지′내요.

다 하′고 ***265)?

─ 예′, 이패′마네, 아, 예를′ 드러서 도라가신 내으 금녀′네 도라가쓰믄 내여′네느 소상′이고, 삼 년′째 든′ 덴 대상′이고, 그러이더.

그′른, 그′름습 보통′ 탈′상을 삼 년까′지를 해′따, 그′지에?

─ 예, 예으, 삼 년까′지는 다 해뜨, 예.

─ 소상′엔 탈쌍′을 모 타고 머 이애, 예.

그: 아응, 보통쓰, 그어 한은, 그 무′더메, 인지 무′돔, 봉분 만들′고, 어, 매′장을 하′고 난 다′으메 한′ 사 밀째 데′는 나′른 검′며너 사무제′도 함′미까?

─ 예, 예, 사므′이제.

─ 사뭐′제를 지′냅니더.

─ 요′이, 요새′도 거′이 다: 그건′ 하 께′레요.

─ 그′엄 머 사미′제로설랑 다: 마치능 꺼 떠라끄, 요새앤 마료.

─ 고′마266) 보′글 버′서 뿌드라꼬.

─ 근 녀 사미′제는 능이 요새′도 합띠다.

- 예.

　어르신, 어르신 그러면은 그 이제 방금 이야기를 어, 대강 그것, 이 그것, 어르신께서 이 동네의 장례에 대한 대강의 이야기를 해 주셨는데, 어, 그렇게, 그렇게 해 주셨는데, 그 아까 보통 그것 요즘은 뭐 삼일장하고 어, 그 다음에 또 다음 뭐?

- 오일장, 뭐 칠일장, 그 뭐 어, 뭐 십일장, 그래 지낸 사람도 있고, 보름장 지내는 사람도 있, 있어요.

　예전에는 많이 했다, 그렇지요?

- 예, 예.

　그 다음에 음, 거기에서 대상 하는 사람도 있고, 소상 하는 사람도 있었고, 그렇지요?

- 아니요, 소상, 대상은 역시 다 지내요.

　다 하고 ***?

- 예, 두 해만에, 아, 예를 들어서 돌아가신 해가 금년에 돌아가셨으면 내년에는 소상이고, 삼 년째 든 데는 대상이고, 그렇습니다.

　그래, 그래서 보통 탈상을 삼 년까지는 했다, 그렇지요?

- 예, 예, 삼 년까지는 다 했어, 예.

- 소상에는 탈상을 못 하고 뭐 이래, 예.

　그 어, 보통, 그 한, 그 무덤에, 인제 무덤, 봉분을 만들고, 어, 매장을 하고 난 다음에 한 삼일 째 되는 날은 그러면은 삼우제(三虞祭)도 합니까?

- 예, 예, 삼우제.

- 삼우제를 지냈습니다.

- 요, 요새도 거의 다 그것은 할 거에요.

- 그럼 뭐 삼우제로설랑 다 마치는 것 같더라고, 요새는 말이야.

- 그만 상복을 벗어 버리더라고.

- 그 이제 삼우제는 이 요새도 하더라고요.

그: 은저 이 예전', 요주'우메 비하'먼 예정 기틍 경'우넘 어, 이 장네: 절차'도 복'짭하고, 그대앰 머 일도 마나어찌짐?

— 보짜패'요, 망:코' 마고'지요, 예.

그'른데 이 요주'옴, 옌나'레 비해'서 요주'움먼 쯤' 어'떤 시'어루 간'소화가 데쏨미까, 요주'엄 장네'는?

— 요새'는 기'양 머 장녀' 지'내능 거'또 말시'더267), 상주가 할 리'리 업써'용.

— 웨냐, 옌나'네능 거 상주 채'기미 참 즌, 조, 중핸'니더.

— 그걸', 첨'부 그걸' 초'아늘 해 가'주우 마리지, 으이, 주이, 문중' 어른'들하꼬 이래이러 하'자건 타하'블 해' 가주어 겨'쩡언, 상주 걸'쩡이 나'이268) 데'그더.

— 상'주구 조타' 그래이 덴'데, 그, 그게' 어끄'더.

— 요새'는 고'마 사아, 저, 어어이, 병워'네 가'서 이 그'움마 장사'을 지'내이께네269) 마'리야.

— 거'기 장이'사 곰'마 하, 하'란 데루 해' 뿌래, 고'마.

— 예를' 뜨'러 가'주여, 규저'이 업뜨'라꼬, 머, 지, 장이'사가 내'앨 머, 어이 금, 음, 인 저거 하베, 이꽌함'니다, 거'서 결쩡해' 쁘드라꽁.

— 그래이 장, 웅, 거'으 상주는 따'를 수배'껭 업뜨'러꽁.

— 구'러 고멍270) 이꽌한' 날' 고 모'도 억, 가차'운 머' 이 자네질떠'리여가, 까, 가치 가서 보'고, 이이꽌하'고 그래떠더.

— 그'울꼬 머' 요새'는 또 그르꼬 그게 머' 이꽌해' 뿌고 나'이 마리얌, 기'양 상주는 그'이 영아, 어이, 영안시를 떠'나 가'주고 이짝 빵'으271) 와'서 고'마 그어 으어어이이, 예, 여를' 뜨'러 마'하 꺼비, 옌날' 그뗌272) 변소' 태기지, 그 셰, 신'니를 모셔 논' 요'른 쪼'마낭' 으 머 사지'늘, 요샌' 시'닐273) 안 써 노'꾼 사지'늘 윽, 가따 노'뜨라, 영'위라 그래고, 거 사진 아'페써 머 절 라'고 서로, 상줄 무'꼬', 바'꼬, 그래고 고만 매'장일또 구넨 내'앨 곰'마, 사'밀쨩 끄'은다 금 내열 궁 어엉, 메 씨'에 즈, 짜엑, 음, 매'장지룬 출발함'니다,

그 인제 이 예전, 요즘에 비하면 예전 같은 경우는 어, 이 장례 절차도 복잡하고, 그 다음 뭐 일도 많았지요?

— 복잡해요, 많고 마고요, 예.

그런데 이 요즘, 옛날에 비해서 요즘은 좀 어떤 식으로 간소화가 됐습니까, 요즘 장례는?

— 요새는 그냥 뭐 장례 지내는 것도 말입니다, 상주가 할 일이 없어요.

— 왜냐, 옛날에는 그 상주 책임이 참 중, 중, 중했습니다.

— 그것을, 전부 그것을 초안을 해 가지고 말이지, 어, 저, 문중 어른들하고 이래이래 하자고 타합을 해 가지고 결정은, 상주 결정이 나야 되거든.

— 상주가 좋다 그래야 되는데, 그, 그게 없거든.

— 요새는 그만 상, 저, 어, 병원에 가서 이 그만 장사를 지내니까 말이야.

— 거기 장의사가 그만 하, 하라는 대로 해 버려, 그만.

— 예를 들어 가지고, 규정이 없더라고, 뭐, 장, 장의사가 내일 뭐, 어 그, 음, 이 저것 하지, 입관합니다, 거기에서 결정해 버리더라고.

— 그러니 장, 어, 그 상주는 따를 수밖에 없더라고.

— 그래 그만 입관하는 날 그 모두 어, 가까운 뭐 이 자녀들이 같, 같, 같이 가서 보고, 입관하고 그러더라고요.

— 그렇고 뭐 요새는 또 그렇고 그게 뭐 입관해 버리고 나니 말이야, 그냥 상주는 그 영안, 어, 영안실을 떠나 가지고 이쪽 방에 와서 그만 그 어, 예, 예를 들어 말할 것 같으면, 옛날 같으면 빈소인 셈이지, 그 신위, 신위를 모셔 놓은 요런 조그마한 것 뭐 사진을, 요새는 신위를 안 써 놓고 사진을 어, 갖다 놓더라, 영위(靈位)라 그러고, 그 사진 앞에서 뭐 절을 하고 서로, 상주에게 묻고, 받고, 그리고 그만 매장 날도 그냥 내일 그만, 삼일장 지낸다고 그러면 내일 그 어, 몇 시에 저, 저, 음, 매장지로 출발합니다,

그 이 즈 장이'사가 그'래이께네 우'우머 상'주능 그'래 딸트'라꾸, 또.

- 그르이 상'주능 고'마 끄으 인 장이'싸써, 옌날'거치 멍에 내' 부모라
꺼연 내'가 이'래이 한'더, 저'래 한'더, 거'거일 주장'을 모 타'고, 그 병'워네
서, 영안시'레서 정하'는 데'로 합'띠다.

- 그르 나 가'주 구마 영:구'차 불러 가'줌 실:꼬 나갈 찌'이274) 고'마 그,
거'게어 인제', 단:지' 인제' 그'검 에, 출발할 찌'게 에, 그 맹'으 형'시기지맘,
본지'비 아인'데으, 그 바린'쩨에를 지냅 피'로고275) 엄:는'데, 응, 그'래두 거
이 영안시레서는 자'기그 수'이블 바'래 가'주우여 바린'제을 지'냅띠다.

- 근'데 응, 이, 나도' 그'른 썰렁 해', 해'써, 그 이 뭄, 버 물'런 영안시
레서 하'라그에 하기'넌 네, 바리'니라 근능' 근'는 쩜' 영구종천 이, 인'사을
하'능 겐'데, 내 지'베 가 가'주설러 하'능 게'지, 병'워네 머' 영구종청 배 끼
머 인'느, 요 와서 어뜨나, 그 바린'제을 지'낸능 그 상'줍 머' 부다'믈 더 쓰
능 거빼'께 아이'라, 그'러이께네.

- 끄어 인제' 이, 장이'싸으저, 아이, 그르치 아내'우, 어:른' 그른 소'른
으흐흔 마이'소, 크은 여'아276) 다: 하'기 데' 인니'더, 금, 아유, 글쓰아 한'
다그 내' 모 타'그러 한냐고, 금 원'처 그 피'로가 엄능' 거 아이'냐검, 그래
도 이애기한' 제'기 인니'더마는, 끄러 상주 부다'믈 자꾸' 쓰게'지 마고, 은,
그'래 지내'앵 게' 나 짠나, 그 소'리래찌, 내금 머 하'라 소'리너, 안 하'라
소'리능 안' 해' 짠냐고, 그'래구, 므 그'래 애기'도 하'고누.

- 그'르고 나'이 머'으 기'양 고'마 또 구'어이 저'으, 저 엉'으, 장이'샅 출
발해' 가'주운 직쩝 머' 어'떤, 어'떤 지'베는 매'장하는 집'또 이'꼬, 어'떤 지'
이능277) 고'마 화장'해 가'주 굼'머278) 그래음 우'우, 머, 움, 모 곰'마 어, 어,
치'아 뿐 집'또 이'꼬으, 그'르이 그 머 이, 이'게 올'따, 저거' 얼'따, 소리
온279) 할 쑤 어'꼬', 그'래으 머' 상'주드리 펜트'라꼬, 요샌' 마러.

- 머'응 어, 그'키 머 애쓰280) 꺼'또 어:꼬', 머' 으, 숨: 떠'러징 고읍 상'
주 구'머 어, 보'도 모 태'꼬.

그, 이 저 장의사가 그러니까 그만 상주는 그래 따르더라고, 또.

– 그러니 상주는 그만 그 이 장의사가, 옛날 같이 뭐 내 부모니까 내가 이래 한다, 저래 한다, 그 주장을 못 하고, 그 병원에서, 영안실에서 정하는 대로 하더라고요.

– 그래 놓아 가지고 그만 영구차 불러 가지고 싣고 나갈 적에 그만 그, 거기에 인제, 단지 인제 그것 어, 출발할 적에 어, 그 역시 형식이지만, 본 집이 아닌데, 그 발인제를 지낼 필요가 없는데, 응, 그래도 거기 영안실에서는 자기네 수입을 바라 가지고 발인제를 지내더라고요.

– 그런데 어, 이, 나도 그런 설명을 했, 했어, 그 이 물론, 뭐 물론 영안실에서 하라니까 하기는 해도, 발인이라 그러는 것은 좀 영구종천(永久終天), 인사, 인사를 하는 것인데, 내 집에 가 가지고설랑 하는 것이지, 병원에서 뭐 영구종천 할 게 뭐 있나, 요기 와서 어떻게, 그 발인제를 지내는 것은 그 상주에게 뭐 부담을 더 시키는 것밖에 안 되지, 그러니까.

– 그 인제 이, 장의사가, 아니, 그렇지 않아요, 어른 그런 소리는 마십시오, 그것은 여기에서 다 하게 돼 있습니다, 그러기에, 아니, 글쎄 한다는 것을 내가 못 하게 하느냐고, 그 원체 그 필요가 없는 것 아니냐고, 그렇게도 이야기 한 적이 있습니다만, 그래 상주 부담을 자꾸 시키지 말고, 어, 그래 지내는 게 낫지 않냐, 그 소리였지, 내가 뭐 하라는 소리, 안 하라는 소리는 안 했지 않느냐고, 그러고, 뭐 그래 얘기도 하고.

– 그러고 나니 뭐 그냥 그만 또 그 저, 저 어, 장의차 출발해 가지고 직접 뭐 어떤, 어떤 집에서는 매장하는 집도 있고, 어떤 집에서는 그만 화장해 가지고 그만 그래 어, 뭐 어, 뭐 그만 어, 어, 치워 버리는 집도 있고, 그러니 그 뭐 이, 이게 옳다, 저게 옳다, 소리도 할 수 없고, 그러니 뭐 상주들이 편하더라고, 요새는 말이야.

– 뭐 어, 그렇게 뭐 애쓸 것도 없고, 뭐 어, 숨 떨어진 것을 상주는 그만 어, 보지도 못 했고.

- 또' 요새'는, 옌나'렌 그거 참' 어르'늘 모시고 사다설'랑 그 어응, 그걸' 그 인 도라가'시능 걸' 응, 그걸' 모 뽀'면 불효가' 데'따, 그랜니'더.

- 끄'은데 임종'을 모 타'멈 마'리아.

- 그 요새'느 거'이가 임종'을 모' 태용.

- 웨:냐', 객찌이' 가 이든 사'럼드리 매일' 와: 이'찌도 모 타'지르 또 어여, 지'베서 요주'먼은281) 보'이께네 아엡, 병:이' 드'러 가'주에일 지'베 편' 차네엘 주'거도 고'머 장이'사로282) 갑'띠르, 고'마 이 실꾸', 장이쓰' 차 불' 러 가'주오.

- 므'이 찌', 지'베서 안 지'내오, 곰283) 머 장이'사가 저, 그거 거'으, 그 짝끄 규정'대로 따'르스 지'내 뿌이 상주는 편'해요.

- 응, 이 요는', 물론 킹, 경'비두 좀' 나게'찌만능, 옌날' 드'명 경'비가 나'찌마는, 나'능 겐'데, 으 상주가 그음 머 어, 어어, 부모'에 대정 효시'미 라 그'릉 건' 나 이 영: 업써'저뜨라꼬, 오새284) 보'이께네.

- 므 이 껴 기'양 곡또' 형'시기고, 옌나'레 꺼'튼 참' 그게 자기 어르'느 모셔'고 이'떤, 또' 그 자기 어르'니 자'기일 그 귀여'워함상 마에찌 머' 으에285) 주든 그'른 정'닐286) 생가해' 주온 눔'무를 참' 마:이 흘'림미다.

- 어인, 옌날' 으이, 참', 쯤, 질, 자'녀손드른 그거 일, 쩌에, 마 참' 거우 고'걸 하고 상줄 무로 나오'믄 자기가으 참' 서르'맵287) 복바'찌엠 아'피 땅기' 저씀니'다, 눔'무리 흘러 가'주고.

- 므 그'른 머'신 내가' 아잉, 기, 이 나히'이, 띠, 므 그 나'이 만찌'엔 안 젤, 드'러 상가아288) 다니 반니'드면, 느 그'른 흔'저그너 항, 구:견 모 타'게 뜨라꼬.

- 상주가 자기 부모'를르, 부모'를 때'해 생가깨' 가주에 애서캐' 하는' 마으'믄 영: 업뜨'라꼬.

- 고'마 이응, 그 으으, 엑, 이 날'짜만 때'자, 고'마, 어애등 그게' 금머 즈, 지, 짜으, 어예 봄'면 잘 쭈'거따는 생'각 꺼'뜨라구, 내가' 보'이 마을러.

－ 또 요새는, 옛날에는 그것 참 어른을 모시고 살다가 그 어, 그것을 그 인제 돌아가시는 것을 어, 그것을 못 보면 불효가 됐다, 그랬습니다.

 － 그런데 임종을 못 하면 말이야.

 － 그 요새는 거의가 임종을 못 해요.

 － 왜냐, 객지에 가 있던 사람들이 매일 와 있지도 못 하지 또 어, 집에서 요즘은 보니까 어, 병이 들어 가지고 집에서 편찮아서 죽어도 그만 장례식장으로 가더라고요, 그만 이 싣고, 장의사 차 불러 가지고.

 － 뭐 집, 집에서 안 지내고, 그만 뭐 장의사가 저, 그것 그, 그쪽의 규정대로 따라서 지내버리니 상주는 편해요.

 － 어, 이 요점은, 물론 경비, 경비가 좀 났지만은, 옛날에 대면 경비가 나겠지만은, 나는 것인데, 어, 상주가 그 뭐 어, 어, 부모에 대한 효심이라고 그러는 것은 뭐 이 영 없어졌더라고, 요새 보니까.

 － 뭐 이 그 그냥 곡도 형식이고, 옛날과 같은 참 그게 자기 어른을 모시고 있던, 또 그 자기 어른이 자기를 그 귀여워하면서 말이지 뭐 어찌 해 주던 그런 정리를 생각해 가지고 눈물을 참 많이 흘립니다.

 － 어, 옛날 어, 참, 저, 저, 자녀들은 그것 이, 저, 뭐 참 그 곡을 하고 상주를 눈물이 나오면 자기가 참 서러움에 북받쳐서 앞의 땅이 젖습니다, 눈물이 흘러 가지고.

 － 뭐 그런 무엇이 내가 어, 그, 이 나이, 저, 뭐 그 나이 많지는 않지만, 더러 상가에 다녀 봤습니다만, 뭐 그런 흔적은 한 번도, 구경을 못 하겠더라고.

 － 상주가 자기 부모를, 부모에 대해 생각해 가지고 애석해 하는 마음은 영 없더라고.

 － 그만 이, 그 어, 어, 이 날짜만 때우자, 그만, 어쨌든 그게 그만 저, 저, 저, 어찌 보면 잘 죽었다는 생각 같더라고, 내가 보니 말이야.

- 머' 저어끼'레289) 머' 우꼬' 머 상주가, 글'세 머' 은제 배'께290) 나가 소'옥 저어끼'르 머 하도 웅눙 오, 구 이 영안'실 내에'서 우'수물 나'와, 글'쎄, 그혀인 내엘 샵, 참' 세워'리 바께'긴291) 마이 바께'따, 참' 마이' 달라져' 따, 엔나'레는 눔'무리 땅'을러브 적'신데, 우'수미 잉, 어, 여이, 등처'늘 하' 이끼네 이 므'으어, 이, 이'른 니 린'노292) 함 생'가 뜹띠'다.

- 그른'데 아'주 그게' 나'느 마땅찬트'라쿠요.

- 그이 참' 어'예 키'아뜽 가'네 그을' 참' 으으, 나'아 가'주오으 그거 참' 웅, 그게 예를 드할 마니거, 그으거, 끄 참 피떵걸'읍293) 바'더 가'주우설러 그, 크, 그걸' 그'마꿈 먼쓰 정서, 성장하'드로익 키'아 조씨'먼 그점' 마 까' 능 기려녀임 쪼꿈' 눔'무려더 흘'리 주'능 게 조찬나 한 생'가근 내인능 해' 써요이.

- 차, 에'이, 부, 불'효 거'튼 누웨, 니가' 아무'르 머 어'떤 이, 이, 니: 혼' 자 컨'나 한 생'가기 그으꾸 곤 나가드'라꼬, 마'엉 거떤 내'가, 가차'운294) 사랑' 거'뜨면, 웨'이, 꼬양말행 궁, 그름 버'비 어'딘 누, 그래 내 차 솔'히으 하'지마는 응, 그으또 머 으, 그런 이 애:기'고, 은, 그른 생가기 듭'띠다.

- 응여, 그 어'에 키'안데 그열 그 어'느 으, 둡 부'모가 그일 자'석, 손'자 럴 그' 참, 자기 다칭 거보'단 그, 그게' 아'판 나 대'먼 든, 더 아프'다꼬, 마 으미요.

마슴미다, 에.

- 으게, 이'게 실'찌도295) 그래, 내 여'시도 구'루타구, 머.

- 나'는 아프'멈 보토'인데, 그 머 연더 어얼, 이, 엔라'렌 자'시기래찌믄 똑' 고 이'스엄 손'자 머' 쏘, 손'녀드리 머'어 다'쳐가주 머' 어렁까, 킄, 가라 배'끼고296) 함' 그 참' 마으'미 그'낑, 저'우 우'예노 한' 생'가이 드'는데, 그' 래 키'안는데도 글'쎄 그게 그음 마지막' 가'는 니, 잉으익, 끄, 끄, 그날까' 지도 눔'물 함 빠'은 흘'려창 거 투'록 우'꼬' 장난하'고, 아, 안잔능 거 보'먼 한:시'릅따꼬, 참'.

- 뭐 저희끼리 뭐 웃고 뭐 상주가, 글쎄 뭐 인제 밖에 나가서 저희끼리 무엇을 하든 웃는 것, 그 이 영안실 내에서 웃음이 나와, 글쎄, 그래 내가 세, 참 세월이 바뀌긴 많이 바뀌었다, 참 많이 달라졌다, 옛날에는 눈물이 땅을 적셨는데, 웃음이 이, 어, 어, 등천(登天)을 하니까 이 뭐, 이, 이런 일이 있나 하는 생각이 들더라고요.

- 그런데 아주 그게 나는 마땅찮더라고요.

- 그 참 어찌 키웠던 간에 그 참 어, 낳아 가지고 그것 참 어, 그게 예를 들어 말할 것 같으면, 그것, 그 참 핏덩어리를 받아 가지고서 그, 그, 그것을 그만큼 뭐 성장, 성장하도록 키워 줬으면 그저 마지막 가는 길에는 조금 눈물이라도 흘려주는 게 좋지 않나 하는 생각은 내가 했어요.

- 참, 에이, 불효, 불효자 같은 놈, 네가 아무리 뭐 어떤 이, 이, 너 혼자 컸나 하는 생각이 그 곧 나가더라고, 막 어떤 내가, 가까운 사람 같으면, 에이, 고약한 그, 그런 법이 어디 있나, 그래 내 참 소리를 하지만은 어, 그것도 뭐 어, 그런 이 얘기고, 어, 그런 생각이 들더라고요.

- 어, 그 어찌 키웠는데 그것을 그 어느 어, 저 부모가 그 자식, 손자를 그 참, 자기 다친 것보다 그, 그게 아픈 것에 대면 더, 더 아프다고, 마음이요.

맞습니다, 예.

- 이게, 이게 실제도 그래, 나 역시도 그렇다고, 뭐.

- 나는 아프면 보통인데, 그 뭐 인제 어, 이, 옛날에는 자식이었지만 또 곧 있으면 손자 뭐 손, 손녀들이 뭐 다쳐서 뭐 어떻다, 그, 갈아 벗기고 하면 그 참 마음이 그렇게, 저것을 어찌 하나 하는 생각이 드는데, 그래 키웠는데도 글쎄 그게 그 마지막 가는 이, 이, 그, 그, 그날까지도 눈물 한 방울 흘리지 않을 정도로 웃고 장난하고, 앉은, 앉은 것을 보면 한심스럽다고, 참.

- 나 이거 이, 이, 참 이이, 잉간' 사훼'가 이, 이'르케 변하'나 한 새앙'
도이 이게 어이, 내' 생'가그로 해'씀니다.

아임미'더.

그음 머' 만는' 말씀'이주.

요즈'엄 어'뜨에 봄'며너 아무'래도 어, 예저너하'고 쯤' 무 그'럼 부'부네
서 보'음 쯤' 마니 차이 나는데?

- 예:, 마이', 암, 망언 차네, 마이'297) 달'라져써요.

- 영: 천'지차제, 머'요.

- 저'언, 엔:날' 사'러미 그릉 광'경을 보'옴 마르저, 상'문도 아 함'니다.

- 가' 뿜니다.

- 머' 이른 데 내'거 삼'문할298) 끄인 머' 인'노, 이, 이'랩끽 께'레요.

- 엔:날' 어른'들 거'틈머 상'주거 그'른 행'동이 요꿈'맘299) 비'앰300) 응,
가 봄'니얼.

- 상'주 암' 무씀드앙.

- 잉 거, 급 불'효 거'튼 금 머, 구어, 그.

그', 그러'며이 워, 인제' 쯤' 으에전'하고 요즘'하고 쯤' 그'르케 바껸'는데,
어르'신 그'럼며너 어, 이, 요주'엄먼 인제' 귿 장이'사으, 그 병원 영안시'레스
장이'사예 이해스 주'로 주'도를 해'싸 이루'지고, 그서 어'째뜬 음, 매'장을 할
꼉우'에넌 예:전'네는 상녀' 가'지고 **301) 문상을 아 해'씀미까, 그지에?

- 예예, 한 상, 예, 예, 상녀'로 해'찌언.

그'염 요주'움머여 어'떠케 함'미까?

- 요즈'멈 보'이께네 마리야, 뼈'쓰에다, 장이'사 뼈'쓰가 이, 인는 데도
기, 이'꼬, 또 이째'늠 마리시더, 그 뼈쓰' 마고, 리무지~'이라 거'느 조은
차'가 익, 이'뜨라우, 구게'여, 이.

- 그갠' 비'싸드라꼬요.

- 그기'302) 여'어서, 안동'에써 봉와'까지 도'는데, 오'심마 안 달러' 그'래

- 나 이것 이, 이, 참 이, 인간 사회가 이, 이렇게 변하나 하는 생각도 이게 어, 내 생각으로 했습니다.

아닙니다.

그것 뭐 맞는 말씀이지요.

요즘 어떻게 보면은 아무래도 어, 예전하고 좀 뭐 그런 부분에서 보면 좀 많이 차이가 나는데?

- 예, 많이, 어, 많은 차이, 많이 달라졌어요.

- 영 천지차이지, 뭐요.

- 저, 옛날 사람이 그런 관경을 보면 말이지요, 상문(喪問)도 안 합니다.

- 가 버립니다.

- 뭐 이런 데 내가 문상할 게 뭐 있나, 이, 이랬을 거예요.

- 옛날 어른들 같으면 상주가 그런 행동이 조금만 보이면 어, 가 버립니다.

- 상주에게 안 묻습니다.

- 이 그, 그 불효자 같은 그 뭐, 그, 그.

그, 그러면 이, 인제 좀 예전하고 요즘하고 좀 그렇게 바뀌었는데, 어르신 그러면은 어, 이, 요즘은 인제 그 장의사, 그 병원 영안실에서 장의사에 의해서 주로 주도를 해서 이루어지고, 그래서 어쨌든 음, 매장을 할 경우에는 예전에는 상여 가지고 ** 장례를 안 했습니까, 그렇지요?

- 예, 한 상, 예, 예, 상여로 했지요.

그러면 요즘은 어떻게 합니까?

- 요즘은 보니까 말이야, 버스에다, 장의사 버스가 있는, 있는 데도 있고, 있고, 또 요새는 말입니다, 그 버스 말고, 리무진이라고 그러는 좋은 차가 있, 있더라고, 그게요, 이.

- 그게 비싸더라고요.

- 그게 여기에서, 안동에서 봉화까지 들어오는데, 오십만 원 달라고 그

드라꼬여인, 장이'사, 글짜요.

　－ 그'이 영:구'사, 하너' 실꼬 와'따 가'는데.

　－ 그, 그런 차'를 가'주고 으, 그'또 형펴'니 점' 나'은 사늠드'리고.

　－ 또' 여 머' 이내 영세한' 사럼'드른 게 일 기'양303) 그 머 그 장이'사
거마 아, 영:구' 뻐'쓰로, 디'에서 어, 고'마 어, 우'에는 상'주들 타'고, 문상
객 타'고, 미'텐너이 영:구'차, 구'마 여 웨 시시'인 실꼬', 그'래 가는 차'도
이'꼬, 주'로 그'러쑵띠다.

　그엄' 쯔, 예전' 가'틍 경우'에너 이 매장할' 때 주'로 사람'드린, 동네' 사람'
드리나 아아앙, 갱꾼'드리 가'서 그게 이 친'지나 그'런 사'람드리 이를' 하지야?

　－ 예예, 동:네' 사'암드.

　카며 요주'움, 요주'엄뭉 그'어기 머어, 꼬 웨 누워 사라'미 함'미까, 어'떠
케 함'미까?

　－ 요새'는뇨 장이'사에 부타'글 하'만 매'장꾸이라능 께', 이기 이'써요.

　－ 잉, 으, 거'이 여나모'지금 모'도 소'캐 인는 사'럼드릴 이뜨'라꼬.

　－ 근'데 그'에 장이'사가 인제' 에, 실꼬' 가 가'주우 화장하'는 데'에는 그
화장'은, 실러, 가차'이에그304) 가' 가'주우 인젱' 꼬여, 그 매'장꾼드른 피'료
구305) 어'우꼬, 으, 카 장'꼬, 꺼 인제' 화장에예예 에, 이윽, 거'게 소'캐 인
는' 그어 이'기, 사람'드인 나와 가'주고 인제' 이 영'굴' 실꼬 가'먼 크 아'네
가'따 여뭬 태'아가주 나'오머 인제' 그 인제' 그웁, 크그'는 매'장꾸니 피'료
치 아느'이께 인제' 상'주하꼬 어, 가차'운 친'척뜨리 인제' 그거'릅 바'다 가
주고 어, 머 강엡' 뿌려 뿐 사'람뚱 이뜨'라꼬.

　－ 으, 근'데 또 그르'치 아'느먼 저'레 가서 말씨'더, 그'랜네 어꾸, 고'래
곰머 어윽, 모시'는은느 저'리 이'때, 또' 그'게요.

　－ 그러 보'이께306) 머' 수타'이 모셔 나'따, 사짐 부'쳐 가'주우.

　－ 그'른 데 가'따 노'은 사'암도 이'꼬, 그'러쑵띠다.

　－ 주'로 인지느.

러더라고요, 장의사, 그쪽에서요.

– 그 영구차, 하나 싣고 왔다가 가는데.

– 그, 그런 차를 가지고 어, 그것도 형편이 좀 나은 사람들이고.

– 또 여기 뭐 이래 영세한 사람들은 그 이 그냥 그 뭐 그 장의사 그만 어, 영구 버스로, 뒤에서 어, 그만 어, 위에는 상주들 타고, 문상객 타고, 밑에는 영구차, 그만 여기 왜 시신 싣고, 그래 가는 차도 있고, 주로 그렀더라고요.

그럼 저, 예전 같은 경우에는 이 매장할 때 주로 사람들이, 동네 사람들이나 어, 계 꾼들이 가서 거기에 이 친지나 그런 사람들이 일을 하지요?

– 예, 동네 사람들.

그러면 요즘, 요즘은 거기 뭐, 그 왜 누가 사람이 합니까, 어떻게 합니까?

– 요새는요 장의사에 부탁을 하면 매장꾼이라는 게, 이게 있어요.

– 이, 어, 거기 여남은씩 모두 속해 있는 사람들이 있더라고.

– 그런데 그게 장의사가 인제 어, 싣고 가 가지고 화장하는 데에는 그 화장은, 실어, 가까이에 가 가지고 인제 그, 그 매장꾼들은 필요가 없고, 어, 가지 않고, 그 인제 화장장에 어, 이, 거기에 속해 있는 그 이것, 사람들이 나와 가지고 인제 이 영구를 싣고 가면 그 안에 갖다 넣어 태워서 나오면 인제 그 인제 그, 그것은 매장꾼이 필요하지 않으니까 인제 상주하고 어, 가까운 친척들이 인제 그것을 받아 가지고 어, 뭐 강에 뿌려 버리는 사람도 있더라고.

– 어, 그런데 또 그렇지 않으면 절에 가서 말입니다, 그래 어, 그래 그만 어, 모시는 절이 있어요, 또 거기에요.

– 그래 보니까 뭐 숱하게 모셔 놨다, 사진 붙여 가지고.

– 그런 데 갖다 놓은 사람도 있고, 그렀더라고요.

– 주로 인제는.

요즘' 그'엄 사'네 봉분' 만드는 사'암도 이'찌예?

— 이'써용.

그렁' 경우'에느 그 사'암드러 매'장꾼드리 그암'며너 가'서 인제'아 이인?

— 예', 매'장꾼드리 온' 데는 그' 인제' 화:장을 하 장'꼬, 어어, 여즈, 그 인제' 에:, 묘:지'에 매장을 하'는서 사라'믄 웅, 그 상가'에서는 에, 그 이 장 이'사에다설랑, 요샌' 농초'니 사러'밈, 어, 잉, 그, 잉, 구, 구하기 에'루와요.

— 그' 여' 우리' 동네 거'튼 데'도오 꾸, 구하'자믄 힘'드러요.

— 첨'부 지, 지 이'리 바쁘'고, 다: 그래 노'이307) 그게' 이 여나무'씩, 쎔 나움씨' 모'키가 에'루와요308).

— 그르이 장이'시아다 고'맙 부타'글 래 뿜 그 장이'사에 소'깨 인늠' 매' 장꾼드리 잉, 이뜨'라꼬, 보'이께네.

— 커으, 그 사'럼드리, 또 그 매장꾸드리 와'도 뻴러 할 릴'또 업뜨'라구요.

— 그 일 사:시'릉 그게 그 매'장꾼들 기'양 고'마 어, 돈: 주'능 계납 마 창'을네드'라꼬.

— 그 웨' 그'르냐 하'이께네, 매'장꾸니 여'리 와'도 으업, 우리'가 어, 여, 인, 매장을 하'이께네 그'으 사람' 언, 동네' 사라'미 업쓰'이께309) 사람' 사 다'구 구'면, 며'치나 사주'노, 사주'꼬, 그럼 아무래'또 두 카'래꾸는 데'에 데'께네, 세 카'래꾼 내지' 두 카'래꾸는 데'에 데'이께네 아홉 내지' 여'른 데'에 데자'나.

— 그램 인지' 자'기네어 보통' 열'씩 사 가'주오 나오'면, 그 밤메'르 거 포꾸렝'을 또' 사'요.

— 포끄레'이러 그'능 거', 이래 어 땅 파'고어 문능' 거'.

— 그 니'미 와서 매'장꾼드른 케'양310) 고'마 어, 으, 그게' 인제' 에, 은, 장지까'지 인제' 른, 듬, 미, 에, 영안', 느응, 그으 병워'네서 느어'럴 어이, 시시'너 실:꼬 감' 그'어 가따 내라' 놈' 그 사'암드이 그걸' 들고 사'네 올'라 가따 논능' 거배'끼 안' 하'드라꼬.

요즘 그러면 산에 봉분 만드는 사람도 있지요?

– 있어요.

그런 경우에는 그 사람들은 매장꾼들이 그러면은 가서 인제 이?

– 예, 매장꾼들이 오는 데는 그 인제 화장을 하지 않고, 어, 저, 그 인제 에, 묘지에 매장을 하는 사람은 응, 그 상가에서는 에, 그 이 장의사에다가, 요새는 농촌이 사람이, 어, 이, 그, 이, 구, 구하기 어려워요.

– 그 여기 우리 동네 같은 데도 구, 구하자면 힘들어요.

– 전부 자기, 자기 일이 바쁘고, 다 그래 놓으니 그게 이 여남은씩, 스물씩 모으기가 어려워요.

– 그러니 장의사에게 그만 부탁을 해 버리니 그 장의사에 속해 있는 매장꾼들이 있, 있더라고, 보니까.

– 그, 그 사람들이, 또 그 매장꾼들이 와도 별로 할 일도 없더라고요.

– 그 이 사실은 그게 그 매장꾼들에게 그냥 그만 어, 돈 주는 것이나 마찬가지더라고.

– 그 왜 그러냐 하니까, 매장꾼이 열이 와도 어, 우리가 어, 여, 이, 매장을 하니까 그 사람 어, 동네에 사람이 없으니까 사람을 사다오 그러면, 몇이나 사 줄까, 사 줄까, 그러면 아무래도 두 가래꾼은 돼야 되니까, 세 가래꾼 내지 두 가래꾼은 돼야 되니까 아홉 내지 열은 돼야 되잖아.

– 그러면 인제 자기네가 보통 열씩 사 가지고 나오면, 그 반면에 그 포클레인을 또 사요.

– 포클레인이라고 그러는 것, 이래 가지고 땅 파고 묻는 것.

– 그 놈이 와서 매장꾼들은 그냥 그만 어, 어, 그게 인제 에, 어, 장지까지 인제 뭐, 머, 뭐, 에, 영안, 어, 그 병원에서 널을 어, 시신을 싣고 가면 거기에 갖다 내려놓으면 그 사람들이 그것을 들고 산에 올라가서 갖다 놓는 것밖에 안 하더라고.

- 나머'지능 그 일' 하'능 거', 저 땅' 파고 머' 하'능 어 포꾸'레이 다' 해 뿌에요.

- 그'래이 그' 열 사'래미랑311) 거'느 이 기, 기'양 거여 머 거 가에' 참서 캐'따그 뿍, 뿌이'에용.

- 잉 거, 그르 시'기 데드'라꼬.

- 또' 그'러언, 도 영: 그'른 데'도 이'꼬, 또 어, 그 어뜬' 데는, 또' 머탄' 사'람드령 그, 그 가차'운 쩌, 이 친'척, 친'지드리 이걸' 쫌' 해다'공, 이히 여 '어거 쫌' 보'기 시'르이께네 말, 삽'찌를 쫌'미 해 가주오 떼'도 좀' 더 이'피 고 마'이지, 좀' 보'기 조뜨'럭 해다'고, 꺼 자꾸' 요구'울 하'믄 응, 그 사'람 떠에 인느, 쫌' 이, 궁, 음, 마:지모태' 해 주긴 해줍'띠다.

- 어, 그, 그'른 시'기 데드'라꼬, 예:.

그 예저'네너쁘 점'부 여'기 동네' 사'암드리 다 핸'는데?

- 예예이, 점'부 동네', 예, 동네' 사'너미 해찜먼, 그'이기 예점'뿐312) 아 이지, 지'금, 해'방, 유기오 사'변 점'만 해도 점'브 동네' 사'러미 다 해'쓰에.

- 므' 인 장이'사게 이'서씀니, 꺼디, 엔나'레.

- 컴 동네' 싸'러미 그'널 아무 찌'엘 장사' 지'낸다 금' 마'이지에, 그날 곰' 머313) 점'부이 이:'럴 점페하'고, 으, 그'날 와서, 장니'에데 다 오싸 행상'도 미:'고 가고 머', 일, 치, 쩨, 이 지'베 일또'으 그, 그 집, 장살지'베으 거드'러 주'고 머', 그어, 그, 글때'느 서로 그게 상호가'네읍 믕, 그, 그게'읍 부'조레요 예.

- 인, 짜', 이여, 그'려 참 그읍 푸마'씨래, 가이.

- 예르'이, 엔나'렌느으미.

- 또' 내'가 상주데'믄 저' 사'러미 와'서 해 주'고, 그런 시'기 데그'던.

요주'우믄 인제' 머' 주'로 그어 장이'사어드리 에, 은, 주도하'에 하'다 보' 니까 방금 이야'기 그'래 해'찌머, 예정' 가'트며너 여'기서, 동네'에서 운구하 '고 행상' 그 할'려며너 동네'에서 상녀' 메:는 사'암드리 꿰' 마너'찌예?

- 나머지는 그 일 하는 것, 저 땅 파고 뭐 하는 것을 포클레인이 다 해 버려요.

- 그러니 그 열 사람이라는 것은 이 그, 그냥 거기 뭐 그 가에 참석했다 뿐, 뿐이에요.

- 이 그, 그런 식이 되더라고.

- 또 그런, 또 영 그런 데도 있고, 또 어, 그 어떤 데는, 또 무엇 한 사람들은 그, 그 가까운 저, 이 친척, 친지들이 이것을 좀 해다오, 이 여기가 좀 보기가 싫으니까 말이지, 삽질을 좀 해 가지고 떼도 좀 더 입히고 말이지, 좀 보기 좋도록 해다오, 그 자꾸 요구를 하면 어, 그 사람도 이, 좀 이, 그, 음, 마지못해 해 주기는 해 주더라고요.

- 어, 그, 그런 식이 되더라고, 예.

그 예전에는 전부 여기 동네 사람들이 다 했는데?

- 예, 전부 동네, 예, 동네 사람이 했지만, 그게 예전뿐 아니지, 지금, 해방, 육이오 사변 전만 해도 전부 동네 사람이 다 했어요.

- 뭐 이 장의사가 있었습니까, 어디, 옛날에.

- 전부 동네 사람이 그날 아무개 집에 장사 지낸다 그러면 말이지, 그날 그만 전부 일을 전폐하고, 어, 그날 와서, 장례식에 다 와서 행상도 밀고 가고 뭐, 이, 저, 저, 이 집에 일또 그, 그 집, 상갓집을 거들어 주고 뭐, 그, 그, 그때는 서로 그게 상호 간에 뭐, 그, 그게 부조에요.

예.

- 이, 저, 이, 그래 참 그 품앗이야, 가히.

- 옛날, 옛날에는.

- 또 내가 상주되면 저 사람이 와서 해 주고, 그런 식이 되거든.

요즘은 인제 뭐 주로 그 장의사들이 어, 어, 주도하에 하다 보니까 방금 이 야기처럼 그래 했지만, 예전 같으면은 여기에서, 동네에서 운구하고 행상 그 하려면은 동네에서 상여 메는 사람들이 꽤 많았지요?

- 보:통' 한' 이심 명'은 다 너'머이314) 데'니더.

- 상일' 민:다 그'멈 마'리야.

- 소형' 상'에이가 열려'서씨 미'이께네아, 이팔 썽'이, 양짜'이 여'덜씩 미'이께네, 고게' 저근' 상에'고요.

- 보통' 이심' 명쓱' 드'가능 건' 사심 며'이 드가' 미능' 껨'미더.

- 엉, 끄언' 대영' 행사'인데, 으, 그룽 거' 이'쩌꼬.

- 글'땐 마:이드', 상두구'인 더 마내'이 데'우 그'래찌엄.

예저'느 그엄'며너 주로' 이 동네'에서 어, 누'가 장네'를 치르'게 뎀'며너 상두꾼'드리 여러: 명' 오'고 그 다'으메 에어, 그, 그어: 상녀 멜 때' 그'어버 소'리 머'기고 어, 하'는 사'럼, 그'런뜬 사'암들 다 이'서씀미까?

- 옌나'렌 다 이'서쩌요.

- 머, 어우, 그 아'뻬흐에, 상에' 우'에 타 가주 마'리야, 검 머 그 소'릴 리, 요새'르 마하' 껌' 맹이이, 거'으 참 이, 이, 이 딴' 사'운램민 드'름믐 우수운 소'린느, 허쏘'리라 그'능 거', 해쏘'리르 그'능, 그 메'이 기'얌쌈 마', 머어 어엄, 머 어이, 인제' 가'머 언제' 오나', 머 그른 시'그로 슬픈' 곡짜'을 부'체 가주 마'르아, 상주드리 감도~'이 데드'롱 마'이야, 일러, 그른 새소'리르 메'게 가'암상 그래' 장사'을 지'낸 데도 이'서찌, 쫌 마 기형.

- 으, 그거'느 아, 이, 요새'러 말하 끔' 부유'층에서 장사' 지'낼 때'고, 머' 서민'층이, 요새' 므' 주로 업씸'므315) 서미~'이라 그랩띠'더마는 머 어, 쩌, 영세한' 사람'드런: 소영' 은, 은, 행상'을 미음'멘 소형'에느 그 타지' 모한텐 소'릴 몸 메'게요.

- 몸 메'기고, 또 그르치 아'느음 머 이 지'게 지'고 간 수도 이'꼬, 영이 영세한' 사람들 마, 행상'을 몸 미:고' 저'른 고마 사라'미 그'마 너를' 질머 지'고 상두군' 대여'씨 따라가주 고마 기'양 매'장마 하고 오느, 오는 장사' 도 이'꼬, 그래 대'종이 업쓰'에.

- 그건' 인제' 그거 참' 은, 대영' 은, 이, 에이, 이, 그어이 이, 저걸' 메

- 보통 한 이십 명은 다 넘어야 됩니다.

- 상여를 멘다고 그러면 말이야.

- 소형 상여가 열여섯이 메니까, 이팔에 십육, 양쪽에 여덟씩 메니까, 그게 적은 상여고요.

- 보통 이십 명씩 들어가는 것은 사십 명이 들어가 메는 겁니다.

- 어, 그것은 대형 행상인데, 어, 그런 것 있었고.

- 그때는 많이, 상두꾼이 더 많아야 되고 그랬지요.

예전에 그러면은 주로 이 동네에서 어, 누가 장례를 지르게 되면은 상두꾼들이 여러 명 오고 그 다음에 어, 그, 그 상여 멜 때 그 소리 먹이고 어, 하는 사람, 그런 사람들 다 있었습니까?

- 옛날에는 다 있었지요.

- 뭐, 어, 그 앞에, 상여 위에 타 가지고 말이야, 그 뭐 그 소리를, 요새로 말할 것 같으면 말이지, 그 참 이, 이, 이 다른 사람이 들으면 구슬픈 소리는, 상엿소리라고 그러는 것, 상엿소리라고 그러는, 그 메겨 가면서 뭐, 뭐 어, 뭐 어, 인제 가면 언제 오나, 뭐 그런 식으로 슬픈 곡조를 붙여 가지고 말이야, 상주들이 감동이 되도록 말이야, 이런, 그런 상엿소리를 메겨 가면서 그래 장사를 지내는 데도 있었지, 좀 뭐 그.

- 어, 그것은 아, 이, 요새로 말할 것 같으면 부유층에서 장사 지낼 때고, 뭐 서민층이, 요새 뭐 주로 없으면 서민이라 그러더라만은 뭐 어, 저, 영세한 사람들은 소형 어, 어, 행상을 메면 소형에는 그 타지 못 해서 소리를 못 메겨요.

- 못 메기고, 또 그렇지 않으면 뭐 이 지게를 지고 가는 수도 있고, 영 영세한 사람들 뭐, 행상을 못 메고 저런 그만 사람이 그만 널을 짊어지고 상두꾼 대여섯이 따라가서 그만 그냥 매장만 하고 오는, 오는 장사도 있고, 그래 대중이 없어요.

- 그것은 인제 그것 참 어, 대형 어, 이, 이, 이, 그 이, 저것을 모신다

씬'다 그넝 그'넌 니엄 머어, 잉, 이, 요새'에로 말하' 꺼 뜸 좀' 경제'가 종용
오에, 확씨리 조은' 사럼'들, 그른 사럼드'리야 하능 게'고, 고 다'으메이
중'뉴충이 하'능 기' 인제' 열려'서세 미능'316) 거', 소형' 행상', 고걸 가주'우
짜이, 지'내고, 고 다'으멘 또 영: 영세한' 민'드른 은, 기'양 고'마 사라'미
지'고 가' 지'내는 수도 이'꼬, 그래 이그 참' 대'중여 업써'에, 그'으뜨.

그' 요즘'므어므언 주'로 그거 병원 영안시'레서 하'니까 어, 주'로 음식'
까틍 경우'도 주'로 사'서 하'어찌예?

— 레이, 주'로 사 쁘에.

— 이 끄, 거'게 인제' 병워'네서 에, 인찌' 병원'니 느, 그, 장이, 병워'네
도 장이'사기 이'써용.

— 영안'시리 따'루에 장이'사 인'데, 거'게서317) 고'마 상언, 상'주더룬 무'
루 노'음맘 밥그'럭318) 쑤' 따'제가주 돈' 치'드라꼬, 보'이껜 마레.

— 예를' 드러 내가 상'주거 데'따 그'면, 내 지'베 어응, 그'다아319) 인제'
으 그 식'땅에당 이'렐320) 해' 뿌능 게'라.

— 내 지'베 온'는 손'니믄 당신'네가 바'블웁 대즈패' 주'시요 꼬 마이쩨.

— 그'래믄 잉, 극, 그, 그거'뚜 처'뻐네 보'이께네으, 그'어또 저이 요샌'
자꾸 발따'리 데'어거 사라'미 그업, 크'른데 그 머'리 조은 사'람드리 그, 그
머'리 조응' 걸' 응, 그 조은' 데' 써'멈 조'은데, 어, 그 나쁜' 데 써'멍 사'럼
드리 만트'라꼬요.

— 그'려 장녀지'베 장:사' 지'낸 사'러미, 내'가 상'주거321) 데' 가주언 내
지'베 문'상 오'은 사'람머 시'꿔늘 조'가즈322) 밤 무'러 가'라 소'린느 모 탄'
다꼬, 그 차'마이 양시'미 그게' 마리쩨.

— 그'른데윽 그거'또 자꾸' 쏘'기이께네 마'리아.

— 상'주가 으어, 그 익 계사'늘 이래: 해 보'이껜323), 처이, 처 보'이께느
오'늘 상, 으음, 문'상개'기 한 시'물 래'지 시물' 은, 서널' 덴'다, 하'은서 생'가
글 핸'데, 저짜'두 청'구 동 엄' 머 사심' 명' 머' 사십오' 명', 이'래 시, 시꾸'늘,

고 그러는 것은 이 뭐, 이, 이, 요새로 말할 것 같으면 좀 경제가 좀, 확실히 좋은 사람들, 그런 사람들이야 하는 것이고, 그 다음에 중류층이 하는 게 인제 열여섯이 메는 것, 소형 행상, 그것을 가지고 지, 지내고, 그 다음에는 또 영 영세한 사람들은 어, 그냥 그만 사람이 지고 가서 지내는 수도 있고, 그래 이것 참 대중이 없어요, 그것도.

그 요즘은 주로 그것 병원 영안실에서 하니까 어, 주로 음식 같은 경우도 주로 사서 하지요?

― 예, 주로 사 버려요.

― 이 그, 거기에 인제 병원에서 어, 인제 병원이 이, 그, 장의, 병원에도 장의사가 있어요.

― 영안실에 달린 장의사가 있는데, 거기에서 그만 상, 상주들은 물어 놓으면 밥그릇 수를 따져서 돈을 치르더라고, 보니까 말이지.

― 예를 들어서 내가 상주가 됐다 그러면, 내 집에 어, 거기에다가 인제 그 식당에다 의뢰를 해 버리는 거야.

― "내 집에 오는 손님은 당신네가 밥을 대접해 주시오"라고 말이지.

― 그러면 이, 그, 그, 그것도 처음에 보니까, 그것도 저 요새는 자꾸 발달이 돼서 사람이 그, 그런데 그 머리 좋은 사람들이 그, 그 머리 좋은 것을 어, 그 좋은 데 써먹으면 좋은데, 어, 그 나쁜 데 써먹는 사람들이 많더라고요.

― 그래 상갓집에 장사 지내는 사람이, 내가 상주가 돼 가지고 내 집에 문상 온 사람을 식권을 줘서 밥을 먹으러 가라는 소리는 못 한다고, 그 차마 양심이 그게 말이지.

― 그런데 그것도 자꾸 속이니까 말이야.

― 상주가 어, 그 이 계산을 이래 해 보니까, 쳐, 쳐 보니까는 오늘 상, 음, 문상객이 한 스물 내지 스물 어, 서넛 된다, 하면서 생각을 했는데, 저쪽에서 청구 들어온 것은 뭐 사십 명 뭐 사십오 명, 이래 식, 식권을, 참

참' 저 요구'건 두오'구 하'이께네, 요새'늠 보'이께네 시꿔'늘 주'드라꼬요.

　− 그'르이께느 느어, 은, 내:가 그'른 소'릴 해'써일.

　− 대'구에 하'믄 상은, 내 거 이, 찌이, 진는, 참' 친'처긴데, 가'따 그 이 시'꿘 주'이, 야, 이 사람 잉 그 밥 항 그룽 누'가 에'이여으, 그금 머'어이 시'꿘 주 너'이 그어이, 이게'이 응, 현서파다324), 이 시'껀 치아'러, 그' 머 백 끄'륵 쏝'길리겐나, 내' 그'르게 너어'가 모 싸'멈 몰'래어 그'이 즌, 차'아라, 응으, 그'른 소'리또 해'따코.

　− 그'른 네:도 이, 이뜨'라쿠요.

　− 그'래 이 그, 그'게 현'사파드라꼬이.

그'기 어'뜨에 보'며너 쫌' 예전'네 인심'마하고 요'즘 인시'미 또'으 그'르 케읍 바끼'능 가씀미.

　− 그'얼 바께'떼, 빠께'뜨라, 그게.

또' 어르'신 그얼'며너 예즈, 예저'네는 지'베서 인제' 장네 치를' 때'너 주'로 어'떤 음식 장만합'미까?

　− 음시'기, 장녀'라 그닝 게' 요새'러 말하' 꺼' 뜨면 장녀'일 참' 장, 맹' 삼실과'가 다: 드가'고, 밤', 감', 대추' 머얼, 어, 그 어뜨 매: 땅콩'도 쓰'고 머, 추'자두 쓰'고, 그르'고 또 그 밤'메얼325) 머 수, 머 요샌' 머 수박'또 씁'띠다, 보'이께르.

　− 수박, 차'메도 머' 채'리 노씁띠'다.

　− 그'래고, 그 밤'며 인제' 펴'니고, 떠'기라 그'릉 거 인제' 편떡'.

　− 떠기'래 그이고.

　− 떠기'고.

　− 그'려 사, 어, 어'무리고.

　− 어'무리고, 더 위 인제' 어'무리 인제' 그게 인제' 매아 소:고기, 데지고' 기, 어, 인제'으 게이끄러 달꼬'기, 으, 그 세 가'지는 반대'실 드가'능 게고.

　− 고 다'으멘 또' 인제'영 어'물로는 조기가 드'가고, 고 다'으메옥 고등어'

228　경북 봉화 지역의 언어와 생활

저 요구가 들어오고 하니까, 요새는 보니까 식권을 주더라고요.

- 그러니까 어, 어, 내가 그런 소리를 했어요.

- 대구에 한 번 상을, 내 그 이, 저, 저, 참 친척인데, 갔다가 그 이 식권을 주기에, 야, 이 사람 이 그 밥 한 그릇 누가 어, 그것 뭐 식권 줘 놓으니 그, 이게 어, 섭섭하다, 이 식권 치워라, 그 뭐 백 그릇 속이 겠나, 내 그렇게 너희가 못 살면 몰라 그 저, 치워라, 어, 그런 소리도 했다고.

- 그런 예도 있, 있더라고요.

- 그래 이 그, 그게 섭섭하더라고.

그게 어떻게 보면은 좀 예전의 인심하고 요즘 인심이 또 그렇게 바뀌는 것 같습니다.

- 그 바뀌었는데, 바뀌었더라, 그게.

또 어르신 그러면은 예전, 예전에는 집에서 인제 장례 치를 때는 주로 어떤 음식을 장만합니까?

- 음식이, 장례라 그런 게 요새로 말할 것 같으면 장례 참 저, 역시 세 과일이 다 들어가고, 밤, 감, 대추 뭐, 어, 그 어떤 역시 땅콩도 쓰고 뭐, 추자도 쓰고, 그리고 또 그 반면에 뭐 수, 뭐 요새는 뭐 수박도 쓰더라고요, 보니까.

- 수박, 참외도 뭐 차려 놓더라고요.

- 그리고, 그 반면 인제 편이고, 떡이라 그러는 것은 인제 편.

- 떡이라 그러고.

- 떡이고.

- 그리고 사, 어, 어물이고.

- 어물이고, 그 이 인제 어물이 인제 그게 인제 역시 소고기, 돼지고기, 어, 인제 그 닭고기, 어, 그 세 가지는 반드시 들어가는 것이고.

- 그 다음에는 또 인제 어물로는 조기가 들어가고, 그 다음에는 고등어

가 드'가고, 요거배'끼 안' 쑵따.

그애쓰 주'로 인저' 어, 그 제사', 장네' 치'르 때 제사'에 쓰'느 엄식뜨'리따, 그'지예?

– 예', 그'으 맹: 비스탑'떼드이.

– 제사'에 지'내능 게'너326) 장녀'이 지'내잉 게'나, 장:녀' 지낸 데도 맹' 제사'가엥 예, 이'끄더.

– 그'음 머 송, 어, 거 은제' 바린'쩨가 이'꼬 머 성'복쩨가 이'꼬 머 반혼' 제가 이'꼬, 글때는 제사' 지'낸 음시'꽈 또'까치 해'이 데능 게'래.

인제' 그 탈상'을 하'고 나'며 인제' 제사'를 안 지'냄미까, 그'지예?

– 네, 예.

에, 어, 그 제사'느 어'떤 종, 어'떤 제사'가 이씀'미까?

– 크'게327) 인제' 일 제사'건 조꿈 저'네 얘기항' 게' 탈상'얼 하기 뎀' 인제' 에:, 아, 어잉, 기'제사가 이'쩨, 머여.

– 기제사'가 이'꼬, 케이'제사라 그'능 거느' 주'근 날'짜에세게에이 지'내고, 차'사라 그'능 거'넌 파럴 추석', 서:레', 도: 그'엄 밈, 명'저레328) 지'내응 게' 차사가 이'꼬, 그'래치, 머이.

– 기제사', 차사 지, 지내'자네, 거으 성'보글, 참' 저으, 어, 탈쌍을 하기 데'먼.

– 처'쩨 인제' 이 기'제사는 망니'느 주'근 날'짜 제사'을329) 기'제사라 그'고, 구어, 그 인제' 차싸르 근' 거'능 명'절, 삼: 명'절, 추석', 설:, 또 그'래고 머'로, 와이굼, 머, 중'기라 그'나, 머, 으, 그른 혹 염 명'절, 삼: 명'저레 쳐 나'능 걸' 차사르 그르니다.

– 차사 제사'가 이'꼬, 기제서'가 이'꼬, 그러.

그'엄며 주'로 인제' 그거' 아까' 이야'기를 하'셔씀다마너, 그: 기'제사 이'꼬, 그다'으메 차'사 이'꼬, 쩌 어, 그 다'으메 혹'씨 그거' 가을거'지하고 난' 다'으메 어, 시'사도 함'미까, 모심미?

가 들어가고, 요것밖에 안 쓰더라고요.

그래서 주로 인제 어, 그 제사, 장례 치를 때 제사에 쓰는 음식들이다, 그렇지요?

― 예, 그 역시 비슷하더라고요.

― 제사에 지내는 것은 장례에 지내는 것이나, 장례 지내는 데도 역시 제사가 어, 있거든.

― 그 뭐 성, 어, 그 인제 발인제가 있고 뭐 성복제가 있고 뭐 반혼제가 있고, 그때는 제사 지내는 음식과 똑같이 해야 되는 거야.

인제 그 탈상을 하고 나면 인제 제사를 안 지냅니까, 그렇지요?

― 예, 예.

어, 어, 그 제사는 어떤 종류, 어떤 제사가 있습니까?

― 그게 인제 이 제사가 조금 전에 얘기한 게 탈상을 하게 되면 인제 어, 어, 어, 기제사가 있지, 뭐요.

― 기제사가 있고, 기제사라 그러는 것은 죽은 날짜에 지내고, 차사(茶祀)라 그러는 것은 팔월 추석, 설에, 또 그 명, 명절에 지내는 게 차사가 있고, 그렇지, 뭐요.

― 기제사, 차사 지내, 지내잖아, 그 성복을, 참 저, 어, 탈상을 하게 되면.

― 첫째 인제 이 기제사는 망인의 죽은 날짜 제사를 기제사라 그러고, 그, 그 인제 차사라 그러는 것은 명절, 세 명절, 추석, 설, 또 그리고 뭐냐, 아이고, 뭐, 중기라 그러나, 뭐, 어, 그런 혹 이 명절, 세 명절에 지내는 것을 차사라 그럽니다.

― 차사라는 제사가 있고, 기제사가 있고, 그래.

그러면 주로 인제 그것 아까 이야기를 하셨습니다만은, 그 기제사 있고, 그 다음에 차사 있고, 저 어, 그 다음에 혹시 그것 가을걷이하고 난 다음에 어, 시사도 합니까, 모십니까?

― 예', 시'사라 그'응 게' 그얼 쩌욘뚠, 추'자리라 그'래가주 이 시월'따레 인제' 응애, 해꼬'글 장만해'쓰이께네 그 싱어, 으이, 자기 이, 뽕이에, 참, 선'조으껩 바'친다 카'는 뜨'스로 시'사라 그'능 게.

― 그게' 인제' 시'사라 그'능 게' 잘 지'낼러 거'무 항정 어꼬'요, 잘 찌'낼르 그'므이 옌나'렌 재궁'이 이써짠니껴'.

― 위토'를330) 마이 사 가주, 잘'사는 지'베넌, 내' 어'르늘 위해 가주 노'늘 머' 열 마지이, 시'무 마지이, 바또 심' 마지 사 가주고, 그래 으, 끄, 거'게 한 지'블 사드'록 해' 조'요.

― 으'으, 그게' 인제' 어, 어일, 재공'이라 그'래니더.

― 그'래믕 그, 그 사'럼드리 그 토'지일 부'쳐 머'꼰, 자기 머'꼬 사:고', 쪼꼼' 나'믕 걸' 인제' 쥐'이난'테 주'면, 주이'는 그걸 까'주고 은제' 에:, 그'어 제:무'를 장'만해요.

― 그 사'름한떼 도느, 싸'리, 으스, 요새' 쌀'루 쩌, 쌀' 머 다'서 깜'마이 깝'쓰오 바'다씸머 다 주'든지, 그'르치 아'늠 머 세 가'맘메 조' 가주으, 요 걸' 가주'고 내 아부'지, 내 할'배, 내 얼'매, 이래 사 미이 고 인, 지, 잉, 기, 묘' 한 니이를 그 은, 함' 붕'지를 가'저 한' 위:라 그'래인니데, 여.

― 우리'가 이, 이그 여'선 위이께'넹 여'선 상'부 제사'을 지'내드루331) 장 보'기해가주 제사'을 지내'라, 에, 지'내드로 해다'고, 그램, 그 인제' 재궁지' 기는 그 일 쥐인하'꼬 가 가주으 장보'길 해'요.

― 니연 제사' 지내'까 머' 어'물 머 이'릉 거 첨'부 거 나'물', 채소' 다 사'고 머, 제:주'도 사'고, 해가주 와' 가'주고 온늘을, 내'앨 거'틈 오'늘 저 점'부 끄 어 즈 제무'를 장만해' 가주고 내'애를 으, 그으, 즈끄, 궤'에 나:따' 설332)건 내'일 은제 은, 홍, 그 이, 산소에 느'이즈실, 지'고 올'라 가니'드, 그 음시'거.

― 거이'뜨333) 재궁'에 이'떤 사'럼드리 너'이먼 너'이, 다'서저'일 지'고 가 치 가'먼 즈쩨334) 그 집 쥐'인, 제'간드런 따'러가서 채'여크, 채'리 가주'고 거 은제' 저'럴 인제' 이: 배 하'고, 거 인저' 산소 다'니 내려오'지요, 야.

- 예, 시사(時祀)라 그러는 게 그 저, 추절(秋節)이라 그래서 이 시월에 인제 어, 햇곡을 장만했으니까 그 어, 이, 자기 이, 뭐, 참, 선조에게 바친다고 하는 뜻으로 시사라 그러는 게.

- 그게 인제 시사라 그러는 게 잘 지내려고 그러면 한정 없고요, 잘 지내려고 그러면 옛날에는 제궁(齋宮)이 있었잖아요.

- 위토(位土)를 많이 사 가지고, 잘사는 집에서는, 내 어른을 위해 가지고 논을 뭐 열 마지기, 스무 마지기, 밭도 스무 마지기 사 가지고, 그래 어, 그, 거기에 한 집을 살도록 해 줘요.

- 어, 그게 인제 어, 어, 제궁이라 그럽니다.

- 그러면 그, 그 사람들이 그 토지를 부쳐 먹고, 자기 먹고 살고, 조금 남은 것을 인제 주인한테 주면, 주인은 그것을 가지고 인제 에, 그 제물을 장만해요.

- 그 사람한테 돈을, 쌀이, 요새, 요새 쌀로 저, 쌀 뭐 다섯 가마니를 값으로 받았으면 다 주든지, 그렇지 않으면 뭐 세 가마니만 줘 가지고, 요 것을 가지고 내 아버지, 내 할아버지, 내 어머니, 이래 삼 위 그 이, 저, 이, 그, 묘 한 위를 그 어, 한 묘지를 가지고 한 위라 그랬습니다, 여기.

- 우리가 이, 이것 여섯 위이니까 여섯 조상 제사를 지내도록 장보기해서 제사를 지내라, 어, 지내도록 해다오, 그러면 그 인제 제궁지기는 그 이 주인하고 가 가지고 장보기를 해요.

- 이런 제사 지내니까 뭐 어물 뭐 이런 것 전부 그 나물, 채소 다 사고 뭐, 제주도 사고, 해서 와 가지고 오늘, 내일 같으면 오늘 저 전부 그 저 제물을 장만해 가지고 내일 어, 그, 저, 궤(櫃)에 놓았다가 쓸 것은 내일 인제 어, 어, 그 이, 산소에 어, 지고 올라갑니다, 그 음식을.

- 거기도 제궁에 있던 사람들이 넷이면 넷, 다섯이 지고 같이 가면 인제 그 집 주인, 제관들은 따라가서 차려, 차려 가지고 그 인제 절을 인제 이 배 하고, 그 인제 산소 다녀 내령오지요, 예.

- 그거 인제' 시'사라 그'르인드, 그그 인제.

그러'명 기'제사는 보통' 어'떠게 지, 지'냄미까, 여'기서느?

함무 절차'에 대'해서 함'머 이야기해' 주입쏘.

- 어, 익, 키, 기제사'는 내:가' 인제' 어르'니든 조'부듬 맹' 또까'튼데, 그'날, 기제산나'른 에:, 그 인제' 으, 갑시리이리아[335] 그'는 지'비 인제' 이, 인'는 지'베는 심'주로[336] 감'시레 모시' 나'시이께네 그'어서 모:시 와'가처 노'우먼 데'고, 거 감시'립 엄:는 지'베넌.

- 그래 가'주움 감시'레서 메시 와' 가주설렁 우후'예, 상 위'에 노'코, 그래 어, 삼 멍, 각' 실과'에더 삼실'과, 사 두에우, 그으 웰, 이 참 미, 아까' 엘 시야, 지'내는 시'그로 그어 머엄 어'육, 끄이 우'육, 점'부 다 서거이, 게'육, 다 써' 가주고 달', 달', 달꼬'기, 소고'이, 데지고기, 점'부 그래 그 온늘, 쓰'고, 멍'태, 끄엄 머 그름 포', 이'릉 걸 어이, 종압패' 쓰'고, 어'무른 반다'시 그 은제' 고듕'어, 조'긴 드가'이[337] 데'고, 흐'리고 믁, 그걸' 채'리 노코 인제' 제:사 지'낸 집'또 요, 이'꼬, 또' 그'르치 모탄 지'베능, 감'시리 엄:는' 지'베는 어허어, 그 인제' 이 찌', 지바~'이라꼬 쓰'니더.

- 지방을 인제' 예'를 드'러 꺼떰 아부'지 이, 이 기'제사 거'트먼 머' 형고처사부군시니라'꾸도 쓰'고, 또 이 형고처사 므 학쌩부구니알' 써, 고 두 가'지이 씁'띠다.

- 처사'로 쓴' 사'암도 이'꼬, 학쌩'으로 쓴' 사'암도 이'꼬요.

- 허르꼬[338] 또 인제' 모치'닐 겨인쩨' 인저' 혐비유인 머 으게, 아갸, 예를' 드'르 므하'르 꺼'뜸 므어 기, 김녕 김'씨 그땡 김녕김씨시니이이라꼬 여'이, 이'래 쓰능 거'또 이'꼬, 구'래 인지 지, 지'방을 써' 노꼬 은제' 제사'럴 치'넨데, 제사' 지'내은 데'넌 반다'시 그'어 오 집'사가 데'야 데'는데, 머 우, 그 지'바니 망:코 질, 자'소니 너끄어정, 넝너칸' 사'럼드럼미, 친'처기 마은 사'라멈 오 집사 너'엄 사'암드 마'으며, 보통' 어능한' 지'벤 오 집'살 몸 마차요

- 긍 어, 구 웨'냐, 다'서씨가 오: 집'사라 그'거드요.

- 그것 인제 시사라 그럽니다, 그것을 인제.

그러면 기제사는 보통 어떻게 지, 지냅니까, 여기서는?

한 번 절차에 대해서 한 번 이야기해 주십시오.

- 어, 이, 기, 기제사는 내가 인제 어른이든 조부든 역시 똑 같은데, 그날, 기제사 날은 에, 그 인제 어, 감실(龕室)이라고 그러는 집이 인제 있는, 있는 집에는 신주를 감실에 모셔 놓으니까 거기에서 모셔 와 가지고 놓으면, 되고, 그 감실이 없는 집에는.

- 그래 가지고 감실에서 모셔 와 가지고설랑 위에, 상 위에 놓고, 그래 어, 삼 뭐, 각 실과에다 세 가지 실과, 상 위에다, 그 왜, 이 참 뭐, 아까식, 지내는 식으로 그 뭐 어육, 그 소고기, 전부 다 써서, 닭고기, 다 써 가지고 닭, 닭, 닭고기, 소고기, 돼지고기, 전부 그래 그 오늘, 쓰고, 명태, 그 뭐 그런 포, 이런 것 어, 종합해 쓰고, 어물은 반드시 그 인제 고등어, 조기는 들어가야 되고, 그리고 뭐, 그것을 차려 놓고 인제 제사 지낸 집도 있, 있고, 또 그렇지 못한 집에는, 감실이 없는 집에는 어, 그 인제 이 지, 지방이라고 씁니다.

- 지방(紙榜)을 인제 예를 들 것 같으면 아버지 이, 이 기제사 같으면 뭐 '현고처사부군신위'라고도 쓰고, 또 이 '현고처사 뭐 학생부군'이라고 쓰고, 그 두 가지를 쓰더라고요.

- 처사로 쓰는 사람도 있고, 학생으로 쓰는 사람도 있고요.

- 그렇고 또 인제 모친일 경우에 인제 현비유인 뭐 어, 어, 예를 들어 말할 것 같으면 뭐 김, 김녕김씨 같으면 김녕김씨신위라고 이, 이래 쓰는 것도 있고, 그래 이제 지, 지방을 써 놓고 인제 제사를 지내는데, 제사 지내는 데는 반드시 그 오 집사가 돼야 되는데, 뭐 어, 그 집안이 많고 자, 자손이 넉넉한, 넉넉한 사람들은, 친척이 많은 사람은 오 집사 넘는 사람도 많은데, 보통 어지간한 집에는 오 집사를 못 맞춰요.

- 그 어, 그 왜냐, 다섯이 오 집사라 그러거든요.

－ 그 은제' 으, 은젣' 초'혼, 아헌, 졷'허니 인제' 에, 샴'허니고요, 고 은제'
상주거 세 부'이람 말, 세 븐', 세 번' 수를 이런'담 마'리고, 고 은제' 오 집'싸
렁 어이 양 가에 집'싸가 두리' 부터 가지움 그 인젣' 자'를 올'릴 찌'게 부어
바다그멍 그, 바'다으 그 언제³³⁹⁾ 이 시'니에 가따 논능 걸' 집'사라 그러요.

－ 고래가주 구'언데, 샴헌하꼬 집사 둘하꼬 해 가주으 오 집'사라 그러요.

－ 그'어 다'서시 데'야 제사' 지'내능 기' 시기 만는'데, 옌나'렌, 요샌' 머'
으 그, 그게 대'중도 업'씨엄 머 아무'이따나 머 어에웅 구'마³⁴⁰⁾ 두리'도 지'
내오 혼'자도 고'마인 지'내고, 어, 구'마 그래 지'냅띠다으.

－ 지'낸 데'는 그, 끄으, 그게' 대'조이 업써', 그게.

그'엄며늗 그: 제사' 인젣' 그어 제상'을 마련해'섣 차'리 노'코 어어, 시니
'를 모시'든지, 앙 그엄며너 즈그, 지'방을 쓰'서 그'다음 떠 인자' 모셔 노'
코, 어, 어엉, 그'럼며너 제사'는 어떤 시'그로 모심'미까?

－ 지'방 쓰'고.

－ 그'케 일.

처음?

－ 제사'을 모시'능 게' 인제' 어, 인, 처'뼈네, 처'째가 인제' 제사'을 모실'
땐'늠 반 우'에따덜 시'니를 모셔 노'코 그르암미 지'방얼 부처 노'코 고 다
으메 인제' 제무'를 가'따아안 논능 게'르, 채'리능 게'러.

－ 엄, 머 어, 홍동백썬'니 장더 머 에래우 머 중보' 머, 그 포'럴 머 어
이, 어, 어데 저, 어, 딴' 데'늠 머' 그어, 끄에, 그, 끄, 아, 그 머'로, 어에에,
문:중'에 따'러서 그게' 어, 이, 입, 버'비 틀렌'³⁴¹⁾ 데'가 이'따꼬용.

－ 그 가가예:무'니라꼬요, 저 에, 이, 영:천'³⁴²⁾ 저'리 감'맘미 중포' 쓰는
데'독 이'따 그럽'띠은, 나'안 안주거³⁴³⁾ 참'서근 안' 해 반'데, 중포'러 그능
거'는 우리' 여'기선너 보통'으론 포'럴 을, 어이, 으 저 좌츠'게, 이을, 이,
제'엘 끄'테 이, 이'랩 포'를 쓰'은데, 저리는 즈, 끄, 제쌍' 중가'네 포'를 론'
다, 그, 그걸' 중포'라 그래찌엔데, 그래 지낸' 데'두 이'꼬.

- 그 인제 어, 인제 초헌, 아헌, 종헌이 인제 어, 삼헌이고요, 그 인제 상주가 세 번이라는 말, 세 번, 세 번 술을 이런다는 말이고, 그 인제 오 집사란 게 양 가에 집사가 둘이 붙어 가지고 그 인제 잔을 올릴 적에 부어 받다 그, 받아 그 인제 이 신위에 갖다 놓는 것을 집사라 그래요.

- 그래서 그런데, 삼헌하고 집사 둘하고 해 가지고 오 집사라 그래요.

- 그 다섯이 돼야 제사 지내는 게, 식이 맞는데, 옛날에는, 요새는 뭐 그, 그게 대중도 없이 뭐 아무렇게나 뭐 어떻게 그만 둘이서도 지내고 혼자서도 그만 지내고, 어, 그만 그래 지내더라고요.

- 지내는 데는 그, 그, 그게 대중이 없어, 그게.

그러면은 그 제사 이제 그 제상을 마련해서 차려 놓고 어, 신위를 모시든지, 안 그러면은 저것, 지방을 써서 그 다음 또 이제 모셔 놓고, 어, 어, 그러면은 제사는 어떤 식으로 모십니까?

- 지방을 쓰고.

- 그러게 이.

처음?

- 제사를 모시는 게 인제 어, 인제, 처음에, 첫째가 인제 제사를 모실 때는 상 위에다가 신위를 모셔 놓고 그 다음에 지방을 붙여 놓고 그 다음에 인제 제물을 갖다 놓는 거야, 차리는 거야.

- 어, 뭐 어, 홍동백서니 참 뭐 이러고 뭐 중포 뭐, 그 포를 뭐 어, 어, 어디 저, 어, 다른 데는 뭐 그, 그, 그, 그, 아, 그 뭐냐, 어, 문중에 따라서 그게 어, 이, 이, 법이 다른 데가 있다고요.

- 그 가가예문이라고요, 저 어, 이, 영천 저리 가면 중포 쓰는 데도 있다 그러던데, 나는 아직까지 참석은 안 해 봤는데, 중포라 그러는 것은 우리 여기서는 보통으로는 포를 어, 어, 어, 저 좌측에, 이, 이, 제일 끝에 이, 이래 포를 쓰는데, 저리는 저, 그, 제상 중간에 포를 놓는다, 그, 그것을 중포라 그러는데, 그래 지내는 데도 있고.

- 크'래 노코 인제' 처'뻐 네 인제' 그래 쯔, 제무'리 다: 진서리 데'먼 제:과'니 인제' 초'형과'니, 처 뻔 잔 데능 거즈 초'호니라 그'랭이드, 웨.

- 그 예:를 뜨'러 마'알 까뜸 장자'지.

- 장자'라 근' 사러미, 초'호니, 초'호니 그 시'니에, 고 에 강시'니르 그' 릉이드, 그'거너.

- 강시'니러 그'능 걸', 시'니에 고한'단 뜨'스로 저'럴 하'고, 향을 피'웁 미다.

- 그'게 인제' 이, 그 강시'니르 근'데, 시'널, 예를 뜨'르 아'부짐, 아'부지 이 이, 제사' 이'레예[344] 제거' 오'늘 모:심니다 하'는 뜨'스래, 그'게'.

- 까, 강신'네릉 어, 향을 피'우고 저, 쩐제, 에, 저'를 하'고, 그'으, 에, 크르[345] 노'음 고다'으 민제' 각' 제관'드리 인제' 그윽, 끄, 까암, 에, 처'허 니 강시'널 하'엄면 저'를, 재배'을 두: 번' 하'니더.

- 그'으, 그 각짜' 은제' 이 시'뉘에 고하'는 잉, 이, 이, 인사지, 그'게.

- 내가' 어에, 이, 이, 참 아'부지 으어, 이, 기'제사에 즈, 참서카'러 와'씀 미다 카'능 그게 이, 인사'를, 저'를 하'면, 그'려구 나'아미 인제' 고 다'으메는 그: 인제' 저: 자'늘 올'려, 그'르지, 쯔, 초'호니란, 즈 초'허네르 근' 사'래미 인 즈 수, 수, 술'짜늘 은제' 어, 브'어 가'주고 집사한'테 주'먼 아'부'지 잔' 노'코, 또 이'짜 좌:측 집'사는 모'친 즙'사 노'꼬, 이'른 수'를 바'드 노'코 인제' 흐'레먼 에:, 인제' 그래 초'허니 그래 자'늘을 올'리기 데'먼 그 추기'랑 게 이'써요.

- 추기'라 그'능 거'넌 머 그날 도라가'신 데'드[346] 애트'탄' 뜨'스로 머 이, 이래 표'하는 추기 인'데, 그게' 엄'는 지'비이, 쩌, 주로 마네'용.

- 그검 머 추'걸 그, 그 이, 엔나'랜 축' 쓰'는 집'또 마네'찌만[347] 요즘' 믕, 글'때도 단추글 한' 사'러미 어아유, 구'만[348] 단'자네 때 금 무 축' 업씨 ' 음, 무'처구러 한'느 사'아미 마'네써.

- 끄은 지 요새'는 으응, 그, 주로 무'추기지, 머'여.

- 그래 고'마 어, 세어, 스, 세: 부'니 처 뻔 초'온[349], 두 번'짼 아'어니 잔' 올'

- 그래 놓고 인제 첫 번째 인제 그래 저, 제물이 다 진설(陳設)이 되면 제관이 인제 초헌관이, 첫 번째 잔 올리는 것을 초헌이라 그럽니다, 왜.

- 그 예를 들어 말할 것 같으면 장자지.

- 장자라 그러는 사람이, 초헌이, 초헌이 그 신위에, 그 왜 강신(降神)이라 그럽니다, 그것은.

- 강신이라 그러는 것을, 신위에 고한다는 뜻으로 절을 하고, 향을 피웁니다.

- 그게 인제 이, 그 강신이라 그러는데, 신을, 예를 들어 아버지면, 아버지 이, 제사 의례에 "제가 오늘 모십니다."라고 하는 뜻이야, 그게.

- 강, 강신례라는 것, 향을 피우고 저, 저, 어, 절을 하고, 그, 어, 그래 놓으면 그 다음에 인제 각 제관들이 인제 그, 그, 그, 어, 초헌이 강신을 하면 절을, 재배를 두 번 합니다.

- 그, 그, 각자 인제 이 신위에 고하는 이, 이, 이, 인사지, 그게.

- "내가 어, 이, 이, 참 아버지 어, 이, 기제사에 저, 참석하러 왔습니다."라고 하는 그게 이, 인사를, 절을 하면, 그러고 나면 인제 그 다음에는 그 인제 저 잔을 올려, 그래, 저, 초헌이란, 저, 초헌이라 그러는 사람이 인제 수, 수, 술잔을 인제 어, 부어 가지고 집사한테 주면 아버지 잔 놓고, 또 이쪽 좌측 집사는 모친 술잔을 놓고, 이런 술을 받아 놓고 인제 그러면 어, 인제 그래 초헌이 그래 잔을 올리게 되면 그 축이라는 게 있어요.

- 축이라 그러는 것은 뭐 그날 돌아가신 데에 애틋한 뜻으로 뭐 이, 이래 표하는 축이 있는데, 그게 없는 집이, 저, 주로 많아요.

- 그것 뭐 축을 그, 그 이, 옛날에는 축 쓰는 집도 많았지만 요즘은, 그때도 단축을 하는 사람이 어, 그만 단잔일 때는 그 뭐 축 없이 음, 무축으로 하는 사람이 많았어.

- 그 저 요새는 음, 그, 주로 무축이지, 뭐요.

- 그래 그만 어, 세, 세, 세 분이 첫 번째 초헌, 두 번째는 아헌이 잔 올

리고, 고듬매 종'오니 잔 얼'리고.

- 그른데 고' 인지'아 항: 가'지가 또 쪼'꼼350) 묘심'당351) 기아 에:, 아
허니 술'짜늘 올'릴 찌'게 수, 술'짜음 올'리 노'으면 그은 지, 자'늘 은, 퉤자
늘352) 씨'게지 앙'코 종'허니 뜨옹, 올'릴 땐 즈, 찌, 종허'는 자'늘 그 밥뚜'
껑에다 수'럴 부'어 가'즈 첨'자니라꾸 세 번'씩 개요.

- 종'어네.

- 제일 끄'테 세 번'째 찌, 잔' 올'린 사'럼머 인제' 요'래 바'다가주 양 애
분애은떼 쪼'꿈 세: 번'쓰익 첨'자는 해'여.

- 참' 머 고골' 인제' 에:, 참' 첨'자이라353) 그'러구.

- 그'래먼 인제' 종'허니 에, 이, 재배'을 하고 마'을까 치'먼, 고 다'으멘
인젭' 으음, 밥수까'라글 어, 은제' 이 메'라' 그'래니더, 그'어 바'블 해 농 거.

- 거'일354) 뚜껑'을 여'고 어어으, 그 우'에 인제' 수, 수까'라글 은제'
꼬'바355) 논니'더, 그래 인지' 즈, 무'레 적쎄'간.

- 그'러겨 또' 인제' 쫑앙내'이, 즈, 삽씨 데'먼, 삽시정저'라 그'는데, 근
메 저, 이, 이으, 근 에'롬356) 마리'고요, 그'래 삽시'라 그'능 여 수까'락 꼬'
바 노코 인제' 그려 무'레 또 고 세' 번' 푸러 가'주어 지, 재차' 노'우면 고
게 인제' 삽시정저'라 근'데, 그'래고 나'먼 그 웨 인 뚜 고' 다'으메 일 종'
오니 인제' 잔' 올'리구어, 종'허니 잉, 잉, 헌달357) 하'기 데'른 고 다'으메늠
각' 제관'드려이 저'럴 또' 두 번' 하'네다.

- 어녕, 인지 작뻘'제으저.

- 이 작뻘'제제 태'기지여.

- 으, 잘 가시'요 하'능 건 씨'그로 저'럴 두 번' 하'먼 제사' 은지'358) 철
싸~'이러359) 근'느, 제사' 다: 지'내따고, 그'래먼 그'날 기'제산 다 지'냉 기'래.

그담' 그:어기' 어얼, 제사'어 철상하'고 나'먼 엄보'글 함'미까?

- 예, 예, 어은.

- 음복'수주'라꼬예, 음:보'글 하'니더.

리고, 그 다음에 종헌이 잔 올리고.

－ 그런데 그 인제 한 가지가 또 조금 묘한 게 어, 아헌이 술잔을 올릴 적에 술, 술잔을 올려놓으면, 잔을 어, 퇴잔을 시키지 않고 종헌이 또, 올릴 때는 저, 저, 종헌은 잔을 그 밥뚜껑에다 술을 부어 가지고 첨잔이라고 세 번씩 해요.

－ 종헌에.

－ 제일 끝에 세 번째 저, 잔을 올리는 사람은 인제 요래 받아서 양 어른한테 조금 세 번씩 첨잔을 해요.

－ 참 뭐 그것을 인제 어, 참 첨잔이라 그러고.

－ 그러면 인제 종헌이 어, 이, 재배를 하고 마쳤다 치면, 그 다음에는 인제 음, 밥숟가락을 어, 인제 이 메라 그럽니다, 그 밥을 해 놓은 것.

－ 거기를 뚜껑을 열고 어, 그 위에 인제 숟, 숟가락을 인제 꽂아 놓습니다, 그래 인제 저, 물에 적셔서.

－ 그러고 또 인제 저, 저, 삽시(揷匙) 되면, 삽시정저(揷匙整箸)라 그러는데, 그 뭐 저, 이, 이, 그것은 어려운 말이고요, 그래 삽시라 그러는 것은 숟가락 꽂아 놓고 인제 그래 물에 또 그 세 번 풀어 가지고 저, 재차 놓으면 그게 인제 삽시정저라 그러는데, 그러고 나면 그 왜 이 또 그 다음에 이 종헌이 인제 잔 올리고, 종헌이 이, 이, 헌다를 하게 되면 그 다음에는 각 제관들이 절을 또 두 번 합니다.

－ 어, 인제 작별제이지.

－ 이 작별제인 셈이지요.

－ "어, 잘 가세요."라고 하는 그 식으로 절을 두 번 하면 제사 인제 철상이라고 그러는, 제사 다 지냈다고, 그러면 그날 기제사는 다 지낸 거야.

그러면 거기 어, 제사 철상하고 나면 음복을 합니까?

－ 예, 예, 예.

－ 음복수주(飮福壽酒)라고요, 음복을 합니다.

- 음:보'걸 제관드'리 방에 모예 앉지미360) 인제' 그 아'네서는 은, 나, 아, 음, 메, 인제' 그 제사'에 서'떤 제무를 점부 인제' 풀고, 이래 에임, 머, 업, 마아361) 갸주구 인제' 쓰쓴, 또 담:고 하야, 해 갸주고 그래 음, 음보'글 하니더.

- 방에 와 갸주 인제' 에, 상 어, 그 은제' 이 제관들끼'리 일'가 친'척, 또' 머 그'날 참서캐떰 분'들 모'동362) 앉자 갸주우 음:보'글 하우, 하고 인제' 그 어, 으, 바'블 멍'녀, 밥또 멍니'더, 그엉.

- 밥또 인제' 메 제사'을 지'나쓰이께네 밥 쁘 인제' 이그 그글 은제' 제사'빠'비라 그랭이다.

- 제사'빠'비, 여'언 안동'에 가'면 허'쩨사'바비라구363) 파니더.

- 그'기364) 마'시 이'써요, 그'이 머'어 보'옴뇨.

- 그'래가주 구 머 제사'빰 머'그러 간'다 그고, 모'도, 크'으랜니더, 웨.

- 으, 그르'꼬이, 인제'으 술'로 음:보'글 하'고.

- 그 인제' 이 그 수'럴365) 몸' 머'엉 사'럼더 글'때능 그응 음복' 쑤'른 쪼꿈'식 핸'니더, 웨.

- 웨' 그'른나 하고 잉, 그, 귀'가 발'가진다 그래 가'주고.

- 그'래 가'즈어 음:복' 수'런 몸' 멍 수'리라도 음, 마, 찝, 찌, 쪼'끔심 모'두 다: 머'건니더, 웨요.

그 다'으미 그 혹'씨 인제' 어, 쓰, 문중'이나 동네마'다 또' 다 다른'데, 지'베, 지영마'다 쪼'옴씩 다르'고?

- 예, 예, 예에, 그 가가에'무이락 거'이 달'라요.

- 또'까'찐 아'느.

이 지'역에스너 혹'시 어르'신 그거 제사상'에 올'리지 아'는, 올'리집, 올'리면 안 데'는 그'런 머 엄식뜰' 까'틍 거 이씀미'까?

- 이'찌에요.

어뜽 게 쪼곰?

- 그'으 공치' 거'틍 거, 치' 짜 드'능 거'늠 모 당에.

－ 음복을 제관들이 방에 모여 앉으면 인제 그 안에서는 어, 어, 어, 뭐, 인제 그 제사에 썼던 제물을 전부 인제 풀고, 이래 어, 뭐, 어, 모아 가지고 인제 저, 또 담고 해, 해 가지고 그래 음, 음복을 합니다.

－ 방에 와 가지고 인제 어, 상 어, 그 인제 이 제관들끼리 일가친척, 또 뭐 그날 참석했던 분들 모두 앉아 가지고 음복을 하고, 하고 인제 그 어, 어, 밥을 먹고, 밥도 먹습니다, 그.

－ 밥도 인제 메 제사를 지냈으니까 밥 인제 이 그것을 인제 제삿밥이라 그럽니다.

－ 제삿밥이, 여기 안동에 가면 헛제사밥이라고 팝니다.

－ 그게 맛이 있어요, 그게 먹어 보면요.

－ 그래서 그 뭐 제삿밥 먹으러 간다고 그러고, 모두, 그랬습니다, 왜.

－ 어, 그렇고, 인제 술로 음복을 하고.

－ 그 인제 이 술을 못 먹는 사람도 그때는 그 음복 술은 조금씩 했습니다, 왜.

－ 왜 그러냐 하면 이, 그, 귀가 밝아진다고 그래 가지고.

－ 그래 가지고 음복술은 못 먹는 술이라도 어, 뭐, 조, 조, 조금씩 모두 다 먹었습니다, 왜요.

그 다음에 그 혹시 인제 어, 저, 문중이나 동네마다 또 다 다른데, 집에, 지역마다 조금씩 다르고?

－ 예, 예, 예, 그 가가예문(家家禮文)이라고 거의 달라요.

－ 똑같진 않아.

이 지역에서는 혹시 어르신 그것 제사상에 올리는 않는, 올리지, 올리면 안 되는 그런 뭐 음식들 같은 게 있습니까?

－ 있지요.

어떤 게 조금?

－ 그 꽁치 같은 것, 치 자 들어가는 것은 못 해요.

— 칼치', 공치', 이, 이거'늠 모 돌'린니더.

그 다으메 혹'씨 그'으 멀 어, 떡' 까틍 거'또 어, 떡'께늠 머 모 돌링 그'렁 건 업'쓰미꺼?

어'물만 그'러씀미까?

— 예:, 떠근' 거'이 떵에믐, 머:어, 굳, 떠'근능이, 음, 응, 고, 공'시기께느.

— 그'엄 머' 쩸 므 찰떡', 펴'음, 머 인절', 므어, 참 머, 멀, 펴엉, 거 시루 떡', 송'편, 이 떠'건 거'이 다 써'요.

— 으'언 므어 올'리능 게'으 워으, 어으'꼬, 그 인제' 에, 치' 짜' 등 거'느 인자' 칼:치', 공치', 이이거'는 제사'에 안 '쓰따 그랩띠'다.

여'김 머' 여어, 여'기는 똠' 머 해삼'물 중'에서 빠'져서느 안 데능 거'넌 조기하'고 고등'언느?

— 예아, 반다'시366) 써'에 데'고, 그언뇨.

머, 다릉' 거'늠 머'?

— 이, 쩌, 엠, 명'태하꽁.

— 명태포'우, 그그'늠 반다'시 써'이367) 데'고요.

— 기: 웨'에늠 머' 실과'도 그래요, 요셈' 머' 쉴가, 므어탄' 잔, 지'베 감 마구 마이 올'리 론'데, 옌나'런 삼:실'과라 그르써요.

— 감:, 밤:, 대추'.

— 구'어 삼실'과라 그'그덩.

— 요새' 또' 구'으게으 어, 인제' 어, 배', 배', 사과가 또' 드'가여, 이시.

— 조율이시'라꼬368) 언제 그, 그걸 인제' 쓰고 그런데, 고, 기' 웨'에늠 머' 써'도 데'거, 안 써'드 데'여, 그금369) 머.

그' 다여 혹'씨 제사' 지낸능' 게' 예전하'고, 어르'신 예저'네 절'머쓸 때하' 고, 요즘'므 제사' 지'내는 풍'습, 제사' 풍'습또 쫌' 바껴씀'미까, 어'떠쓰미까?

— 아이, 마'이 달'려저쩨용.

— 마'이 달릉' 거' 아'이래 머' 거'이 머' 이 천지개벼칸' 셈'이지, 머에.

- 갈치, 꽁치, 이, 이것은 못 올립니다.

그 다음에 혹시 그 뭐 어, 떡 같은 것도 어, 떡에는 뭐 못 올리는 그런 것은 없습니까?

어물만 그렇습니까?

- 예, 떡은 거의 떡, 뭐, 그, 떡은, 음, 응, 공, 공식이니까.

- 그 뭐 저 뭐 찰떡, 편, 뭐 인절미, 뭐, 참 뭐, 뭐, 편, 그 시루떡, 송편, 이 떡은 거의 다 써요.

- 이것은 뭐 올리는 게 어, 없고, 그 인제 어, 치 자 들어가는 것은 인제 갈치, 꽁치, 이것은 제사에 안 썼다고 그러던데요.

여기 뭐 여기, 여기는 또 뭐 해산물 중에서 빠져서는 안 되는 것은 조기하고 고등어는?

- 예, 반드시 써야 되고, 그것은요.

뭐, 다른 것은 뭐?

- 이, 저, 어, 명태하고.

- 명태포, 그것은 반드시 써야 되고요.

- 그 외에는 뭐 실과도 그래요. 요새는 뭐 실과, 무엇한 집, 집에 가면 마구 많이 올려놓는데, 옛날에는 삼실과라 그랬어요.

- 감, 밤, 대추.

- 그것을 삼실과라 그러거든.

- 요새 또 그게 어, 인제 어, 배, 배, 사과가 또 들어가요, 배, 감.

- 조율이시(棗栗梨柿)라고 인제 그, 그것을 인제 쓰고 그러는데, 그, 그 외에는 뭐 써도 되고, 안 써도 돼요, 그것은 뭐.

그 다음에 혹시 제사 지내는 게 예전하고, 어르신 예전에 젊었을 때하고, 요즘 제사 지내는 풍습, 제사 풍습도 좀 바뀌었습니까, 어떻습니까?

- 아이, 많이 달라졌지요.

- 많이 달라진 게 아니라 뭐 거의 뭐 이 천지개벽한 셈이지, 뭐요.

- 옌나'레는 기'제산나리 다'옴[370], 어른' 제사'거 데'뜨, 조'부 제사'거 다 오'먼 참' 정보'글 하'니드.

- 정보'기라웅 게' 에에, 함:보'글 이'꼬, 둘매'이를[371] 이'꼬, 그 우'에 도:포'를 이'꼬오, 어어, 가설 쓰고', 크'래가주 인제' 이 정, 으응, 정자, 어, 참, 정보'글 하, 하, 하'고설랑 그 저, 으저 시니' 아'페 가서 지, 저'를 한데, 요새'는 이히, 이'븐 데'르 항' 그.

- 그게' 인제' 카나'이 영: 천지개'벼기 데' 쁘'레꼬요.

- 끄'래 요새'드[372] 인제' 그 저'어 불처'니[373] 거'튼 데' 지'낸 데'늠 머 아주 제사' 알, 제, 제과'니 마이' 모에'고[374], 그음' 문중' 제사' 거'튼 데'는 그 이그 다 이, 이'꼬 지'내지마는, 기제사' 거'튼 데'은 고'에 추어'로[375] 고'마 으, 그'르이, 민는'다[376] 그게게'찌, 속따'메 말하'멀.

- 아'이, 머' 아부지한떼 머, 므어, 으으응, 안 이'붐[377] 어'떨라우 그래 짜일러, 그, 그'른 시'기 데 잔나 하는 세기 데'에, 그.

- 그'리 요쌘'느 영:, 응으, 음, 하는 데'돔 이'쩨유, 머탄' 지'베는.

- 좀' 유유한' 지'베는.

- 유유한' 녀, 풍조칸' 지'베는 그 맹' 정보'글 한' 사'름똥[378] 이'써요.

- 조서언'네드[379] 이'꼬, 둘매'이 이'꼬, 맹' 도포' 이'꼬, 갇' 쓰'고, 그래 지내엔 집'또 이'찌믄, 기 웨: 보편'쩌그로 바서능 거'이 다 고'망 그날 으여, 이, 이, 응, 이'버뜬 대'로 고'마 우, 우아'끼나 관다 덜'쳐 이'꼬 고'마 그'래 제사' 지'내구 그'래지, 머'.

- 그게' 인제' 천지개'벼기 데'텅 그헤.

며 옵', 복쌍'이나 이'렁 거'또 차이 나'고, 머 혹'시 제사' 지'널 시가'니나 이'렁 거'뚜 쫌 다?

- 시가'니 그케'윽, 그, 그거'또 천지개벼'기래요.

- 요새'믄 어'쩐냐 꺼'뜨머이 옌나'려 안 열뚜' 시, 한' 사'이 지'낸니더.

- 예를' 드'러 오'느리 어:, 윽, 그'르이 치'뤌 시비 일' 랄'짜를 그게 떼'

- 옛날에는 기제사날이 다가오면, 어른 제사가 됐든, 조부 제사가 다가오면 참 정복을 합니다.
- 정복이라는 게 어, 한복을 입고, 두루마기를 입고, 그 위에 도포를 입고, 어, 갓을 쓰고, 그래서 인제 이 정, 응, 정장, 어, 참, 정복을 하, 하, 하고서 그 저, 저 신위 앞에 가서 절, 절을 하는데, 요새는 입, 입은 대로 하는 거야.
- 그게 인제 하나의 영 천지개벽이 돼 버렸고요.
- 그래 요새도 인제 그 저 불천위 같은 데 지내는 데는 뭐 아주 제사 어, 제, 제관이 많이 모이고, 그 문중 제사 같은 데는 그 이것 다 이, 입고 지내지만은, 기제사 같은 데는 그 주로 그만 어, 그러니 믿는다는 그것이 겠지, 속담으로 말하면.
- 아이, 뭐 아버지한테 뭐, 뭐, 응, 안 입으면 어떻겠어? 그렇지 않나, 그, 그런 식이 되지 않나 하는 식이 돼요, 그런.
- 그래 요새는 영, 응, 음, 하는 데도 있지요, 무엇한 집에서는.
- 좀 유유(悠悠)한 집에서는.
- 유유한 집, 풍족한 집에서는 그 역시 정복을 하는 사람도 있어요.
- 한복 입고, 두루마기 입고, 역시 도포 입고, 갓 쓰고, 그래 지내는 집도 있지만, 그 외에 보편적으로 봐서는 거의 다 그만 그날 어, 이, 이, 응, 입었던 대로 그만 윗, 윗옷이나 하나 걸쳐 입고 그만 그래 제사 지내고 그러지, 뭐.
- 그게 인제 천지개벽이 됐다는 그게.
뭐 옷, 복장이나 이런 것도 차이 나고, 뭐 혹시 제사 지내는 시간이나 이런 것도 좀 다?
- 시간이 그러게, 그, 그것도 천지개벽이에요.
- 요새는 어떠냐고 할 것 같으면 옛날에는 한 열두 시, 한 시 사이에 지냅니다.
- 예를 들어 오늘이 어, 어, 그러니 칠월 십이 일 날짜라 그러게 되면,

먼, 주'근 사'러임 오'늘 시비 일' 주'거씨면 사, 어이, 시비 일' 꺼'여, 오후',
오'저네으 차'이가 나'오구더여.

- 오저'네 주'거씨믄380) 십싸' 미럴 제사'을 지'내이 데', 새벼'기 지'내이
데'고, 시비 릴랄' 주'어쓰면 시비 일랄 어, 기, 열'뚜 시 한 시 싸'이일 지'나
이 덴'데, 요새'능 그'거 상'관 업시 오'늘, 시비' 일랄 도'러가씸 시비 일랄
초'저녀이 고'마 일곱 시', 여'덜 지' 뎀 제사 지내으.

- 그게' 인제' 여'게도 그런 풍'서비 데' 쁘'러서, 인저' 스'쫘니.

- 웨:냐, 점'부가, 절'믐 분'드리 도'시스381) 사'다 마'래요, 또' 도'시서
성장해'꼬, 커'릉 걸' 포 장코 드'또 보도 모 탄 이, 이'를 하자 그'이께네
어으, 어정쩡하'고, 하'이께네382) 고'마 이'게 간소화한'다 그'능 거', 고'마.

- 그래가주 시비 일랄' 아부'지 기'제상 고'마 시비 일랄 쩌'엘, 저녁 끼'응,
일곱 씨에 제'살 쩌'이, 여'덜 씨 제사' 찌'내고, 고'마 저녁 겸' 때'아 쁘'려요

- 으', 저녀'게 곰'머 제사' 지'내 쁘'이께네 머' 그'래 으, 다' 데' 쁘'이께
네 그, 그'르이 머' 어, 펼리하'지으.

- 그게' 펼'리하긴 머 옹, 움, 무 망'고' 펼리하'지여, 그르 옏'낱' 대'애먼.

- 그게' 인제' 참' 마이 달'려져쩨, 머'.

- 영', 백'팔씹 또' 달'러징 게'러여.

거영 어'째뜯 마' 어, 봄'며년 예전하'고 요즘' 머' 사, 업, 펴에, 제:사'도
그'러코, 장:네'도 그'러코, 사'라 인는' 사'람들 편한' 쪼'그로 마'니 가지?

- 예', 이, 즈, 점'부걷 자기 지, 자기 주'자, 이이, 즈, 주이에'이, 참', 에,
편한 쪼'그로 쫌' 할'라383) 그'래, 머'더384).

- 또' 그 너무' 에'르께 하' 꺼' 머' 인'나, 그런 식' 데'꼬 또'요.

머' 거'이, 거'이 인지' 요즈'어멈 머' 자기 편한' 시'그로 할'라 한다, 그'지예?

- 느'그, 그'르체요, 예'.

죽은 사람이 오늘 십이 일에 죽었으면, 십, 어, 십이 일 그, 오후, 오전으로 차이가 나거든요.

- 오전에 죽었으면 십삼 일에 제사를 지내야 돼, 새벽에 지내야 되고, 십일 일에 죽었으면 십이 일에, 어, 그, 열두 시 한 시 사이에 지내야 되는데, 요새는 그것과 상관없이 오늘, 십이 일에 돌아가셨으면 십이 일 초저녁에 그만 일곱 시, 여덟 시되면 제사 지내요.

- 그게 인제 여기에도 그런 풍습이 돼 버렸어, 인제 습관이.

- 왜냐, 전부가, 젊은 분들이 도시에서 살다가 말이에요, 또 도시에서 성장했고, 그런 것을 보지 않고 듣도 보도 못 한 일, 일을 하자 그러니까 어, 어정쩡하고, 하니까 그만 이게 간소화한다고 그러는 거야, 그만.

- 그래서 십이 일에 아버지 기제사는 그만 십이 일 저, 저녁 그, 일곱 시에 제사를 지내고, 여덟 시 제사 지내고, 그만 저녁 겸으로 때워 버려요.

- 어, 저녁에 그만 제사를 지내 버리니까 뭐 그래 어, 다 돼 버리니까 그, 그러니 뭐 어, 편리하지요.

- 그게 편리하기는 뭐 어, 어, 뭐 만고 편리하지요, 그것을 옛날에 대면.

- 그게 인제 참 많이 달라졌지, 뭐.

- 영, 백팔십도 달라진 거에요.

그러 어쨌든 뭐 어, 보면은 예전하고 요즘 뭐 살, 어, 편, 제사도 그러고, 장례도 그렇고, 살아있는 사람들 편한 쪽으로 많이 가지요?

- 예, 이, 저, 전부가 자기 저, 자기 주장, 이, 저, 주의, 참, 어, 편한 쪽으로 좀 하려고 그래, 모두.

- 또 그 너무 어렵게 할 것 뭐 있나, 그런 식이 됐고 또요.

뭐 거의, 거의 인제 요즘은 뭐 자기 편한 식으로 하려고 한다, 그렇지요?

- 예, 그렇지요, 예.

■ 주석

1) 이는 '이때까지'로 대역되며 '이때 + -끔음(보조사)'의 구성으로 이루어진 이 지역어 형이다.
2) 이는 '별로'로 대역되며 '별로 → 벨로(이중모음실현제약에 따른 단모음화현상)'의 과 정을 거쳐 실현된 이 지역어형이다. 이 지역어를 비롯하여 경북지역어에서는 이 어 형에서 고모음화가 실현된 '빌로'형으로 실현되기도 한다.
3) 이는 '태어'로 대역되며 이 지역어에서는 수의적으로 어두의 유기음이 경음으로 실현 된 예이다.
4) 이는 '그렇기는 하되'로 대역되며 '그렇기는'이 생략된 경우이다.
5) 이는 '때는, 적에는'으로 대역되며 '찌(적 → 쩍(경음화현상) → 쪽(모음중화현상) → 쯕(음절말자음탈락현상) → 찌(전설모음화현상) + -는(보조사)'의 구성으로 이루어진 이 지역어형이다.
6) 이는 '넉넉지 않고'로 대역되며 선행하는 어형인 '넝녁짱'꼬'의 발화실수형이다.
7) 이는 '그만큼'으로 대역되며 '그 + -마꿈(비교격조사)'의 구성으로 이루어진 이 지역 어형이다.
8) 이는 '경오생이니까'로 대역되며 '경오생 + -이께네이(연결형어미)'의 구성으로 이루 어진 이 지역어형이다.
9) 이는 '겨우'로 대역되는 이 지역어형이다.
10) 이는 '마쳤습니다'로 대역되는 이 지역어형이다. 원래 이 어휘는 '유명을 달리하다' 라는 의미로 주로 쓰이지만 여기서는 의미가 전이되어 '마치다, 마무리하다, 끝내 다'라는 의미로 사용된 경우이다.
11) 이는 '많으니'로 대역되며 '많으니 → 마느니(어중ㅎ음탈락현상) → 마느이(어중ㄴ음 탈락현상)'의 과정을 거쳐 실현된 이 지역어형이다.
12) 이는 '가지고'로 대역되며 이 발화에서는 이 동사의 목적어가 생략된 부분이다.
13) 이는 '명을 어긴, 살아있는'으로 대역되는 이 지역어형이다. 이 어형은 제보자가 고 령이다 보니 본인 입장에서 '그 명을 거슬러 어긴', 즉 '살아있는'으로 표현한 부분 이다.
14) 이는 '남동생이'로 대역되며 '남동생 + -이(주격조사) → 남동새이(어중비음탈락현 상)'의 과정을 거쳐 실현된 이 지역어형이다.
15) 이는 '사뭇, 늘'로 대역되는 이 지역어형이며 이 지역어를 비롯하여 경북지역어에서 일반적으로 실현되는 어휘이다.

16) 이는 '있었으니까'로 대역되며 '있(有)- + -었(과거시상선어말어미)- + -ㄴ께(연결
형어미) → 이썬께(자음충돌에 의한 ㄷ음탈락 현상) → 이쓴께(모음중화현상) → 이
쓴께(연구개음화현상)'의 과정을 거쳐 실현된 이 지역어형이다.

17) 이는 '땅이야'로 대역되며 어중위치에서 비자음이 탈락되어 실현된 이 지역어형이다.

18) 이는 '충청북도 단양군 대강면'을 가리킨다. 대강면은 단양군의 남쪽에 위치하며,
동으로 산을 경계로 해서 경북 영주시 풍기읍과 봉현면에 접하고, 동남으로 산을
경계로 경북 예천군 상리면과 접하며, 남으로 하천 경계로 경북 문경시 동로면과
접하며, 서로 산을 경계로 단성면과 접하고, 북으로 산을 경계로 단양읍과 접하고
있다. 이 지역은 죽령을 경계로 나뉘어져 있지만 경북지역과 혼인권에 있었음을 알
수 있는 부분이다.

19) 이는 '모르겠습니다'로 대역되며 원래 '몰씸더'로 실현되어야 할 어형이지만 실제로
발화가 단축된 어형이다.

20) 이는 '돌아가셨는데'로 대역되며 '돌어가- + -시(주체높임선어말어미)- + -있(과거
시상선어말어미)- + -는데(연결형어미) → 도러가있는데(축약현상) → 도러가신는데
(비음동화현상)'의 과정을 거쳐 실현된 이 지역어형이다.

21) 이는 '닭실'로 대역되며 현재 행정구역상으로 경상북도 봉화군 봉화읍 유곡리를 지
칭하는 말이다. 이 지역에서는 주로 '달실'로 많이 불리는데 이는 이 지역어에서
'닭'이 '달'로 실현되기 때문이다. 이 마을은 마을 지형이 닭이 알을 품고 있는 형상
이라 하여 닭실이라고 하며 충재 권벌(沖齋 權橃) 선생이 처음 살았으며 안동권씨가
집성촌을 이루고 살고 있다. 이 마을은 바래미 마을과 함께 대표적인 집성촌 중의
하나이다(봉화군 봉화읍 누리집 참조).

22) 이는 제보자의 음성이 불명확하여 정확히 알 수가 없는 부분이다.

23) 이는 '김녕 김가입니다'로 대역되며 '김녕(金寧) 김가 + 씨더(입니다)'의 구성으로
이루어진 이 지역어형이다. 여기서 '김녕 김씨(金寧金氏)'는 경주 김씨(慶州金氏) 시
조 김알지(金閼智)의 39세손 김녕군(金寧君) 김시흥(金時興)을 시조로 하여 세계를
이어 오고 있다. 순창 지역 김녕 김씨는 충의공(忠毅公) 김문기(金文起)의 후예인 영
재(寧齋) 김복(金福)과 김집(金緝) 등이 풍산면 두승리와 적성면 지북리에 들어와 그
자손이 세거하고 있다. 그밖에 금과면 청룡리와 대성리에도 김녕 김씨 집성촌이 있
다.(한국향토문화전자대전, 한국학중앙연구원 : 네이버 지식대백과 참조)

24) 이는 '역시, 또한'으로 대역되며 '맨, 맹' 등의 어형으로 수의적으로 실현되기도 하
는 이 지역어형이다.

25) 이는 '근근이'로 대역되며 '근근이 → 긍그니(연구개음화현상) → 긍그이(어중ㄴ음탈
락현상)'의 과정을 거쳐 실현된 이 지역어형이다.

26) 이는 '경상북도 봉화군 춘양면 서벽리(西碧里)'로 대역되며 서벽리는 행정구역상으
로 1리에서 4리까지 있을 정도로 큰 마을이다.

27) 이는 '청주 정씨에서'로 대역되며 청주 정씨는 청주에 본관을 둔 우리나라의 한 성씨이다. 시조는 고려시대 보승별장(保勝別將) 정극경(鄭克卿)이다. 조선시대 역대 인물로는 세종 때 우의정을 지낸 정탁(鄭擢), 선조 때 좌찬성을 지낸 정곤수(鄭崑壽), 선조 때 좌의정을 지낸 정탁(鄭琢), 광해군 때 대사헌을 지낸 정구(鄭逑) 등 당대의 거유(巨儒)·명신이 있다. 정탁은 조선 개국공신 1등에 책록되어 정도전(鄭道傳)과 함께 《고려사》를 편찬하였으며, 정곤수는 대명(對明) 외교의 1인자로 청백리에도 올랐고, 정구는 예학자(禮學者)·문장가로 산수·병진(兵陣)·의약·풍수에 능통하였으며, 장현광(張顯光)·심지택(沈之澤)·허목(許穆) 등이 그의 제자였다. 정탁은 임진왜란 때 곽재우(郭再祐)·이순신(李舜臣)·김덕령(金德齡) 등 명장을 발탁하였고, 이순신을 감옥에서 구출한 장본인이기도 하다. 조선시대에 문과 급제자 19명을 배출하였다(두산대백과사전, 네이버지식대백과 참조).

28) 이는 '스물일곱에'로 대역되며 '스물일곱(스물일곱 → 시물일곱(전설모음화)) + -에이(처소부사격조사)'의 구성으로 이루어진 이 지역어형이다.

29) 이는 '적으니까'로 대역되며 '적(少)- + -(으)이께네(연결형어미)'의 구성으로 이루어진 이 지역어형이다.

30) 이는 '봉화군'에 대한 우발적인 발화실수형이다.

31) 이는 경상북도 봉화군 춘양면에 있는 금은 광산을 가리키며 지금은 폐광상태이다.

32) 이는 '장가를'로 대역되며 '장가 + -을(목적격조사)'의 구성으로 이루어진 이 지역어형이다.

33) 이는 '거기가'로 대역되며 '거으 + -가(주격조사)'의 구성으로 이루어진 이 지역어형이다.

34) 이는 '흉풍(凶風)이'로 대역되며 이는 '음흉스러운 기운이나 풍조'를 가리키는 말이다.

35) 이는 한자어 '전지(田地)'형이며 '밭'으로 대역된다.

36) 이는 '괜찮고'로 대역되며 '괜찮- + -고(연결형어미) → 갠찮고(이중모음 실현제약에 따른 단모음화현상) → 갠찬코(융합현상) → 갠창코(연구개음화현상)'의 과정을 거쳐 실현된 이 지역어형이다.

37) 이는 '모두가'로 대역되며 '모도 + -가(주격조사)'의 구성으로 이루어진 이 지역어형이다. 이 지역어에서 '모여서'라는 의미일 경우에는 '모에가, 모에'로 실현되며 때로는 '모도'가'처럼 성조가 달리 실현되기도 한다.

38) 이는 '장가를'로 대역되며 '장개 + -을(목적격조사)'의 구성으로 이루어진 이 지역어형이다.

39) 이는 '조금'으로 대역되며 '조금 → 쪼끔(경음화현상) → 쪼꿈(역행원순모음화현상)'의 과정을 거쳐 실현된 이 지역어형이다.

40) 이는 '스물대여섯'으로 대역되며 '스물대앳 → 시물대앳(전설모음화현상) → 시무대

앳(어중ㄹ음탈락현상) → 시무대애(어절말자음탈락현상)'의 과정을 거쳐 실현된 이 지역어형이다.

41) 이는 직역을 하면 '장가인데'로 되지만 의미상으로 어색한 문장이므로 '장가를 갔는데'로 풀이를 했다.

42) 이는 '스물일곱까지'로 대역되며 '시물일고(스물일곱 → 시물일곱(전설모음화현상) → 시물일고(어절말자음탈락현상)) + -꺼짐(보조사)'의 구성으로 이루어진 이 지역어형이다.

43) 이는 '역시, 또한'으로 대역되는 이 지역어형이다.

44) 이는 '외가가'로 대역되며 '왜가(外家) + -이(주격조사)'의 구성으로 이루어진 이 지역어형이다.

45) 이는 '됐습니다, 되었습니다'로 대역도며 '데(化 : 되 → 데(이중모음실현제약에 따른 단모음화현상)- + -앴(과거시상선어말어미)- + -니더(습니다) → 데엔니더(비음동화현상)'의 과정을 거쳐 실현된 이 지역어형이다.

46) 이는 '과정(過程)이'로 대역되며 '과정이 → 과저이(비음탈락현상)'의 과정을 거쳐 실현된 이 지역어형이다. 후행하는 실현형인 '과저~이'형은 비모음화현상이 일어난 다음에 비자음이 탈락된 경우이다.

47) 이는 '적절이'로 대역되며 '적절이 → 적쩌리(경음화현상) → 적쩌이(어중ㄹ음탈락현상)'의 과정을 거쳐 실현된 이 지역어형이다.

48) 이는 '하면'으로 대역되며 '하(爲)- + -미(연결형어미)'의 구성으로 이루어진 이 지역어형이다.

49) 이는 '사주단자를'로 대역되는 이 지역어형이다. 이 지역어에서 '강선'은 사주단자와 베를 함께 넣어서 보내는 그 행위를 가리키는 것으로 판단되지만 이 발화에서의 서술어를 고려하면 '사주단자'가 정확한 것으로 판단되어 이렇게 대역을 했다.

50) 이는 '보냈던'으로 대역되며 '보내- + -앴(과거시상선어말어미)- + -는(관형사형어미) → 보냈는(축약현상) → 보낸는(비음화현상) → 보낸능(후행어절에 의한 연구개음화현상)'의 과정을 거쳐 실현된 이 지역어형이다.

51) 이는 '사주라, 사주라고'로 대역되며 이 어형은 제보자의 순간적인 발화실수형이다.

52) 이는 '강선이라'로 그대로 대역했으며 이 지역어형에 대응되는 표준어를 찾을 수가 없어서 그대로 대역했다. 여기서 강선은 사주단자를 보내기 위해 만든 함이나 보자기를 말하며 주로 사주단자, 혼인날짜지, 옷감용 베 등을 넣었다.

53) 이는 구체적인 사람 이름이므로 성만 제시하고 익명으로 처리를 했다.

54) 이는 '사주하고'로 대역되며 유기음화현상이 일어나서 실현된 이 지역어형이다.

55) 이는 '모르겠어요'로 대역되며 '모르시더'나 '모르시여'의 축약형으로 판단되는 어형이다.

56) 이는 '벌써'로 대역되며 '하마, 하머' 등의 어형으로도 실현되는 이 지역어형이다.

57) 이는 '날짜까지'로 대역되며 '날짜 + -꺼저(보조사)'의 구성으로 이루어진 이 지역 어형이다. 보조사는 '꺼정'으로 실현되기도 한다.

58) 이는 '역시'로 대역되며 '맹, 맨, 매' 등의 형태로 수의적으로 실현된다.

59) 이는 '인제'로 대역되는 이 지역어의 담화표지형태이다.

60) 이는 '사람하고'로 대역되며 '사람 + -하고(접속조사) → 사람하꼬(경음화현상)'의 과정을 거쳐 실현된 이 지역어형이다.

61) 이는 '셋은'로 대역되는 이 지역어형이다. 이 어형은 '서이 + -로(목적격조사)'의 형 태지만 기능상으로는 보조사 '-는'의 기능으로 판단되는 예이다.

62) 이는 '모두, 말끔' 등으로 대역되며 이 어형은 '마카, 말카' 등의 형태로 수의적으로 실현되기도 한다.

63) 이는 '종일(終日)'로 대역되며 '종일 → 조일(어중비음탈락현상)'의 과정을 거쳐 실현 된 이 지역어형이다.

64) 이는 '가마를'로 대역되며 이 어형은 '가'마(窯)'에서처럼 성조형에서 차이를 보인다.

65) 이는 '이튿날'로 대역되며 '이튿날 → 이튼날(비음동화현상) → 이트날(어중비음탈락 현상)'의 과정을 거쳐 실현된 이 지역어형이다.

66) 이는 '상객은'으로 대역되는 이 지역어형이며, '상객(上客) + -을(보조사)'의 구성으 로 이루어진 것이다. 여기서 '-을'은 목적격조사라기보다 보조사형이다.

67) 이는 '여기'로 대역되는 이 지역어형이다.

68) 이 어형은 '앞(前) + -이(주격조사)'의 구성으로 이루어져 있지만 문맥상으로는 '앞 에'로 대역되는 이 지역어형이다.

69) 이는 '장소까지'로 대역되는 이 지역어형이며, 이 어형은 발화자의 우발적인 발화실 수형이다.

70) 이는 '거기에서'로 대역되며 '그어 + -어서(처소부사격조사)'의 구성으로 이루어진 이 지역어형이다.

71) 이는 '혼수아비하고 또는 혼수아비와'로 대역되며 '혼수애비 + -야꽁(접속조사)'의 구성으로 이루어진 이 지역어형이다.

72) 이는 '거기서'로 대역되며 '거기 + -서(처소부사격조사) → 거이서(어중ㄱ음탈락현 상) → 거이스(모음중화현상)'의 과정을 거쳐 이루어진 이 지역어형이다.

73) 이는 '신행까지'로 대역되며 '신행(新行) + -꺼증(보조사)'의 구성으로 이루어진 이 지역어형이다.

74) 우리나라의 전통적 혼인 풍습은 일종의 모계사회 중심의 데릴사위제이며 중국식 혼 인은 친영혼(親迎婚)이다. 즉 우리의 혼인 풍습은 남자 쪽에서 처가에 가서 혼례(婚

禮)를 치르게 되는데 이것이 장가를 가는 것이며 집안마다 차이는 있지만 대개 처가살이를 얼마동안 하다가 다시 여자가 신랑 쪽으로 신행을 가게 되는데 이런 이유로 이것이 '시집을 가는 것'이 된다. 조선조에 접어들면서 성리학을 국시로 삼으면서 유학자를 중심으로 중국의 친영혼을 실시하려고 노력을 많이 했지만 여전히 전통적인 풍습인 데릴사위제의 혼인 풍습은 그대로 이어지게 된다. 이는 명종이 후궁을 맞이하면서 국왕이 직접 친영혼을 시범을 보였는데 이는 국가의 지배 이념은 성리학이었지만 우리의 전통적인 혼인 풍습인 데릴사위제의 풍습은 잘 변하지 않았음을 볼 수 있다. 이렇게 됨으로써 조선 후기에는 집안 형편이나 가문에 따라 차이가 있기는 했지만 절충형태가 등장하게 되는데 처가살이가 열흘 정도로 대폭 줄어든 형태가 등장한 것이 이것이다. 이런 이유로 오늘날에도 지역에 따라, 집안에 따라 다르긴 해도 대개 혼인 날짜를 잡거나 하는 일은 여자 쪽에 우선권을 주는 것도 전통적인 우리의 혼인풍습과 무관하지 않다. 여기서도 짧게 처가살이를 한 경우를 삼일신행, 길게 처가살이를 한 경우를 '묵은신행'으로 분리하여 제보자가 설명하고 있음을 볼 수 있다.

75) 이는 '몇'으로 대역되며 이중모음실현제약에 따른 단모음화현상으로 실현된 이 지역어형이다.

76) 이는 '신행이라는'으로 대역되며 어중의 연구개비음이 탈락된 예이다.

77) 이는 '되면'으로 대역되며 '되(化)- + -모(연결형어미)'의 구성으로 이루어진 이 지역어형이다.

78) 이는 '그쪽에서'로 대역되며 '그 + 짜(쪽) + -서(처소부사격조사)'의 구성으로 이루어진 이 지역어형이다.

79) 이는 '그러니'로 대역되며 '그러니 → 그르니(모음중화현상) → 그르이(어중ㄴ음탈락현상) → 으르이(어두ㄱ음탈락현상)'의 과정을 거쳐 실현된 이 지역어형이다.

80) 이는 '되어서'로 대역되며 '되(化)- + -가즈(연결형어미) → 데가즈(이중모음실현제약에 따른 단모음화현상) → 떼가즈(경음화현상)'의 과정을 거쳐 실현된 이 지역어형이다.

81) 이는 '반개화(半開化)'로 대역되며 연구개음화현상이 실현된 이 지역어형이다.

82) 이는 '새댁'으로 대역되는 이 지역어형이며, '새댁 → 새득(고모음화와 후설모음화가 차례로 적용됨)'의 과정을 통해 실현된 어형이다.

83) 이는 '왔으니'로 대역되며 '오(來)- + -았(과거시상선어말어미)- + 으니(연결형어미) → 와쓰니(축약현상) → 와씨니(전설모음화현상) → 와씨이(어중ㄴ음탈락현상)'의 과정을 거쳐 실현된 이 지역어형이다.

84) 이는 '신행 잔치라고'로 대역되며 '잔체'는 '잔치의 이 지역어형이다.

85) 이는 '동네에서'로 대역되며 '동네 + -서(처소부사격조사) → 동니서(고모음화현상)'의 과정을 거쳐 실현된 이 지역어형이다.

86) 이는 '대접을'로 대역되며 '대접(待接) + -을(목적격조사) → 대즈블(모음중화현상) → 대지블(전설모음화현상)'의 과정을 거쳐 실현된 이 지역어형이다.

87) 이는 '많이'로 대역되며 '많이 → 마니(어중ㅎ음탈락현상) → 마이(어중비자음탈락현상)'의 과정을 거쳐 실현된 이 지역어형이며 수의적으로 비음화가 실현된 '마~이'형으로 실현되기도 한다.

88) 이는 '그렇지만'으로 대역되며 '그렇지만 → 그러치만(융합현상) → 그러치먼(모음변이현상) → 그러츠먼(전설모음화에 따른 과도교정형) → 그러처먼(모음중화현상)'의 과정을 거쳐 실현된 이 지역어형이다.

89) 이는 '사람은'로 대역되며 '머어시(人) + -는(보조사)'의 과정을 거쳐 실현된 이 지역어형이다.

90) 이는 '장인'으로 대역되며 '장인 → 자인(어중비자음탈락현상)'의 과정을 거쳐 실현된 이 지역어형이다.

91) 이는 '신행'으로 대역되며 이 지역어에서는 신행과 같은 의미로 사용되는 동의어이다.

92) 이는 '여기를'로 대역되며 '여어(여기 → 여이(어중자음탈락현상) → 여의(전설모음화에 따른 과도교정형) → 여어(모음중화현상)) + -르(목적격조사)'의 구성을 통한 이 지역어형이며, '거기, 저기'형도 비슷한 양상을 보인다.

93) 이는 '하룻밤'으로 대역되며 '하룻 + 밤'의 구성으로 이루어진 이 지역어형이다.

94) 이는 신랑과 신부 모두 경제적으로 비슷한 처지가 될 때 결혼예물도 서로 맞춰서 주고받는다는 의미로 쓰인 표현이다.

95) 이는 '성질이'로 대역되는 이 지역어형이며 '성미'로 실현되기도 한다.

96) 이는 '은반지'로 대역되며 '은(銀)반지 → 음반지(양순음화현상)'의 과정을 거쳐서 실현된 이 지역어형이다.

97) 이는 '금반지'로 대역되며 '금반지 → 금반제(고모음화에 따른 과도교정형)'의 과정을 거쳐 실현된 이 지역어형이다.

98) 이는 '당일'로 대역되며 어중의 비음이 탈락된 형태로 실현된 예이다.

99) 이는 '그냥'으로 대역되며 '그냥 → 그양(어중ㄴ음탈락현상) → 기양(전설모음화현상)'의 과정을 거쳐 실현된 이 지역어형이다.

100) 이는 부모나 남의 도움 없이 혼자서 혼인을 하게 되는 경우를 말하며 그런 경우에 예물이라든지 이런 것을 준비하기가 힘들다는 뜻으로 표현한 부분이다.

101) 이는 '그릇'으로 대역되는 이 지역어형이다.

102) 이는 '침구'로 대역되며 연구개음화현상이 실현된 이 지역어형이다.

103) 이는 '한정(限定)'으로 대역되는 이 지역어형이며 이중모음실현제약에 따른 과도교정형이다.

104) 이는 '바리씩'으로 대역되며 '바리 + -씩(접사) → 빠리씩(경음화현상) → 빠리씨(어절말자음탈락현상) → 빠리시(자음중화현상)'의 과정을 거쳐 실현된 이 지역어형이다.

105) 이는 '사뭇'으로 대역되는 이 지역어형이며 이 어형은 수의적인 변이를 보인다.

106) 이는 '내가'로 대역되며 '내 + -어(주격조사 : 거 → 어(ㄱ탈락현상))'의 구성을 통한 이 지역어형이다.

107) 이는 '다음에야'로 대역되며 '다음 + -에(처소부사격조사) + -삼(보조사)'의 구성으로 이루어진 이 지역어형이다.

108) 이는 '시동생이'로 대역되며 '시동생 + -이(주격조사) → 시동생~이(비모음화현상) → 시동새~이(비자음탈락현상)'의 과정을 거쳐 실현된 이 지역어형이다. 이는 화자 입장에서 대답을 한 것이 아니라 제보자의 부인 관점에서 진술한 부분이다.

109) 이는 '미안한'으로 대역되며 '미안하- + -ㄴ(관형사형어미) → 미안헌(모음변이현상) → 미아넌(ㅎ음탈락현상) → 미아넝(후행어절에 의한 연구개음화현상)'의 과정을 거쳐 실현된 이 지역어형이다.

110) 이 부분은 제보자가 문장의 주어를 생략하여 의미의 혼란이 초래된 경우이다. 이는 '재산이 있으면'이라는 뜻이다.

111) 이 제보자의 발화에서는 단어 어간 내부에서 모음의 상승에 따른 'ㅏ'모음이 'ㅓ' 모음으로 실현된 예가 보인다. 이 예도 그런 예이며 '사람'의 경우에서도 찾아볼 수 있다.

112) 이는 '결혼시키자고'로 대역되는 이 지역어형이다.

113) 이는 '마음 같으면'으로 대역되는 이 지역어형이며 '거트문'으로 실현되어야 할 어형으로 발화실수형이다.

114) 이는 '되니까'로 대역되며 '데(化 : 되- → 데-(이중모음실현제약에 따른 단모음화현상))+ -이께네(연결형어미)'의 구성으로 이루어진 이 지역어형이다.

115) 이는 '자랑할 말'로 대역되며, 이 제보자의 발화에서는 한 단어로 표현된 합성어이다. 국어 단어 '자랑질'을 고려한다면 충분히 가상이 되는 방언형이다.

116) 이는 '아니지만'으로 대역되며 '아니 + -지므(연결형어미) → 아이지므(어중ㄴ음탈락현상)'의 과정을 거쳐서 실현된 이 지역어형이다.

117) 이는 '맏처남은'으로 대역되며 '맏처남 + -은(보조사) → 맏처나믕(후행어절에 의한 연구개음화현상) → 맏처나멍(모음중화현상)'의 과정을 거쳐 실현된 이 지역어형이다.

118) 이는 '같으면'으로 대역되며 '같으면 → 거트면(모음변이현상) → 꺼뜨면(경음화현상) → 꺼뜨멘(이중모음실현제약에 따른 단모음화현상) → 꺼뜸멘(양음절화에 따른 ㅁ음첨가현상) → 꺼뜸멕(후행음절에 의한 연구개음화현상)'의 과정을 거쳐 실현된

이 지역어형이다.

119) 이는 '빠듯한'으로 대역되는 이 지역어형이며, 이 어형은 이 지역어에서 기본의미에서 의미가 전이된 예이다.

120) 이는 '피해(被害)가'로 대역되며 '피해 + -가(주격조사) → 피허가(고모음화현상)'의 과정을 거쳐 실현된 이 지역어형이다.

121) 이는 '당일'로 대역되며 '당일(當日) → 당~일(비모음화현상) → 다~일(비자음탈락현상)'의 과정을 거쳐 실현된 이 지역어형이다.

122) 이는 '다른'으로 대역되며 이 어형은 '다리'로 실현되어야 할 어형인데 발화실수로 인한 실현형이다.

123) 이는 '저까짓'으로 대역되며 '저 + -까짓(접사) → 저까짐(후행어절에 의한 양순비음화현상)'의 과정을 거쳐 실현된 이 지역어형이다.

124) 이는 '않았으니'로 대역되며 '않- + -었(과거시상선어말어미) + -으니(연결형어미) → 아너쓰니(어중ㅎ음탈락현상) → 아너씨니(전설모음화현상) → 아너씨이(어중ㄴ음탈락현상)'의 과정을 거쳐 실현된 이 지역어형이다.

125) 이는 '사정은'으로 대역되며 '사정(事情) + -은(보조사) → 사정언(모음중화현상) → 사정어(어절말자음탈락 현상)'의 과정을 거쳐 실현된 이 지역어형이다.

126) 이는 녹음 파일 중에서 제보자의 발화가 잘 들리지 않는 부분이다.

127) 이는 '몇'으로 대역되며 '몇 → 맻(이중모음실현제약에 따른 단모음화현상) → 멘(음절말자음중화현상) → 민(고모음화현상)'의 과정을 거쳐 실현된 이 지역어형이다.

128) 이는 '몇은'으로 대역되며 '몇 + -은(보조사) → 며천(모음중화현상)'의 과정을 거쳐 실현된 이 지역어형이다.

129) 이는 '내가'로 대역되며 '내 + -겅(주격조사)'의 구성으로 이루어진 이 지역어형이다.

130) 이는 '하니까'로 대역되며 '하- + -이께네(연결형어미 - 니까)'의 구성으로 이루어진 이 지역어형이다.

131) 이는 '따서'로 대역되는 이 지역어형이다.

132) 이는 '숱하게'로 대역되며 '숱하- + -이(부사화접사) → 수타이(어중ㅎ음탈락현상)'의 과정을 거쳐 실현된 이 지역어형이다.

133) 이는 차라리 군대에라도 갔더라면 이라는 전제가 발화 속에 있는 부분이다.

134) 이는 '아군과 함께'라는 어형이 생략된 표현이다.

135) 이는 '고생이'로 대역되며 '고생 + -이(주격조사) → 꼬생이(경음화현상) → 꼬생~이(비모음화현상) → 꼬새~이(비자음탈락현상)'의 과정을 거쳐 실현된 이 지역어형이다.

136) 이는 녹음파일 중에서 조사자의 발화가 정확히 인식되지 않는 부분이다.

137) 이는 '사람도'로 대역되며 '사람 + -도(보조사) → 사암도(어중ㄹ음탈락현상) → 사암더(모음변이현상)'의 과정을 거쳐 실현된 이 지역어형이다.

138) 이는 '다른'으로 대역되며 이 어형은 축약과 경음화현상이 실현되어 이루어진 이 지역어형이다.

139) 이는 '삽재에서'로 대역되며 여기서 삽재는 고유명사로서 경상북도 영주시에 있는 재로 판단된다.

140) 이는 '-것'으로 대역되며 '-건(의존명사) → 거(음절말자음탈락현상) → 어(어두음탈락현상)'의 과정을 거쳐 실현된 어형이다.

141) 이는 '인제'로 대역되는 이 지역어의 담화표지 중의 한 형태이다.

142) 이는 '마침'으로 대역되며 '마침 → 마쯤(경음화현상) → 마쯤(전설모음화에 따른 과도교정형) → 마쭘(역행원순모음화현상)'의 과정을 거쳐 실현된 이 지역어형이다.

143) 이는 '안동까지'로 대역되며 '안농(안동의 발화실수형) + -꺼지(보조사)'의 구성으로 이루어진 어형이다.

144) 이는 '산등성이에서'로 대역되며 '산뜽게 + -에서(처소부사격조사)'의 구성으로 이루어진 이 지역어형이다. 이는 '산덤(산줄기) + -개(명사화접사) → 산떰개(경음화현상) → 산떵개(연구개음화현상) →산뜽게(모음중화현상)'의 과정을 거쳐서 실현된 이 지역어형으로 판단된다. 여기서 '산덤'을 분석한 것은 영주지역어를 반영한 것으로 보이는 '경북대본 화전가'의 다음 구절에서 찾을 수 있다. '물결은 츨녕 산덤 갓고 하날은 캄캄 안보이닉'(경북방언사전 참조).

145) 이는 '벼락이'로 대역되며 '벼락 + -이(주격조사) → 베라기(이중모음실현제약에 따른 단모음화현상)'의 과정을 거쳐 실현된 이 지역어형이다.

146) 이는 '그러니'로 대역되는 이 지역어형이며 '그르이'형으로도 실현되기도 하는 수의적 변이형이다.

147) 이는 '처사(處事) + -르(목적격조사)'의 구성으로 이루어진 어형이며 '일을 처리하다'는 한자어이다.

148) 이는 '산등성이에서, 산줄기에서'로 대역되는 이 지역어형이며 '산덤 + -이(접사) → 산떠미(경음화현상) → 산떼미(움라우트현상)'의 과정을 거쳐 실현된 이 지역어형이다.

149) 이는 '달아나고'로 대역되는 이 지역어형이며 '내-'와 '빼-'의 합성으로 이루어진 이 지역어형이다.

150) 이는 '어찌'로 대역되며 주로 '우에, 어에' 등의 형태로 많이 실현되는 어형이다.

151) 이는 '넘어지더니'로 대역되며 '잡-'와 '지-'의 합성으로 이루어진 이 지역어형이다. 이 어형은 경북지역에서 주로 '넘어지다'의 의미로 많이 사용되지만 일부지역어에서는 '가지 않고 버티다'의 의미로 쓰이기도 하는 어형이다.

152) 이는 '죽었으니'로 대역되며 '죽(死)- + -었(과거시상선어말어미)- + -으니(연결형어미) → 주거씨니(전설모음화현상) → 주거씨이(어중ㄴ음탈락현상)'의 과정을 거쳐 실현된 이 지역어형이다.

153) 이는 '만지냐고'로 대역되며 '만지- + -누(의문형어미)'의 구성으로 이루어진 이 지역어형이다.

154) 이는 '숱한'으로 대역되며 '숱하- + -ㄴ(관형사형어미) → 수탄(어중ㅎ음탈락현상) → 수탕(후행어절에 의한 연구개음화현상)'의 과정을 거쳐 실현된 이 지역어형이다.

155) 이는 '그것까지'로 대역되며 '그 + -까지(보조사) → 그까이(어중ㅈ음탈락현상)'의 과정을 거쳐 실현된 이 지역어형이다.

156) 이는 '있으니까'로 대역되며 '있(有)- + -으이께(연결형어미) → 이씨이께(전설모음화현상)'의 과정을 거쳐 실현된 이 지역어형이다.

157) 이는 '달아나니까, 튀니까'로 대역되며 '튀- + -이께네엔(연결형어미) → 티이께네엔(이중모음실현제약에 따른 단모음화현상)'의 과정을 거쳐 실현된 이 지역어형이다.

158) 이는 '가야'로 대역되며 '가(去)- + -이(연결형어미)'의 구성으로 이루어진 이 지역어형이다.

159) 이는 '집집마다'로 대역되며 '집집 + -매덩(보조사) → 집찝매덩(경음화현상) → 집쩜매덩(비음화현상)'의 과정을 거쳐 실현된 이 지역어형이다.

160) 이는 '인민군이라'로 대역되며 '인민군이라 → 임민군이라(양순음화현상) → 임밍군이라(연구개음화현상) → 임밍군니라(양음절화현상)'의 과정을 거쳐 실현된 이 지역어형이다.

161) 이는 '되면'으로 대역되며 '되(化)- + -믄(연결형어미) → 데믄(이중모음실현제약에 따른 단모음화현상) → 떼믄(경음화현상)'의 과정을 거쳐 실현된 이 지역어형이다.

162) 이는 '까짓것'으로 대역되는 이 지역어형이다.

163) 이는 '좋게'로 대역되며 '좋(好)- + -이(부사화접미사) → 조이(어중ㅎ음탈락현상)'의 과정을 거쳐 실현된 이 지역어형이다.

164) 이는 '초례상'으로 대역되며 이 어형의 우발적인 발화실수형이다.

165) 이는 '닭'으로 대역되며 이 지역어에서는 '달'로 실현된다.

166) 이는 '차리어, 차려'로 대역되며 이 어형에 움라우트현상이 실현된 어형이다.

167) 이는 '놓고'로 대역되는 이 지역어형이며 '넣(置)- + -고(연결형어미) → 나꼬(경음화현상)'의 과정을 거쳐 실현된 이 지역어형이다.

168) 이는 '초례장소로' 대역되며 '초례장 + -어를(방향격조사)'의 구성으로 이루어진 이 지역어형이다.

169) 이는 '집안이'로 대역되며 '집안 + -이(주격조사) → 찌바니(경음화현상) → 찌배니

(움라우트현상) → 찌베니(모음중화현상) → 찌벵니(연구개비음첨가현상)'의 과정을 거쳐 실현된 이 지역어형이다.

170) 이는 '걸어도'로 대역되며 '걷(步)- + -으두(보조사) → 거러두(모음중화현상)'의 과정을 거쳐 실현된 이 지역어형이다.

171) 이는 '시켜서'로 대역되며 '쓰게(使)- + -가주(연결형어미)'의 구성으로 이루어진 이 지역어형이다.

172) 이는 '술잔도'로 대역되며 '술잔 + -독(보조사) → 술짠똑(경음화현상)'의 과정을 거쳐 실현된 이 지역어형이다.

173) 이는 '초례상이, 초례가'로 대역되며 '초례상 + -이(주격조사) → 초례상~이(비모음화현상) → 초례사~이(비자음탈락현상) → 초례사~이(이중모음실현제약에 따른 단모음화현상)'의 과정을 거쳐 실현된 이 지역어형이다.

174) 이는 '친척들하고'로 대역되며 '친척(親戚)들 + -하고(접속조사) → 친척뜰하고(경음화현상) → 친척뜰하코(유기음화현상)'의 과정을 통해 실현된 이 지역어형이다.

175) 이는 '싶으면'으로 대역되며 '숲(싶 → 숲(후설모음화현상) → 숲(역행원순모음화현상))- + -으머(연결형어미) → 수프므(모음중화현상) → 수푸무(원순모음화현상)'의 과정을 거쳐 실현된 이 지역어형이다.

176) 이는 '두드리고'로 대역되며 '두드리고 → 뚜드리고(경음화현상) → 뚜더리고(모음중화현상) → 뚜데리고(움라우트현상) → 뚜데래고(고모음화에 따른 과도교정현상)'의 과정을 거쳐 실현된 이 지역어형이다.

177) 이는 '우려내는'으로 대역되며 '울구-'와 '내-'의 합성이 이루어진 이 지역어형이다.

178) 이는 '신랑은'으로 대역되며 '신랑 + -은(보조사) → 실랑은(설측음화현상) → 실앙은(어중유음탈락현상) → 실앙으(어절말자음탈락현상) → 실앙어(모음중화현상)'의 과정을 거쳐 실현된 이 지역어형이다.

179) 이는 '실컷'으로 대역되며 '실컷 → 실껃(경음화현상) → 시껃(음절말유음탈락현상) → 시끋(모음중화현상) → 시끈(후행어절에 의한 비음화현상)'의 과정을 거쳐 실현된 이 지역어형이다.

180) 이는 '과방(果房)이라고'로 대역되며 비모음화현상에 이어 비자음이 탈락된 이 지역어형이다. 여기서 과방은 큰일을 치를 때 음식을 차려서 내가는 방을 가리킨다.

181) 조사자의 발화가 제대로 들리지 않은 부분이다.

182) 이는 '가까운'으로 대역되며 이 어형은 이 지역어를 비롯하여 경상, 강원, 전라, 제주, 충청, 평안도방언에 분포하는 것으로 보고되어 있다.

183) 이는 '하룻밤만'으로 대역되며 '하룻밤만 → 하룯빰만(경음화현상) → 하루빰만(음절말자음ㄷ음탈락현상) → 하루빰마(어절말자음탈락현상) → 하루빰므(모음변이현상)'의 과정을 거쳐 실현된 이 지역어형이다.

184) 이는 '사밸한는'으로 실현되어야 할 어형이며 우발적인 발화실수형이다.

185) 이는 '문구멍을'으로 대역되며 '문꿍ㄱ + -을(목적격조사) → 문꿍골(원순모음화현상)'의 과정을 거쳐 실현된 이 지역어형이다.

186) 이는 '상직한다고'로 대역되며 여기서 상직하다는 뜻은 원래 '집 안에 살면서 시중을 드는 일'이지만 여기서는 첫날 밤 신방 주위에 모여서 신방을 엿보는 것을 가리키는 말이다.

187) 이는 '추녀마다'로 대역되며 '시즈 + -마꿈(보조사)'의 구성으로 이루어진 이 지역어형이며 경북의 일부지역어와 경남 밀양지역어에는 '시끌'형으로도 실현되기도 한다.

188) 이는 '나면'으로 대역되며 '나- + -멍(연결형어미)'의 과정을 거쳐 실현된 이 지역어형이다.

189) 이는 '놀기도'로 대역되며 '놀- + -기(명사형어미) + -드(보조사) → 노기드(ㄹ탈락현상) → 노게드(전설모음화에 따른 과도교정형)'의 과정을 거쳐 실현된 이 지역어형이다.

190) 이는 '놀먼'으로 대역되며 '놀- + -머(연결형어미)'의 구성으로 이루어진 이 지역어형이다.

191) 이는 '인제'로 대역되는 이 지역어의 담화표지 중의 하나다.

192) 이는 '막아서'로 대역되며 '막(防)- + -아가주(연결형어미)'의 구성으로 이루어진 이 지역어형이다.

193) 이는 '벗기면'으로 대역되며 '벗기- + 미(연결형어미) → 벳기미(움라우트현상) → 베끼미(경음화현상)'의 과정으로 이루어진 이 지역어형이다.

194) 이는 후행하는 음성의 발화실수형이며 '신랑이'로 대역되는 부분이다.

195) 이는 조사자의 음성이 잘 들리지 않는 부분이다.

196) 이는 '타합해서'로 대역되며 이는 '어떤 일에 대하여 서로 좋게 합의함'을 뜻하는 어휘이다.

197) 이는 '별로'로 대역되며 '별로 → 벨로(이중모음실현제약에 따른 단모음화현상)'의 과정을 거쳐 실현된 이 지역어형이다.

198) 이는 '넣어서'로 대역되며 '옇- + -어가주(연결형어미)'의 구성으로 이루어진 이 지역어형이다.

199) 이는 '낳으라는'으로 대역되며 이 지역어에서는 '낳다'라는 어형에 대해 '놓다'로 실현된다.

200) 이 부분은 조사자의 음성이 들리지 않는 부분이다.

201) 이는 '큰상이라'로 대역되며 비모음화현상과 이어진 비음탈락현상으로 실현된 이

지역어형이다.

202) 이는 조사자의 음성이 들리지 않은 부분이다.

203) 이는 '신행을'로 대역되며 '신행 + -얼륵(목적격조사)'의 구성으로 이루어진 이 지역어형이다.

204) 이는 '떠먹여'로 대역되며 '떠먹이- + -어(연결형어미) → 떠메겨(움라우트현상) → 떠메게(이중모음실현제약에 따른 단모음화현상) → 떠메기(고모음화현상)'의 과정을 거쳐 실현된 이 지역어형이다. 이 지역어에서는 수의적으로 '떠미기, 떠미게' 등의 형태로도 실현되기도 한다.

205) 이는 '보좌를'로 대역되며 '보좌 + -르(목적격조사) → 보잘(단모음화현상)'의 과정을 거쳐 실현된 이 지역어형이다.

206) 이는 '옆에'로 대역되며 '옆 + -에(처소부사격조사) → 여삐(경음화현상)'의 과정을 거쳐 실현된 이지역어형이다.

207) 이는 조사자의 음성이 들리지 않는 부분이다.

208) 이는 '때에, 적에'로 대역되며 '적 + -에(처소부사격조사) → 쩌게(경음화현상) → 쯔게(모음중화현상) → 쯔기(고모음화현상) → 찌기(전설모음화현상) → 찌이(어중 ㄱ음탈락현상)'의 과정을 거쳐 실현된 이 지역어형이다.

209) 이는 '양쪽에'로 대역되며 '양짜 + -어(처소부사격조사)'의 구성으로 이루어진 이 지역어형이다.

210) 이는 '모두'로 대역되며 수의적으로 '말카, 마카, 말까, 마까' 등의 어형으로 실현되기도 한다.

211) 이는 '하면'으로 대역되며 '하(爲)- + -모(연결형어미)'의 구성으로 이루어진 이 지역어형이다.

212) 이는 '없었습니다'로 대역되며 '없(無)- + -었(과거시상선어말어미)- + -니더(상대높임의 종결형어미) → 업썼니더(경음화현상) → 업썬니더(비음동화현상)'의 과정을 거쳐 실현된 이 지역어형이다.

213) 이는 '모두'로 대역되는 이 지역어형이다.

214) 이는 '이만큼씩'으로 대역되는 이 지역어형이다.

215) 이는 '동네마다'로 대역되며 '동네 + -매동(보조사)'의 구성으로 이루어진 이 지역어형이다.

216) 이는 '전하도록'으로 대역되며 '전하- + -도르(연결형어미)'의 구성으로 이루어진 이 지역어형이다.

217) 이는 '치르고'로 대역되며 '치르- + -고(연결형어미) → 채르고(고모음화에 따른 과도교정형) → 채루고(모음변이현상)'의 과정을 거쳐 실현된 이 지역어형이다.

218) 이는 '인제'로 대역되는 이 제보자의 담화표지 중의 한 형태이다.

219) 이는 '망인을'로 대역되며 '망인 + -얼(목적격조사)'의 구성으로 이루어진 이 지역 어형이다.

220) 이는 '하니까'로 대역되며 '하(爲)- + -이께네(연결형어미)'의 구성으로 이루어진 이 지역어형이다.

221) 이는 '모으고'로 대역되며 '뫃(輯)- + -고(연결형어미)'의 구성으로 이루어진 이 지역어형이다.

222) 이는 '좋도록'으로 대역되며 '좋(好)- + -으룩(연결형어미)'의 구성으로 이루어진 이 지역어형이다.

223) 이는 '소렴(小殮)을'으로 대역되며 '소렴 + -을(목적격조사) → 소레믈(이중모음실현제약에 따른 단모음화현상) → 소리믈(고모음화현상)'의 과정을 거쳐 실현된 이 지역어형이다.

224) 이는 '다른 사람은, 다른 이는'으로 대역되며 '다르- + -ㄴ(관형사− 이(의존명사) + -는(보조사)'의 구성으로 이루어진 이 지역어형이다. 여기서 '다른 → 다린(전설모음화현상) → 다리(어절말자음 탈락현상)'의 과정을 거쳐 실현된 어형이다.

225) 이는 '죽었으면'으로 대역되며 '죽(死)- + -었(과거시상선어말어미)- + -으면(연결형어미) → 주거씨면(전설모음화현상) → 주거씨먼(모음중화현상) → 주거씨멈먼(양음절화현상) → 주거씸머(어절말자음 탈락현상)'의 과정을 거쳐 실현된 이 지역어형이다.

226) 이는 '인제'로 대역되는 이 제보자의 담화표지 중의 한 형태이다.

227) 여기서 '영위(靈位)'는 '상가(喪家)에서 모시는 혼백이나 가주(假主)의 신위'를 가리키는 말이며 즉, 혼백에 술과 향을 올리고 절을 한다는 의미이다.

228) 이는 '주로'로 대역되는 이 지역어형이며 유기음화현상이 일어난 예이다.

229) 이는 '어찌 하냐고'로 대역되는 이 지역어형이며 이 지역어를 비롯하여 경북지역어에서 일반적으로 실현되는 어형이다.

230) 이는 '시장에'로 대역되며 '시장 + -아(처소부사격조사) → 시자아(비자음탈락현상)'의 과정을 거쳐 실현된 이 지역어형이다.

231) 이는 '옛날부터'로 대역되며 '옛날 + -버뜸(보조사) → 옌날버뜸(비음화현상)'의 과정을 거쳐 실현된 이 지역어형이다.

232) 이는 '대렴이라고'로 대역되며 '대렴(大斂) → 대렴(이중모음실현제약에 따른 단모음화현상) → 대름(모음중화현상)'의 과정을 거쳐 실현된 이 지역어형이다.

233) 이는 '씻기고'로 대역되며 '씿기- + -고(연결형어미) → 씨키고(융합현상) → 씨케고(고모음화에 따른 과도교정현상)'의 과정을 거쳐 실현된 이 지역어형이다.

234) 이는 '밖에'로 대역되며 '밲 + -에(처소부사격조사)'의 구성으로 이루어진 이 지역 어형이다.

235) 이는 '겨울에는'으로 대역되며 '겨욹 + -으로(처소부사격조사) + -는(보조사)'의 구 성으로 이루어지는 이 지역어형이다.

236) 이는 '더위를'으로 표현해야 할 부분인데 순간적인 발화실수가 일어난 부분이다.

237) 이는 '받으면'으로 대역되며 '받- + -으면(연결형어미) → 바드먼(단모음화현상) → 바더먼(모음중화현상) → 바덤(축약현상)'의 과정을 거쳐 실현된 이 지역어형이다.

238) 이는 '사람도'로 대역되며 '사람 + -더(보조사)'의 구성으로 이루어진 이. 지역어형 이다.

239) 이는 '행상이라'로 대역되며 '행상 → 행상~(비모음화현상) → 행사~(비자음탈락 현상)'의 과정을 거쳐 실현된 이 지역어형이며 일반적인 현상이다.

240) 이는 '곳집이라, 상엿집이라'로 대역되는 이 지역어형이다.

241) 이는 '맞도록'으로 대역되며 '맞- + -드록(연결형어미) → 맏뜨록(경음화현상) → 마뜨록(음절말자음탈락현상) → 마뜨롱(후행어절에 의한 비음화현상)'의 과정을 거 쳐 실현된 이 지역어형이다.

242) 이는 '왜요'로 대역을 했지만 이유를 묻는 뜻이 아니고 제보자가 조사자에게 말을 이어가는 중에 동의를 구하는 담화표지에 해당하는 말이다.

243) 이는 '읽으면'으로 대역되며 '일(讀)- + -으면(연결형어미) → 이르면(단모음화현 상)'의 과정을 거쳐 실현된 이 지역어형이다.

244) 이는 '바퀴'로 대역되며 '바퀴 → 바뀌(경음화현상) → 바뀌(단모음화현상)'의 과정 을 거쳐 실현된 이 지역어형이다.

245) 이는 '제사를'로 대역되며 '제사 + -알(목적격조사)'의 구성으로 이루어진 이 지역 어형이다.

246) 이는 '인제'로 대역되는 이 제보자의 담화표지 중의 한 형태이다.

247) 이는 '지내면'으로 대역되는 이 지역어형이며 '지내면 → 치내면(유기음화현상) → 치나면(모음변이현상) → 치나면(단모음화현상)'의 과정을 거쳐 실현된 이 지역어 형이다.

248) 이는 '여자이다, 여자다'로 실현되어야 할 어형이며 제보자의 우발적인 발화실수형 이다.

249) 이는 '어머니'로 대역되며 '어매'로 실현되어야 할 어형으로 우발적인 발화실수형 이다.

250) 이는 '빈소(殯所)'라'로 대역되며 원래 상여가 나가기 전까지 관을 두는 방을 가리 키는 의미지만 혼백함이나 신주를 두는 곳이라는 의미로도 사용되었다.

251) 이는 '차려'로 대역되며 '채리(차리- → 채리-(움라우트현상))- + -어 → 채리여(ㅣ 모음동화) → 채리(축약현상)'의 과정을 거쳐 실현된 어형이다.

252) 이는 '초하루'로 대역되며 이 어형은 이 지역어형에서 'ㆍ > ㅗ'모음의 변화를 겪어서 실현된 어형인지 모음동화현상에 의해 실현된 어형인지는 정확히 알 수가 없는 부분이다.

253) 이는 '삭망제(朔望祭)를'으로 대역되며 매달 초하룻날과 보름날에 곡을 하며 간략하게 지내는 제사를 가리킨다.

254) 이는 '아침저녁으로는'으로 대역되며 '저녁 + -으로(부사격조사) + -는(보조사) → 즈녀그로는(모음중화현상) → 지녀그로는(전설모음화현상) → 지여그로는(어중ㄴ음탈락현상) → 지여그론는(양음절화현상) → 지여그론넌(모음중화현상)'의 과정을 거쳐 실현된 이 지역어형이다.

255) 이는 '조석으로'으로 대역되며 '조석(朝夕) + -을(도구격조사)'의 구성으로 이루어진 이 지역어형이다. 이는 '아침과 저녁밥'이라는 의미의 목적어로 해석할 수도 있지만 여기서는 이것이 자연스러워서 이렇게 해석을 했다.

256) 이는 '드려야'로 대역되며 '드리- + -이(연결형어미) → 디리이(고모음화현상) → 디래이(고모음화에 따른 과도교정형)'의 과정을 거쳐 실현된 이 지역어형이다.

257) 이는 '하려고'로 대역되며 '하(爲)- + -ㄹ라고(의도형어미)'의 구성으로 이루어진 이 지역어형이다.

258) 이는 '이렇게'로 대역되며 '이러하게 → 이케(축약현상) → 이키(고모음화현상)'의 과정을 거쳐 실현된 이 지역어형이다.

259) 이는 '대상(大祥)이라'로 대역되며 '대상 → 대상~(비모음화현상) → 대사~(비자음탈락현상)'의 과정을 거쳐 실현된 이 지역어형이다.

260) 이는 '연비사(卑連査)간에'로 대역되며 '아들 이하의 친척 및 사돈의 친척으로 연줄이 되는 관계'를 가리킨다.

261) 이는 '사가이거나'로 대역되며 여기서 사가는 '사가(査家) 또는 사가(私家)'로 해석될 수 있는데 정확히 알 수는 없는 부분이다.

262) 이는 '정성이라고'로 대역되며 '정성(精誠) + -이(서술격조사) + -라고(인용격조사) → 정성~이라'의 구성으로 이루어진 이 지역어형이다.

263) 이는 '인제'로 대역되는 이 제보자의 다양한 담화표지 중의 한 형태이다.

264) 이는 '벗고'로 대역되며 '벗(脫)- + -고(연결형어미) → 버꼬(경음화및음절말자음탈락현상) → 보꼬(원순모음화현상)'의 과정을 거쳐 실현된 이 지역어형이다.

265) 이는 조사자의 음성이 들리지 않는 부분이다.

266) 이는 '그만'으로 대역되는 이 지역어형이다.

267) 이는 '말입니다'로 대역되며 '말 + -시더(종결형어미)'의 구성으로 이루어진 이 지역어형이다.

268) 이는 '나야'로 대역되며 '나- + -이(연결형어미)'의 구성으로 이루어진 이 지역어형이다.

269) 이는 '지내니까'로 대역되며 '지내- + -이께네(연결형어미)'의 구성으로 이루어진 이 지역어형이다.

270) 이는 '그만'으로 대역되는 이 지역어형이며 이 어형은 수의적인 변이형이 많이 실현된다.

271) 이는 '방에'로 대역되며 '방 + -으(처소부사격조사) → 빵으(경음화현상)'의 과정을 거쳐 실현된 이 지역어형이다.

272) 이는 '같으면'으로 대역되며 '같- + -으면(연결형어미) → 거트면(모음변이현상) → 거뜨면(경음화현상) → 거뜸(축약현상)'의 과정을 거쳐 실현된 이 지역어형이다.

273) 이는 '신위를'로 대역되며 '신위(神位) + -ㄹ(목적격조사) → 시닐(이중모음실현제약에 따른 단모음화현상)'의 과정을 거쳐 실현된 이 지역어형이다.

274) 이는 '적에'로 대역되며 '적 + -에(처소부사격조사) → 쩌게(경음화현상) → 쩌기(고모음화현상) → 쩨기(움라우트현상) → 찌기(고모음화현상)'의 과정을 거쳐 실현된 이 지역어형이다.

275) 이는 '필요가'로 대역되며 '필요(必要) + -가(주격조사) → 피로가(이중모음실현제약에 따른 단모음화현상) → 피로고(모음동화현상)'의 과정을 거쳐 실현된 이 지역어형이다.

276) 이는 '여기에서'로 대역되며 '여 + -아(처소부사격조사)'의 구성으로 이루어진 이 지역어형이다.

277) 이는 '집에서는'으로 대역되며 '집 + -에(처소부사격조사) + -는(보조사) → 지비는(고모음화현상) → 지이는(어중ㅂ음탈락현상) → 지이능(후행어절에 의한 연구개음화현상)'의 과정을 거쳐 실현된 이 지역어형이다.

278) 이는 '그만'으로 대역되는 이 지역어형이며 수의적으로 다양한 형태로 실현되는 어형이다.

279) 이는 '소리도'로 대역되며 '소리 + -온(보조사 : 음운도치)'의 과정을 거쳐 실현된 이 지역어형이다.

280) 이는 '애쓸'으로 대역되며 '애쓰- + -ㄹ(관형사형어미)'의 구성으로 이루어진 어형이지만 어말자음이 탈락된 예이다. 일상적인 발화에서 음절말위치나 어말위치에서 자음의 탈락이 많이 일어나지만 이 제보자의 경우에도 예외는 아니다.

281) 이는 '요즘은'으로 대역되며 '요즘 + -언은(보조사) → 요주먼은(원순모음화현상)'의 과정을 거쳐 실현된 이 지역어형이다.

282) 이는 직역을 하면 '장의사로'로 대역되겠지만 제보자의 발화의도는 '장례식장으로 또는 병원의 영안실로'이다. 이에 따라 표준어로 대역한 것이다.

283) 이는 '그만'으로 대역되며 '고만 → 곰(축약현상)'의 과정을 거쳐 실현된 이 지역어형이다.

284) 이는 '요새'로 대역되며 '요새 → 오새(이중모음실현제약에 따른 단모음화현상)'의 과정을 거쳐 실현된 이 지역어형이다.

285) 이는 '어찌'로 대역되는 이 지역어형이며 이 밖에도 이 어형은 다양한 형태로 실현되기도 한다.

286) 이는 '정리를'를 대역되며 '정리(情理) + -ㄹ(목적격조사)'의 구성으로 이루어진 이 지역어형이다.

287) 이는 '서러움에'로 대역되며 '서러움 + -에(처소부사격조사) → 서르우메(모음중화현상) → 서르메(축약현상)'의 과정을 거쳐 실현된 이 지역어형이다.

288) 이는 '상가에'로 대역되며 '상가(喪家) + -아(처소부사격조사)'의 구성으로 이루어진 이 지역어형이다.

289) 이는 '저희끼리'로 대역되며 '저거 + -끼리(접미사) → 저어끼리(어중ㄱ음탈락현상) → 저어끼레(고모음화에 따른 과도교정형)'의 과정을 거쳐 실현된 이 지역어형이다.

290) 이는 '밖에'로 대역되며 '밖(外)- + -에(처소부사격조사)'의 구성으로 이루어진 이 지역어형이다.

291) 이는 '바뀌긴 또는 바뀌기는'으로 대역되며 '바뀌- + -기(명사화접사) + -ㄴ(보조사) → 바끼긴(이중모음실현제약에 따른 단모음화현상) → 바께긴(고모음화현상에 따른 과도교정형)'의 과정을 거쳐 실현된 이 지역어형이다.

292) 이는 '있나'로 대역되며 '있(有)- + -노(설명의문형어미)'의 구성으로 이루어진 이 지역어형이다.

293) 이는 '핏덩어리를'로 대역되며 '피떵거(핏덩거리 → 피떵거리(경음화현상 및 음절말자음 ㅅ탈락현상) → 피떵거(축약현상)'의 과정을 거쳐 실현된 이 지역어형이다.

294) 이는 '가까운'으로 대역되며 '가찹- + -은(관형사형어미)'의 구성으로 이루어진 이 지역어형이다.

295) 이는 '실제도'로 대역되며 '실제 + -도(보조사) → 실쩨도(경음화현상) → 실찌도(고모음화현상)'의 과정을 거쳐 실현된 이 지역어형이다.

296) 이는 '갈아 벗기고'로 대역되며 이는 '어디 부딪치거나 넘어져서 피부가 벗겨지는 것'을 가리킨다.

297) 이는 '많이'로 대역되며 '많이 → 마니(어중ㅎ음탈락현상) → 마이(어중ㄴ음탈락현상)'의 과정을 거쳐서 실현된 이 지역어형이다.

298) 이는 '상문할, 문상할'로 대역되며 '상문(喪問)하- + -ㄹ(관형사형어미) → 삼문할 (양순음화현상)'의 과정을 거쳐 실현된 이 지역어형이다.

299) 이는 '조금만'으로 대역되며 '죠꿈맘'으로 실현되어야 할 어형으로 발화실수형이 다. 이는 '조금만 → 죠금만(모음변이현상) → 죠끔만(경음화현상) → 죠꿈만(원순 모음화현상) → 죠꿈맘(후행 어절에 의한 양순음화현상)'의 과정을 거쳐 실현된 이 지역어형이다.

300) 이는 '보이면'으로 대역되며 '보이- + -면(연결형어미) → 뵈이면(ㅣ모음역행동화 현상) → 베이면(단모음화현상) → 비이면(고모음화현상) → 비애면(고모음화에 따 른 과도교정형) → 비앰(축약현상)'의 과정을 거쳐 실현된 이 지역어형이다.

301) 조사자의 발화음성이 들리지 않는 부분이며 뒷부분의 '문상'은 장례의 발화실수다.

302) 이는 '그게, 그것이'로 대역되며 '그게 → 그기(고모음화현상) → 그이(어중ㄱ음탈 락현상)'의 과정을 거쳐 실현된 이 지역어형이다.

303) 이는 '그냥'으로 대역되며 '그냥 → 기냥(고모음화현상) → 기양(어중ㄴ음탈락현상)' 의 과정을 거쳐 실현된 이 지역어형이다.

304) 이는 '가까이, 가까이에'로 대역되며 '가차이 + -에(처소부사격조사)'의 구성으로 이루어진 이 지역어형이다.

305) 이는 '필요가'로 대역되며 '필요 + -가(주격조사) → 피료구(모음동화현상)'의 과정 을 거쳐 실현된 이 지역어형이다.

306) 이는 '보니까'로 대역되며 '보- + -이께(연결형어미)'의 구성으로 이루어진 이 지역 어형이다.

307) 이는 '놓으니'로 대역되며 '놓(置)- + -으니(연결형어미) → 노니(축약현상) → 노이 (어중ㄴ음탈락현상)'의 과정을 거쳐 실현된 이 지역어형이다.

308) 이는 '어려워요'로 대역되며 '에룹(難)- + -어요(종결형어미)'의 구성으로 이루어진 이 지역어형이다.

309) 이는 '없으니까'로 대역되며 '없(無)- + -으이께(연결형어미)'의 구성으로 이루어진 이 지역어형이다.

310) 이는 '그냥'으로 대역되며 이 어형은 수의적으로 실현된 이 지역어형이다.

311) 이는 '사람이라는'으로 대역되며 '사람이라는 → 사래미라는(움라우트현상) → 사 래미란(축약현상) → 사래미랑(후행어절에 의한 연구개음화현상)'의 과정을 거쳐 실현되는 이 지역어형이다.

312) 이는 '예전뿐'으로 대역되며 '예전뿐 → 예점뿐(양순음화현상)'의 과정을 거쳐 실현 된 이 지역어형이다.

313) 이는 '그만'으로 대역되는 이 지역어형이다.

314) 이는 '넘어야'로 대역되며 '넘(超)- + -어야(연결형어미)'의 구성으로 이루어진 이 지역어형이다.

315) 이는 '없으면'으로 대역되며 '없(無)- + -으면(연결형어미) → 업쓰면(경음화현상) → 업씨면(전설모음화현상) → 업씨먼(단모음화현상) → 업씨믄(모음중화현상) → 업씨므(어절말자음 탈락현상)'의 과정을 거쳐 실현된 어형이다.

316) 이는 '메는'으로 대역되며 '메(負)- + -는(관형사형어미) → 미는(고모음화현상) → 미능(후행어절에 의한 연구개음화현상)'의 과정을 거쳐 실현된 이 지역어형이다.

317) 이는 '거기에서'로 대역되며 이 어형은 축약형이다.

318) 이는 '밥그릇'으로 대역되는 이 지역어형이며 이는 연구개음화현상이 실현된 어형이 어휘로 재구조화가 된 이 지역어형이다.

319) 이는 '거기에다가'로 대역되며 '거기 + -다가(처소부사격조사) → 거다가(축약현상) → 그다가(모음중화현상) → 그다아(어중ㄱ음탈락현상)'의 과정을 거쳐 실현된 이 지역어형이다.

320) 이는 '의뢰를'으로 대역되며 '의뢰 + -를(목적격조사) → 이레를(단모음화현상)'의 과정을 거쳐 실현된 이 지역어형이다.

321) 이는 '상주가'로 대역되며 '상주 + -거(주격조사)'의 구성으로 이루어진 이 지역어형이다.

322) 이는 '줘서'로 대역되며 '조(與)- + -가즈(연결형어미)'의 구성으로 이루어진 이 지역어형이다.

323) 이는 '보니까'로 대역되며 '보(見)- + -이껜(연결형어미)'의 구성으로 이루어진 이 지역어형이다.

324) 이는 '섭섭하다'로 대역되는 이 지역어형이다.

325) 이는 '반면에'로 대역되며 '반면 + -얼(처소부사격조사) → 밤며널(양순음화현상) → 밤메널(단모음화현상) → 밤메얼(어중ㄴ음탈락현상)'의 과정을 거쳐 실현된 이 지역어형이다.

326) 이는 '것은'으로 대역되며 '게 + -너(보조사)'의 구성으로 이루어진 이 지역어형이다.

327) 이는 '그게, 그것이'로 대역되며 어두음의 유기음화현상이 실현된 예이며 이 제보자의 발화에서 자주 실현되는 경향을 보인다.

328) 이는 '명절에'로 대역되는 어형이며 발화를 하려다가 바꾼 형은 '밍절'형이다. 이를 통해 볼 때, 이 어형은 제보자가 순간적으로 어형을 달리 실현한 것으로 판단되는 예이다.

329) 이는 '제사를'로 대역되며 이 지역어에서는 모음 다음에서도 목적격조사형이 종종 '-을'형으로도 실현됨을 볼 수 있는 부분이다.

330) 이는 묘에서 제사를 지내는 비용을 마련하기 위해 경작하던 논밭을 가리키는 말이며 '묘위토'라고도 한다.

331) 이는 '지내도록'으로 대역되며 '지내- + -드루(연결형어미)'의 구성으로 이루어진 이 지역어형이다.

332) 이는 '쓸'로 대역되며 '쓰(用)- + -ㄹ(관형사형어미) → 슬(자음중화현상) → 설(모음중화현상)'의 과정을 거쳐 실현된 이 지역어형이다.

333) 이는 '거기도'로 대역되며 '거기 + -도(보조사) → 거이도(어중ㄱ음탈락현상) → 거이또(경음화현상) → 거이뜨(모음변이현상)'의 과정을 거쳐 실현된 이 지역어형이다.

334) 이는 '인제'로 대역되는 이 제보자의 담화표지이며 '으제'형으로 실현되어야 할 어형으로 우발적인 발화실수형이다.

335) 여기서 '감실(龕室)'은 사당 안에 신주를 모셔두는 장을 가리키는 말이다.

336) 이는 '신주를'으로 대역되며 '신주(神主) + -로(목적격조사)'의 구성으로 이루어진 이 지역어형이다.

337) 이는 '들어가야'로 대역되며 '드가(들(入)- + 가-)- + -이(연결형어미)'의 구성으로 이루어진 이 지역어형이다.

338) 이는 '그렇고'로 대역되며 이 제보자의 발화에서는 'ㄱ'음과 'ㅎ'음의 교체가 자주 보인다.

339) 이는 '인제'로 대역되는 이 제보자의 담화표지 중의 한 형태이며 다양한 형태로 실현된다.

340) 이는 '그만'으로 대역되며 이 어형도 다양한 형태의 변이형으로 실현된다.

341) 이는 '다른'으로 대역되며 '틀리(異)- + -ㄴ(관형사형어미) → 틀렌(고모음화에 따른 과도교정형)'의 과정을 거쳐 실현된 이 지역어형이다.

342) 이는 경상북도 영천시 지역을 가리킨다.

343) 이는 '아직까지'로 대역되며 '안죽 + -어(보조사)'의 구성으로 이루어진 이 지역어형이다.

344) 이는 '의례(儀禮) + -예(처소부사격조사)'의 구성으로 이루어진 이 지역어형이다.

345) 이는 '그래'로 대역되며 '그래 → 크래(유기음화현상) → 크리(고모음화현상) → 크르(고모음화에 따른 과도교정형)'의 과정을 거쳐 실현된 이 지역어형이다.

346) 이는 '데에'로 대역되며 '데 + -드(처소부사격조사)'이 구성으로 이루어진 이 지역어형이다.

347) 이는 '많았지만'으로 대역되며 '많- + -았(과거시상선어말어미)- + -지만(연결형어미) → 마났지만(ㅎ음탈락현상) → 마냈지만(움라우트현상) → 만내찌만(경음화현상)'의 과정을 거쳐 실현된 이 지역어형이다.

348) 이는 '그만'으로 대역되는 이 지역어형이며 수의적인 변이형이 다양하게 실현된다.

349) 이는 '초헌(初獻)'으로 대역되며 '초헌 → 초언(어중ㅎ음탈락현상) → 초온(모음동화현상)'의 과정을 거쳐 실현된 이 지역어형이다.

350) 이는 '조금'으로 대역되며 '조금 → 쪼끔(경음화현상) → 쪼꿈(모음동화현상)'의 과정을 거쳐 실현된 이 지역어형이다.

351) 이는 '묘한'으로 대역되며 '묘심(妙甚)하다 + -ㄴ(관형사형어미) → 묘심단(축약현상) → 묘심당(후행어절에 의한 연구개음화현상)'의 과정을 거쳐 실현된 이 지역어형이다.

352) 이는 '퇴잔을'으로 대역되며 '퇴잔 + -을(목적격조사)'으로 구성되며 이는 '술을 올린 뒤에 잔에서 술을 비우는 행위'를 가리킨다. 이 어형은 표준어에 구체적으로 대응되는 어형이 없으므로 그냥 '퇴잔'으로 대역했다.

353) 이는 '첨잔이라'로 대역되며 어중비자음이 탈락된 예이다.

354) 이는 '거기를'로 대역되며 '거기 + -ㄹ(목적격조사) → 거일(어중ㄱ음탈락현상)'의 과정을 거쳐 실현된 이 지역어형이다.

355) 이는 '꽂아'로 대역되며 '꼽(揷)- + -아(연결형어미)'의 구성으로 이루어진 이 지역어형이다.

356) 이는 '어려운'으로 대역되며 '에롭- + -ㄴ(관형사형어미) → 에론(축약현상) → 에롬(후행어절에 의한 양순음화현상)'의 과정을 거쳐 실현된 이 지역어형이다.

357) 이는 '헌다를'로 대역되며 '헌다(獻茶) + -ㄹ(목적격조사)'의 구성으로 이루어진 이 지역어형이다.

358) 이는 '인제'로 대역되며 이 지역어의 다양한 형태의 담화표지 중의 하나이다.

359) 이는 '철상(撤床)이라고'로 대역되며 이는 비모음화현상이 실현된 다음, 비자음이 탈락된 어형이다.

360) 이는 '앉으면'으로 대역되며 '앉(座)- + -으면(연결형어미) → 안지면(전설모음화현상) → 안지면(단모음화현상) → 안지믄(모음중화현상) → 안지민(전설모음화현상) → 안지미(어절말자음탈락현상)'의 과정을 거쳐 실현된 이 지역어형이다.

361) 이는 '모아'로 대역되며 '모으(輯)- + -아(연결형어미) → 모아(축약현상) → 마아(모음동화현상)'의 과저을 거쳐 실현된 이 지역어형이다.

362) 이는 '모두'로 대역되는 이 지역어형이다.

363) 이는 '헛제삿밥이라고'로 대역되며 여기서 '헛제사밥'은 제사 음식과 같은 형태로 파는 음식을 말한다.

364) 이는 '그게, 그것이'로 대역되며 '그게 → 그기(고모음화현상)'의 과정을 거쳐 실현된 이 지역어형이다.

365) 이는 '술을'로 대역되며 '술(酒) + -얼(목적격조사)'의 과정을 거쳐 실현된 이 지역 어형이다.

366) 이는 '반드시'로 대역되며 '반드시 → 반다시(모음동화현상)'의 과정을 거쳐 실현된 이 지역어형이다.

367) 이는 '써야'로 대역되며 '쓰(用)- + -어야(연결형어미) → 써야(축약현상) → 써에 (이중모음실현제약에 따른 단모음화현상) → 써이(고모음화현상)'의 과정을 거쳐 실현된 이 지역어형이며, 고모음화가 이루어지지 않은 어형인 '써에'형도 수의적 으로 실현된다.

368) 이는 '조율이시(棗栗梨柿)라고'로 대역되며 '대추, 밤, 배, 감'을 가리킨다.

369) 이는 '그것은, 그건'으로 대역되며 '그것은 → 그건(축약현상) → 그검(양순음화현 상)'의 과정을 거쳐 실현된 이 지역어형이다.

370) 이는 '다가오면'으로 대역되며 '다가오면 → 다아오면(어중ㄱ음탈락현상) → 다오 면(축약현상) → 다움(축약현상)'의 과정을 거쳐 실현된 이 지역어형이다.

371) 이는 '두루마기를'로 대역되며 '두루마기 + -를(목적격조사) → 두루매기를(움라우 트현상) → 둘매기를(축약현상) → 둘매이를(어중ㄱ음탈락현상)'의 과정을 거쳐 실 현된 이 지역어형이다.

372) 이는 '요새도'로 대역되며 '요새 + -드(보조사)'의 구성으로 이루어진 이 지역어형 이다.

373) 이는 '불천위, 불천지위(不遷之位)'로 대역되며 이는 예전에 큰 공훈을 세워서 사당 에 영원히 모시는 것을 허락한 신위를 가리킨다. 조선조에 불천지위를 얻는다는 것은 그 문중의 자랑거리로 여겨왔다.

374) 이는 '모이고'로 대역되며 '모이- + -고(연결형어미) → 모에고(고모음화에 따른 과 도교정형)'의 과정을 거쳐 실현된 이 지역어형이다.

375) 이는 '주로'로 대역되며 이 지역어에서 자주 실현되는 유기음화현상이 실현된 예 이다.

376) 이는 제관을 비롯하여 제사에 참석하는 사람끼리 서로 편하고 믿는다는 또는 기제 사가 부모라는 점에서 믿는다는 그런 의미로 사용된 예이다.

377) 이는 '입으면'으로 대역되며 '입- + -으면(연결형어미) → 이부면(원순모음화현상) → 이붐(축약현상)'의 과정을 거쳐 실현된 이 지역어형이다.

378) 이는 '사람도'로 대역되며 '사름(人) + -똥(보조사)'의 구성으로 이루어진 이 지역 어형이다.

379) 이는 '조선옷, 한복'으로 대역되는 이 지역어형이다.

380) 이는 '죽었으면'으로 대역되며 동일한 어휘가 수의적으로 발화되는 예가 이어서 등장하는데 '주'어쓰면'형으로 실현된 모습이다. 이는 이 어형이 수의적으로 음성

실현형이 분포함을 알 수 있는 부분이다.

381) 이는 '도시에서'로 대역되며 '도시 + -서(처소부사격조사) → 도시스(모음중화현상)'의 과정을 거쳐 실현된 이 지역어형이다.

382) 이는 '하니까'로 대역되며 '하- + -이께네(연결형어미)'의 구성으로 이루어진 이 지역어형이다.

383) 이는 '하려고'로 대역되며 '하(爲)- + -ㄹ라(의도표시의 연결형어미)'의 구성으로 이루어진 이 지역어형이다.

384) 이는 '모두'로 대역되는 이 지역어형이다.

03 생업 활동

밭농사 276

3.1. 밭농사

어르′신 그′ 머′ 어′제 이′어서 쫌′ 이야′기를 쫌′ 해′ 주′십씨요.

   ― 예아.

어′제 우리′ 논′농사에 대′해서 이야′기를 쫌′ 하′션는데, 그, 그′래서 오′
느릉 그 반농′사에 대′해스도 쪼′곰 어이씨너, 어르′싱께서 아시′는 대′로 쪼′
금 이′야기를 해′ 주′시면 조′케씀미다.

   ― 예, 예.

그′래슴 어, 어′제 급 반농′사어너 주′로 어′떵 게 인는′지, 여′기 진능′ 반
농′사가?

   ― 여′게, 이 지′여게는 주로 인제′ 머′어 참′ 어, 언제[1] 콩′, 보리′, 서:숙′,
밀:, 또 그 다′으멘 인제′ 고구′마, 그래 크 이, 이, 찌 요중′ 간 인제′ 한 며
태 쩐′부튼, 저′넨 녀 땅′꽁을[2] 안′ 해은데, 한′ 해방′ 후′ 한′ 오륭′ 년 은, 은,
저우, 후버′트먼 여′ 땅콩도 한′다꼬요.

   ― 땋, 땅콩도 지이′꼬[3], 극, 극, 끄, 감자′, 주로 그릉 게 웨 반농′사른네.

그언너 거′기 그 반농′사, 논농′사에 비′해섭 그′어 반농′사 하′는데:, 여
′기선너 주′로 그′럼 제일′ 마니 하′능 겝 버리하′고?

   ― 감자′지, 머′.

버리하′우 감자′가 만씀′미까?

   ― 글′치여우, 고담′ 콩′이고.

쁘어, 버리′느 그′람머 언′제 주′로 심:꼬, 어′떠케 함′미까?

   ― 버리′느 인제′ 어, 으, 갈:버리′라[4] 그능 거′능 긍, 으, 참′ 쩌어, 그 갈:
버리라 그′응 가′을게 감니자, 나′락 비 네′구, 추수하′고.

   ― 크′럼 인제′ 언능, 그 나′락 뜽거′리[5] 인는 쓰, 새′에다 인제′ 수루루
후′끼로[6] 가음상 타′ 뿌고, 타′ 뿌고설랑 거′게 버릴′ 뿌래고, 그 저′어, 그

어르신 그 뭐 어제 이어서 좀 이야기를 좀 해 주십시오.

― 예.

어제 우리 논농사에 대해서 이야기를 좀 하셨는데, 그, 그래서 오늘은 그 밭농사에 대해서 조금 어르신, 어르신께서 아시는 대로 조금 이야기를 해 주시면 좋겠습니다.

― 예, 예.

그래서 어, 어제 그 밭농사는 주로 어떤 게 있는지, 여기 짓는 밭농사가?

― 여기에, 이 지역에는 주로 인제 뭐 참 어, 인제 콩, 보리, 조, 밀, 또 그 다음에는 인제 고구마, 그래 그 이, 이, 저 요즘 인제 한 몇 해 전부터, 전에는 여기 땅콩을 안 했는데, 한 해방 후 한 오륙 년 어, 어, 저, 후부터는 여기 땅콩도 한다고요.

― 땅, 땅콩도 지었고, 그, 그, 그, 감자, 주로 그런 게 왜 밭농사는요.

그러면 거기 그 밭농사, 논농사에 비해서 그 밭농사 하는데, 여기서는 주로 그럼 제일 많이 하는 게 보리하고?

― 감자지, 뭐.

보리하고 감자가 많습니까?

― 그렇지요, 그 다음이 콩이고.

보, 보리는 그러면 언제 주로 심고, 어떻게 합니까?

― 보리는 인제 어, 어, 가을보리라 그러는 것은 그, 어, 참 저, 그 가을보리라 그러는 것은 가을에 갑니다, 벼를 베 내고, 추수하고.

― 그러면 인제 어, 그 볏가리가 있는 사이, 사이에다가 인제 수루룩 극젱이로 가면서 타 버리고, 타 버리고서는 거기에 보리를 뿌리고, 그 저, 그

써'레라 그'능 녀 까'주어 이'래 드 소'에 메' 가여 땡'기고 나오, 와'따 가'따 그'러 뿌먼 그 버리'가 무챔'니다.

— 커'려 음제'읍[7] 고 사'이다 인제' 고:러', 사람' 댕'길 고, 고를' 쥐'이[8] 노코, 그'래가주 인제' 나 두면 내염 보'메, 까, 이지야, 저, 지 느'점믄능 가 을'게 가믕 그 싸'기 틈'니다.

— 싸'기 터: 가'지 이'래 조와' 오르믄[9] 추'울 때 가면 한 송꾸'락 한: 기' 리택 뗌'다, 버리'가 조옹' 게'.

— 그'릉 게 인제' 파랑' 게 나와 이씸'믕 그게' 기'여를[10] 람니다.

— 기'여를 람'믕 보'메 인제' 또' 그넘머 그'이[11] 보'메 거 인제' 이 시비' 라[12] 그'능 이, 여 인제'에 비료'라 그'능 게 이씨다.

— 요'샘 은지 이 옌나'레능 머' 똥짱'구~이[13] 지'곰 마리야 오줌하'콩 이 래 가'주이즌 지'고 이 뎅기'민썽 인제' 쪼꿈'씨 좋우'섭 뿌'래 주고 핸'데, 요새' 에능 그거'느 인제' 요굼머 숙 저' 뿌고 비료'럴 가주 인제' 야깐'씨 조 노'씀다.

— 주, 쭈, 조' 노'코 인제' 또 고 다'으메 인제' 어아, 봄'뻐리러웅 게' 또 이씀미'다.

— 봄'뻐래르[14] 그'응 근 보'메, 기'열 라고, 봄' 한: 양'녀 칸'능, 음냐 칸 사'멀 리, 양'녀 칸' 사월', 사월'경 므, 데' 가주 인제' 버리'를 감니다.

— 보'메 가'라, 그은'깐.

— 바'테도 가:고', 노'네도 가:고', 다: 가'는데, 그 인제' 그, 그 봄'뻐리는 쌀버리'가 또' 이'꼬, 주'로 쌀버'이'르[15] 그'응 그'느 훼'기가 적씁'니다.

— 요'래: 인제' 껍떼'이거 똥뚜안 나오'고 인저' 쌀버리'두 하고 껍버리'드 하'고.

— 그'래 인제' 맹' 갈버리'도 맹' 꺼뻐리'[16], 봄뻐리' 함'니다.

— 그'래 똑까'지여그 그건, 추, 추수하'고, 그 담'메 응, 감자'라 근 거'는 양' 녀 칸: 사'멀, 응, 그, 그으'또 맹' 마'치여, 사월' 초생쭘'[17] 데'머 인제' 바'철 갈:고', 고:를 타'고, 거 인제' 이'으 거'르멀 려'콩[18], 허래 가'주이 요샌' 비롤'

써레라고 그러는 것을 가지고 이래 저 소에 매서 당기고 나오며, 왔다 갔다 그래 버리면 그 보리가 묻힙니다.

- 그러년 인제 그 사이에다가 인제 골, 사람 다닐 골, 골을 지어 놓고, 그래서 인제 놓아두면 내년 봄에, 그, 이, 저, 저 늦은 가을에 가면 그 싹이 틉니다.

- 싹이 터 가지고 이래 좋게 오르면 추울 때 가면 한 손가락 한 길이쯤 됩니다, 보리가 좋은 게.

- 그런 게 인제 파란 게 나와 있으면 그게 겨울을 납니다.

- 겨울을 나면 봄에 인제 또 그러면 그게 봄에 그 인제 이 거름주기(施肥)라 그러는 게, 여기 인제 비료라 그러는 게 있습니다.

- 요새는 인제 이 옛날에는 뭐 똥장군을 지고 말이야 오줌하고 이래 가지고 지고 이 다니면서 인제 조금씩 조금씩 뿌려 주고 했는데, 요새는 그것은 인제 그만 싹 쥐 버리고 비료를 가지고 인제 약간씩 쥐 놓습니다.

- 쥐, 쥐, 쥐 놓고 인제 또 그 다음에 인제 어, 봄보리라는 게 또 있습니다.

- 봄보리라 그러는 것은 봄에, 겨울 나고, 봄 한 양력 한, 음력 한 삼월이, 양력 한 사월, 사월 경에 뭐, 돼 가지고 인제 보리를 갑니다.

- 봄에 갈아, 그러니까.

- 밭에도 갈고, 논에도 갈고, 다 가는데, 그 인제 그, 그 봄보리는 쌀보리가 또 있고, 주로 쌀보리라 그러는 것은 홰기가 적습니다.

- 요래 인제 껍질이 똥글똥글하게 나오고 인제 쌀보리도 하고 겉보리도 하고.

- 그래 인제 역시 가을보리도 역시 겉보리, 봄보리 합니다.

- 그래 똑같이 그것, 추, 추수하고, 그 다음에 응, 감자라고 그러는 것은 양력 한 삼월, 응, 그, 그것도 역시 마찬가지로, 사월 초승쯤 되면 인제 밭을 갈고, 골을 타고, 그 인제 이 거름을 넣고, 그래 가지고 요새는 비료

쪼꿈'시읍 꼬'레가 인제'으 그 감자'씰' 여'어 가'주고, 인제' 그, 그'느미 나'멍 가'짜' 가'주고, 그'래 갇'까, 감자'는 양'녀기 유:월' 초순', 치'럴 초'에 캠'니다, 그'거너.

— 캐'가'지 머'꼬.

— 버리'도 역'씨 유:월 참', 오월' 초'이, 유월' 음, 마'릴경 데'믄 이 팰', 다: 여, 다: 여'뭄니다.

— 그'래므 그으' 가'주쓰쪼에 인제' 비 가'주윤 추술' 하'고, 거러 인제' 거 콩'이라 그능 거'는 엔나'레는 어이, 요새'느 인제' 이 기'양 콩'을 고'마.

— 노'지로 가는' 데'두여, 노'지라 그'능 거 인저' 받 전'체 앙 꺼'또 안 하'고 콩'먼19) 가능' 게' 이'써요.

— 그게' 인제'윽 그'르코.

— 엔나'레는 버리:', 감잘', 으, 인제' 그 새'애 꼬'레다 그'리라20) 그'음상 인제' 그 콩'얼 시'머슴다.

— 소'를 메'아 호'끼루 수루 타'고, 또' 그'르음 사라'미 끌'꼬 함 타'고, 거' 여'어가주 은제'21) 그 콩', 으으흠, 머'로, 버리', 감자'를 추수'얼 한 디엔'는 그 거'랑'을 또' 탐'니다.

— 후'끼로 타'면 그그 콩'을 무'더 줌'다.

— 이'래이 야깐' 무채'머으 글티 사라'미 감' 호'무로 이자' 무쓰'니'다.

— 무'더 가'드 그 인제' 가'을게 추수하'꼬, 그'르코.

— 서:수'건 또' 인제', 서숭' 농사는 에:, 버리보'다 초:끔'22) 느께' 감'니다.

— 요즘' 가'아꺼이, 요즘' 아'이따, 오'월 한 금: 저'께 데'먼 그, 그거' 역'씨도 인제'으 그'리'라 그'꼬 인제' 그 감자받 새'에도 여'꼬 버리받 새'에도 여, 맹' 콩과 마차이래.

— 그'래으 그'리'라꺼 그 탕'을 여'어 가'주고 그으 가'을게즈 추수하'능 게'고, 그'래가 반농'사느인 주로 고'마요.

그'람 그'러가 여'기느 혹시 미른' 아 해'씀미까?

를 조금씩 그래서 인제 그 씨감자를 넣어 가지고, 인제 그, 그놈이 나면 가꿔 가지고, 그래 가꿔, 감자는 양력 유월 초순, 칠월 초에 캡니다, 그것은.

- 캐서 먹고.

- 보리도 역시 유월 참, 오월 초, 유월 음, 말일경 되면 이 패고, 다 여, 다 여뭅니다.

- 그러면 그것을 가지고 인제 베 가지고 추수를 하고, 그러고 인제 그 콩이라 그러는 것은 옛날에는 어, 요새는 이 그냥 콩을 그만.

- 노지로 가는 데도, 노지라 그러는 것은 인제 밭 전체에 아무것도 안 하고 콩만 가는 게 있어요.

- 그게 인제 그렇고.

- 옛날에는 보리, 감자를, 어, 인제 그 사이 골에다 "그리"라 그러면서 인제 그 콩을 심었습니다.

- 소에 매어서 극젱이로 쓱 타고, 또 그 다음에 사람이 끌고 한 번 타고, 거기 넣어서 인제 그 콩, 음, 뭐냐, 보리, 감자를 추수를 한 뒤에는 고랑을 또 탑니다.

- 극젱이로 타면 그 콩을 묻어 줍니다.

- 이래 약간 묻히면 그때 사람이 가면서 호미로 인제 묻습니다.

- 묻어 가지고 그 인제 가을에 추수하고, 그렇고.

- 조는 또 인제, 조 농사는 에, 보리보다 조금 늦게 갑니다.

- 요즘 갈 거야, 요즘 아니다, 오월 한 지금 정도 되면 그, 그것 역시도 인제 "그리"라고 그러고 인제 그 감자밭 사이에도 넣고 보리밭 사이에도 넣는, 역시 콩과 마찬가지야.

- 그렇게 "그리"라고 그 땅을 넣어 가지고 그 가을에 추수하는 것이고, 그래서 밭농사는 주로 그만요.

그러면 그래서 여기는 혹씨 밀은 안 했습니까?

― 여'어도 미를' 하'인, 옌나'레 해'써여, 점뇨.

― 요새'엔 밀: 아 함니다, 여'느.

― 예, 미리' 잘' 안 데', 또 요새'엔뇨.

아, 여이?

― 저으, 예.

― 이, 끄이, 기후'가 웨' 변도~'이23) 생'기니, 여'언 미른' 쪼:끔 정' 거치 안 데드'라꼬.

― 그'래거 미른' 드'무고.

주'로 그'검 머 볼, 버리'나 이'렁 검마 한'다, 그'지예?

― 예, 예.

― 고 욜 아'음메24) 인제' 땅콩' 거, 가'는 사'람도 망코'.

땅콩'은 머' 언'제 갈'르가 언'제 하'미까?

― 땅콩'은 구, 구, 코'게 인제' 양'녁 사'멀, 은, 삼'뭘 맹: 감자 시믈' 때 으, 글'때 함먹' 시뭄'니다25), 그'언.

― 그'언26) 시'머 노'으면 그'건느 인제' 가을'게 가서 근 다릉' 게 뎀므 쪼끔' 느 때'지.

― 으, 그, 그 땅콩'은 일'모작빼끼 모 함네더, 거'느.

― 곤' 땅콩바'텐 다릉' 거' 어이, 시가'니 업'써, 할 쌔'가 업'써.

― 곰' 미 땅콤'망 캐' 가주어 하고.

― 그 다'으메 인제' 므어 가을 떼'믕 그 빔: 바'테 머 저 채:'마도 가:'고', 배추'도 시므'고, 심:'꼬', 그 무꾸'도 갈:'고, 그 다'음 이여' 창깨도 함내.

― 창깨', 뜰'깨는27) 그'키 마이'느 아 함니다, 요새'에는.

― 자'기 머'글 만'침 해'찌만, 저'네느, 또' 며 태 저'네는 그 땅', 깨, 이, 즈, 친, 창깨'를 마이' 해'쓰임다.

― 웨구, 왜'냐, 창깨 깝'씨 비'싸 노'이께네, 다릉 가이'보다여28) 지, 장 머'기 수'이비 좀' 나따' 그'래어, 그 곰'머 점'부 바'테다 멘: 마지이를 땅꾹,

- 여기도 밀을 하긴, 옛날에 했어요, 조금이요.

- 요새는 밀 안 합니다, 여기는.

- 예, 밀이 잘 안 돼, 또 요새는요.

아, 여기?

- 저, 예.

- 이, 그, 기후가 왜 변동이 생겼는지, 여기는 밀은 조금 전 같이 안 되더라고.

- 그래서 밀은 드물고.

주로 그것 뭐 보, 보리나 이런 것만 한다, 그렇지요?

- 예, 예.

- 그 다음에 인제 땅콩을 가는, 가는 사람도 많고.

땅콩은 뭐 언제 갈아서 언제 합니까?

- 땅콩은 그, 그, 그게 인제 양력 삼월, 어, 삼월 역시 감자 심을 때 어, 그때 한 번에 심습니다.

- 그것은 심어 놓으면 그것은 인제 가을에 가서 그것은 다른 것에 대면 조금 늦게 되지.

- 어, 그, 그 땅콩은 일모작밖에 못 합니다, 그것은.

- 거기 땅콩 밭에는 다른 것 어, 시간이 없어, 할 여유가 없어.

- 그것 뭐 땅콩만 캐 가지고 하고.

- 그 다음에 인제 뭐 가을 되면 그 빈 밭에 뭐 저 채마도 갈고, 배추도 심고, 심고, 그 무도 갈고, 그 다음 여기 참깨도 합니다.

- 참깨, 들깨는 그렇게 많이는 안 합니다, 요새는.

- 자기 먹을 만큼 했지만, 전에는, 또 몇 해 전에는 그 참, 깨, 이, 저, 참, 참깨를 많이 했습니다.

- 왜, 왜냐, 참깨 값이 비싸 놓으니까, 다른 가격보다 작, 작목이 수입이 좀 낫다 그래서, 그 그만 전부 밭에다 몇 마지기를 땅, 깨 하는 사람도

깨' 하는 사'람도 마'는데이, 요새'드 그'른 사'람 맹: 이'써요, 하기는.

― 그'랜 너허, 반:농'산 주'로 그, 그'러쓰미다, 머.

그어'기 그'럼 아까 그어 거리'라능, 거리'라고 해'쓰미까, 사'이에 그거'
악, 어으, 가능 거?

― 예예, 예예.

그', 그어'게 그암멀 사알, 곡'식 사'이?

― 그'리, 그'리라 그능 거.

그리'?

― 그'리라 그능' 건' 요 인제' 이거, 감자'가 요래오래 심혀'이29) 요'올
이, 요'래 딕, 어, 그, 고:리'그더, 감자' 고'리거드, 요오요.

― 요 사'이가 쪼꼼' 비: 이쓰미'다.

― 여'길 요래: 그, 으, 탐니다.

― 스, 사러'미 끄'은 수뚜 꼬, 소'가 끄'음데, 그걸' 그리'이' 연'는다 그램
니'다.

― 그리' 연'는다 그'래.

아, 그리' 연'는데, 그'게 그'암 일쭝'에 사'이지끼다, 그'지예?

― 예.

어', 일'쭝에 다른 장'물 사'이에 이'래 파'는?

― 예', 예', 그 다른' 장'물 사'이에 시무'능 게 마'자여.

― 고'래가주 그'이 저'네 장'물 캐'내뭉30) 그걸' 또' 인제' 으으, 그루: 한
다 그'릉이.

― 또' 그'은데 또' 인쩨' 으, 탐니다.

― 그 캐:뜬' 데'를 요래: 콩' 시'머 노'꼬여 서숙' 시'머 나'떤 데'는 니 요
사'이에, 이그, 감자나 버리' 뜽 거 그' 베: 내' 쁘면 '고 짜'꾸거 나'끄더.

― 이, 꺼, 구, 고골' 또' 탐니다.

― 또' 타'요.

많았는데, 요새도 그런 사람이 역시 있어요, 하기는.

　― 그래 뭐, 밭농사는 주로 그, 그렇습니다, 뭐.

거기 그럼 아까 그 "그리"라는, "그리"라고 했습니까, 사이에 그거 어, 어, 가는 것을?

　― 예. 예.

그, 그게 그러면 사이, 곡식 사이?

　― "그리", "그리"라고 그러는 것.

"그리"?

　― "그리"라고 그러는 것은 요기 인제 이것, 감자가 요래 요래 심어져서 요기를 이, 요래 저, 어, 그, 골이거든, 감자 골이거든, 요기요.

　― 요 사이가 조금 비어 있습니다.

　― 여기를 요래 그, 어, 탑니다.

　― 사람, 사람이 끄는 수도 있고, 소가 끄는데, 그것을 "그리"를 넣는다고 그럽니다.

　― "그리"를 넣는다고 그래.

아, "그리"를 넣는데, 그게 그러면 일종의 사이짓기다, 그렇지요?

　― 예.

어, 일종에 다른 작물 사이에 이래 파종하는?

　― 예, 예, 그 다른 작물 사이에 심는 게 맞아요.

　― 그래서 그것 전에 작물을 캐내면 그것을 또 인제 어, "그리한다" 그럽니다.

　― 또 그런데 또 인제 어, 탑니다.

　― 그 캤던 데를 요래 콩 심어 놓고 조 심어 놨던 데는 이 요 사이에, 이것, 감자나 보리 같은 것 그 베어 내 버리면 거기 자국이 남거든.

　― 이, 그, 그, 그것을 또 탑니다.

　― 또 타요.

- 또' 타가지 이어, 이여, 이, 이'릉 걸르 타'면 니어 흙기 갈라짐다, 이'래 데'먼.

- 끄익, 이'래 뎀' 이'짝 타 과'면 그래으 콩' 뿌릴 무'더 주'기 데'요.

- 고'래 데'믄 덜: 무'첸³¹⁾ 데'는 사'라'임남 호'미러 끌'씀니데, 이램.

- 그'래 무'더 주'고.

- 그'르 콩' 뿌'리를 든드'이 하'는.

거'므 어르'싱 거'기에 그 우'리'가 끄 밭'또 밤매'기를 하'지야?

- 예:, 쁘, 아'이거, 밤배'기 하지'러요.

바'츤 어'떠여, 바'츤 어'떠케 맴'미까?

- 밤매'기느 인제' 여' 그 감자받'뜨, 버리받, 콩받, 밀받, 다: 맴'니다, 매'기는.

- 다: 매'이³²⁾ 다, 함번'씨그 다: 매'이 든뎁.

- 푸'리 조'으믄 그'느믈 뽀'바 조이' 데지으, 그'르미 너무' 조'아 뽐 곡'쓰까 거, 어울', 어울려' 뿌'래.

- 그'래 가주으 곡'써'기 지자'이³³⁾ 이'끼 때'므에 점'부 그'을 뽀'꼬 매정거, 그'르 또' 이'래 점'무³⁴⁾ 훌'터 주'고 그'래, 예헥, 응, 그 맴'니다, 어, 밤매'기릉 기 다: 함'니다.

놈매'기는 아까' 우리' 어'제 보통 두 번' 하'고, 피' 뽀'꼬 이'러케, 피 뽁, 옐, 그렬 피' 뽀금능 게 마지마'기라 아 해'씀미까?

- 예', 마지마'기그, 그럼 농'사 다: 지'꼬 인제' 추수한'다 그'르게.

그'른데 여기' 그암'면 밤매'기느, 바'튼 보통' 메 뻠 맴'미까?

- 바'천능 그, 그'게 대'종이 엄:니'더.

- 바'천³⁵⁾ 니금 믐, 매'기라'양 게 여'서 딸 응, 게:소케' 매'이 뎀'다.

- 이'으 감자밤³⁶⁾ 매'이 제'으, 감자밤 매'고 남 또 궁우 콩'밤 매'이 데지'러요

- 고 사'이에 감자' 캐: 무'꼬³⁷⁾ 남 콩' 구루 타 가정으 이래' 이여 콩'쪼'끔 조'으믕, 그'으'또³⁸⁾ 푸'리 좀 나'이 매' 조이 데지'러요.

- 또 타서 이, 이, 이, 이런 것으로 타면 이 흙이 갈라집니다, 이래 되면.

- 그, 이래 되면 이쪽 타고 가면 그래 콩 뿌리를 묻어 주게 되요.

- 그래 되면 덜 묻힌 데는 사람이 호미로 긁습니다, 이래.

- 그래 묻어 주고.

- 그래 콩 뿌리를 든든히 하는.

그러면 어르신 거기에 그 우리가 그 밭도 밭매기를 하지요?

- 예, 밭, 아이고, 밭매기 하지요.

밭은 어떻게, 밭은 어떻게 맵니까?

- 밭매기는 인제 여기 그 감자밭도, 보리밭, 콩밭, 밀밭, 다 맵니다, 매기는.

- 다 매야 돼, 한 번씩은 다 매야 되는데.

- 풀이 좋으면 그놈을 뽑아 줘야 되지, 그놈이 너무 좋아 버리면 곡식하고 그, 어울려, 어울려 버려.

- 그래 가지고 곡식이 지장이 있기 때문에 전부 그것을 뽑고 매고, 그리고 또 이래 전부 훑어 주고 그래, 예, 응, 그 맵니다, 어, 밭매기라는 게 다 합니다.

논매기는 아까 우리 어제 보통 두 번 하고, 피 뽑고 이렇게, 피 뽑고, 예, 그렇게 피 뽑는 게 마지막이라 안 했습니까?

- 예, 마지막이고, 그러면 농사 다 짓고 인제 추수한다고 그러지요.

그런데 여기 그러면은 밭매기는, 밭은 보통 몇 번 맵니까?

- 밭은 그, 그게 대중이 없습니다.

- 밭은 이것 뭐, 매는 게 여섯 달 응, 계속해서 매야 됩니다.

- 이 감자밭 매야 되고, 감자밭 매고 나면 또 그 콩밭 매야 되지요.

- 그 사이에 감자 캐 먹고 나면 콩 "그리" 타 가지고 이래 이 콩 조금 좋으면, 그것도 풀이 좀 나니 매 줘야 되지요.

― 또' 어, 서숙'빠또 쫌' 매 조'이 데'지르요.

― 그'은 머' 이, 여서 딸 도'안 쭉: 달램'니다, 그'응 업, 밤매'기라 그'능 거'너.

바'츨 머' 그'어 또 계속 뽀'어 내:고 또' 다릉 거' 시'미니까?

― 예, 예, 다릉' 거 시'므니까 그그'또 매' 조'이 데'그더.

― 그'어 또' 푸리 나'그등.

― 그'르이 여'서 딸 또'아늘, 일' 려네 농'사랑 겔' 주'로 중:요할' 때가 여'서 따리그더요.

― 여, 쩌 인자'39) 사'멀, 사'월, 오'월, 유'월, 치'럴, 파'럴까지그더요.

― 요 사'이 인제' 점'부은 장모'글 바까' 하'니까 고우여, 바'츤 게소켜 매' 조'이 데능 게'라.

― 노'는 응, 끄어, 그, 그 나'락빼게40) 안 하'니까 두불놈매'임므 해' 뿌오 피사'리해 뿡 고'마 단'데, 바'츤 여서 짤 또'아늘 그 이 종 꾸주:니' 다다 알, 거'이 다다'리 매는 수가 이, 이'써, 그건뇨.

아, 그염 머 하'이튼 대으다, 그지예?

― 예아.

밤매'기넌?

― 예, 밤매'기능 그래 함'니더.

― 이, 여서 딸 또'안 다, 또' 파'럴딸 데'먼 쩌어 김장밤' 매'그더, 또요.

― 어호, 무꾸받' 으흔, 으흐, 또' 머 파받', 또 그'르코 머: 배추받', 다 매'야 데'그더.

― 그'르이 꿍구주'니 달래', 밤매'기는녀.

그음'명 꺼:기' 급 부'고, 그거 이, 그거 받' 까'틍 경우'에 어, 끄, 곡'식 쁘어, 뿌리 나응 그, 그어'른 머 야깐' 두툼한' 그걸' 부'기라 함'미까?

망:, 망: 진는'다어고 핸'는데, 망: 만든'는능 거 아임미'까, 그'기?

― 골: 탄'다 그래, 골: 탄'다고.

– 또 어, 조밭도 좀 매 줘야 되지요.

– 그것은 뭐 이, 여섯 달 동안 쭉 매달립니다, 그런 것, 밭매기라 그러는 것은.

밭을 뭐 그 또 계속 뽑아내고 또 다른 것을 심으니까?

– 예, 예, 다른 것을 심으니까 그것도 매 줘야 되거든.

– 거기에 또 풀이 나거든.

– 그러니 여섯 달 동안을, 일 년에 농사란 게 주로 중요할 때가 여섯 달이거든요.

– 여, 저 이제 삼월, 사월, 오월, 유월, 칠월, 팔월까지거든요.

– 요 사이 인제 전부 작목을 바꿔 하니까 그, 밭은 계속해 매 줘야 되는 거야.

– 논은 응, 그, 그, 그 나락밖에 안 하니까 두벌논매기 해 버리고 피사리해 버리면 그만 다인데, 밭은 여섯 달 동안을 그 이 좀 꾸준히 다달이, 거의 다달이 매는 수가 있어, 있어, 그것은요.

아, 그럼 뭐 하여튼 힘들다, 그렇지요?

– 예.

밭매기는?

– 예, 밭매기는 그래 합니다.

– 이, 여섯 달 동안 다, 또 팔월이 되면 저 김장밭 매거든, 또요.

– 어, 무밭 어, 어, 또 뭐 파밭, 또 그렇고 뭐 배추밭, 다 매야 되거든.

– 그러니 꾸준히 매달려, 밭매기는요.

그러면 거기 그 북, 그것 이, 그것 밭 같은 경우에 어, 그, 곡식 뿌, 뿌려 놓은 그, 그런 뭐 약간 두툼한 그것을 북이라고 합니까?

망, 망 짓는다고 했는데, 망 만드는 것 아닙니까, 그것이?

– 골 탄다고 그래, 골 탄다고.

골: 타′고?

- 응어, 망응, 고럴′ 타면 망:에′.

- 고럴′ 타면 망:이 나와.

- 이끼 이래 스르룰 타면, 스루우 타면 여′게는 응, 어, 우, 꾸워, 사래′미, 소가 몰:고 나′거 사람′미 후′낀 나′강 기, 이′건누 고:리′ 데′고, 여′페 흘′러′머 간 데′는 망:이 데′여, 망:이′.

- 망′이′ 데′공, 그래, 그 망:이′라 그′능 거′느.

그엄′며느 그 망:′ 기틍 으인제′, 그′른데 그거′ 무 고추′나, 고추바′치나 이′렁 거 시′머 노′으며너 이래 흐′글 이′러케 쫌′ 해글?

- 부′끌 조′엔, 부′끌 디응.

부′글, 북′ 도둔′다 하′지예, 그걸′?

- 그′러치, 북′ 도둔′다.

- 그 흘′글 끄러므′아 준′ 수도 이′꼬 부′글 도′둬.

- 요새′느 주로 인제′ 또 비니′룰41) 씨′아 뿌′이겐 마′리야, 옌나′렝 그랭데 요새′늠 비니′룰 씨′어 너먼 그 으, 북′ 쫑: 건 업써′.

- 거 구′마 비니′룰 씨′아 가주 이래 해′ 나 뿌′이 푸′리 안 올′로 오′이께네 그 소′게서 고′마 이래 데′고, 옌나′렌 그 비누′루가 세′우지 앙′고 할′ 때′는 점부 이′래 부′껄 조 가′주 풀′또 뽀′꼬 이′래 나가암 삭 끄러마′아꼬에우 그′래 조따′꼬, 그렁어′이.

- 요샌′ 그 꼬치, 끄러모′능 건′ 업써′, 지에 비니′룰 씨′아 뿌′이께네.

일딴 시′아 나′아니까 ***42)?

- 예아.

제, 그러′니까 요즘′ 비닐′ 하′고 나′스너 그검 머야, 드′러, 풀′ 뽐′능 거′ 또 마닡 이리′ 더′러께따, 그′지예?

- 그′르치, 마이′ 더′러찌.

- 이, 이럴′, 일름, 꼬추박′43) 꺼′틍 거, 그′ 비니′를 씨′우먼 농′사 지은

골 타고?

– 응, 망, 골을 타면 망에.

– 골을 타면 망이 나와.

– 이게 이래 스르르 타면, 스르르 타면 여기에는 응, 어, 어, 그, 사람이, 소가 몰고 나가고 사람이 극쟁이로 나간 게, 이것은 골이 되고, 옆에 흙이 넘어 간 데는 망이 돼요, 망이.

– 망이 되고, 그래, 그 망이라고 그러는 것은.

그러면은 그 망 같은 인제, 그런데 그것 뭐 고추나, 고추밭이나 이런 것 심어 놓으면은 이래 흙을 이렇게 좀 해야?

– 북을 줘야, 북을 돋우어야.

북을, 북 돋운다고 하지요, 그것을?

– 그렇지, 북 돋운다.

– 그 흙을 끌어 모아 주는 수도 있고 북을 돋워.

– 요새는 주로 인제 또 비닐을 씌워 버리니까 말이야, 옛날에는 그랬는데 요새는 비닐을 씌워 놓으면 그 어, 북 주는 것은 없어.

– 거기 그만 비닐을 씌워 가지고 이래 해 놓아 버려서 풀이 안 올라오니까 그 속에서 그만 이래 되고, 옛날에는 그 비닐을 세우지 않고 할 때는 전부 이래 북을 줘 가지고 풀도 뽑고 이래 나가면서 삭 끌어 모아서 그래 줬다고, 그렇게.

– 요새는 그 고추, 끌어 모으는 것은 없어, 저 비닐을 씌워 버리니까.

일단 씌워 놓으니까 ***?

– 예.

저, 그러니까 요즘 비닐로 하고 나서는 그것 뭐야, 더러, 풀 뽑는 것도 많이 일이 덜었겠다, 그렇지요?

– 그렇지, 많이 덜었지.

– 이, 일을, 일, 고추밭 같은 것, 그 비닐을 씌우면 농사짓는 데 반일을

데 바니'를 해' 뿌능 게'라.

— 머' 잉, 어, 푸를 구'거 인제' 추수할' 때'꺼진44) 은, 으, 푸럴 매'지 아'
느이께네, 매진' 안' 하니 구'마 수'황마45) 해' 뿌고 에, 비니'루 뻬'끼46) 뿜
또' 농'사 다: 지'이 뿌이겐.

— 그'르이 옌나'레는 농'사진는 사'럼드리 더 바쁘'고 더' 머' 이거', 이그,
이' 애럴' 마이 머'찌, 머'.

— 그'르이 순' 근 소'느로 하'이께네47), 일'려그로, 노'동녀그로, 그'래 해'
찌먼 요샌'느 기'게가 또' 나'와 가'저요 쭈, 이진, 참: 조:치.

— 농'사가 머' 크'래 가주'고 농'사진는 사'럼드리 이'럴 마이 더'러 가조
이 찌, 저'네 농'사지떤 사'람 대' 마이 편하'다꾸, 요샌'.

그 다'으메 그'어 쩌'기 겁 바'아, 바'꼴 타'능 거는 농'꼴 타'능 거랑 비슫
함'미까, 어'떠씀미까?

— 노'는 골: 타'능 게 이꺼, 가'능 게, 바'꼬른 으응, 으응, 노'네능 골: 타'
능 게 업:써'48).

— 욱, 골: 타'능 게 그 어:꼬, 바'꼴 타지, 주로.

에, 바'꼴 타카?

— 어, 거'을, 그'르지여, 바'꼬를 타지.

그, 그'엄 머우 그'음며 농' 가'능 거하고 박 가'능 거는?

— 농' 가'능 거하코, 노'는 가능' 거'는 간다 거, 바'또 가'능 거'느 간:다
그거.

— 바'츤 다: 가'능 거'느 이래 바'츨르 점'부 다: 두베'49) 가'능 게'러.

— 요'리 두베'그 요'리르, 요리, 요'거'능 간:다 그리고, 이'래 드문'드문'
사'이를 이, 이'걸' 등'얼 뚜고 으, 어우, 어, 골: 탄다 그'능 건 여'기에, 이,
여'게으 고:리 데' 뿌이께느 골: 탄다 그렁 게'러.

골: 탄다 그'러제?

— 음, 그'르체.

해 버리는 거야.

― 뭐 이, 어, 풀을 그것 인제 추수할 때까지는 어, 어, 풀을 매지 않으니까, 매지는 안 하니 그만 수확만 해 버리고 어, 비닐을 벗겨 버리면 또 농사 다 지어 버리니까.

― 그러니 옛날에는 농사짓는 사람들이 더 바쁘고 더 뭐 이것, 이것, 이 애를 많이 먹었지, 뭐.

― 그러니 순 그것은 손으로 하니까, 인력으로, 노동력으로, 그래 했지만 요새는 기계가 또 나와 가지고 저, 저, 참 좋지.

― 농사가 뭐 그래 가지고 농사짓는 사람들이 일을 많이 덜어 가지고 저, 전에 농사짓던 사람에 대면 많이 편하다고, 요새는.

그 다음에 그 저기 그 밭, 밭골 타는 것은 논골 타는 것이랑 비슷합니까, 어떻습니까?

― 논은 골 타는 게 아니고, 가는 것이고, 밭골은 응, 응, 논에는 골 타는 게 없어.

― 없고, 골 타는 게 그 없고, 밭골 타지, 주로.

예, 밭골 타서?

― 어, 그래, 그렇지요, 밭골을 타지.

그, 그러면 뭐 그러면 논 가는 것하고 밭 가는 것은?

― 논을 가는 것하고, 논은 가는 것은 간다고 그리고, 밭도 가는 것은 간다고 그리고.

― 밭은 다 가는 것은 이래 밭을 전부 다 뒤집어 가는 거야.

― 요리 뒤집고 요리, 요리, 요것은 간다고 그리고, 이래 드문드문 사이를 이, 이것을 등을 두고 어, 어, 어, 골 탄다 그러는 것은 여기에, 이, 여기에 골이 돼 버리니까 골 탄다 그러는 거야.

골 탄다 그러지요?

― 음, 그렇지.

- 갸:능′ 거:는 싹: 다 갸:능′ 걸 가주 그 간더.

가러 어′퍼 버리능 거, 그찌예?

- 거즉, 가라 어′퍼 뿐다 그르그.

그′러잉꺼 그 차′이가 이′따, 그′지예?

- 옝, 그르치.

엉:, 그럼′며너 그억 인지 그 다′으메 보리발′끼를 하′지예?

- 버′리발끼[50] 하′지유, 버′리발.

여′기 쯤 예저′네 마니′ 해′씀미까?

- 엔날′레는 응, 귀게′ 여새′ 인제 저 머′로르에, 으에에, 버리′, 입, 버리′를 요샌′ 쫌′ 저끼′ 해′.

- 허′이[51] 이 지′방으로는 버리′ 가능′ 게′ 별′로 업′따그, 이진[52] 말.

- 혹: 떠′러 이′쩌만, 엔나′렌능 이모′자그로[53] 거′이 버리를 다 가라꼬, 노′네도 바′테도.

- 나가지언 학′생들또 동원하′고 버릴′ 발바따이께네.

- 양녁 시′비월 이, 이′뤌, 이월′, 으이, 이′럴 이, 시′비월 이리, 이′럴, 고 사′이래어.

- 곧′ 두 달 사′이예 그그업 버리′ 이으, 가을버′릴르꺼 가′릉 게 버리발릉 께라.

- 응, 봄′뽀린능 그′은 머 음녀, 어지′ 아′느이께네.

- 가을버′리 가러 나′떵 거늠 올′로 완′데이 이′느미 야깐′ 투, 소께 뿐다꼬

- 소께′능[54] 걸′ 라′두먼 어′러가주 뿌리거 주′거 뿌기 때′므레 이거 무체′라꼬 발바 주능 게라.

- 결과′저그로 어′쩨 무체′라꼬 밤능′ 게′나 마차′이래.

- 끄′으, 그래 해따′꼬.

- 밀루′[55] 에, 밀′또 발바 조이′ 데′, 맹′ 므엉.

- 웅′으, 끄, 갈:미′런[56].

- 가는 것은 싹 다 가는 것을 가지고 그 간다고.

갈아엎어 버리는 것을, 그렇지요?

- 그렇지, 갈아엎어 버린다고 그러거든.

그러니까 그 차이가 있다, 그렇지요?

- 예, 그렇지.

어, 그러면은 그 인제 그 다음에 보리밟기를 하지요?

- 보리밟기 하지요, 보리밟기.

여기 좀 예전에 많이 했습니까?

- 옛날에는 응, 그게 요새 인제 저 뭐냐, 어, 보리, 어, 보리를 요새는 좀 적게 해.

- 거의 이 지방에서는 보리 가는 게 별로 없다고, 이제는 말이야.

- 혹 더러 있지만, 옛날에는 이모작으로 거의 보리를 다 갈았고, 논에도 밭에도.

- 나가지요, 학생들도 동원하고 보리를 밟았다니까.

- 양력 십이월 이, 일월, 이월, 어, 일월 이, 십이월 이, 일월, 그 사이에요.

- 그 두 달 사이에 그것 보리 이, 가을보리를 가는 게 보리밟기라는 거야.

- 응, 봄보리는 그것은 뭐 음, 얼지 않으니까.

- 가을보리 갈아 놨던 것은 올라 왔는데 이놈이 약간 저, 솟아 버린다고

- 솟은 것을 놔두면 얼어서 뿌리가 죽어 버리기 때문에 이것이 묻히라고 밟아 주는 거야.

- 결과적으로 어찌 묻히라고 밟는 것이나 마찬가지야.

- 그, 그래 했다고.

- 밀을, 밀도 밟아 줘야 돼, 역시 뭐.

- 응, 그, 가을밀은.

그 겷'과저그로 어, 겨'울 라헤, 겨'울 라'게 데'며느 해동하'음면서 보리'가 뜬'다, 그'지예, 뿌리가?

— 그르치, 여으, 뿌얼, 뜨에, 따잉 어러가주 붕: 떠 뿌이께네 그, 그 뿌'리일 죽, 죽찌' 마라'꼬 발바 주능 게'러이.

— 겷'과저우러 동해' 방지래, 그'게.

극, 그으:, 그'때 바리'바어, 보리발끼할' 때' 이'를 때 멀 노'래 불릉 거'나 이'렁 거또 이쏨미'까, 앙 그'응, 앙 그'럼므 그'냥 머 발:꼬 치'움미까?

— 아이지, 그게'엡 발릉' 게' 임 마'알찐, 노래하고 머' 으, 그릉 건느 어:꼬', 혹' 학'상드리 동원뎀'머 으'쌰으'쌰 그믄상 인제' 서로' 에'낄57) 자'꼬, 이'래 발바 가'음상 인저' 우'쌰우'쌰 금' 뎅기능 거'느 이'써스엑.

— 그른 네느' 이'써도, 근느 하떼 일바닌드름 머 윽, 기'양 므음, 기'양 잡땀해' 가'므상 마'리야, 이'래 즈, 주'꿈58) 주꿈 발'바꼬.

— 그 엔나'레 인제' 그 머' 학쌩'드, 중고'드, 초고에, 초'등하, 학쌩'므이, 중우, 중고등학쌩'더 음, 마'아 가주 발'블 땐'는 서로' 인제' 예, 겨, 이, 에'낄 리끼, 이'래 지, 자'봄상 이래 이래 발바고, 우이'쌰우샤 금 발반쩨.

— 끌'른 네'느 이'써쑤.

호, 혹씨' 그거', 그: 밀서'리너 콩서'리나 이'렁 거 에음, 머 해?

— 해'찌, 그르체.

예저'네 해: 봐쏨'미까?

— 음, 마'자이.

어'트케 하'은지 하음머?

— 에, 아이'래, 콩쓰'리 아이르어.

— 밀사'리, 밀사'리, 버리사'리, 콩사'리, 사'리라 그'으따, 우리'.

— 사'리, 밀사'리라 그능 언59), 콩사'리.

— 그래' 인제' 에잉, 그게' 버리'가 인제' 이 여'무러 가'주, 밀', 버리' 또 까치 여'무거덩.

그 결과적으로 어, 겨울 나게, 겨울 나게 되면은 해동하면서 보리가 뜬다, 그렇지요, 뿌리가?

— 그렇지, 여기, 뿌리가 떠서, 땅이 얼어서 붕 떠버리니까 그, 그 뿌리가 죽, 죽지 마라고 밟아 주는 거야.

— 결과적으로 동해 방지야, 그게.

그, 그, 그때 보리밟기, 보리밟기할 때 이럴 때 뭐 노래 부른 것이나 이런 것도 있습니까, 안 그럼, 안 그러면은 그냥 뭐 밟고 치웁니까?

— 아니지, 그게 밟는 게 이 말이지, 노래하고 뭐 어, 그런 것은 없고, 혹 학생들이 동원되면 으쌰으쌰 그러면서 인제 서로 어깨를 잡고, 이래 밟아 가면서 인제 우쌰우쌰 그러면서 다니는 것은 있었어.

— 그런 예는 있어도, 그런데 하여간 일반인들은 뭐 어, 그냥 뭐, 그냥 잡담해 가면서 말이야, 이래 저, 조금 조금 밟았고.

— 그 옛날에 인제 그 뭐 학생들, 중고등, 초등, 초등학, 학생들, 중, 중고등학생들 음, 모아 가지고 밟을 때는 서로 인제 어, 그, 이, 어깨를 이렇게, 이래 저, 잡으면서 이래 이래 밟았고, 우쌰우쌰 그러면서 밟았지.

— 그런 예는 있었어.

혹, 혹시 그것, 그 밀서리나 콩서리나 이런 것 어, 뭐 해?

— 했지, 그렇지요.

예전에 해 봤습니까?

— 음, 맞아요.

어떻게 하는지 한번?

— 어, 아니야, 콩서리가 아니야.

— 밀서리, 밀서리, 보리서리, 콩서리, 서리라고 그랬다, 우리는.

— 서리, 밀서리 그러는 것은, 콩서리.

— 그래 인제 어, 그게 보리가 인제 이 여물어 가지고, 밀, 보리가 똑같이 여물거든.

— 이래: 나오'믕 그'능얼 뽀바' 가주우 마'리야 이래 이그, 이, 저, 언니, 낭글60) 이, 잉, 그, 보드란' 낭글 리리 쭈어, 갈비 거'틍 머 나무 뿍'떼이61) 거'틍 거', 나무입' 꺼'틍 얼 주마' 가주어 부럴' 찔'르 롬'머 그 인제' 이래 소'누르 부'울, 래 돌래 감'스암 이, 이쿠'먼 이'피, 그 싹헤, 이 그 쉠:미가62) 타' 뿌고, 시커머'짐 이'랩 비'베 가주고 이'래 이'베 터'르 여'코 머'꼬.

— 또 콩사'리라 그'능 거'는 그 맹 마차'이래63).

— 콩'이 다' 이'거쓸 찌', 누룸해'쓸 쯔'게 뽀'바 가주고 또 쿠아 웁, 불럴' 질'러 가주우 거다' 인제' 이'래 자끄 두베'머 이켄'다꿍.

— 그염' 코~'64) 인지' 시커머끼' 이 시커머꿰' 에익, 끄'러 가주구 그래 뎀 으, 그'넘 인제' 어, 꺼, 엘, 까머'거, 끈, 응, 콩사'리 한'다, 그 저네.

— 그'래 뎀 이제' 밀싸'리, 콩사'리 함' 이'베, 나'치 막: 시커며'치, 믁, 끄:러'미 무'더 가주.

— 그'래두 그에' 마'신는 재미'러 마'래어.

— 요새'능 그 머'라 거'드 자 람' 머'으께르.

— 그 리 옌나'레 그 배'가 고'파 그래끄덩.

— 아이', 그'케, 머낀' 머'어더, 옌나'렌능 그게' 겐'자이65) 심해'끄더.

먹'으 께 업쓰'니까 그지에?

— 아함, 머'글 께 귀해' 가주이, 요새'느 끄 머, 쩌, 이, 여, 응, 학생 아드려 콩사'리 하'능 거 좀:처럼 어엠 마'스로 그 어'데억 학, 함번 하'능 건' 바도 옌날' 거'치 그'키 심하'지은 안는'따꺼, 요샌'.

— 이 배'가 부르'이께네 마'리여.

그업 콩사'리나 머: 그거, 콩사'리나 밀사'리나 이'렁 거 하'며너 검: 쯤' 낭'어 집 꺼 하'며는 머'라 아 함'미까?

— 머'라 커'제이씨.

— 주이'니 보'먼 주께'지66).

— 웨: 나'모, 고, 코, 콩사'릴 입데, 꼬, 콩'을 꺼' 카노 그'래지마느 근 장

‒ 이래 나오면 그놈을 뽑아 가지고 말이야 이래 이것, 이, 저, 어, 나무를 이, 이, 그 보드라운 나무를 이래 주워, 솔가리 같은 뭐 나무 북데기 같은 것, 나뭇잎 같은 것 주워 가지고 불을 질러 놓으면 그 인제 이래 손으로 불, 이래 돌려 가면서, 이 익히면 잎이, 그 싹, 이 그 수염이 타 버리고, 시커멓게 되면 이래 비벼 가지고 이래 입에 털어 넣고 먹고.

‒ 또 콩서리라 그러는 것은 그것 역시 마찬가지야.

‒ 콩이 다 익었을 적에, 누렇게 됐을 적에 뽑아 가지고 또 콩 어, 불을 질러 가지고 거기에 인제 이래 자꾸 뒤집으며 익힌다고.

‒ 그러면 콩이 인제 시커멓게 이 시커멓게 이, 그을어 가지고 그래 되면 어, 그놈을 인제 어, 그, 어, 까먹어, 그, 응, 콩서리 한다, 그 전에.

‒ 그래 되면 이제 밀서리, 콩서리 하면 입에, 낯이 막 시커멓지, 뭐, 그 을음이 묻어 가지고.

‒ 그래도 그게 맛있는 재미로 말이야.

‒ 요새는 그것을 먹으라고 그것도 잘 안 먹을 거야.

‒ 그 이 옛날에 그 배가 고파서 그랬거든.

‒ 아니, 그러게, 먹기는 먹어도, 옛날에는 그게 굉장히 심했거든.

먹을 게 없으니까 그렇지요?

‒ 어, 먹을 것이 귀해 가지고, 요새는 그 뭐, 저, 이, 여, 응, 학생 아이들이 콩서리 하는 것을 좀처럼 어찌 맛으로 그 어디 한, 한 번 하는 것은 봐도 옛날 같이 그렇게 심하지는 않다고, 요새는.

‒ 이 배가 부르니까 말이야.

그 콩서리나 뭐 그것, 콩서리나 밀서리나 이런 것 하면은 그 좀 남의 집 것 하면은 뭐라 안 합니까?

‒ 뭐라고 하지요.

‒ 주인이 보면 뭐라 말하지.

‒ 왜 남의, 콩, 콩, 콩서리 이, 콩, 콩을 꺾고 그러냐고 그러지만은 그것

나'느롤 쳐 주'고, 글'때는.

— 또 모'두가 이해'를 해따'꿔.

그'언데 그 인제'억 예정' 가'트며 그 어'째뜬 거'름 부부'네스 쪼곰 이해'
느 해' 주따, 그'지예?

— 잉, 그, 그'러체여, 여이, 쩌, 이, 찌, 쩜 마여이 에음, 머타' 꺼'트머 야
단'너언능, 야다'안데, 또' 그 밤'며'네 머'그라 그'능 게 어'이, 항 가지 인제
엔나'렌능 일 수박서'리[67], 위서'리라 그'능 게 이써따꼬.

— 흐른'데 인제' 위:[68] 따무'으러[69] 나'무 바'테 마리아, 이 차'멘 시'머 노'
머여, 누:런 차'메 마리아, 끄어'기 결과'저그론 은, 위럴' 훔'체러[70] 가능 게라.

— 바'메, 초저녀'게 설근'설근' 나'무이, 주이'넌, 이 여'어능 그 마'클 윈
드마'기라 근'다꼬.

— 윈드마'게[71] 주'이니 잔'다꾸, 그'어서.

— 저'으 수박하'꾸 시'머 노코느.

— 그래'므 거 인제' 저:쭘' 수박빠'치며'이 여'으성 우리' 인제' 칭'구들끼
리, 무 두리믄 서일, 서이 나아 가즈엉 수박' 따므'어러 가자', 차메' 따므'어
러 가자, 그이[72] 결과저'그로 음, 훔'쳐 멍능' 게리, 그거'넌.

— 그래 가주' 인제' 살짝' 기이'드가 가주고 그'너멀 이이, 이'런 쓰봉'
을[73] 번다'꼬.

— 쓰봉'을 버'더 거'드이 여'어를 메' 뿌고 여다' 따' 연'다구.

— 그래' 여 찌, 쓰봉, 빤'쓰만 이'꼬, 여다' 여'가주 인제' 이'래 쩨 일, 찌,
찌, 질'멀찌구 라온' 수도 이'꼬, 또 이래' 머 들'고 나온' 수도 이'꼬, 그은
머 때'에 따라 다름 응게고.

— 수, 수, 수박' 꺼'틍 언 또 걱, 그느 이, 엽, 굴:거 노'이껨 항' 개배끼
모 까즈온다꼬.

— 응, 그른 네'도 그, 그게' 재미'이따꼬, 그'래다 노'으머 인제' 예를' 뜨'
러 가주우 다들레[74] 노'으멈 마'려이, 주이'니 요놈들: 커'우 웨 인 나'무

은 장난으로 쳐 주고, 그때는.

　－ 또 모두가 이해를 했다고.

　그런데 그 인제 예전 같으면 그 어쨌든 그런 부분에서 조금 이해는 해 줬다, 그렇지요?

　－ 이, 그, 그렇지요, 이, 저, 이, 저, 좀 많이 어, 무엇할 것 같으면 야단은, 야단인데, 또 그 반면에 뭐라 그러는 게 어, 한 가지 인제 옛날에는 이 수박서리, 참외서리 그런 게 있었다고.

　－ 그런데 인제 참외 따먹으러 남의 밭에 말이야, 이 참외 심어 놓으면, 누런 참외 말이야, 그게 결과적으로는 어, 참외를 훔치러 가는 거야.

　－ 밤에, 초저녁에 슬금슬금 남의, 주인은, 이 여기는 그 막을 원두막이라 그런다고.

　－ 원두막에 주인이 잔다고, 거기에서.

　－ 저기 수박하고 심어 놓고는.

　－ 그러면 그 인제 저쯤이 수박밭이면 여기에서 우리 인제 친구들끼리, 뭐 둘이면 셋, 셋이 나와 가지고 수박 따먹으러 가자, 참외 따먹으러 가자, 그게 결과적으로 음, 훔쳐 먹는 거야, 그것은.

　－ 그래 가지고 인제 살짝 기어들어가 가지고 그놈을 이, 이런 바지를 벗는다고.

　－ 바지를 벗어 가지고 여기를 매어 버리고 여기에다 따 넣는다고.

　－ 그래 여기 저, 바지, 팬티만 입고, 여기에다 넣어서 인제 이래 저 이, 저, 저, 짊어지고 나오는 수도 있고, 또 이래 뭐 들고 나오는 수도 있고, 그것은 뭐 때에 따라 다른 것이고.

　－ 수, 수, 수박 같은 것은 또 그, 그것은 이, 어, 굵어 놓으니까 한 개밖에 못 가져온다고.

　－ 어, 그런 예도 그, 그게 재미있다고, 그래 놓으면 인제 예를 들어 가지고 들켜 놓으면 말이야, 주인이 요놈들 거기 왜 이 남의 참외를 왜 따느

웨'를 웨' 따노, 수바'글 웨 따'너, 그 핵뜩75) 다리'에 내'려오노, 드툼'드툼'
내'려온다구, 그'램 여'어 이'씁니다, 커'면 수바'글 내던'지고 항열, 항'게 나
온'다꾸, 디에', 제르 띠에' 싸'렁구, 놀'래내라꾸76), 쭈이러.

- 헝, 그', 그'른 네'도 이'써따이께러이.

- 꾸거, 이 그, 그걸' 장나'니공.

꾸언데 어'째뜬 예저'네느 그'릉 게 쫌' 이'써따, 그'지예?

- 이, 이'서껌, 이' 짜네, 마네'써, 글'떠느이, 엔나른.

그'아므 이 동네'에 그얼 차'머나 그업: 수박' 끼틍 걸 재배하'기도 핸'네예,**77)?

- 어어, 더'러 해'째이.

- 어이, 더'러 해'써.

- 마이'넘 안' 해도 인제' 어에, 드문'드문' 상꼬레 인제' 여로 마거 저짝'
꼴, 이짝' 고레' 인제' 메 찝'슥 해'싸.

- 한' 동네' 한 대여'서 찝'씩 해'따꾸.

어르'신 그럼'며느 혹씨' 예저'넬 닥서'리나 이'렁 거는, 닥사'리나 이'렁
건 아 해줟?

- 아익, 어, 어, 일, 쯔, 쯔, 처기 닽뚜78) 자'암머으경.

- 거 인뜨.

그'렁 꺼'또 해'쓰미?

- 닽도 일, 닽두 자아머'어.

- 어떤' 니'리거, 닽두 자'아믕79) 게 인제' 그'게 맹' 배'가 고프'이 그'릉
게'라.

- 저녀'그로 인저'80) 으이, 이래 모에' 노다' 보'믄, 요샌' 인제' 머 점'부 직
짜'아81) 나가'고 점부 그리음 바쁘'이 그치므, 엔나'릉 벨' 직'짱도 어꼬 주로
인데' 농겅' 사회'느잉, 농사지꼬 사는' 사'럼더느 무 갈' 떼'가 어꼬'등, 마카' 한'
동네' 여 모'도 모에' 사이'께네 오'느름 머' 첨방'앰82) 머, 음, 모엔'다든지, 그
르이으 기'여레 추울 땐 누' 집' 사랑에 모'인다든지, 흐레 모에' 노다' 보'멈

냐, 수박을 왜 따느냐, 그 히뜩 사다리를 내려와, 주춤주춤 내려온다고, 그러면 여기 있습니다, 하면서 수박을 내던지고 밖, 밖에 나온다고, 뒤에, 제일 뒤에 사람이, 놀리느라고, 주인을.

　－ 응, 그, 그런 예도 있었다니까.

　－ 그것, 이 그, 그것은 장난이고.

그런데 어쨌든 예전에는 그런 게 좀 있었다, 그렇지요?

　－ 있, 있었고, 있지 않아, 많았어, 그때는, 옛날에는.

그러면 이 동네에 그 참외나 그 수박 같은 것을 재배하기도 했네요,**?

　－ 어, 더러 했지.

　－ 어, 더러 했어.

　－ 많이는 안 해도 인제 어, 드문드문 산골에 인제 여기 말고 저쪽 골, 이쪽 골에 인제 몇 집씩 했어.

　－ 한 동네에서 한 대여섯 집씩 했다고.

어르신 그러면은 혹시 예전에 닭서리나 이런 것은, 닭서리나 이런 것은 안 하셨습니까?

　－ 아, 어, 어, 이, 저, 저, 저기 닭도 잡아먹어.

　－ 그 인제.

그런 것도 했습니까?

　－ 닭도 이, 닭도 잡아먹어.

　－ 어떤 일이냐, 닭도 잡아먹은 게 인제 그게 역시 배가 고프니 그런 것이야.

　－ 저녁으로 인제 어, 이래 모여 놀다 보면, 요새는 인제 뭐 전부 직장에 나가고 전부 그리고 바빠서 그렇지만, 옛날에는 별 직장도 없고 주로 이런데 농경 사회는, 농사짓고 사는 사람들은 뭐 갈 데가 없거든, 모두 한 동네 여기 모두 모여 사니까 오늘은 뭐 냇둑에 뭐, 음, 모인다든지, 그리고 겨울에 추울 때는 누구 집 사랑에 모인다든지, 그래 모여 놀다 보면

설:툴함벼83) 누 집 디, 달' 짜아무러 가자, 그르 인제' 으, 크'래 카주고 메
치 가쓰 은제' 닭거 한'두 마'리 짜바 가'주 와서, 그어 먹따' 그에 다들렌'
또' 야단남'니다.

　－ 거 엉'겨 달'깜84) 무'르준 수'두 이'써, 잠타머.

　－ 엉, 거, 우움, 모, 주'이니 달라' 검' 조이' 데'지 우'엔노 말다.

　－ 그'려 무'러달:라 근, 즌, 사'럼더 저:꼬, 또 메, 으에, 또 그은 고'마 장
나'느로 쳐' 뿌고, 그래 가주우 하으, 으에아, 한' 동네 사럼'드리이께네 구
체'도 어꼬', 기'양 너'머가저이.

　－ 야다'녀 치지'.

그러치예?

　－ 응, 야단'치유 너머어우85).

　－ 고다'으메 그'릏 게 마내'찌.

　－ 마내'썩.

　－ 또' 그러'코 인제' 저: 머'로, 집상총 거'튼 데'는, 우리' 동네뿐 아'이래
야:문 데'을더 거 머, 그 집'썽엄, 무섬 머 박까든찌 깅가'든지 머' 유가'든
지, 유'씨든지 하'응, 그 동네' 집'썽초니 이끄'드.

　－ 끄'은 데, 마이' 모'에 산 데'늠 사'웨라꼬 와', 장갸움 사럼' 인제' 우리'
일'가 딸뜰'한데 장애, 그 손'니미 옴'므 새'소니러86) 그'래, 그 사럼.

　－ 사으, 새'소니래.

　－ 거'게 모에'먼87) 이, 인제' 으, 사'웨드리 으, 오'먼 거'어 가'서 은녀 사'
웰 데'루 장난뜽녀, 압체가주 인제.

　－ 거, 이거 떠 인88) 달또 자아머거.

　－ 사'웨럴 압소'워 가주고.

　－ 거:, 이, 저, 드, 장'나니라.

　－ 그래데엔네 그 지'베 가'서믕, 그 지'비선 위 달기 왱: 게로 그먼 어어
이, 그, 사'아가 자'보와따, 크런 장난초'루, 그래 가주우 가'치 그'결 꼬'아

출출하면 누구 집 닭, 닭 잡아먹으러 가자, 그래 인제 어, 그래 가지고 몇이 가서 인제 닭을 한두 마리 잡아 가지고 와서 그것을 먹다가 그 들키면 또 야단납니다.

－ 그 어디 닭의 값을 물어주는 수도 있어, 잘못하면.

－ 응, 그, 어, 뭐, 주인이 달라고 그러면 줘야 되지 어찌 하겠냐는 말이야.

－ 그래 물어달라고 그러는, 저, 사람도 적고, 또 뭐, 어, 또 그것은 그만 장난으로 쳐 버리고, 그래 가지고 한, 어, 한동네 사람들이니까 구처도 없고, 그냥 넘어가지.

－ 야단은 치지.

그렇지요?

－ 응, 야단치고 넘어가고.

－ 그 다음에 그런 게 많았지.

－ 많았어.

－ 또 그렇고 인제 저 뭐냐, 집성촌 같은 데는, 우리 동네뿐만 아니라 아무 데나 그 뭐, 그 집성촌, 무슨 뭐 박가든지 김가든지 뭐 유가든지, 유씨든지 하는, 그 동네 집성촌이 있거든.

－ 그런 데, 많이 모여 사는 데는 사위라고 왜, 장가온 사람 인제 우리 일가 딸들한테 장가온, 그 손님이 오면 새 손님이라 그래, 그 사람을.

－ 사위, 새 손님이야.

－ 거기에 모이면 이, 인제 어 사위들이 어, 오면 거기에 가서 인제 사위를 데리고 장난쳐, 앞세워서 인제.

－ 그, 이것 또 인제 닭도 잡아먹어.

－ 사위를 앞세워 가지고.

－ 그, 이, 저, 저, 장난이야.

－ 그래 됐는데 그 집에 가서는, 그 집에서는 이 닭이 웬 것이냐 그러면 어, 그, 사위가 잡아왔다, 그런 장난조로, 그래 가지고 같이 그것을 고아

머'꼬, 노기'도 하'고, 그'런 내기 이'서.

― 금' 머' 별 쌍'나니 마:네.

― 마:능'게요.

― 응, 홍'이 그'릉 게 마:네.

일뜨암 머 그'때 머' 다른' 노'리도 어꼬', 또 머글 꺼또 어꼬, 그러니까?

― 을, 그르, 다른' 노'리도 어, 어, 어:꼬', 또 쌔거, 아, 아, 집썽'초니 지, 절'
믄 사'럼드리 마카' 모에'이[89] 이'쓰께 으'데 나가'도 한'동네 마카' 다 이'씸 모
에'무 머 이심' 녕, 삼심 명슥' 데'이께네 으, 장난'도 치'고 그른 네거' 마'네.

또 사'위 가'틍 경우'넌 머' 별'로 머라 칼' 수도' 어꼬'?

― 어, 그'러치.

새'손이니까, 그지예?

― 허, 그'이까 새소'잉끼따 그, 어, 증, 긴, 그'래가주 인제' 압싸'아 가주
장난한' 수도 이'써, 그 사'웨르 압싸'아 가주.

그더'으미 그: 어르'심 보리'찌비나, 버리'찌비나 밀'찝 까'틍 경우'너 주'
로 머:에 사용해'씀미까, 이 동네에서너?

― 버리'찜, 밀'찝[90] 꺼틍 거:는' 주로' 뒈비'에, 마:구'에[91] 여'어 가'주고
마구' 거르'멀 맨드'러찌.

― 마구 거'르음 맨드'구, 또' 머' 머탄 지'베는 으언, 나무'로도 때'꼬, 나
므', 므어, 썽어어어, 브어'케[92] 굼'불또 여'코, 그'래도 써'꼬, 멀 다른'능 그,
그'래배께 쓴'능, 느쓰, 썬'능 건 업따.

― 근 머이 짐 니'능 거'또 아이'코 하이 때므레.

머 이'렁 보리'찌비나 밀'찝 이'렁 거'너 그 방서'이나 이'렁 거'늠 머' 암
만드러써?

― 아이'찌여, 그'는 방성'[93] 맨등 거'언 지'푸로 만드고, 밀'찝, 음, 버리'
찍 거'틍 거'넝이, 그그'는 여'어섬 머어 그, 그'릉 기'술또 어꼬', 공예'푸멀
몸: 맨'드러, 그'언녀.

먹고, 놀기도 하고, 그런 예가 있어.

- 그 뭐 별 장난이 많아.

- 많아요.

- 응, 흔히 그런 게 많아.

일단 뭐 그때 뭐 다른 놀이도 없고, 또 먹을 것도 없고, 그러니까?

- 어, 그래, 다른 놀이도 없, 없, 없고, 또 저, 아, 아, 집성촌이 저, 젊은 사람들이 모두 모여서 있으니까 어디 나가도 한 동네 모두 다 있으니 모이면 뭐 이십 명, 삼십 명씩 되니까 어, 장난도 치고 그런 예가 많아.

또 사위 같은 경우는 뭐 별로 뭐라고 할 수도 없고?

- 어, 그렇지.

새 손님이니까, 그렇지요?

- 어, 그러니까 새 손님이라서 그, 어, 저, 그, 그래서 앞세워 가지고 장난하는 수도 있어, 그 사위를 앞세워 가지고.

그 다음에 그 어르신 보릿짚이나, 보릿짚이나 밀짚 같은 경우는 주로 뭐에 사용했습니까, 이 동네에서는?

- 보릿짚, 밀짚 같은 것은 주로 퇴비에, 외양간에 넣어 가지고 외양간 거름을 만들었지.

- 외양간 거름을 만들고, 또 무엇한 집에서는 어, 연료로도 땠고, 연료, 뭐 써, 아궁이에 군불도 넣고, 그래도 썼고, 뭐 다른 그, 그렇게밖에 쓴, 쓴, 쓴 것은 없어.

- 그것은 뭐 집을 이는 것도 아니고 하기 때문에.

뭐 이런 보릿짚이나 밀짚 이런 것은 그 방석이나 이런 것은 뭐 안 만들었습니까?

- 아니지요, 그런 방석 만드는 것은 짚으로 만들고, 밀짚, 음, 보릿짚 같은 것은, 그것은 여기에서는 뭐 그, 그런 기술도 없고, 공예품을 못 만들어, 그것은요.

— 응, 거, 그, 그릉 거'는 머 봉테'이도94) 몸 맨'드고, 머 소구'리도 모 싸'암, 몸 맨드'고, 주로' 고마 퉤비', 화:모'그로 써'찌, 머.

— 그'으구 굼불 때:꼬.

— 검' 머 저'으, 걸 또 어여, 소' 여물' 쌀'는 데'도 쓰고', 쌈:는 데'도.

— 그'래 써'찌, 머.

그 다'으메 그읍, 그 응, 곧', 여'기늠 머 옥쑤'수나 이'렁 거, 강내'이느 재배' 안 함?

— 시'머데, 이그.

— 강내'이는 재배해'요.

— 그'은 머'으 거'이가, 대량'으론 안' 허'이.

— 요즈'멈 머 어여, 그으'겐 대량으로 한' 데' 익, 이뜨'라끄, 저 우'여 올라가'다 보'이껜 마'에지에 한 서'너 마지이 덴' 데' 점먹 강내'이 다 해 거주.

— 그으'또 인제' 에:, 머'으 으, 거 달'리 쓰'능 거' 아리으, 그'르애 대량으로 하'능 건 사료'로 쓰'드라꼬.

— 허'구 억, 그걸' 마구 비: 가주 인제' 고마 그 저 윽, 윽, 그 머'로, 으, 어으, 슫, 어, 이'래 둘뚤 마'라 가주오 마'리찌 으, 소 메'기95) 하'드라꼬, 본네'으.

— 소' 사료', 소 메'기로.

— 응, 으, 응, 보충'을 하'드라꾸.

— 소 메'기로 하구, 그'르치 아'늠 인제' 이'른 찌, 지' 꺼튼 데'는 저 바까', 어엳, 찌, 집 뜨'레, 이'리어 담: 밑', 머 언, 언, 은, 저 박 기사'리96) 으, 끄, 그'른 두루 나감'상 더'러 시'머 가주우 쩡여, 음.

— 마:스'로 먹'찌.

거 여'기늠 머: 다름' 머 트'공 장'무른 괄씨:'리나 이'렁 거는 별'로 하'능 게 업쓰'미까, 이' 동네는?

— 머'?

- 응, 그, 그, 그런 것은 뭐 바구니도 못 만들고, 뭐 소쿠리도 못 써, 못 만들고, 주로 그만 퇴비, 화목으로 썼지.

- 그리고 군불 때고.

- 그 뭐 저, 그 또 어, 소여물 삶는 데도 쓰고, 삶는 데도.

- 그래 썼지, 뭐.

그 다음에 그, 그, 응, 그, 여기는 뭐 옥수수나 이런 것, 옥수수는 재배 안 합니까?

- 심여요, 여기.

- 옥수수는 재배해요.

- 그것은 뭐 거의가, 대량으로는 안 해요.

- 요즘은 뭐 어, 그게 대량으로 하는 데가 있고, 있더라고, 저 위에 올라가다 보니까 말이지, 한 서너 마지기 되는 데 전부 옥수수 다 해 가지고.

- 그것도 인제 어, 뭐 어, 그 달리 쓰는 게 아니고, 그렇게 대량으로 하는 것은 사료로 쓰더라고.

- 그래 어, 그것을 마구 베 가지고 인제 그만 그 저 어, 어, 그 머니, 어, 어, 스, 어, 이래 둘둘 말아 가지고 말이지 어, 소 먹이 하더라고, 보니까.

- 소 사료, 소 먹이로.

- 응, 어, 응, 보충을 하더라고.

- 소 먹이로 하고, 그렇지 않으면 인제 이런 집, 집 같은 데는 저 밭가, 어, 지, 집 뜰에, 이리 담 밑, 뭐 어, 어, 어, 저 밭 귀퉁이 어, 그, 그런 데로 나가면서 더러 심어 가지고 짓고, 음.

- 맛으로 먹지.

그 여기는 뭐 다른 뭐 특용 작물은 과실이나 이런 것은 별로 하는 게 없습니까, 이 동네는?

- 뭐?

트'콩 장물'로 과실' 가'틍 겁, 과이'리 재배하'능 걷?

— 과:실' 거'틍 건 여'에 벨'로 아 우거, 이에 지, 써, 옌나'레 사과가 여'어 메 찌피 해'쓰억.

— 과실', 사가바'치, 사가바'치 이'썬데, 그거' 이 요'샌 여'거 그 사과가 잘 안 데드'라꼬.

— 기후'가 타'심97) 모'얘이라.

— 그 병이' 생'기가주 낳게 불화'뼹이랑 기' 생'기 가주우 사과가 반저미 생기고 머 가치'가 업써 가주우 으, 다: 비 뿌'려따끄, 연.

— 여'는 트쑤한' 응, 과시'른 업따'꾸, 여'이는.

거'름 주'로 어, 논농'사하고 반농'사먼?

— 글'지여, 논농'사, 반농'사, 또 인저' 과시'라 꺼를 인저' 이 위, 수이, 요샌' 녀 수바' 칸 사'러미이 드러 만타'꼼, 메 찝 데드'라꼬.

— 그르'꼬, 거 잎 쭉, 주로' 또' 인제' 축산 하'는 사럼, 소 메'긴 사럼'드리, 소 메'긴 사럼'드리 메' 찝' 이'꼬, 그래 다릉' 건 머' 여'게 부어'브로 하능 건 은, 벨'로 업따'꼬, 여'게 마'르에.

혹씨' 예저'네 그어 이 받뚜'기나 드리'나 이'러은 데' 나'늠 풀 이'르미나 머' 나물 이'름가, 나물' 가'틍 그어 쫌 이 동네'엘 머' 어'떵 기' 주'로 인는'지 아시'는 데'로 꼬 함 이야기해' 주이'소.

— 그'래, 혹, 마자, 그거'으, 그 얘기 그래.

— 바뚝' 꺼'튼 데 가면, 논뚜'게도 그'에98) 이'써이.

— 바뚝' 거떠이 이, 양녁 사'멀따레 감'면 쑥'기 난'더, 쑥'기랑 거.

— 쑥'기 그걸' 뜨'더 가주우설랑 그 멉 억, 그 갈'글99) 무'쳐가주 마아찌, 밀깔'글 무'쳐 가'주우 마'알찌, 그 뭄, 머, 그'래가주 쩌' 가주고 채바'네다100), 채바'니러 근 데'다 이랟' 쩌' 가주고 그래여웁 그걸' 머'으멈 마시'따꼬, 그에'요.

— 이, 요줌' 배가 부른' 사홰'라도 그'엄 마시'써, 그게'.

특용 작물로 과실 같은 것, 과일 재배하는 것?

- 과실 같은 것은 여기에 별로 안 하고, 여기 저, 사, 옛날에 사과를 여기에서 몇 집 했어.

- 과실, 사과밭이, 사과밭이 있었는데, 그것 이 요새는 여기 그 사과가 잘 안 되더라고.

- 기후가 탓인 모양이야.

- 그 병이 생겨서 나무에 반점병이라는 게 생겨 가지고 사과가 반점이 생기고 뭐 가치가 없어 가지고 어, 다 베 버렸다고, 여기는.

- 여기는 특수한 응, 과실은 없다고, 여기는.

그러면 주로 어, 논농사하고 밭농사만?

- 그렇지요, 논농사, 밭농사, 또 인제 과실이라 할 것은 인제 이 참외, 수박, 요새는 여기 수박 하는 사람이 더러 많다고, 몇 집 되더라고.

- 그렇고, 그 이 주, 주로 또 인제 축산 하는 사람, 소 먹이는 사람들이, 소 먹이는 사람들이 몇 집 있고, 그래 다른 것은 뭐 여기 부업으로 하는 것은 어, 별로 없다고, 여기에 말이야.

혹시 예전에 그 이 밭둑이나 들이나 이런 데 나는 풀이름이나 뭐 나물이름, 나물 같은 것 좀 이 동네에 뭐 어떤 게 주로 있는지 아시는 대로 그 한 번 이야기해 주십시오.

- 그래, 어, 맞아, 그것, 그 이야기 그래.

- 밭둑 같은 데 가면, 논둑에도 그게 있어.

- 밭둑 같은 이, 양력 삼월에 가면 쑥이 난다, 쑥이란 게.

- 쑥이 그것을 뜯어 가지고서는 그 뭐 어, 그 가루를 묻혀서 말이지, 밀가루를 묻혀 가지고 말이지, 그 뭐, 뭐, 그래서 쪄 가지고 채반에다, 채반이라고 그러는 데다 이래 쪄 가지고 그래 그것을 먹으면 맛있다고, 그게요.

- 이, 요즘 배가 부른 사회라도 그게 맛있어, 그게.

- 또' 그 긍강'에 조타'네, 그게'요.

- 조아가'주 그'래 쩌' 멍 사'러미 망코', 그 쑤'걸.

- 또' 그르치 아'음101) 그 쑤'걸 뜨'더 가주설랑 요주'먼 냉장'고 고'마 아'네 노이 마래, 쌀'마 가'주오, 쑤'걸 쌀'마 가즈'여, 쌈:는당 거' 은저' 불 때 가조임 이'킨담 마'려, 인제' 에, 소'테다, 가마소'떼 쌀마가주 그'누믈 씨'이 가주 쪠기'로102) 뭉'치드라꼬.

- 쪠기'르 짜' 가즈설'렁 냉장고 보과'늘 하드라꽁.

- 냉장'고이 여'어가주 나'와뚬머 올래, 올보'메 그래 나'씨먼 이, 인제' 숙' 저 뿌고 또 인저' 올' 파'럴, 구'월, 시워'레능 이 쑤'기 조오 몸 머꺼'드, 너무 씨'우꼬103) 해 가주고.

- 글'때 인제'어 두꿈 함 뭉'찌, 한 재'기씽 내 가'주고 인제 방까'네 가'주 가'.

- 요제' 떡찌'베, 떡빵'까니르 근' 데 가.

- 떡빵'깐네르 감'멍 그'놈하꼬 으, 쌀라'코 부'등어, 한 떼' 고'마 빠'아 뿌드라꼬.

- 빠'아 뿌'이께 쑥떠'기 데드'라 꾸우게.

- 쑥떠'으거, 또' 구'러치 아느'멍 그걸 인제' 기'여레104), 예를 뜨러가주 인제' 시비이, 시, 이, 시'비럴, 시비'월리, 이'뤌, 이월' 이 사이 인제' 머' 아 므꺼'또 어, 어어'슬 때 그'글 가주 또 짜아 가주 쑥떡'뜨 해앰 머꾸.

- 또 구걸' 또오 갈'글 무'쳐 가주서러이 찌드'라꼬이.

- 쩨'이께네 으, 그거'뚜 마시드'라꾸, 쑥떠'기라 그능 거.

- 크'래 머'꼬.

- 어, 어, 읍, 그, 그 쑤'기라 그능 게' 그 농'촌네느 사용 가치'가 꽹'자 이 만타' 구'이께네, 그.

- 그'른데 그, 그게'쓰 농'초뿐 아'이래 여일 지'베 요새'느 인제' 도시 나가 인'넌 사람드'이 그거' 쩜 해' 달라꼬 자'꾸 우, 부모들한떼이 전활' 한'다꼬

- 또 그 건강에 좋다네, 그게요.

- 좋아 가지고 그래 쪄 먹는 사람이 많고, 그 쑥을.

- 또 그렇지 않으면 그 쑥을 뜯어 가지고설랑 요즘은 냉장고 그만 안에 놓으니 말이야, 삶아 가지고, 쑥을 삶아 가지고, 삶는다는 게 인제 불을 때 가지고 익힌다는 말이야, 인제 어, 솥에다, 가마솥에 삶아서 그놈을 씻어서 쫴기로 뭉치더라고.

- 쫴기로 짜 가지고설랑 냉장고에 보관을 하더라고.

- 냉장고에 넣어서 놔두면 올해, 올봄에 그래 낳으면 이, 인제 쑥 져 버리고 또 인제 올 팔월, 구월, 시월에는 이 쑥이 좀 못 먹거든, 너무 쓰고 해 기지고.

- 그때 인제 조금 한 뭉치, 한 쫴기씩 내어 가지고 이제 방앗간에 가지고 가.

- 요새 떡집에, 떡 방앗간이라 그러는 데 가.

- 떡 방앗간에 가면 그놈하고 어, 쌀하고 부어서, 한 데 그만 빻아 버리더라고.

- 빻아 버리니까 쑥떡이 되더라고 그게.

- 쑥떡을, 또 그렇지 않으면 그것을 인제 겨울에, 예를 들어서 인제 십이, 십, 이, 십일월, 십이월, 일월, 이 사이에 인제 뭐 아무것도 어, 없을 때 그것을 가지고 또 빻아 가지고 쑥떡도 해 먹고.

- 또 그것을 또 가루를 묻혀 가지고설랑 찌더라고.

- 찌니까 어, 그것도 맛있더라고, 쑥떡이라 그러는 것.

- 그래 먹고.

- 어, 어, 어, 그, 그, 쑥이라 그러는 게 그 농촌에서는 사용 가치가 굉장히 많다고 그러니까, 그.

- 그런데 그, 그게 농촌뿐 아니라 여기 집에 요새는 인제 도시 나가 있는 사람들이 그것 좀 해 달라고 자꾸 어, 부모들한테 전화를 한다고.

- 올'개[105] 그이, 그 쑥'걸 쫌' 마이 뜨더 달'라'꼬 마'에지여, 크'래 거 부탁또 하'고 그 도'시 사'름도우 그걸' 조'아 근'데이.

- 그, 이거 경강' 시'푸미라네여.

- 그'이 참' 조타'이더, 그'게.

- 그여, 여즘, 사람' 이으, 임'마또 땡게'고 으, 경강도 조:코 그:른데으 꼬, 그릏 기고.

- 그 밤며'네 또' 인제' 한', 기열 한 으'으은, 찌, 양녁 거염, 이'럴, 이월', 고 사'이에 인제' 밭뚜렁', 바'테 뜨 나면 쑥기 이, 참', 이, 언, 나새'이랑 기 이'써, 나새~'이.

- 나새'이라[106] 그'는 나무'리 인'데, 그 나물'또 인제' 정'월따레 뎀'먼 정'월 보'름저께 가'머 인제' 으, 보'루무 신:다'꼬 인제' 그 보'름 으'으은, 나 무'르아 그'래검저쓰 어이, 나'이 뜨'드루 가'.

- 인제 부'인들, 처녀'드리 나가 바'테 가주 인제' 이릏 거 으'여, 너으, 흐끄, 가르, 카'럴[107] 들'고 나거주 고'놈 요'리 뽀'꼬 따드'머 가주설렁 그걸 린제' 콩까루'우라 그'러, 여'느 인제' 콩깔'글[108] 빠'아 농' 걸 무'쳐 가주고 구'걸 끼'레 머'꼬, 응, 그게' 마시'따꼬, 나새이꾸'기라 그능.

- 그르'코 금 머 어, 거, 두이, 다'능' 멍'으 기 웨드 내 모'른 나무'리 만 타'꼬요.

- 다' 알 쑥'느 어코'.

- 그르'코, 또' 여 속새'라[109] 그능 게 이'써.

- 쏨바'구라 그'르기기도 하'고.

- 그, 그거'또 인제' 뿌'리쩝 뽀'버 가주언, 논뚜'럭, 바뚜'게 거'이 다 이 딱, 그'릏 거으

- 그'느믈 뽀바 가주고 여흔 우리지'베[110] 보'이께네 그걸' 뽀'바 가'저이 이, 이래 칼'로 드엽, 뿌'리느 이래 따듬뜨'라꼬, 이'래, 이으 허, 헐라'꼽 뻬'끼 뿌고 씨'이[111] 가주설랑 그걸' 머 예 설쩍' 쩌' 가주우 마'리야, 그'러 무쳐

- 올해 그, 그 쑥을 좀 많이 뜯어 달라고 말이지요, 그래 그 부탁도 하고 그 도시 사람도 그것을 좋아 한데요.

- 그, 이것 건강식품이라네.

- 그게 참 좋답니다, 그게.

- 그, 저, 사람 이, 입맛도 당기고 어, 건강에도 좋고 그런데 그, 그런 것이고.

- 그 반면에 또 인제 한, 겨울 한 어, 저, 양력 그, 일월, 이월, 그 사이에 인제 밭두렁, 밭에 또 나가면 쑥이 이, 참, 이, 어, 냉이라는 게 있어, 냉이.

- 냉이라 그러는 나물이 있는데, 그 나물도 인제 정월이 되면 정월 보름쯤에 가면 인제 어, 보름을 쉰다고 인제 그 보름 어, 나물이라 그러면서 어, 냉이 뜯으러 가.

- 인제 부인들, 처녀들이 나가서 밭에 가서 인제 이런 것 어, 어, 흙, 칼, 칼을 들고 나가서 그놈을 요래 뽑고 다듬어 가지고설랑 그것을 인제 콩가루라 그러는, 여기는 인제 콩가루를 빻아 놓은 것을 묻혀 가지고 국을 끓여 먹고, 응, 그게 맛있다고, 냉잇국이라 그러는.

- 그렇고 그 뭐 어, 그, 저, 다는 뭐 그 외에도 내가 모르는 나물이 많다고요.

- 다 알 수는 없고.

- 그렇고, 또 여기 씀바귀라 그러는 게 있어.

- 씀바귀라 그러기도 하고.

- 그, 그것도 인제 뿌리째 뽑아 가지고, 논두렁, 밭둑에 거의 다 있다고, 그런 것.

- 그놈을 뽑아 가지고 여기 집사람을 보니까 그것을 뽑아 가지고 이, 이래 칼로 저, 뿌리는 이래 다듬더라고, 이래, 이 흙, 흙하고 벗겨 버리고 씻어 가지고설랑 그것을 뭐 이래 살짝 쪄 가지고 말이야, 그래 무쳐 놓으

노'이께네 밤마'시 쩌, 이 졷트'라꼬, 그'게.

 ― 어우, 그걸' 해 머'이 씨'구와, 그'넘 싸곰:항'112) 게 마'리야.

 ― 그걸' 또' 기'양 바로'는 몸 모.

 ― 울쫘'야113) 데'.

 ― 이'래 따드'마 가'주어 저 무'레 당가'가조 메'칠씨 당가' 나둔'다꼬.

 ― 그래응 그 대:기 쑤'붐114) 마'쓩 거'이 다: 빠'져.

 ― 그래응 그, 그'너믈 무'쳐 노'음녀 싸금:항 게' 그걸' 은제 밤 머'을 찌'이 겐 응, 어, 고' 한 저'름썽 머'으면 반'찬도 데'고 고 또 싸곰항' 게' 밤마'시 조아.

 ― 잉, 어, 임마더115) 어시뿐지 그 머'음 바'비 더: 머꼬 수'꼬, 이, 임마' 시 땡겐'다 근'다구.

 ― 그 머 나무'리 마아'네.

 ― 돌:라무'리라 그'응 거또 이'꼬, 머' 요새' 요 머 가'이, 분:초'116) 머' 그릉 게 마:네.

 ― 만:체마는 그'이 다: 모'도 그거'는 은, 응, 그은 따드'마 가'조우 거'이 가 다: 해 머'꼬, 반'찬도 해 머'꼬 구'래치, 머.

분:초'늠 머얼' 분초러 함미까?

 ― 분:초'라 근'능 게' 요새' 저 머'로, 자'아 나'능 거 머:제', 그'게.

 ― 우리'늠 분:초'라 근'데.

 ― 아야, 정구지.

 ― 아, 분:초', 정구'지러 그'은데, 아이'래, 요새' 자'아 나'능 게 그게 머'이, 이'르미 틀'러.

 ― 머'어라 그래드'라.

 ― 그게'래, 이'게 웨 이, 일, 낄쫌한' 파: 거'치 웨 이, 이'래 나웅 거.

 ― 아'이, 끄, 이, 이래 여'이, 뻐우, 불가'추 생'가캐이 이기, 아, 안 나.

 ― 그게' 아웅, 아, 아.

가위'늠 멈미까 그?

니까 밥맛이 좋고, 이 좋더라고, 그게.

- 어, 그것을 해 먹으니 써, 그놈이 쌉싸름한 게 말이야.
- 그것을 또 그냥 바로는 못 먹어.
- 우려야 돼.
- 이래 다듬어 가지고 저 물에 담가서 며칠씩 담가 놔둔다고.
- 그러면 그 되게 쓴 맛은 거의 다 빠져.
- 그러면 그, 그놈을 무쳐 놓으면 쌉쌀한 게 그것을 인제 밥 먹을 때 응, 어, 그 한 점씩 먹으면 반찬도 되고 그 또 쌉쌀한 게 밥맛이 좋아.
- 이, 어, 입맛도 없을 때 그것을 먹으면 밥이 더 먹고 싶고, 이, 입맛이 당긴다고 그런다고.
- 그 뭐 나물이 많아.
- 돌나물이라 그런 것도 있고, 뭐 요새 요기 뭐 가위, 부추 뭐 그런 게 많아.
- 많지만은 그 다 모두 그것은 어, 응, 그 다듬어 가지고 거의가 다 해 먹고, 반찬도 해 먹고 그렇지, 뭐.

"분초"는 무엇을 "분초"라 합니까?

- "분초"라 그러는 게 요새 저 뭐냐, 장에 나오는 게 뭐지, 그게.
- 우리는 부추라 그러는데.
- 어, "정구지".
- 아, 부추, 부추라 그러는데, 아니야, 요새 장에 나오는 게 그게 뭐 이, 이름이 달라.
- 뭐라 그러더라.
- 그거야, 이것 왜 이, 이, 기다란 파 같이 왜 이, 이래 난 거.
- 아니, 그, 이, 이래 이, 그, 불 같이 생각하니 이게, 안, 안 나.
- 그게 응, 아, 아.

가위는 무엇입니까, 그것?

가: 위′늠 멈미까?

가: 위′늠 머가′ 또 가: 위임미′까, 아까?

— 갸:능 거′는.

아니′, 가: 위′라고 핸′는데, 가이?

— 어이?

분:초′, 또 그 아까′ 머′ 이야기허이, 하′션능 어 중′에서, 나물′ 이야기하′심면서, 분:초′, 그다′임 머 가, 가: 위′ 그러셈미까?

— 아이래.

— 분:초라 그기도 하′고.

— 그꺼′ 엠, 머′, 언, 정구′지러 까앵녀, 우루′, 우리′니 지, 정구′지러 그′고, 분:초′라 그고, 으, 그 가′라멍응 꺼, 갸라서 멍능′ 게′거, 초네′선.

혹′씨 머′ 이′런 데 머구:이′피나 이′렁 거또?

— 머구′이피 이′찌.

— 머군′니피라 그능 거′느 인제′ 습쩐′ 바′까나 농′까에 갸므 이′룽 게이, 끼단항′ 게′ 인제′ 이, 이릉′ 게 나온다′꼬, 그.

— 그게′ 은제′[117] 음, 머 머구′채라[118) 그, 먹′처이.

— 여′게늠 머구′채라 그러그더.

— 머구′취라 그래가주 그걸′ 비: 가′주 인제′ 예, 이그, 응, 엘, 쯤, 비: 가′주고, 입싸′군 짤′러 뿌고, 쌀′마 가주여 껍떼′이를[119) 까′이 덴′다, 꾸거.

— 껍떼′이를 까′ 가주설릉 그거 가주′ 인제′ 나물′또 무쳐 머′꼬.

— 거, 그, 아으, 머, 시워남 마시우, 국′또 끼′러[120) 머′꼬.

— 그 떠 제사′에도, 그 은제′ 제사′ 지′낼 찌 그, 거, 으, 거으, 그거′뚜 쑥′드라꼬.

머군닙녜?

— 어어, 머구′취 가주 이래 써에.

취, 머우취로?

가위는 무엇입니까?

가위는 뭐가 또 가위입니까, 아까?

- 가는 것은.

아니, 가위라고 했는데, 가위?

- 어?

부추, 또 그 아까 뭐 이야기하고, 하신 것 중에서, 나물 이야기하시면서, 부추, 그 다음에 뭐 가, "가위" 그러셨습니까?

- 아니야.

- 부추라 그러기도 하고.

- 그것 어, 뭐, 어, 부추라 그랬나, 우리, 우리는 정, 부추라 그러고, 부추라 그러고, 어, 그 갈아먹는 것, 갈아서 먹는 것이고, 촌에서는.

혹시 뭐 이런 데 머위 잎이나 이런 것도?

- 머위 잎이 있지.

- 머위 잎이라 그러는 것은 인제 습한 밭가나 논가에 가면 이런 게, 기다란 게 인제 이, 이런 게 나온다고, 그.

- 그게 인제 음, 뭐 머위나물이라 그, 머위나물.

- 여기는 머위나물이라 그러거든.

- 머위나무를 그래서 그것을 베 가지고 인제 어, 이것, 응, 어, 저, 베 가지고, 잎사귀는 잘라 버리고, 삶아 가지고 껍질은 까야 된다고, 그것.

- 껍질을 까 가지고설랑 그것을 가지고 인제 나물도 무쳐 먹고.

- 그, 그, 어, 뭐, 시원한 맛이고, 국도 끓여 먹고.

- 그 또 제사에도, 그 인제 제사 지낼 때 그, 그, 어, 그, 그것도 쓰더라고.

머위잎이요?

- 어, 머위나물 가지고 이래 써요.

취, 머위나물로?

- 어어.

그 다'으메 어르'신 혹'씨 이 추수할' 때' 에, 예저'네 탈곡하'덤 방법하'고 요좀' 탈곡하'늠 방'버븐 쫌' 마:니' 바끼'어찌예?

- 바께'고 마고'지.

- 떠, 이 예나'렌 추수'울121) 하기 덴' 마아쩽이, 저'네도 말해'쩌음멍, 나'라글 비'먼 무노'네는 나'라글 삐'먼122) 이, 그글 추당' 모'으이께 이'른 새'끼를 이'랜 나'라글 하, 하난 따 캐가'주 이'래 재가리 홀체거 이 기만찌, 이만 함 빨 떼능 거 이랟 땅에 음, 무노'네 땅: 노코 나'라글 삐' 가즈그 크 단하'이 므'은다, 그, 그.

- 그걸' 무다'니라123) 그랜'다꽁.

- 무다'느로 무꺼가주 인제' 이'래 드어, 탁 서'와 노'우면, 햐껌 무리 좀 뺀' 디웨, 디여 한데'선 지, 저' 나른'다꼬.

- 저' 날러가주 인제' 첨방 버튼 데 어덩이 므엠, 이어근, 도금 쪼그로 물 안 채앤 데, 잘 마를' 때 이, 겹, 벤' 잘 뜨고, 양지바른 데 가따 넌:다'꼬

- 너:능' 게 인제' 어, 그, 그게' 저 무다'느로 기'양124) 너는' 집'또 이'꼬, 또' 구걸' 피'이가주 고'마 이르 쭉: 피'이125) 너능' 게 이떠, 빨리 마르러꼬

- 그램뭉 그거'는 인제' 다 마'르맘126) 무끌 찌'이 사, 사러'미 요만항 이걸 타작'따니라꼬이 요망, 깽, 깨, 잉, 깨'땀마꾸 므이 요마'꿈씀 뭉는'다꼬

- 끄'음뭉 그걸' 자꾸' 무꼬127) 노'으면 또 디에'서는 소'바리 실릉' 거'또 이'꼬, 소도 인제' 멍'엘 메'이가주 마알찌에, 그래가' 실'꼬 나르'고, 사럼'도 저' 나르고.

- 끄'넘머염 머'우 구루'마도128) 나'르고 이에이, 옌나'렌 저'렁 게웅'기 랑 게' 미 업서'쓰이께네.

- 그래 가따 노'으멍129) 그 까'주 인제' 에, 와랑와라 그능녀으, 그, 억, 어, 그, 그, 우, 발'로 발릉' 게'러, 그어는녀.

- 그', 그른 타자'글 옌나'렌 쫌' 시매'꼬.

- 어.

그 다음에 어르신 혹시 이 추수할 때 어, 예전에 탈곡하던 방법하고 요즘 탈곡하는 방법은 좀 많이 바뀌었지요?

- 바뀌고 말고지.

- 저, 이 옛날에는 추수를 하게 되면 말이지, 전에도 말했지만, 벼를 베면 무논에는 나락을 베면 이, 그것을 추당으로 모으니까 이런 새끼를 이런 벼를 하, 하나 딱 해 가지고 이래 재갈을 훑쳐서 이 그만큼, 이만큼 한 팔되는 것 이래 땅에 음, 무논에 딱 놓고 벼를 베 가지고 커다랗게 모은다, 그, 그.

- 그것을 "무단"이라 그런다고.

- "무단"으로 묶어서 인제 인래 저, 탁 세워 놓으면, 약간 물을 좀 뺀 뒤에, 뒤에 한쪽에서는 져, 져 나른다고.

- 져 날라서 인제 냇둑 같은 데 어디 뭐, 이, 돋은 쪽으로 물이 안 차는데, 잘 마를 때 이, 그, 볕이 잘 들고, 양지바른 데 갖다 넌다고.

- 너는 게 인제 어, 그, 그게 저 "무단"으로 그냥 너는 집도 있고, 또 그것을 펴 가지고 그만 이래 쭉 펴 너는 게 있어, 빨리 마르라고.

- 그러면 그것은 인제 다 마르면 묶을 때 사, 사람이 요만한 이것 "타작단"이라고 요만, 깨, 깨, 이, "깻단"만큼 하게 요만큼씩 묶는다고.

- 그러면 그것을 자꾸 묶어 놓으면 또 뒤에서는 소바리 싣는 것도 있고, 소도 인제 멍에를 메어서 말이지, 그래서 싣고 나르고, 사람도 져 나르고.

- 그러면은 뭐 수레로도 나르고 이, 옛날에는 저런 경운기라는 게 뭐 없었으니까.

- 그래 갖다 놓으면 그것을 가지고 인제 어, 왕왕 그러는, 그, 어, 어, 그, 그, 어, 발로 밟는 거야, 그것은요.

- 그, 그런 타작을 옛날에는 좀 심했고.

- 그걸'로 해'꼬, 주'로가.

- 으, 탈고'끼.

- 요새'느 또'으 기'양 머어 저 웅, 탈고'끼가 바로' 나'와 뿌이 마'르야.

- 꿈 마 그 업, 바인'다라130) 그능 게' 고마 이그, 인, 노'네서 바로 비 가'주 구'마 여, 엉, 끄, 가'마이로 옴, 무'꼬 나와 쁘'이께네.

- 벼찌'범 벼찜'대르 나'앙꽁, 그, 그래 탈곡또 요'샌 머으 괜'자이 쉬'어이즘.

- 근데 엔나'렌 또' 그, 그게' 마'리야, 요새'능 그, 그그에 어인, 이, 저'거 나'라글 음, 비'면, 그 머'러 그저'지, 짜'가치, 훌쳐'이께일 짜가찌라꼬 요렁 게 무'꺼 농 기' 이'써.

- 생:나'라글 마리지으 비: 가'주어승 우섬' 바쁘'이께네, 싱'낭은 어으꼬', 그루'믈 이래이디언, 나'라글 한: 대애' 폭'씨 무'꼬 이래거 쭈 쿨룬'따꾸, 이'래.

- 이으 찌'께라131) 그'래, 이'걸.

- 나락찌'껠 맨'드러가주 우어, 우, 웅, 무, 훌'터 내가'주 그너미 마르'면 그 나'러글 소'테 야깐' 쩌' 부레.

- 부'럴 때 가'주어 야깐 쩌 뿌먼늑, 꾸와음, 뀀 찌, 찐'싸리 데어기랑 껙 그게'라.

- 그래더에 쩌가'주 고'마 에, 베'떼 야깜' 말'리어드, 께, 기'양 이걸'루 저 훌'터가주 말륜'132) 나'라근 한 즈, 사나'을씽 말'랴야 데'제만, 이 찌'가주 항' 건' 하로'나 이'틀 말'랴 뿜 다: 돼'.

- 그램므 그걸' 방아 가서'이 인, 디'딜빠아르, 요새'리, 엔나'레느.

- 부인'들, 남'자드 인데'133) 디'들빠아, 똑'딱빠'아다134) 찌'이 가주'고, 웅, 그걸' 린제' 까불'거 싸'럴 해 가주우 으, 바'벌 해' 머'꼬.

- 그, 그으, 뜽, 으, 싸'리 글'땐 참 싸'리어리, 싱'냐익 귀얄'135) 때'니까, 거 우선' 말'랴가주 머'을 새미 어꼬', 그래 생나'라글 훌'떠 가주고, 그래 쩌' 말'랴 가주얼 바아 찌'가주 싸'를 맨드'러 싱'냥을 해따'꼬.

- 그래 거' 인저' 머 모숭기하'은, 참, 멈, 머, 어에, 그 가을할' 때으 그거', 싱'냐이 위'쏜 쪼체'니꺼136) 그'을로 인제' 이, 일꾼'들 머'르 밥또 해 주고, 그래찌.

- 그걸로 했고, 주로.

- 어, 탈곡기.

- 요새는 또 그냥 뭐 저 어, 탈곡기가 바로 나와 버리니 말이야.

- 그 뭐 그 어, 바인더라고 그러는 게 그만 이것, 이, 논에서 바로 베 가지고 그만 어, 어, 그, 가마니로 어, 묶어 나와 버리니까.

- 볏짚은 볏짚대로 나오고, 그, 그래 탈곡도 요새는 뭐 굉장히 쉬어.

- 그런데 옛날에는 또 그, 그게 말이야, 요새는 그, 그게 어, 이, 저것 벼를 음, 베면, 그 뭐라 그러지, 벼훑이, 훑으니까 벼훑이라고 요런 게 묶어 놓은 게 있어.

- 생벼를 말이지 베 가지고는 우선 바쁘니까, 식량은 없고, 그놈을 이래이래, 벼를 한 대여섯 포기씩 묶고 이래서 쭉 훑는다고, 이래.

- 이것을 벼훑이라 그래, 이걸.

- 벼훑이를 만들어서 어, 어, 어, 뭐, 훑어 내서 그놈이 마르면 그 벼를 약간 쪄 버려.

- 불을 때 가지고 약간 쪄 버리면, 그, 그, 찐, 찐쌀이 되는 게 그거야.

- 그래 쪄서 그만 어, 볕에 약간 말리면, 그, 그냥 이걸로 저 훑어서 말린 벼는 한 저, 사나흘씩 말려야 되지만, 이 쪄서 한 것은 하루나 이틀 말려 버리면 다 돼.

- 그러면 그것을 방앗간에 가서 이, 디딜방아야, 요새는, 옛날에는.

- 부인들, 남자들 인제 디딜방아, 디딜방아에다 찧어 가지고, 응, 그것을 인제 까불어서 쌀을 해 가지고 어, 밥을 해 먹고

- 그, 그, 저, 어, 쌀이 그때는 참 쌀이, 식량이 귀할 때니까, 그 우선 말려서 먹을 새가 없고, 그래 생벼를 훑어 가지고, 그래 쪄 말려 가지고 방아 찧어서 쌀을 만들어서 식량을 했다고.

- 그래 그 인제 뭐 모심기한, 참, 뭐, 뭐, 어, 그 가을할 때 그것, 식량이 우선 쫓기니까 그것으로 인제 이, 일꾼들 뭐 밥도 해 주고, 그랬지.

- 그'르 웨 탈고'기랑 게' 그'르이 여러 가지래.
- 그'음 므'어 뚜디'레 하'능 거'또 이'꼬 마'리지이, 머, 엉, 그, 그.

그, 그림'명 그 요즈'먼 어'째뜬 마:니 편해져'따, 그'지예?

- 엉, 끄, 펑'꼬 마고'지으.
- 끄'른데 그'르이 농'사진능 게' 요새' 사'러미 여, 여 어디 저, 언, 이, 이기, 교수'임도 여' 다'니 바:찌만, 저으, 으, 노'가다[137] 일한' 사'럼 메 디쩨, 드레' 사'람 비'엡띠까.
- 그'르 겨 사:람, 여' 농'사진는 사'러미 그만한' 농'사어 한' 육칠'심 마지'이, 한' 배겨' 마'지이 너'머도 사'람 대여서'쓰빼께 안' 데.
- 그 사'럼드리 기'겔 가주 다: 한'다꼬.
- 여'으도 요' 농'기게이, 이'앙기 와 이짜'니, 여'도옹기.
- 저'래여이, 저'르므 인녀 다: 써'쓰이께[138] 또른 쩌'르 나따, 안족 자'기네가 소'니 바쁘'고 하'이께느 저그'또 은제' 일 쩌, 우선' 저'래 나뚜능 게'라.
- 인제' 가을', 농'사, 가을' 은, 데'먼 저그 또 인저'이[139] 엄, 보과'늘 해'이 데', 기름칠' 하고 마'이데.
- 그'애이 그 농사진:능 기' 머 사'러앰 메 단 덴'다꼬, 인녀'.

에저'느 그럼'며너 탈곡' 그 해 가'주고도 어델 말'리, 벼'를 음, 말려가' 어떠케

- 엔나'레능 거, 으

함'미까, 어'떠케 함'미까?

- 아이'지, 그'이 엔나'레는 그래 나'라그로 말'룬다 어이께네.
- 나'라글 피' 너'러 말'룬능 거'또 이'꼬, 또' 무'다'느로 넘 말'룬능 거'또.
- 무단' 말'룬능 건'넌드 한 서러'씨비 두베' 준'다꼬, 까서 이게이.
- 이'래이 이'래 너'르 나으떵 이래 베'치 자'르 두베'도 말'룬꼬.
- 그'램 그, 그 나'락, 어, 끄으게 벼'찌베서 나'러기 다 말'라.
- 다 말'라엉 코'마[140] 으게 탈고'글 하'먼 바로 고'마 응, 가'마이 여'어

- 그래 왜 탈곡이라는 게 그러니 여러 가지야.
- 그 뭐 두드려서 하는 것도 있고 말이지, 뭐, 어, 그, 그.

그, 그러면 그 요즘은 어쨌든 많이 편해졌다, 그렇지요?

- 어, 그 편하고 말고지요.
- 그런데 그러니 농사짓는 게 요새 사람이, 여, 여 어디, 저, 어, 이, 이게, 교수님도 여기 다녀 봤지만, 저, 어, 막일 일하는 사람 몇 있지, 들에 사람 보이던가요.
- 그래 그 사람, 여기 농사짓는 사람이 그만한 농사 한 육칠십 마지기, 한 백여 마지기 넘어도 사람 대여섯밖에 안 돼요.
- 그 사람들이 기계를 가지고 다 한다고.
- 여기에도 요기 농기계, 이앙기 와 있잖아, 여기도.
- 저래, 저놈은 인제 다 썼으니까 또 저래 났다, 아직 자기네가 손이 바쁘고 하니까는 저것도 인제 이 저, 우선 저래 놔두는 거야.
- 인제 가을, 농사, 가을 어, 되면 저것 또 인제 음, 보관을 해야 돼, 기름칠을 하고 말이지.
- 그래 그 농사짓는 게 뭐 사람이 몇 안 된다고, 인제.

예전에는 그러면은 탈곡 그 해 가지고도 어디 말려, 벼를 음, 말려서 어떻게?

- 옛날에는 그, 으.

합니까, 어떻게 합니까?

- 아니지, 그 옛날에는 그래 벼로 말린다 하니까.
- 벼를 펴 널어 말리는 것도 있고, 또 "무단"으로 널어 말리는 것도.
- "무단"으로 말리는 것은 한 서너 번씩 뒤집어 준다고, 가서 이게.
- 이래, 이래 널어 놨다가 이래 볕이 잘 들게 뒤집어서도 말리고.
- 그러면 그, 그 벼, 어, 거기 볏짚에서 벼가 다 말라.
- 다 마르면 그만 이걸 탈곡을 하면 바로 그만 응, 가마니에 넣어 가지

가주고 정'미쇼로 가'주 가고.

거기' 그'엄면 탈'곡, 예저'네 이럼 머 발른' 탈고'끼 까 이'래 그 발:꼬 하'다 보'며너 머 어기 거'기에 뿍떼'기나 이렁 거'또 마이 나오'지예?

－ 거'르지, 뿍떼'기 나'오지읍.

－ 뿍떼'기가 그래 인제' 그 발른' 탈고글 하'고 우어, 와랑와랑하'능 그기'게 따, 탈고글 하기 데'면 하나'이 서' 가저 꽉:찌'러 그르, 엔날' 이릉, 이'릉 걸.

－ 꽉:찌'르141) 가'주 서울슬' 끄러땡'긴다꼬.

－ 으르땡'기면 나르아기 끼, 암, 알배~'이느142) 그 떠'러지고 껍떼'이는 그 일 지'페 야껀' 덜 털레' 나'강 거'는 이 꽉찌'에 클레' 나'간다꼬.

－ 그럼 인'저 뿍떼'기를 그래 추우 마가즈143) 한짜'으런 재'인다꼬.

－ 한짜'으루 이'래 미러 노'으면 그 인저 탈곡 찌, 에, 이여여, 바로 나온' 나라근 인저 탈고글 다 마'치면 으, 거, 으, 커걸 언제 이래 으, 그 부체능 게 이'따꼬

－ 키'이'라 그러.

－ 키'라144) 그'려, 까부'능 키'가 이'셔따꼬, 엔나'레.

－ 그'늠 키를' 가'주고 한' 사'러미 이'래 종:가'리러145) 그'능 게 이'써, 이래.

－ 나무' 사까'래리, 요새'는 마래똔.

－ 나무' 사까'래거 낭'그로 맨'드에 넙뜨깡' 이'릉 에.

－ 그'을'로 히떡' 두벤'다꼬.

－ 이'래 나라글 휘떡 뚜벰' 문지'가146) 퐁' 나'모 확' 뿌'체면 근 나라간'다꼬

－ 그걸' 부'체가지 또 저짜'로 그'으 뿍떼'기르 전'부 쓰르 낸:다'꼬, 비로'.

－ 쓰러 내면' 그래 메 뻽 부'체고느, 그 문질' 야깐' 날'리 뿌구는 말'로 데: 부는'다꼬.

－ 함' 말, 두 말' 해가' 마 항 가'마이 열땀' 마'리 드'간다, 꾸게.

－ 항: 가'마이가.

－ 나'러기 열땀 마'럴 대 여'우면147) 그 나'락 항 가'마이러 끈'다구.

고 정미소로 가지고 가고.

거기 그러면은 탈곡, 예전에 이런 뭐 밟는 탈곡기를 가지고 이래 그 밟고 하다 보면은 뭐 어디 거기에 북데기나 이런 것도 많이 나오지요?

‒ 그렇지, 북데기가 나오지요.

‒ 북데기가 그래 인제 그 밟는 탈곡을 하고 어, 왕왕하는 그 기계 탈곡, 탈곡을 하게 되면 하나가 서 가지고 갈퀴라 그래, 옛날 이런, 이런 것을.

‒ 갈퀴를 가지고 슬슬 끌어당긴다고.

‒ 끌어당기면 벼 그, 알, 알맹이는 그 떨어지고 껍질은 그 이 짚에 약간 덜 털려 나간 것은 이 갈퀴에 끌려 나간다고.

‒ 그러면 인제 북데기를 그래 주워 모아서 한쪽으로 잰다고.

‒ 한쪽으로 이래 밀어 놓으면 그 인제 탈곡 저, 어, 어, 바로 나온 벼는 인제 탈곡을 다 마치면 어, 그, 어, 그것을 인제 이래 어, 그 부치는 게 있다고

‒ 키라고 그래.

‒ 키라고 그러는, 까부는 키가 있었다고, 옛날에.

‒ 그놈 키를 가지고 한 사람이 이래 종가래라 그러는 게 있어, 이래.

‒ 나무로 된 삽가래야, 요새로 말하면.

‒ 나무 삽가래가 나무로 만든 넓적한 이런 게.

‒ 그것으로 히뜩 뒤집는다고.

‒ 이래 벼를 히뜩 뒤집으면 먼지가 푹 나면 확 부치면 그게 날아간다고.

‒ 그것을 부쳐서 또 저쪽으로 그 북데기를 전부 쓸어 낸다고, 빗자루로.

‒ 쓸어 내면 그래 몇 번 부치고는, 그 먼지를 약간 날려 버리고는 말로 되어 붓는다고.

‒ 한 말, 두 말 해서 뭐 한 가마니에 열다섯 말이 들어간다고, 거기에.

‒ 한 가마니가.

‒ 벼 열다섯 말을 되어 넣으면 그 벼 한 가마니라고 그런다고.

- 잉, 으, 그럼 그'래 음, 무'꼬 내:고, 또' 대이'고, 흐래 가주' 인제' 오'늘 타자'기 머' 이거, 쩌기 쥐'이니 머' 한' 사오'십 성 나'따 그'면 보통' 옌나'레는 함 마지'게 너어'그연, 네: 갸마이 이 머'끼도 쫌' 바쁘'다꼬[148].

- 그, 그, 글'때는 비로'가 귀해'가주 마'리지, 기'양 머 좀 억, 그른'데, 비로' 나오'곤 옴, 므 대여'서 까'마이싱 머'꼬 그'랭이.

- 요주'멈 머 여'덜 까'마이[149] 멍' 데드 이'꾸, 일'고 까'암머, 그르'치머 느이 글'때느 네: 가마이 멍웅' 게' 마'이 머'으떠 그'르따구.

- 그' 예를' 뜨'러 다'섬 마'지이기를, 다'섬 마'지이르 금[150] 여'느 아'만, 은, 함 마지'이가 삼'백 뼈이 함 마지'이 포주기래.

- 이 다'섬 마지'이라 그'면 사 모 시보, 그'르이께 천오'백 평'이 이, 마지'기이 그 평'수라꼬.

- 그'래 이 언, 다'섬 마지'이만 네 가'마니, 사 오 이, 이시비, 네 가'마이 치'먼 시무 가'마이먼 아이근녀, 나'락 잘' 라'따 그'러따꼬.

- 엉, 연, 올, 온느, 올 롱'사 괜차'이[151] 지'이따 그'르따꼬.

- 그래'고 인제' 그걸' 다: 마'친 디에'능 급 뿍'떼'이러 그'능 거'능 마:는 지'베는, 쪼매'난 지'베는 쪼매' 한 대앰' 마지'인, 너댄' 마지' 지뜬 지'베능 그, 그날 구마 타장 바트머 그 이'튼날 그'넘 떠' 말'랴'가주 구'마 베'떼, 마당'아 피' 는다'꼬.

- 그'려 꽈쩌'르 글' 이래 너'르 가'주고.

- 그'르 다'일 말'랴'가주 그 이'튼날 고'마 타자', 어, 그어, 으, 도리'깨질로 곰 뿌, 뿍'떼'기 타자'칸다꼬.

- 뿍'떼'겨, 도리'깨르 그'능 게 인젱' 이'래 넹'기[152] 쳐가'즈 때'리응 거.

- 끄, 그'을'러 인제' 뚜'드'레먼 그 나'라기 부'터뜽 게' 떠'러진다꼬.

- 떠'러지웅 그걸' 인제' 뿍'떼'이 타자'기라 근'데, 그걸' 인제' 다 마'치가주 인제' 꽉찌'루 또 뼈'으끄, 그'래 메 숨베'를 뚜드'레먼 거'이 다 떠'러져'다 시푸'멈 꽉찌'루 또 거 끄'른다끄, 이'래.

- 이, 어, 그러면 그래 음, 묶고 내고, 또 되고, 그래 가지고 인제 오늘 타작이 뭐 이것, 저기 주인이 뭐 한 사오십 석 났다 그러면 보통 옛날에는 한 마지기에 네, 네 가마니를 먹기도 좀 힘들다고.

- 그, 그, 그때는 비료가 귀해서 말이지, 그냥 뭐 좀 어, 그런데, 비료 나오고는 음, 뭐 대여섯 가마니씩 먹고 그랬지.

- 요즘은 뭐 여덟 가마니 먹는 데도 있고, 일곱 가마니, 그렇지만은 그 때는 네 가마니 먹는 게 많이 먹었다 그랬다고.

- 그 예를 들어 다섯 마지기를, 다섯 마지기라 그러면 여기는 아마, 어, 한 마지가 삼백 평이 한 마지기 표준이야.

- 이 다섯 마지기라 그러면 삼 오 십오, 그러니까 천오백 평이 이, 마지기 그 평수라고.

- 그래 이 어, 다섯 마지기면 네 가마니, 사 오 이, 이십, 네 가마니 치면 스무 가마니면 아이고, 벼 잘났다고 그랬다고.

- 어, 어, 올, 올, 올해 농사 괜찮게 지었다 그랬다고.

- 그리고 인제 그것을 다 마친 뒤에는 그 북데기라 그러는 것은 많은 집에는, 조그마한 집에서는 조금 한 대여섯 마지기, 너댓 마지기 짓던 집에는 그, 그날 그만 타작 같으면 그 이튿날 그놈을 또 말려서 그만 볕에, 마당에 펴 넌다고.

- 그래 갈퀴로 그것을 이래 널어 가지고.

- 그래 당일 말려서 그 이튿날 그만 타작, 어, 그, 어, 도리깨질로 그만 북, 북데기 타작이라고 한다고.

- 북데기, 도리깨라 그러는 것이 인제 이래 넘겨 쳐서 때리는 것.

- 그, 그것으로 인제 두드리면 그 벼가 붙었던 게 떨어진다고.

- 떨어지면 그것을 인제 북데기 타작이라 그러는데, 그것을 인제 다 마쳐서 인제 갈퀴로 또 끌고, 그래 몇 순번을 두드리면 거의 다 떨어졌다 싶으면 갈퀴로 또 그 끈다고, 이래.

- 끄'먼 뿍떼'이만¹⁵³⁾ 끌레' 나오'고 오, 끄, 처레'고, 나'라궁 거' 떠'러져 이'따꼬.

- 그래믕 거 뿍떼'이 추려 내'으, 그거 역'씨도 인제 에, 캐지를¹⁵⁴⁾ 해'이 데.

- 이래 어브, 으, 그, 요새'드 이녕 이래 약'콱 부'체먼 마'리야, 두'베 주' 먼 뿍떼'이간, 껍떼'이가 나'라나머, 문지'가 나라나'검 그글' 인제' 나락' 시¹⁵⁵⁾, 주'우 다'웅 뿍떼'이 나'라 캐:따, 그'래가.

그게' 뿍떼'이 타자기?

- 아하, 마'저, 뿍떼'이 타자'기라, 그'릉 게.

혹'시 그'럼며너 보리'는 여'르메 하'니까, 보리타자'근 쫌' 다름미'까, 어 떠씀미'까?

- 버리'타'작끼일 다르'지.

- 그즈 버리' 타'자근 얼, 한창' 더'울 때 요지'가너이, 조 미씨'므 하 끼'레아에.

- 여기 요새' 인제' 버리' 비: 가'주고, 요새'도 버리 타'자기 마'리지, 그'으, 응, 기'게로 하'능 거느 쉽찌'마느이, 옌:나'레는 글' 인제' 점부 재'이 나둔다꼬.

- 떠 이기 대벼'네 안' 해, 타자'글.

- 마르'라꽁.

- 버리까'랠¹⁵⁶⁾ 해가'주 이'래 버리' 이'래 은, 드'걸 맨드'러 가드, 버리 뜨'기라 그'능 게 냉글 비:가'주 버리뜨'글 맨드'러, 이'래 상'각경으로.

- 음, 멕, 거' 은제' 뜨 이래' 노'우먼 이 중가'네 바러'미 통'하머 이으 버 리'거 빨'리 마른'다꼬.

- 끄'름 한 달쩡'간씨그 드어'레¹⁵⁷⁾ 그래 이 그 가'래 나'아 도'웅.

- 나 두'먼 다: 마르'먼 인제' 그걸' 뜨 인제' 져'다가 마다'아¹⁵⁸⁾ 노'코, 그 머, 역, 도르'깨러 한'다꾸, 구'또.

- 뿍떼'이 타자카'는 시'그로.

- 옌나'렝 끄'으, 이'래 버릴' 이'래읍 마뿌'터 노'꼬 도르'깨를 때'린다꼬.

- 때'리웅 그 버리'가 으'러진다꼬.

─ 그러면 북데기만 끌려 나오고 어, 그, 추리고, 벼는 거기 떨어져 있다고.

─ 그러면 그 북데기 추려 내고, 그것 역시도 인제 어, 키질을 해야 돼.

─ 이래 어, 어, 그, 요새도 이래, 이래 확확 부치면 말이야, 뒤집어 주면 북데기가, 껍질이 날아가면, 먼지가 날아가면 그것을 인제 낟알을, 주워 담으면 북데기 벼라고 했다, 그래서.

그게 북데기 타작?

─ 아, 맞아, 북데기 타작이야, 그런 게.

혹시 그러면은 보리는 여름에 하니까, 보리타작은 좀 다릅니까, 어떻습니까?

─ 보리타작이 다르지.

─ 그 저 보리타작은 어, 한창 더울 때 요즘, 좀 있으면 할 거야.

─ 여기 요새 인제 보리 베 가지고, 요새도 보리타작이 말이지, 그, 응, 기계로 하는 것은 쉽지만은, 옛날에는 그것을 인제 전부 재어 놓아둔다고.

─ 또 이게 대번에 안 해, 타작을.

─ 마르라고.

─ 보릿가리 해서 이래 보리 이래, 어, 덕을 만들어서, 보릿덕이라 그러는 게 나무를 베 가지고 보릿덕을 만들어, 이래 삼각형으로.

─ 음, 뭐, 그 인제 또 이래 놓으면 이 중간에 바람이 통하면 이 보리가 빨리 마른다고.

─ 그러면 한 달씩 들에 그래 이 그 가리로 놓아 둬.

─ 놔두면 다 마르면 인제 그것을 또 인제 저다가 마당에 놓고, 그 뭐, 어, 도리깨로 한다고, 그것도.

─ 북데기 타작하는 식으로.

─ 옛날에 그, 이래 보리를 이래 맞붙여 놓고 도리깨로 때린다고.

─ 때리면 그 보리가 떨어진다고.

― 버리'인 떠'러지고 으 버리다음'만, 껍떼'이면159) 나망아인.{보리는 떨어지고 그 보릿단만, 껍질만 남아있어서.

― 그거' 역'씨도 맹:160) 마차'이르.

― 그래 인네여 뺙떼'이거 다: 떠'러지면 그 또' 추레, 꽉찌'루 추레 내구.

― 그거'또 뽁떼'이거 나와', 맹:.

― 뽁뗑'이 나오'고 움, 버리' 알161) 라오, 그래믄 버리' 아'음먼 주'우 당'꼬, 뽁쩨'인 또' 재:차 그'으쁘 뽁떼'이 타자'글 해'이 덴'다, 그'그또 멍, 버리'도

― 맹' 나라 카'는 시'그로 그래 해' 가'주우 당:꼬', 그래 한'더으, 그.

― 그 밤며'네 또' 허, 머' 달'리 하'는 사'럼더 이께'찌여.

― 머, 음, 머, 어인, 타자'기라 그'능 게'.

― 자기 시'꾸끼리 쪼매'끔 하'능 거'는 머 이 당'일 곰'마 방매'이드 뚜드'레 한' 사'음도 이'써.

― 어, 메' 딴'씩 안 데'능' 거'느요.

― 그르코, 으, 그그 인제' 어어, 끄, 버리' 타:자'그 마이' 한' 지'베는 사람' 해 가'주고, 노'블 해' 가'주우 한'다꼬.

― 엔나'른 노'비라 그르따.

― 노'블 해 가'주 인제' 음, 마, 서너'씨 드'러드 막 소'리 해 감 뚜드'렌다꼬, 그언.

― 그르꼬 머' 쪼매끔' 한' 지'벤 머여 저겨 부지깨'이162) 타작'또 이'따꼬, 그'엄 머 여이, 쪼'매꿈 뚜드'레가 메' 딴'씩 해'가즈 멍능' 그'너.

그럼'므는 그 버리' 가'틍 경'우너 여'르메 하'께네 마루'운다 해'도 장마'철 가'틈며너 비'가 옴'며너 잘 암 마르겐'네예, 그으게야?

― 그래 가'주운 더'글 해가'주 가리 나'끼 때'이163) 비가' 와'도 우우우, 우'에는, 상대베'엔는 더'퍼 나'끼 떠'므러 무'리 안 드가.

― 이게' 꺽'찌론능 이, 이'래 데' 이'끼 때'므 점' 무'리 새 뿌레.

― 새브언 잘' 말라.

- 버리'인 떠'러지고 으 버리다음'만, 껍떼'이먼 나망아인.{보리는 떨어지고 그 보릿단만, 껍질만 남아있어서.
- 그것 역시도 또한 마찬가지야.
- 그래 인제 북데기가 다 떨어지면 그 또 추려, 갈퀴로 추려 내고.
- 그것도 북데기가 나와, 역시.
- 북데기가 나오고 어, 보리 낟알 나오고, 그러면 보리 낟알만 주워 담고, 북데기는 또 재차 그 북데기 타작을 해야 된다, 그것도 뭐, 보리도.
- 역시 벼 하는 식으로 그래 해 가지고 담고, 그래 한다고, 그.
- 그 반면에 또 어, 뭐 다르게 하는 사람도 있겠지요.
- 뭐, 어, 뭐 어, 타작이라 그러는 게.
- 자기 식구끼리 조금씩 하는 것은 뭐 이 당일 그만 방망이로 두드려 하는 사람도 있어.
- 어, 몇 단씩 안 되는 것은요.
- 그렇고, 어, 그것 인제 어 그 보리타작을 많이 한 집에는 사람을 해 가지고, 놉을 해 가지고 한다고.
- 옛날에는 놉이라 그랬다.
- 놉을 해 가지고 인제 음, 뭐, 서넛씩 들여서 막 소리 해 가면서 두드린다고, 그것.
- 그렇고 뭐 조금씩 한 집에서는 뭐 저기 부지깽이 타작도 있다고, 그 뭐 이, 조금 두드려서 몇 단씩 해서 먹는 것은.
그러면은 그 보리 같은 경우는 여름에 하니까 말린다고 해도 장마철 같으면 은 비가 오면은 잘 안 마르겠네요, 그게?
- 그래 가지고 덕을 해서 가리를 쳐놨기 때문에 비가 와도 위, 위에는, 상부에는 덮어 놨기 때문에 물이 안 들어가.
- 이게 끝으로는 이, 이래 돼 있기 때문에 전부 물이 새 버려.
- 새 버리면 잘 말라.

— 그래 여, 이'래 이 새'에늠 바라'미 통하'니까 그'래 지, 잘' 마르'지, 잘
' 말라.

— 잘' 마르, 그래 타자칸'다그.

아, 그는 크게, 그르케 해으떠, 장, 덕짱, 덕, 그걸 해 나 나이?

— 응, 그'르치어이.

— 트'럴 해' 나끼 때'므느에 아, 이 비'거 와'도 상과'니 업써', 장마가 저'동.

— 우'만 꼬'마 그 이, 든, 나'래로 한 뜨, 그, 일, 더브'언 두러 나' 뿌면,
싸 겐' 데'먼 더'퍼 나' 쁘언 자여'니 미'텐, 뿌리 인는' 데'는 끄으, 그' 비가
안 드간'닥, 비가 와:도.

혹씨'으 콩:', 여 콩: 타자'금 머 쯤 다름미'까, 콩: 타가건?

— 콩' 타자'건 다르'지.

콩 타자근 어'뜨케 함'미까?

— 콩'언, 콩도 역쎄'이 비스태'.

— 엔나'렌넝 그 맹' 도리'깨르 핸'데, 콩'언 뽀'브범, 바'떼서 인제' 뽀'바
가주우 이'래가주 사라'미 비능 거'또 이'따, 거 나설' 가'주고.

— 비 뿌'능 거'또 이'꼬, 또' 우'떤 싸'르너 뽀'바.

— 뿌'리채러 다: 뽀'바가주 고'마 에이거 콩따'늘[164] 무'꺼 가주고.

— 콩'도 역'씨 그래'.

— 그 이래' 더'글 맨는'다꼬, 이'래, 이웁, 버리매'이로.

— 더'글 맨드러 가조 이, 이, 이짜끼짜거 서로'이 자'이 올리누'가주 인
제' 그 우'에다 나'랠 더'퍼 뿌고, 그래 노'으면 이 사'이로 엄, 마르'고.

— 콩'언 인제' 어, 에, 어, 가알쭘 멍, 응, 가을'게 추수하'그드, 그역 콩은.

— 인지 나'락 어, 그, 인니, 인제' 빌 무'레 맹 쪼꿈 이따' 그으'또 뽀'바.

— 뽀버가'즈 그래 재'이 노'우먼 인제' 나락'쯤 타작 거'이 다 마칙할' 무
'레 콩' 타저, 마이 진'느 이 저, 미, 또 콩' 타자칸'다꼬.

— 쪼꿈씩 하'능 거' 므' 대'정도 어꾸' 머 다'일 하'능 거'뚜 역 그르침만,

- 그래 이, 이래 이 사이에는 바람이 통하니까 그래 저, 잘 마르지, 잘 말라.

- 잘 마르고, 그래 타작한다고.

아, 거기는 크게, 그렇게 해, 덕, 덕, 덕, 그것을 해 놓아 놔서?

- 응, 그렇지요.

- 틀을 해 놨기 때문에 아, 이 비가 와도 상관이 없어, 장마가 져도.

- 위에만 그만 그 이, 그, 이엉으로 한 그, 그, 이, 두어 번 둘러 놔 버리면, 싹 있는 데만 덮어 놔 버리면 자연히 밑에는, 뿌리 있는 데는 그, 그 비가 안 들어간다고, 비가 와도.

혹시 콩, 여기 콩 타작은 뭐 좀 다릅니까, 콩타작은?

- 콩 타작은 다르지.

콩 타작은 어떻게 합니까?

- 콩은, 콩도 역시 비슷해.

- 옛날에는 그 역시 도리깨로 했는데, 콩은 뽑으면, 밭에서 인제 뽑아 가지고 이래서 사람이 베는 것도 있다, 그 낫을 가지고.

- 베 버리는 것도 있고, 또 어떤 사람은 뽑아.

- 뿌리 채로 다 뽑아서 그만 이것 콩단을 묶어 가지고.

- 콩도 역시 그래.

- 그 이래 덕을 만든다고, 이래, 이, 보리처럼.

- 덕을 만들어 가지고 이, 이, 이쪽저쪽을 서로 재어 올려 가지고 인제 그 위에다 이엉을 덮어 버리고, 그래 놓으면 이 사이로 어, 마르고.

- 콩은 인제 어, 어, 어, 가을쯤, 뭐, 응, 가을에 추수하거든, 그 콩은.

- 인제 벼 어, 그, 인제, 인제 벨 무렵에 역시 조금 있다 그것도 뽑아.

- 뽑아 가지고 그래 재 놓으면 인제 벼타작 거의 다 마칠 무렵에 콩타작, 많이 짓는 이 저, 뭐, 또 콩타작한다고.

- 조금씩 하는 것은 뭐 대중도 없고 뭐 당일 하는 것도 있고 그렇지만,

마:는 지'베 바또 이 여'러 마지이 부'첸 지'벤 콩까'리도 크'다꾸, 므탕' 거'는.

— 그'르 거 재'이 나'따이 기'여레 해', 그거'늠.

— 웨'냐 하게 데'멍 그언 시비얼땔', 이, 이'럴땔르, 글'때 떼'먼 어:먼, 나'리 추'무여 콩'일 잘' 떠'러진다꽁.

— 도리'깨 야깜' 마'즈어더 똑, 쪽, 또개'지지망165) 축추칼' 찐' 잘 앙' 깨'기으더.

— 그너미 그 인제' 추'와 가주어 어'렁끼가 어먼' 그 콩'이 지 잘 떠러지'익' 때므'에레 추'울 때' 한'다, 꾸은.

— 어, 서:땔', 정'월, 글'때 가'서 인제' 함 맹' 으응, 으, 그어, 으, 버리매'이르 마당'에다 피'이 노'코, 피' 노'코 여'러에, 두리' 서, 두리' 서듬 머, 으, 머, 마능' 건'느 암 마이', 여'러이 해'이 데'고, 쪼맨항' 건' 머 혼'자두 하고 두리'두 하우, 그'래 인제' 도르깨질'로 뚜드'린다꼬.

— 뚜드'렘멍 콩'이 인제' 바싹바쌍흠 음, 말'라떠 그, 으응, 어'러떵 게' 콩'이 똑똑 또개'저이끄 까'져 뿐'다꽁.

— 그럼 인제' 콩'만 누:러케 낭'꼬우, 그으'또 요씨 그'래, 구 어덴 뜩, 껵떼'이으, 콩 껍떼'이를 주우 가'주 두숨'두숨' 나스로 이'래, 이'래 가주여 은젤' 대강' 이램' 무꺼 가'즈어 내: 노'꼬, 거'으더 찌끄래이'가 나온'다꼬.

— 덜: 까'징 게' 이'따꼬으.

— 그으'또 인제' 꽉찌'르166) 역씨 이래' 가주우 한투운 낸, 내몬'다꼬.

— 그 내모'라 노'코 나먼'지 그'래 다: 마'치먼, 그'뗘 이 엔나'레는 이, 그 요새'던능 거 풍구대'가 나와 가'주써리 엔나'릉 그을'로 부'체찜만, 엔나'렝 거' 키'라 그'능 거 까'주 이'래 마카' 이'래 이, 이'래 워, 부'쳐따꼬.

— 콩'얼 이'래'가 이'래, 이'으, 끄어, 지, 음, 찌, 으, 그 머 으'데 종:가'래러 그'능 거 이리혼 나'무까'래 마'리아, 으이 여'가167) 이리 히'떡 뜨'베음 콩'이 이래 올'러검므 문'지가 펑' 난'다구.

— 끄'렴 키'로' 확: 부'쳐 뿜 저 멀리' 나간'다꼬.

많은 집에 밭도 이 여러 마지기 부치는 집에서는 콩가리도 크다고, 무엇한 것은.

– 그래 그 재어 놨다가 겨울에 해, 그것은.

– 왜냐 하게 되면 그 십이월, 이, 일월, 그때 되면 얼면, 날이 추우면 콩이 잘 떨어진다고.

– 도리깨에 약간만 맞아도 똑, 쪽, 쪼개지지만 축축할 때는 잘 안 깨지거든.

– 그놈이 그 인제 추워 가지고 얼음이 얼면 그 콩이 저 잘 떨어지기 때문에 추울 때 한다고, 그것은.

– 어, 섣달, 정월, 그때 가서 인제 한 역시 응, 어, 그, 어, 보리처럼 마당에다 펴 놓고, 펴 놓고 여럿이, 둘이서, 둘이서든 뭐, 어, 뭐, 많은 건 아무래도 많이, 여럿이 해야 되고, 조그마한 것은 뭐 혼자도 하고 둘이서도 하고, 그래 인제 도리깨질로 두드린다고.

– 두드리면 콩이 인제 바싹바싹한 음, 말랐던 그, 응, 얼었던 게 콩이 똑똑 쪼개져서 까져 버린다고.

– 그러면 인제 콩만 누렇게 남고, 그것도 역시 그래, 그 어디 저, 껍데기, 콩 껍데기를 주워 가지고 주섬주섬 낫으로 이래, 이래 가지고 인제 대강 이래 묶어 가지고 내 놓고, 거기에도 찌꺼기가 나온다고.

– 덜 까진 게 있다고.

– 그것도 인제 갈퀴를 역시 이래 가지고 한쪽으로 내, 내몬다고.

– 그 내몰아 놓고 나머지 그래 다 마치면, 그것도 이 옛날에는 이, 그 요새는 그 풍구가 나와 가지고서는 옛날에는 그것으로 부쳤지만, 옛날에는 그 키라 그러는 것을 가지고 이래 모두 이래 이, 이래 뭐, 부쳤다고.

– 콩을 이래서 이래, 이, 그, 저, 음, 저, 어, 그 뭐 어디 종가래라 그러는 것 이런 나무 가래 말이야, 그것을 넣어서 이리 히뜩 뒤집으면 콩이 이래 올라가면서 먼지가 픽 난다고.

– 그럼 키로 확 부쳐 버리면 저 멀리 나간다고.

- 그'래음 저 그'래 부'쳐고 남능' 거'늠 콩'반, 그 역'씨도 인제' 멤 마리, 어잉, 에이음, 음, 머, 어, 마이' 지'은 지'벤느 메 까'마이 난'노 시퍼가주 인제' 가'마이 대족칸'다꿍.

- 말루'어 대 뿌'꼬, 인데 그, 끄기 대'능 게 재미'때거.

- 함' 마리요, 두리'요, 서이'요, 함상[168] 거 인째' 형이, 노'래 비스타'이 해릉 넹겐더으[169].

- 열땀 말 하음제게 땅 너믕 겡거우, 그랜, 흑, 커, 그'래 넹'기고.

- 므어탕' 거'느 인제' 므 한, 한' 서너' 대', 한 머 대여'섬 말'썽 난 지'벰 머 아이구, 머' 그, 그 두 말' 라'따, 서 말' 러'따, 콩'을 그'래고.

- 그'래혜, 그'래따꾸, 크게, 이게, 끄게.

- 옌날' 소'리뚜[170], 참' 니.

- 요새'늠 머으 그, 끄, 오, 콩'이 마내'더 기'에가[171] 이'서이 마에저, 거여 뿜 머 트루루해 뿌머 껍떼'인 껍떼'이 나'아, 콩' 콩알때'루 나와 뿌'이 구'마 대벙', 끄게 십따'꼬, 요샌'.

- 옌나'렝 그게' 그역 콩' 타작 꺼틍 거'는 기'여레 하'이 덜:하'저 버리' 타'작 깐능 거 참' 애멍'은다꼬[172], 남.

- 삼복찌가'네 으열, 타자'글 해' 바에, 그'게.

뜨거블 때니 그러찌에?

- 예'.

- 요새', 좀' 이시음' 한'다꼬, 타자' 낀제'.

- 버리' 타작'.

- 따'멀 찔, 수건' 메'머 수거'니 드멍덤 다: 전'다꿈.

- 멀' 드'이 옌나'렌능 그, 그'어 머여, 일, 이이, 삐기, 베'온 비스탕' 거'이으 득'쳐오시라[173] 근'는, 따모'시러 거, 즈 베'를 가주 마'리 잠배'이[174] 오'시라꼬, 베'르 가주오 익, 그, 이그, 이, 일꾼들 임'는 장배'이오시 이르, 이르, 므 이릉 그일 잠배'이 오'시라 근데, 베'로 맨드'고 아, 이 요만'찌음

– 그러면 저 그래 부치고 남는 것은 콩만, 그 역시도 인제 몇 마지기, 어, 어, 음, 뭐, 어, 많이 지은 집에서는 몇 가마니 났나 싶어서 인제 가마니를 대조한다고.

– 말로 되어 붓고, 인제 그, 그게 되는 게 재미있다고.

– 한 말이요, 둘이요, 셋이요, 하면서 그 인제 흥이, 노래 비슷하게 해서 넘긴다고.

– 열다섯 말 하면서 딱 넘은 경우고, 그래, 어, 그, 그래 넘기고.

– 무엇한 것은 인제 뭐 한, 한 서너 되, 한 뭐 대여섯 말씩 난 집에서는 뭐 아이고, 뭐 그, 그 두 말 났다, 서 말 났다, 콩을 그러고.

– 그래, 그랬다고, 그게, 이게, 그게.

– 옛날 이야기다, 참 이.

– 요새는 뭐 그, 그, 어, 콩이 많아도 기계가 있으니 말이지, 거기 넣어 버리면 뭐 드르륵해 버리면 껍데기는 껍데기대로 나오고, 콩은 콩알대로 나와 버리니 그만 대번에, 그게 쉽다고, 요새는.

– 옛날에는 그게 그 콩 타작 같은 것은 겨울에 하니까 덜하지만 보리 타작 같은 것은 참 애먹는다고, 참.

– 삼복지간에 어, 타작을 해 봐요, 그게.

뜨거울 때라서 그렇지요?

– 예.

– 요새, 좀 있으면 한다고, 타작 인제.

– 보리타작.

– 땀을 질, 수건을 매면 수건이 드문드문 다 젖는다고.

– 뭐 등이 옛날에는 그, 그 뭐, 이, 이, 베, 베옷 비슷한 것 이 "득쳐옷"이라 그러는, 땀옷이라 그, 저 베를 가지고 말이야 잠방이 옷이라고, 베를 가지고 이, 그, 이것, 이, 일꾼들 입는 잠방이 옷이 이런, 이런, 뭐 이런 것을 잠방이 옷이라 그러는데, 베로 만들고 아, 이 요만큼 삼베 해 가지고,

삼'베 해' 가저인, 내 오 꺼등 요'런 사'멘 요쯤 데'이끼 아나.

　— 거' 은지'으 베'로 맨드'러 노'이꺼 다 어레'이지, 머이.

　— 그'느미 덤벅더먹 다: 저'저, 그'래도 머.

　— 그'른 타저캐'으 사'우저.

무'넌 워'넌 뜨거'우니까, 나'리, 그'지에?

　— 그이겨, 더운너금, 삼복찌가:'네 그'으 떠, 겨, 그 타작해' 바'여, 그 얼'마나 떠'웅.

　— 고' 이'썰 더'운데 그게'요.

　— 그 옌나'레 사'라나온 사람'들 참' 생가킴머 불쌍'해.

　— 요새' 사'람드릉이 그'래두 농사진' 사'러미 머', 요새' 농사지'은 사람드른 호, 호강스'로온데, 요새' 사'름 그 농'사라 안 내, 버'리로 아'라.

꺼르스 옌나'레느, 요주'음먼 얻째'뜬, 예저'네 점'부 사람 히'므로 다 해'따, 그'지에?

　— 히'므로 다: 해'꼬.

　— 요새' 사'람드런, 옌날' 사'람드런 어어틍, 으엄, 미, 농초네 농사지이가[75] 쪼꼼 밥수'리나 머'꼬 살고, 부자 하는 사'럼드'리, 그게 나'미 볼 때'이, 요새'드맹 그 돔 버'러가 잘사는 사'암드에 머 수'끼 버'는 사'르미쎅 이껜니'껴.

　— 옌나'레는 그 농'사나 볌' 마쩽'이날 저' 지'이 가주우 머', 어으, 백' 석, 으, 한' 응, 그 이, 이백' 썩' 칸'다 근 사'암드리 그 우'때 어른'드느 가이' 굴' 머따꺼 바'에, 난' 볼' 때'.

　— 그'른데 농'사르 짐' 함' 마찌'이게 싸'리 한, 한, 요새'르 말하 끄'음마 한, 항 가'마이 나'와따 그'머, 그너믈 가주설라 시꾸'이 요'랑을 해' 가주우 갱주'기랑 게' 이'써이.

　— 갱주'글 써'가주 콩기'름 녀'쿠 해'가주으 바'블 멈'므 싱'냐이 마'이 데'이께느 마래.

　— 그'래 가즈여 그글' 싸'를 일' 려네 항' 가'마이, 두 가'마이 그, 그겨 나'

내 옷 같은 요런 소매는 여기쯤밖에 되지 않아.

　－ 그 인제 베로 만들어 놓으니까 다 읽어지지, 뭐요.

　－ 그놈이 듬뿍듬뿍 다 젖어, 그래도 뭐.

　－ 그런 타작해서 살았지.

　물론 워낙 뜨거우니까, 날이, 그렇지요?

　－ 그래, 더우니까, 삼복지간에 그 또, 그, 그 타작해 보면, 그 얼마나 더워.

　－ 가만히 있어도 더운데 그게요.

　－ 그 옛날에 살아나온 사람들 참 생각하면 불쌍해.

　－ 요새 사람들은 그래도 농사짓는 사람이 뭐, 요새 농사짓는 사람들은 호, 호강스러운데, 요새 사람 그 농사로 안 하고, 벌이로 알아.

　그래서 옛날에는, 요즘은 어쨌든, 예전에 전부 사람 힘으로 다 했다, 그렇지요?

　－ 힘으로 다 했고.

　－ 요새 사람들은, 옛날 사람들은 어, 어, 뭐, 농촌에 농사지어서 조금 밥술이나 먹고 살고, 부자라 하는 사람들이, 그게 남이 볼 때, 요새도 역시 그 돈 벌어서 잘사는 사람들이 뭐 쉽게 버는 사람이야 있겠습니까.

　－ 옛날에는 그 농사나 몇 마지기나 저 지어 가지고 뭐, 어, 백 석, 어, 한 웅, 그 이, 이백 석 한다 그러는 사람들이 그 윗대 어른들은 가히 굶었다고 봐요, 나는 볼 때.

　－ 그런데 농사를 지으면 한 마지기에 쌀이 한, 한, 요새로 말할 것 같으면 한, 한 가마니 나왔다 그러면, 그놈을 가지고설랑 식구가 요량을 해 가지고 갱죽이라는 게 있어요.

　－ 갱죽을 쑤어서 콩나물 넣고 해 가지고 밥을 먹으면 식량이 많이 되니까 말이야.

　－ 그래 가지고 그것을 쌀을 일 년에 한 가마니, 두 가마니 그, 그것 남

므믕 그걸' 파'라 가'주고 장:내'도 늘구'고176) 돈:도 늘'곡 캐 가'즈으, 그래
가'주군 하은, 하' 마지이 사'고, 밤: 마지 사'고, 이'래 가'주우 끄'으게 마아
가'주설랑 머'여, 엉, 거, 이, 쪼'꿈 잘'사는 사'름더 이'써꽁, 그'래따구.

─ 근'데 요새' 농'사진 사'람드럼 일' 려'네 티끌 모'아이, 엔날' 사'렁드릉
쪼매끔' 므악트'라도 알'뜨리 하'자거, 티끌 모'아 태사'니러능 말: 시'그로
사'라와'끄더.

─ 근'데 요새'아 사'른드능 티끌 모'아 태사'이라 궁' 거'느, 근 멀:리' 가
쁘'래써, 하'마.

─ 웨'냐, 함 뻐'네, 하로 농'사을 지'면 며 첨'마 넘 버'러에177) 데능 게'러.

─ 그까'지 쪼매항' 거'늠 음, 뱅' 거또 아'이래.

─ 그깐'니이, 그, 그깐'니, 그'이 도:늘' 개코'도 엄:는' 사'럼드리 마'려지,
이, 그, 그애 돈: 첨'마 너'기, 이첨'마 널 우수'히 아'래, 요새' 사'람드리으

─ 그 사'럼드리 농'사가 만해가'주 마'리지 자'기 농'살 다: 해가저 그'만
찜178) 한' 사'랑 끄'어뜨믄 조'키두 바'.

─ 아이, 굼 모 구'마남 데'지, 므.

─ 나'무 농'사지이가'주 마'애지이, 그걸' 도'지, 이, 도'지, 쩌, 으, 끄기,
여, 엔나'르 머 소'자기라 근'데, 여드먼 도'지 제도구'더, 나'무 해 쯤 함' 마
지'기 두' 가'마이, 음, 머, 으요, 항' 가'마이 도'지 주고, 그'래가주 멍'능 거,
엔날' 때'멈 기'양 멍능' 게'지, 머.

─ 엔나'름 반:씽' 농'기179) 머'어끄더.

─ 두 가'운나 하능 여이 쥔', 는, 주인 항' 가'마이, 내' 항' 가'마 이'랜데, 요
새'늠 보'멈 마'에찌에, 그게 인제' 이, 직'뿌끄미라그180) 또 나오'그더, 어샌'너.

─ 함' 마'지이이끼에 항' 가'마이 깝' 거'이 체.

─ 그름믄 쌀로' 주'인 항' 가'마이 주공, 직'뿔쩨 지 항' 가'마이 따베'이,
지'인 기'양 공짜배'이 멍능' 게'러, 시'방언.

─ 다: 므'음상도, 그'른데 그' 사러'미 도'을 메 첨'마 넘 버'러가주 마'르

으면 그것을 팔아 가지고 장리도 늘리고 돈도 늘리고 그래 가지고, 그래 가지고 한, 한 마지기 사고, 반 마지기 사고, 이래 가지고 그게 모아 가지고설랑 뭐 어, 그, 이 조금 잘사는 사람도 있었고, 그랬다고.

- 그런데 요새 농사짓는 사람들은 일 년에 티끌 모아, 옛날 사람들은 조금씩 모으더라도 알뜰히 하자고, 티끌 모아 태산이라는 말 식으로 살아 왔거든.

- 그런데 요새 사람들은 티끌 모아 태산이라 그러는 것은, 그것은 멀리 가 버렸어, 벌써.

- 왜냐, 한 번에, 한해 농사를 지으면 몇 천만 원 벌어야 되는 거야.

- 그까짓 조그마한 것은 음, 번 것도 아니야.

- 그까짓, 그, 그까짓, 그 돈이 개 코도 없는 사람들이 말이지, 이, 그, 그 돈 천만 원, 이천만 원을 우습게 알아, 요새 사람들이.

- 그 사람들이 농사가 많아서 말이지 자기 농사를 다 해서 그만큼 한 사람 같으면 좋게도 봐.

- 아이, 그 뭐 그만하면 됐지, 뭐.

- 남의 농사지어서 말이지, 그 도지, 이, 도지, 저, 어, 그, 옛, 옛날에는 뭐 소작이라 그랬는데, 요즘은 도지 제도거든, 남의 것 좀 한 마지기 두 가마니, 음, 뭐, 어, 한 가마니 도지 주고, 그래서 먹는 것, 옛날에 대면 그냥 먹는 거지, 뭐.

- 옛날에는 반씩 나눠 먹었거든.

- 두 가마니 한 것 주인, 어, 주인 한 가마니, 내 한 가마니 이랬는데, 요새는 보면 말이지, 그게 인제 이, 직불금이라고 또 나오거든, 요새는.

- 한 마지기에 한 가마니 값을 거의 쳐.

- 그러면 쌀을 주인 한 가마니 주고, 직불제 자기 한 가마니 따니, 자기는 그냥 공짜배기 먹는 거야, 시방은.

- 다 먹으면서도, 그런데 그 사람이 돈을 몇 천만 원 벌어서 말이지 잘

제 잘'사먼 조'왕.

— 대'콜 잘'사은 모 형 게 머 자동'차나 몰고' 뎅'기, 머여, 큼' 푸구'자 거'친 날찌엄, 딛, 두베'이 보'머 쓰'능 게 더' 마'내, 이 사'러미.

— 기름 쓰'지, 차' 쓰'지, 머 거'이 다 끌'고 뎅'게.

— 실'쩨 그'른상도 이, 에으, 에익, 이, 이른 소리 머, 으여, 으, 근, 으으, 음, 사시'리이께네.

— 그'려도 도:니' 뱅'마 넝 거'트이 근녀'네 뱅마 너'기 도이'라, 그륵, 이, 그, 이, 기, 이래'드라꼰.

— 내' 그래, 하이, 참', 미'이 저 사'암드리 꽹'자이 마'이 부능게 따' 그'으고, 얼'마너 수'이비 데'그때 돔 뱅'마 너'을 까'지끼 돔 뱅'마 넝 그'러겐.

— 그'랜는, 어이, 지, 시'방 사웨'라꼬, 내'가.

— 흐'르이 도니' 고'마 대번' 하, 일' 려네 농'살 지'음 메 첨'마 너언지 딱' 쥐'야 고'마, 그 머'으, 아, 이야, 한' 내, 이태' 지'이가주 첨'마 늠 맨'드너, 근' 도니' 아'이래, 보'이께네.

— 대'병 고'망 거', 즌, 첨' 마, 이'첨 만 쥐'기야 데'얌.

— 근'디 옌날' 사'람브더 항' 가마이, 두 가마이 늘'러가주 소' 빠리[181] 메'기가주 소'아'지 함 마리 파라 가주고 그'래 머'은 사'럼드리 오'른 부자'라꼬, 그'게.

— 여, 그'른 사'러믈 종'경해 조'이 덴'데 마'리지.

— 기'러이[182] 그게' 이 요새' 사'럼드리 마'알지 나'먼 돔 벙' 게 기'양 번' 줄 안다'이께너 말.

— 하'이, 그'르, 지:가' 버'러 바:야 아, 아'라.

— 그 사'웨가 그'키 바께'따, 그' 마'리야, 내'가여.

— 나'믈 머' 그 뜯'능 게 아'이래, 내'가.

— 어이, 애'에'기르 항 게'르.

— 현: 사'웨'가 그'래요.

살면 좋아.

― 개 코도 잘 살지도 못 하는 게 뭐 자동차나 몰고 다니고, 뭐냐, 큰 부자 같이 나다니고, 뒤집어, 뒤집어 보면 쓰는 게 더 많아, 이 사람이.

― 기름 쓰지, 차 쓰지, 뭐 거의 다 끌고 다녀.

― 실제 그러면서도 이, 어, 어, 이, 이런 소리 뭐, 어, 어, 그, 어, 음, 사실이니까.

― 그래도 돈이 백만 원 같으면 근년에 백만 원이 돈이야, 그래, 이, 그, 이, 그, 이러더라고.

― 내 그래, 하이, 참, 이 저 사람들이 굉장히 많이 버는가 보다 그러고, 얼마나 수입이 되기에 돈 백만 원을 까짓것 돈 백만 원 그러겠어.

― 그런, 어, 저, 시방 사회라고, 내가.

― 그러니 돈이 그만 대번 한, 일 년에 농사를 지으면 몇 천만 원 딱 쥐어야 그만, 그 뭐, 어, 어, 한 해, 이태 지어서 천만 원 만든, 그것은 돈이 아니야, 보니까.

― 대번 그만 그, 저, 천 만, 이천 만 원 쥐어야 돼.

― 그런데 옛날 사람들은 한 가마니, 두 가마니 늘려서 소 바로 먹여서 송아지 한 마리 팔아 가지고 그래 모은 사람들이 옳은 부자라고, 그게.

― 여, 그런 사람을 존경해 줘야 되는데 말이지.

― 그러니 그게 이 요새 사람들이 말이지 남은 돈 번 게 그냥 번 줄 안 다니까 말이지.

― 하이, 그래, 자기가 벌어 봐야 알, 알아.

― 그 사회가 그렇게 바뀌었다는, 그 말이야, 내가요.

― 남을 뭐 그 헐뜯는 게 아니야, 내가.

― 어, 이야기를 한 거야.

― 현재 사회가 그래요.

- 흐'르이 그'게 따'카드라꼬, 내가' 볼' 때 마리'야.

- 좀' 덜: 쓰'고, 늘구'코, 그'래에 덴'데, 돔 뱅'마 넌 머'으, 그, 커른데 차'가 말 요'오 간'데드 차 가주' 가요.

- 그' 웨 기'리미[183] 함범' 멀르 까'멍 끄, 어'으, 저거'도 한'두 뎬 다: 드'능 거 아이'래요.

- 구꺼역 그'른 거'는 다: 써' 뿌고 마'에치이.

요즘'머 기'름깝또 비'싸서?

- 예아, 비'싼데 글'쎄.

- 저'어' 놈'물 보'러 감'자 차 가주' 가고 마'에지, 놀'로' 간'데 차 뎅'기그 마'에찌에, 시'꾸 때'우구 덜루' 뗑'기구 마'러지.

- 요'음 농진'니 껴, 그게' 농얻진능 거'뜨 아이'래여.

- 호가~'이래 요샌', 엔나'른 농운찡임썼요.

예전'하고 요즘' 마이 달'라져씀미.

- 예아, 실'쩌이 그래'.

— 그러니 그게 딱하더라고, 내가 볼 때 말이야.

— 좀 덜 쓰고, 늘리고, 그래야 되는데, 돈 백만 원 뭐, 그, 그런데 차가 말이지 요기 가는데도 차를 가지고 가요.

— 그 왜 기름이 한 번 몰고 가면 그, 어, 적어도 한두 되 다 드는 것 아니에요.

— 그러니 그런 것은 다 써 버리고 말이지.

요즘은 기름값도 비싸서?

— 예, 비싼데 그러게.

— 저 논물 보러 가면서 차 가지고 가고 말이지, 놀러 가는데 차 다니고 말이지, 식구 태우고 들로 다니고 말이지.

— 요즘 농사짓는 것, 그게 농사짓는 것도 아니에요.

— 호강이야 요새는, 옛날에는 농사지었어요.

예전하고 요즘 많이 달라졌습니다.

— 예, 실정이 그래.

1) 이는 '인제'로 대역되며 '은제 → 언제(모음중화현상)'의 과정을 거쳐 실현된 이 지역 어형이다.

2) 이는 '땅콩을'으로 대역되며 경음화현상이 실현되어 유기음이 된소리로 실현된 이 지역어형이다.

3) 이는 '지었고'로 대역되며 '짓(作)- + -었(과거시상선어말어미)- + -고(연결형어미)'의 구성으로 이루어진 이 지역어형이다.

4) 이는 '가을보리'로 대역되는 이 지역어형이다.

5) 이는 '볏가리'로 대역되며 경북지역어에서는 '발가리'형으로 실현되기도 하는 어휘이다.

6) 이는 '극젱이로'로 대역되며 '후끼 + -로(도구격조사)'의 구성으로 이루어진 이 지역어형이다.

7) 이는 '인제'로 대역되는 이 지역어의 담화표지 중의 한 형태이다.

8) 이는 '지어'로 대역되며 '짓(作)- + -어(연결형어미) → 지에(ㅣ모음동화현상) → 지이(고모음화현상)'의 과정을 거쳐 실현된 이 지역어형이다.

9) 이는 '오르면'으로 대역되며 '오르(昇)- + -믄(연결형어미)'의 구성으로 이루어진 이 지역어형이다.

10) 이는 '겨울을'으로 대역되며 '기열(冬) + -을(목적격조사)'의 구성으로 이루어진 이 지역어형이다.

11) 이는 '그게'로 대역되며 '그게 → 그기(고모음화현상) → 그이(어중ㄱ음탈락현상)'의 과정을 거쳐 시현된 이 지역어형이다.

12) 이는 '거름주기, 시비'로 대역되는 이 지역어형이다.

13) 이는 '똥장군을'으로 대역되며 '똥장군이 → 똥짱군이(경음화현상) → 똥짱군~이(비모음화현상) → 똥짱구~이(어중비자음탈락현상)'의 과정을 거쳐 실현된 이 지역어형이다.

14) 이는 '봄보리라'로 대역되며 '봄버리 → 봄뻐리(경음화현상) → 봄뻐래(고모음화에 따른 과도교정형)'의 과정을 거쳐 실현된 이 지역어형이다.

15) 이는 '쌀버리를'로 대역되며 어중자음ㄹ음이 탈락된 이 지역어형이다. 쌀보리는 볏과의 한해살이풀이며, 보리의 한 품종으로서 까끄라기가 짧고, 씨방 벽으로부터 점착 물질이 분비되지 않아서 씨알이 성숙하여도 작은 껍질과 큰 껍질이 잘 떨어지는 특성이 있다. 겉보리와 구분하여 부르는 명칭으로, 일반적으로 겉보리보다 내한성이

약하나 도정(搗精)이 쉽다. 우리나라 대전 이남의 남부 지방에서 재배되며 과맥(稞麥)이라고도 한다(표준국어대사전 참조).

16) 이는 '겉보리'로 대역되며 '겉버리 → 껕버리(어두경음화현상) → 꺼뻐리(경음화현상과 음절말자음탈락현상)'의 과정을 거쳐 실현된 이 지역어형이다. <구황촬요>에는 '것쏘리'형이 등장한다. 보리종류에는 성숙 후 내외영이 곡식입자에 밀착되어 떨어지지 않는 겉보리와 두 영이 밀처럼 잘 떨어지는 쌀보리가 있다. 일반적으로 겉보리라고 하면 앞의 것을 가리키는 경우가 많고 1ℓ의 무게는 겉보리 600~700g, 쌀보리 800g 가량이며 비중은 겉보리 1.1, 쌀보리 1.2 정도이다. 한국에서는 경북에서 많이 재배하는 품종이다(두산백과; 네이버지식백과사전 참조).

17) 이는 '초승쯤'으로 대역되며 '초생(初生) + -쯤(정도표시의 접사) → 초생쯺(원순모음화현상)'의 과정을 거쳐 실현된 이 지역어형이다.

18) 이는 '넣고'로 대역되며 '렿(揷)- + -공(연결형어미) → 려콩(유합현상)'의 과정을 거쳐 실현된 이 지역어형이다.

19) 이는 '콩만'으로 대역되며 '콩(豆) + -먼(보조사)'의 구성으로 된 이 지역어형이다.

20) 이는 표준어로 대역할 만한 어휘가 없어서 '그리'로 대역되며 '걸, 거리, 그리' 등의 어형으로 수의적으로 실현되는 이 지역어형이다. 이는 밭의 고랑 사이에 사이짓기를 한 것을 비유적으로 표현한 것이다.

21) 이는 '인제'로 대역되는 이 지역어의 수의적인 담화표지 중의 한 형태이다.

22) 이는 '조금'으로 대역되며 '조금 → 초금(어두유기음화현상) → 초끔(경음화현상)'의 과정을 거쳐 실현된 이 지역어형이며 수의적으로 '쪼끔'형으로도 실현되기도 한다.

23) 이는 '변동이'로 대역되며 '변동 + -이(주격조사) → 변동~이(비모음화현상) → 변도~이(어중비자음탈락현상)'의 과정을 거쳐 실현된 이 지역어형이다.

24) 이는 '다음에'로 대역되며 선행 어절과 연음이 이루어지면서 어두의 ㄷ음이 탈락된 예이다.

25) 이는 '심습니다'로 대역되며 '시무- + -ㅂ니다(종결어미)'의 구성으로 이루어진 이 지역어형이다.

26) 이는 '그건, 그것은'으로 대역되며 '그것 + -은(보조사) → 그건(축약현상) → 그언(어중ㄱ음탈락현상)'의 과정을 거쳐 실현된 이 지역어형이다.

27) 이는 '들깨는'으로 대역되는 이 지역어형이다.

28) 이는 '가격보다'로 대역되며 '가격(價格) + -보다여(비교격조사) → 가격보다여(단모음화현상) → 가긱보다여(고모음화현상) → 가이보다여(음절말자음탈락현상)'의 과정을 거쳐 실현된 이 지역어형이다.

29) 이는 '심어져'로 대역되는 이 지역어형이다.

30) 이는 '캐내면'으로 대역되며 '캐내- + -면(연결형어미) → 캐내먼(단모음화현상) →

캐내믄(모음중화현상) → 캐내믕(후행어절에 의한 연구개음화현상)'의 과정을 거쳐 실현된 이 지역어형이다.

31) 이는 '묻힌'으로 대역되며 '묻히- + -ㄴ(관형사형어미) → 무친(융합에 이은 경구개음화현상) → 무첸(고모음화에 따른 과도교정형)'의 과정을 거쳐 실현된 이 지역어형이다.

32) 이는 '매야'로 대역되며 '매- + -야(연결형어미) → 매에(단모음화현상) → 매이(고모음화현상)'의 과정을 거쳐 실현된 이 지역어형이다.

33) 이는 '지장 + -이(주격조사) → 지자이(연구개이음탈락현상)'의 과정을 거쳐 실현된 이 지역어형이며 이 지역어를 비롯하여 경북지역어에서는 비자음 탈락현상이 매우 흔한 편이다.

34) 이는 '전부'로 대역되며 '전부 → 점부(양순음화현상) → 점무(비음화현상)'의 과정을 거쳐 실현된 이 지역어형이다.

35) 이는 '밭은'으로 대역되며 이 지역어에서 '밭'의 형태소는 '밫(田)'으로 설정될 수 있는 어형이다.

36) 이는 '감자밭'으로 대역되며 '감자밤'은 후행어절에 의한 양순음화현상이 적용된 어형이다.

37) 이는 '먹고'로 대역되며 이 제보자의 발화에서 '먹다'형은 수의적으로 '묵다'형으로도 실현된다. 대체적으로 경북지역어의 경우 남부 경북지역어에서 주로 '묵다'형으로 실현되는 경향이 강한 편이다.

38) 이는 '그것도'로 대역되며 '그것 + -도(보조사) → 그거또(경음화현상에 이은 음절말자음 탈락현상) → 그그또(모음중화현상) → 그으또(어중ㄱ음탈락현상)'의 과정을 거쳐 실현된 이 지역어형이다.

39) 이는 '인제'로 대역되는 이 지역어의 담화표지 중의 한 형태이다.

40) 이는 '나락밖에'로 대역되며 '나락 + -빼게(보조사)'의 구성으로 이루어진 이 지역어형이다.

41) 이는 '비닐을'으로 대역되며 '비니루(vinyl) + -르(목적격조사)'의 구성으로 이루어졌으며 이는 영어계 외래어형이다.

42) 이는 조사자의 음성이 들리지 않는 부분이다.

43) 이는 '고추밭'으로 대역되며 이는 '고추밭 → 꼬추밭(경음화현상) → 꼬추박(후행어절에 의한 연구개음화현상)'의 과정을 거쳐 실현된 이 지역어형이다.

44) 이는 '때까지는'으로 대역되며 '때 + -까지(보조사) + -는(보조사) → 때꺼지는(모음변이현상) → 때꺼진(축약현상)'의 과정을 거쳐 실현된 이 지역어형이다.

45) 이는 '수확만'으로 대역되며, '수확(收穫) + -만(보조사) → 수황만(비음동화현상) → 수화마(어절말자음탈락현상)'의 과정을 거쳐 실현된 이 지역어형이다.

46) 이는 '벗겨'로 대역되며 '뻬끼(벗기 → 버끼(경음화현상 및 음절말자음 탈락현상) → 베끼(움라우트현상) → 뻬끼(어두경음화현상)- + -이(연결형어미)'의 구성으로 이루어진 이 지역어형이다.

47) 이는 '하니까'로 대역되며 '하(爲)- + -니께네(연결형어미) → 하이께네(어중ㄴ음탈락현상)'의 과정을 거쳐 실현된 이 지역어형이다.

48) 여기서 '가는 것'과 '골 타는 것'은 각각 다른 의미임을 설명하고 있는 부분이다. 논은 모심기를 하는 부분이므로 주로 쟁기나 트랙터와 같은 농기계로 논의 흙을 갈고 뒤집어엎는 것이며 밭은 씨앗을 바로 파종하기 위한 골을 타는 것이 차이점이 있다. 즉, 논은 논을 간 다음에 다시 쓰레질이나 이런 것을 통하여 평평하게 고르기만 하면 되지만, 골 타는 것은 어느 정도 사이를 두고 골을 짓는 것이므로 차이가 있다.

49) 이는 '뒤집어'로 대역되며 '두베- + -어(연결형어미)→ 두베(축약현상)'의 과정을 거쳐 실현된 이 지역어형이다.

50) 이는 '보리밟기'로 대역되며 이는 겨울 동안에 추위로 인해 땅속에 있던 수분으로 인해 땅이 얼어서 틈이 벌어지게 되며 이런 경우에 보리는 뿌리가 땅속에 내리지를 못해서 봄에 보리가 말라죽는 것을 방지하기 위해 하는 밟기를 말한다.

51) 이는 '거의'로 대역되며 '거의 → 거이(단모음화현상) → 허이(자음변동현상)'의 과정을 거쳐 실현된 이 지역어형이며 'ㄱ → ㅎ'음으로의 변동은 이 제보자의 발화에서 가끔 일어나는 현상 중의 하나이다.

52) 이는 '이젠'으로 대역되며 '이젠 → 이진(고모음화현상)'의 과정을 거쳐 실현된 이 지역형이다.

53) 이는 일 년 동안에 같은 땅에서 두 가지 작물을 재배하는 것을 말한다. 대개 이모작은 그 한계선이 중부지방까지며 주로 우리나라에서는 여름에는 벼를, 겨울에는 보리나 밀을 재배했다.

54) 이는 '솟은'으로 대역되며 '소께- + -는(관형사형어미)'의 구성으로 이루어진 이 지역어형이다.

55) 이는 '밀을'로 대역되며 '밀 + -류(목적격조사)'의 구성으로 이루어진 이 지역어형이다.

56) 이는 '가을밀은'으로 대역되며 '가을밀 + -은(보조사) → 갈미른(축약현상)'의 과정을 거쳐 실현된 이 지역어형이다.

57) 이는 '어깨를'로 대역되며 '어깨 + -르(목적격조사) → 어낄(고모음화현상) → 에낄(움라우트현상)'의 과정을 거쳐 실현된 이 지역어형이다.

58) 이는 '조금'으로 대역되며 '조금 → 조끔(경음화현상) → 조꿈(원순모음화현상) → 주꿈(모음동화현상)'의 과정을 거쳐 실현된 이 지역어형이다.

59) 이는 '그런 것은, 그런 건'으로 대역되며 '그런 건 → 그넌 건(자음변이현상) → 그

는 건(모음중화현상) → 그능 건(연구개음화현상) → 그능 언(ㄱ자음탈락현상)’의 과
정을 거쳐 실현된 이 지역어형이다.

60) 이는 ‘나무를’로 대역되며 이는 15세기중엽의 국어에서 곡용을 할 때 ㄱ음이 덧나
　　는 특수한 명사였던 ‘나모/낡’형의 곡용형이 이 지역어를 비롯하여 경북지역어에서
　　그대로 실현되는 그런 예이다.

61) 이는 ‘북데기’로 대역되며 ‘북데기 → 뿍데기(어두경음화현상) → 뿍떼기(어중경음화
　　현상) → 뿍떼이(어중ㄱ음탈락현상)’의 과정을 거쳐 실현된 이 지역어형이다.

62) 이는 ‘수염이’로 대역되며 ‘쉠미 + -가(주격조사)’의 구성으로 이루어진 이 지역어
　　형이다. 이 지역어를 비롯하여 경북지역어에서 수염은 일반적으로 ‘세미, 시미’등의
　　형태로 실현되며 수의적인 음성변이형이 많이 등장한다.

63) 이는 ‘마찬가지야’로 대역되며 ‘마찬 + -이라(서술격조사) → 마차이라(어중ㄴ음탈
　　락현상) → 마차이래(ㅣ모음동화현상)’의 과정을 거쳐 실현된 이 지역어형이다.

64) 이는 ‘콩(豆)’으로 대역되며 ‘콩 → 콩~(비모음화현상) → 코~(비자음탈락현상)’의
　　과정을 거쳐 실현된 이 지역어형이다.

65) 이는 ‘굉장히’로 대역되며 ‘굉장히 → 겡장히(단모음화현상) → 겐장히(이화작용) →
　　겐자히(비자음탈락현상) → 겐자이(어중ㅎ음탈락현상)’의 과정을 거쳐 실현된 이 지
　　역어형이다.

66) 이는 ‘말하지, 지껄이지’로 대역되며 이 어형은 이 지역어를 비롯하여 경북지역어에
　　서 일반적으로 널리 분포하는 어형이며 ‘주(지)께다, 주(지)깨다, 주(지)끼다’ 등의 형
　　태로 분포한다.

67) 결과적으로 이 방언에서는 일반적으로 ‘콩, 밀, 보리’ 등과 같은 곡물류에는 ‘-사리’
　　형으로 실현되며, 과일류에는 ‘-서리’형이 붙어서 차별적으로 실현된 것을 볼 수 있
　　다. 아마도 이는 접사 ‘-서리’형은 본격적인 도둑질로, ‘-사리’형은 장난에 더 강한
　　의미를 두는 방언형으로도 해석할 수 있다. 이는 경북방언에서 일반적으로 나타나
　　는 현상이기도 하다.

68) 이는 ‘참외’를 가리키는 이 지역어형이며 이 어형은 ‘이’로 실현되기도 한다.

69) 이는 ‘따먹으러’로 대역되며 ‘따묵(따- + 묵(食)-)- + -으러(의도형어미) → 따무으러
　　(어중ㄱ음탈락현상)’의 과정을 거쳐 실현된 이 지역어형이다.

70) 이는 ‘훔치러’로 대역되며 ‘훔치- + -러(의도형어미) → 홈체러(고모음화에 따른 과
　　도교정형)’의 과정을 거쳐 실현된 이 지역어형이다.

71) 이는 ‘원두막에’로 대역되며 ‘윈드막 + -에(처소격조사)’의 구성으로 이루어진 이
　　지역어형이다. 이는 참외, 수박, 복숭아 등을 지키기 위해서 밭주인이 밭머리에 만
　　든 막을 가리킨다.

72) 이는 ‘그게, 그것이’로 대역되며 ‘그게 → 그기(고모음화현상) → 그이(어중ㄱ음탈락

현상'의 과정을 거쳐 실현된 이 지역어형이다.

73) 이는 '바지를'으로 대역되며 이는 프랑스어 'jupon'이 일본을 거쳐서 들어온 외래어이다.

74) 이는 '들켜'로 대역되며 이 지역어를 비롯하여 주로 경북지역어에서는 '다드키다, 다들키다' 형으로 실현된다. 이는 '다들키- + -어(연결형어미) → 다들키에(ㅣ 모음동화현상) → 다들에(축약현상) → 다들레(양음절화현상에 따른 ㄹ음첨가)'의 과정을 거쳐 실현된 이 지역어형이다.

75) 이는 '잽싸게, 히뜩' 등으로 대역되는 이 지역어형이며 이 어형 외에도 '해뜩, 해딱' 등으로 실현되기도 한다.

76) 이는 '놀리느라고'로 대역되며 '놀리느라고 → 놀리니라고(전설모음화현상) → 놀래내라고(고모음화에 따른 과도교정형) → 놀래내라꼬(경음화현상) → 놀래내라ㄲ(모음변이현상)'의 과정을 거쳐 실현된 이 지역어형이다.

77) 이 부분은 조사자의 음성이 들리지 않는 부분이다.

78) 이는 '닭도'로 대역되며 '닭 + -도(보조사) → 달도(자음군단순화현상) → 달두(이화현상)'의 과정을 거쳐 실현된 이 지역어형이다.

79) 이는 '잡아먹은'으로 대역되며 '잡아먹- + -은(관형사형어미) → 자바먼(축약현상) → 자바믄(모음중화현상) → 자아믄(어중ㅂ음탈락현상) → 자아뭉(후행어절에 의한 연구개음화현상)'의 과정을 거쳐 실현된 이 지역어형이다.

80) 이는 '인제'로 대역되는 이 지역어의 담화표지 중의 한 형태이다.

81) 이는 '직장에'로 대역되며 '직장 + -아(처소격조사) → 직짱아(경음화현상) → 직짜아(어중연구개비음탈락현상)'의 과정을 거쳐 실현된 이 지역어형이다.

82) 이는 '냇둑에'로 대역되며 '천방(川防) + -엠(처소부사격조사) → 첨방엠(양순음화현상)'의 과정을 거쳐 실현된 이 지역어형이다.

83) 이는 '출출하면'으로 대역되며 '설툴하- + -머(연결형어미)'의 구성으로 이루어진 이 지역어형이다.

84) 이는 '닭의 값'으로 대역되며 '달 + 값 → 달깝(경음화현상)'의 과정을 거쳐 실현된 이 지역어형이다.

85) 이는 '넘어가고'로 대역되며 '넘어가- + -고(연결형어미) → 너머거구(모음변이현상) → 너머어우(어중ㄱ음탈락현상)'의 과정을 거쳐 실현된 이 지역어형이다.

86) 이는 '새 손님이라'로 대역되며 '새 + 손(客)'의 결합형으로 이루어진 이 지역어형이다.

87) 이는 '모이면'으로 대역되며 '모이- + -면(연결형어미) → 모에면(고모음화현상) → 모에면(단모음화현상)'의 과정을 거쳐 실현된 이 지역어형이다.

88) 이는 '인제'로 대역되는 이 지역어의 담화표지 중의 한 형태이다.

89) 이는 '모여'로 대역되며 '모에- + -이(연결형어미)'의 구성을 가진 이 지역어형이다.

90) 이는 '밀짚'으로 대역되며 '밀짚[밀찝]'형이 뒷어절의 연구개음에 의한 연구개음화가 일어난 어형이다.

91) 이는 '외양간에'로 대역되며 '마구 + -에(처소격조사)'의 구성으로 이루어진 이 지역어형이며, 이 지역어를 비롯하여 경북지역어에서는 '마구, 마구깐' 등의 어형으로 실현된다.

92) 이는 '아궁이에'로 대역되며 '브엌 + 에(처소격조사)'의 구성으로 이루어진 이 지역어형이다.

93) 이는 '방석'으로 대역되며 '방석 → 방성(후행 어절에 의한 비음화현상)'의 과정을 거쳐 실현된 이 지역어형이다.

94) 이는 '바구니도'로 대역되며 '봉테기 + -도(보조사) → 봉테이도(어중ㄱ음탈락현상)'의 과정을 거쳐 실현된 이 지역어형이다.

95) 이는 '먹이, 사료'로 대역되며 '먹이 → 메기(움라우트현상)'의 과정을 거쳐 실현된 이 지역어형이다.

96) 이는 '귀퉁이, 기슭'으로 대역될 수 있는데 여기서는 귀퉁이라는 의미로 쓰인 어휘다.

97) 이는 '탓인'으로 대역되며 '탓 + -이(서술격조사) + -ㄴ(관형사형어미) → 타심(후행어절에 의한 양순음화현상)'의 과정을 거쳐 실현된 이 지역어형이다.

98) 이는 '그게, 그것이'로 대역되며 '그것 + -이(주격조사) → 그게(축약현상) → 그에(어중ㄱ음탈락현상)'의 과정을 거쳐 실현된 이 지역어형이다.

99) 이는 '가루를'로 대역되며 '갈 + -을(목적격조사)'의 구성으로 이루어진 이 지역어형이다.

100) 이는 '채반 + -에다(처소격조사)'의 구성으로 이루어진 이 지역어형이며 이는 껍질을 벗긴 싸릿개비나 버들가지 따위의 오리를 울과 춤이 거의 없이 둥글넓적하게 결어 만든 채그릇을 말한다(표준국어대사전 참조).

101) 이는 '않으면'으로 대역되며 '않- + -으면(연결형어미) → 안흠(축약현상) → 아늠(어중ㅎ음탈락현상) → 아음(어중ㄴ음탈락현상)'의 과정을 거쳐 실현된 이 지역어형이다.

102) 이는 '좨기 + -로(도구격조사)'의 구성으로 여기서 '좨기'는 '데친 나물이나 반죽한 가루를 둥글넓적하고 조그마하게 만든 덩이'를 가리킨다.

103) 이는 '쓰고'로 대역되며 '씨웂- + -고(연결형어미) → 씨우꼬(경음화현상 및 음절말 자음 탈락현상)'의 과정을 거쳐 실현된 이 지역어형이다.

104) 이는 '겨울에'로 대역되며 '겨울 + -에(처소격조사) → 계우레(단모음화현상) → 기우레(고모음화현상) → 기어레(모음변이현상) → 기여레(ㅣ모음동화현상)'의 과정을 거쳐 실현된 이 지역어형이다.

105) 이는 '올해'로 대역되는 이 지역어형이며 이 어형은 이 지역어를 비롯한 경상도, 강원, 충북방언에 분포하는 것으로 보고되어 있다.

106) 이는 '냉이'로 대역되며 '나생이, 나새~이, 나새이, 나이' 등의 형태로 실현되는 이 지역어형이다.

107) 이는 '칼을'으로 대역되며 '칼 + -얼(목적격조사)'의 구성으로 이루어진 이 지역어형이다.

108) 이는 '콩가루를'로 대역되며 '콩갉 + -을(목적격조사)'의 구성으로 이루어진 이 지역어형이며 이는 보수적인 어형인 이 어형과 개신형인 '콩까루'우라'형이 공존함을 볼 수 있다.

109) 이는 '씀바귀'로 대역되는데 이 지역어에서는 '속새, 씀바구'로 대응된다. 다만, '속새'는 다른 식물의 명칭이지만 이 지역어에서는 이 식물로 쓰이는 예이다.

110) 이는 '집사람을'으로 대역되며 이는 집을 가리키는 말이 아니라 아내 즉, 집사람을 가리키는 이 지역어휘이다.

111) 이는 '씻어'로 대역되며 '씻- + -이(연결형어미) → 씨이(ㅅ탈락현상)'의 과정을 거쳐 실현된 이 지역어형이다.

112) 이는 '쌉싸름한'으로 대역되며 '싸곰하- + -ㄴ(관형사형어미) → 싸곰항(연구개음화현상)'의 과정을 거쳐 실현된 이 지역어형이다. 이는 수의적인 음성변이형으로 '싸금하다'형으로도 실현된다.

113) 이는 '우려야'로 대역되며 '울꾸- + -아야(연결형어미)'의 구성으로 이루어진 이 지역어형이다.

114) 이는 '쓴'으로 대역되며 '씁- + -은(관형사형어미) → 쓰분(원순모음화현상) → 쑤분(모음동화현상) → 쑤붐(후행 어절에 의한 양순음화현상)'의 과정을 거쳐 실현된 이 지역어형이다.

115) 이는 '입맛도'로 대역되며 '입맛 + -더(보조사) → 임마더(비음화현상)'의 과정을 거쳐 실현된 이 지역어형이다.

116) 이는 '부추'로 대역되며 이 어형은 이 지역어와 일부의 경북지역어, 강원, 충북지역어에서 분포하는 것으로 보고된 바 있다. 대개 경북지역어에서는 '정구지'로 대응되지만 이 지역어에서는 중부지방 계통의 어휘인 '분초'형으로 대응되는데, 이는 집성촌 및 경북북부지역이라는 지역적 특성이 함께 나타난 것으로 판단되는 어휘이다.

117) 이는 '인제'로 대역되는 이 지역어의 담화표지 중의 하나이다.

118) 이는 '머위나물'로 대역되며 '머구 + 채(菜)'의 합성으로 이루어진 이 지역어형이
다.

119) 이는 '껍질을'으로 대역되며 '껍데기 + -를(목적격조사) → 껍데이를(어중ㄱ음탈락
현상)'의 과정을 거쳐 실현된 이 지역어형이다.

120) 이는 '끓여'로 대역되며 '끓이- + -어(연결형어미) → 끄리어(ㅎ음탈락현상) → 끼
리어(ㅣ모음동화현상) → 끼러(축약현상)'의 과정을 거쳐 실현된 이 지역어형이다.

121) 이는 '추수를'으로 대역되며 '추수 + -을(목적격조사) → 추수울(ㅜ모음동화현상)'
의 과정을 거쳐 실현된 이 지역어형이다.

122) 이는 '베면'으로 대역되며 '베- + -면(연결형어미) → 비면(고모음화현상) → 비먼
(단모음화현상) → 삐먼(경음화현상)'의 과정을 거쳐 실현된 이 지역어형이다.

123) 이는 표준어의 대응형이 없어서 '무단'으로 대역했으며 이 지역어에서는 작은 묶
음인 '타작단, 깻단'과 '무단'으로 나뉘는 것을 알 수 있다.

124) 이는 '그냥'으로 대역되며 '그냥 → 기냥(전설모음화현상) → 기양(어중ㄴ음탈락현
상)'의 과정을 거쳐 실현된 이 지역어형이다.

125) 이는 '펴'로 대역되며 '피(펴 → 피(단모음화현상))- + -이(연결형어미)'의 구성으로
이루어진 이 지역어형이다.

126) 이는 '마르면'으로 대역되며 '마르- + -만(연결형어미) → 마르맘(후행어절에 의한
양순음화현상)'의 과정을 거쳐 실현된 이 지역어형이다.

127) 이는 '묶어'로 대역되며 '묶(束)- + -어(연결형어미) → 무꼬(후행어절에 의한 원순
모음화현상)'의 과정을 거쳐 실현된 이 지역어형이다.

128) 이는 '수레도'로 대역되며 일본계 외래어인 'くるま'이다.

129) 이는 '놓으면'으로 대역되며 '놓(置)- + -으면(연결형어미) → 노으면(어중ㅎ음탈락
현상) → 노으멍(후행어절에 의한 연구개음화현상)'의 과정을 거쳐 실현된 이 지역
어형이다.

130) 이는 '바인더(binder)'로 대역되는 영어계 외래어이다. 이는 벼나 보리를 베어서 묶
는 일을 하는 농기계를 가리킨다. 제보자가 말하는 농기계는 복식수확기인 '콤바
인(combine)'을 가리키는 설명이다.

131) 이는 그대로 대역을 하면 '집게, 나락집게'로 되지만 여기서는 '벼훑이'를 가리키
는 말이다.

132) 이는 '말린'으로 대역되며 '말리우- + -ㄴ(관형사형어미) → 말륜(축약현상)'의 과
정을 거쳐 실현된 어형으로, 사동접미사가 이중으로 실현된 어형이다.

133) 이는 '인제'로 대역되는 이 지역어형의 다양한 담화표지 중의 하나이다.

134) 이는 '디딜방아'로 대역되며 이 지역어형은 '디들방아, 똑딱방아'로 대응된다.

135) 이는 '귀할'로 대역되며 '귀(貴)하- + -ㄹ(관형사형어미) → 귀알(ㅎ음탈락현상) → 귀알(ㅣ 모음동화현상)'의 과정을 거쳐 실현된 이 지역어형이다.

136) 이는 '쫓기니까'로 대역되며 '쫓체- + -니까(연결형어미)'로 구성된 이 지역어형이다.

137) 이는 일본계 외래어이며 '土方'에서 유래된 말이다.

138) 이는 '썼으니까'로 대역되며 '쓰- + -었(과거시상선어말어미)- + -으니께(연결형어미) → 써쓰니께(축약현상) → 써쓰이께(어중ㄴ음탈락현상)'의 과정을 거쳐 실현된 어형이다.

139) 이는 '인제'로 대역되는 이 지역어의 담화표지이며 '인제, 인저, 인저이, 인녀, 은제, 은지' 등과 같은 다양한 형태로 실현된다.

140) 이는 '그만'으로 대역되는 이 지역어형이며 이어지는 '고마'도 같은 어형의 담화표지이다.

141) 이는 '갈퀴를'으로 대역되며 '꽉지 + -르(목적격조사)'의 구성으로 이루어진 이 지역어형이다.

142) 이는 '알맹이는'으로 대역되며 '알뱅이 + -는(보조사) → 알뱅~이는(비모음화현상) → 알배~이는(어중비음탈락현상) → 알배~이느(어절말자음 탈락현상)'의 과정을 거쳐 실현된 이 지역어형이다.

143) 이는 '모아서'로 대역되며 '모으- + -아가즈(연결형어미) → 마가즈(축약현상)'의 과정을 거쳐 실현된 이 지역어형이다.

144) 이는 경북지역어의 일반적인 어형인 '치, 체이, 체~이'형과는 달리 경구개음화현상이 실현되지 않은 중부방언형으로 실현되는 것이 특징이다.

145) 이는 '종가래로'로 대역되며 '종가래 + -로(도구격조사) → 종가리로(고모음화현상) → 종가리러(모음변이현상)'의 과정을 거쳐 실현된 이 지역어형이다.

146) 이는 '먼지가'로 대역되며 '먼지 + -가(주격조사) → 믄지가(모음중화현상) → 문지가(원순모음화현상)'의 과정을 거쳐 실현된 이 지역어형이다.

147) 이는 '넣으면'으로 대역되며 '옇- + -으면(연결형어미) → 여으면(ㅎ음탈락현상) → 여으면(단모음화현상) → 여우면(원순모음화현상)'의 과정을 거쳐 실현된 이 지역어형이다.

148) 이는 '힘들다고'로 대역되는 이 지역어형이며 의미가 전이되어 사용된 경우이다.

149) 이는 '가마니'로 대역되며 '가마니 → 까마니(경음화현상) → 까마이(어중ㄴ음탈락현상)'의 과정을 거쳐 실현된 이 지역어형이다.

150) 이는 '그러면'으로 대역되며 이의 축약형이다.

151) 이는 '괜찮게'로 대역되며 '괜찮- + -이(부사화접미사) → 괜차니(어중ㅎ음탈락현

상) → 괜차이(어중ㄴ음탈락현상)'의 과정을 거쳐 실현된 이 지역어형이다.

152) 이는 '넘겨'로 대역하며 '넘기- + -어(연결형어미) → 넝기어(연구개음화현상) → 넹기어(움라우트현상) → 넹겨(축약현상) → 넹기(단모음화현상)'의 과정을 거쳐 실현된 이 지역어형이다.

153) 이는 '북데기만'으로 대역되며 '북데기 + -만(보조사) → 뿍데기만(경음화현상) → 뿍데이만(어중ㄱ음탈락현상)'의 과정을 거쳐 실현된 이 지역어형이다.

154) 이는 '키질 + -을(목적격조사) → 케지를(고모음화에 따른 과도교정형)'의 과정을 거쳐 실현된 이 지역어형이다.

155) 이는 '날알'로 대역되는 이 지역어형이며, '볍씨'를 뜻하는 어휘는 아니다.

156) 이는 '보릿가리를'으로 대역되며 '버리까래 + -르(목적격조사)'의 구성으로 이루어진 이 지역어형이다.

157) 이는 '들에'로 대역되며 '드얼(野) + -에(처소격조사)'의 구성으로 이루어진 이 지역어형이다.

158) 이는 '마당에'로 대역되며 '마당 + -아(처소격조사) → 마다아(어중연구개비음탈락현상)'의 과정을 거쳐 실현된 이 지역어형이다.

159) 이는 '버리짐만(보리짚만)'으로 실현되어야 할 어형이지만 발화자의 착오로 이루어진 발화실수형이다.

160) 이는 '역시, 또한' 등으로 대역되는 이 지역어형이다.

161) 이는 '날알'로 대역되는 이 지역어형이다.

162) 이는 '부지깽이'로 대역되며 '부지깽이 → 부지깨이(어중연구개비음탈락현상)'의 과정을 거쳐 실현된 이 지역어형이다.

163) 이는 '때문에'로 대역되며 ' 때문에 → 때무니(고모음화현상) → 때미(축약현상)'의 과정을 거쳐 실현된 이 지역어형이며, 후행하는 '떠'므러'형도 같은 의미의 실현형이다.

164) 이는 '콩단을'으로 대역되며 '콩단 + -을(목저격조사)'의 구성으로 이루어진 이 지역어형이다. 여기서 콩단은 콩을 타작하기 위해 묶은 묶음을 가리킨다.

165) 이는 '쪼개지지만'으로 대역되는 이 지역어형이다.

166) 이는 '갈퀴를'로 대역되며 '꽉찌 + -르(목적격조사)'의 구성으로 이루어진 이 지역어형이다.

167) 이는 '넣어서'로 대역되며 '옇(揷)- + -가(연결형어미)'의 구성으로 이루어진 이 지역어형이다.

168) 이는 '하면서'로 대역되며 '하면서 → 함서(축약현상) → 함사(모음변이)'의 과정을 거쳐 실현된 이 지역어형이다.

169) 이는 '넘긴다고'로 대역되며 '넘기- + -ㄴ다고(연결형어미) → 넝긴다고(연구개음
화현상) → 넹긴다고(움라우트현상) → 넹겐다고(고모음화현상) → 넹겐다으(어중ㄱ
음탈락 및 모음변이현상)'의 과정을 거쳐 실현된 이 지역어형이다.

170) 이는 직역하면 '소리다'로 대역되지만 '이야기'라는 뜻으로 쓰인 어휘이다.

171) 이는 '기계가'로 대역되며 '기계(器械) + -가(주격조사) → 기게가(단모음화현상) →
기에가(어중ㄱ음탈락현상)'의 과정을 거쳐 실현된 이 지역어형이다.

172) 이는 '애먹는다고'로 대역되며 '애먹- + -느(현재진행선어말어미)- + -ㄴ다고(연결
형어미) → 애멍는다고(비음화현상) → 애멍은다고(어중ㄴ음탈락현상) → 애멍은다
꼬(경음화현상)'의 과정을 거쳐 실현된 이 지역어형이다.

173) 이는 표준어로 정확히 대응되는 어형을 찾을 수가 없어서 그대로 이 지역어형으로
그대로 두었다. 이 옷은 올이 곱지 않은 삼베로 만든 옷으로서 위에 덮어 입도록
만든 옷으로 판단된다.

174) 이는 '잠방이'로 대역되며 '잠방이 → 잠뱅이(움라우트현상) → 잠배이(어중연구개
비음탈락현상)'의 과정을 거쳐 실현된 이 지역어형이다.

175) 이는 '농사지어서'로 대역되며 '농사짓- + -이가(연결형어미)'의 구성으로 이루어
진 이 지역어형이다.

176) 이는 '늘리고'로 대역되며 '늘구- + -고(연결형어미)'의 구성으로 이루어진 이 지역
어형이다

177) 이는 '벌어야'로 대역되며 '벌- + -어야(연결형어미) → 버러에(단모음화현상)'의
과정을 거쳐 실현된 이 지역어형이다.

178) 이는 '그만큼'으로 대역되는 이 지역어형이다.

179) 이는 '나누어'로 대역되며 '농가- + -아(연결형어미) → 농개(축약현상) → 농게(모
음중화현상) → 농기(고모음화현상)'의 과정을 거쳐 실현된 이 지역어형이다. 중앙
어 '나누다'에 대응되는 어휘는 경북지역어에서는 '노누다, 농구다, 농개다' 등과
같이 다양한 형태로 실현된다.

180) 이는 '직불금이라고'로 대역되며 여기서 직불금제는 정부가 쌀값 등의 농산물가격
하락으로 인한 농가소득 감소분의 일정액을 보전해 줌으로써 농업인 등의 소득안
정을 위해 시행하는 것으로, 2001년부터 시행되었다. 시행 당시 쌀을 대상으로 지
급하던 '쌀 직접지불제'가 2005년부터 벼·연근·미나리·왕골을 재배하는 논농업
으로 확대되면서 흔히 '논농업직접지불제' 또는 '쌀소득 등의 보전직접지불제'로
불린다. 이는 다시 2015년부터 보리·밀·콩·고추·마늘·사료작물을 재배하는
밭농업이 대상으로 추가되면서 '농업소득 보전직접지불제'로 변경되었다(네이버
지식대백과 참조).

181) 이는 '바로, 곧장'로 대역되는 이 지역어형이며 이는 옛 사람들은 그런 돈을 다른

데 쓰지 않고 그대로 절약하는 자세로 바로 그 돈을 소를 사는데 투자를 했다는
뜻이다.

182) 이는 '그러니'로 대역되며 '그러니 → 기러니(전설모음화현상) → 기러이(어중ㄴ음
탈락현상)'의 과정을 거쳐 실현된 이 지역어형이다.

183) 이는 '기름이'로 대역되며 '기름 + -이(주격조사) → 기리미(전설모음화현상)'의 과
정을 거쳐 실현된 이 지역어형이다.

■ 찾아보기

● ● ● ⬤ ㄱ

거의
　　거'이　244, 308
거출
　　거츄'럴　58
거취
　　거'칠　174
건강
　　긍강'　312
겉보리
　　껍버리'　278
겨우
　　게:와　62
　　게아'　118
　　게와'　62, 148
겨울
　　기'여레　302, 312, 336, 338
　　기'여를　278
경신수세
　　수세껑:시'늘　56
경운기
　　게웅'기　320
계
　　게:　74
계시다
　　게선'니더　122
계원
　　게운'　76
고다
　　꼬'아　304
고단하다
　　고다나'이　178

고루고루
　　고로'고로'　54
고생
　　꼬'새～　156
고을
　　꼬을　78
고추
　　꼬치　290
고추밭
　　꼬추박'　290
고택
　　고태'기　78
곡식
　　곡쓰까　286
곳집
　　고'찌비라　198
공짜배기
　　공짜배'이　344
과방
　　과:바～'　172
과정
　　과저'　128
　　과저～'　128
괜찮게
　　괜차'이　328
괴롭다
　　기'롭나　88
굉장히
　　겐'자이　298
　　괜'자이　322
　　팽'자이　312, 344

● ● ● (사)

찾아보기 **399**